한일수교 50년, 상호 이해와
협력을 위한 역사적 재검토 1

한일수교 50년, 상호 이해와 협력을 위한 역사적 재검토 1

한일관계사학회 엮음

景仁文化社

발 간 사

　본서는 2015년 한일국교정상화 50주년을 맞이하여 한일관계사학회가 주최한 국제학술회의 <한일수교 50년, 상호 이해와 협력을 위한 역사적 재검토>에서의 발표·토론문의 수정보완에 종합토론 때의 녹취문을 더하여 편집된 학술서입니다. 토론 때의 자유발언 등이 포함된 녹취문을 수록한 것은 학술대회의 성과를 생동감 있게 전달하기 위해서였습니다.

　한국과 일본 두 나라는 1965년 한일국교정상화를 시작으로 많은 갈등 속에서도 우호관계를 유지하고자 노력해 왔고 큰 성과도 이루어 냈지만, 한일국교정상화 50주년을 맞이하는 오늘날에도 두 나라 간의 관계는 여전히 해결해야 할 문제가 남아있는 것 또한 부정할 수 없는 사실입니다. 그중 하나는 한일양국 간에 과거를 둘러싼 사죄·보상 문제를 둘러싼 외교상의 갈등이고, 또 하나는 해소되지 않고 더욱 악화되고 있는 역사 갈등일 것입니다.

　그러나 양국은 지리적인 근접성뿐만 아니라 역사적으로 밀접한 관계를 유지해 왔으며, 두 나라의 평화적인 공생은 양국의 생존뿐 아니라 세계 평화와 관련된 만큼 상호간의 갈등과 대립의 문제는 반드시 해결해야 할 과제이며, 또 해결해야만 할 시대 상황에 직면해 있습니다.

　이에 저희 한일관계사학회는 한일국교정상화 50주년을 맞이하여 한일관계에 대한 역사적 검토를 바탕으로 역사 속에서 전개되었던 양국의 갈등상황과 그에 대한 평화적인 해결방안을 규명함으로써, 바람직한 한일관계 설정과 발전적이고 새로운 미래를 모색하고자 학술대회를 기획하였고, <한일수교 50년, 상호 이해와 협력을 위한 역사적 재검토>란 국제학술회의를 2015년 9월 11일~9월 12일 양일간 The - K Hotel(구 교육문화회관)에서 진행하였습니다.

본서의 구성도 학술대회 구성에 맞춰 제1부(제1분과 제2분과)와 제2부(제3분과 제4분과)로 나누어 편집되었습니다.

본서 제1부에 수록한 내용을 보면, 우선 제1분과 ['광복'과 '패전'의 재회 / 1965년 한일협정의 성과와 오늘의 과제]에서는 현대 한일관계의 원점인 1965년 한일국교정상화 과정을 집중적으로 재검토하고 있습니다.

한일회담에서 한국은 한일기본조약, 청구권 및 경제협력, 어업, 법적 지위협정 조인 그리고 '한국병합'조약의 무효시점에 관한 문제 등을 중점적으로 제기하면서 식민지 청산이라는 관점을 견지하였던 반면, 일본은 식민지 청산보다는 동북아의 냉전체제에서 미국과의 군사동맹과 경제재건에 관한 문제를 축으로 행동하였다는 것이 기존 연구 결과이고, 이러한 엇갈린 시각은 한일회담을 둘러싸고 한일양국이 15년에 걸쳐 난항을 겪도록 만들었을 뿐만 아니라 현재까지도 역사인식 및 과거사 청산 문제에서 한일 간 주요 쟁점이 되고 있음을 부인할 수 없습니다.

따라서 본서 제1분과에서는 한일 과거사 갈등의 기원을 잉태한 국교 정상화 교섭 과정에서 핵심 의제가 되었던 문제, 특히 청구권협정, 어업 협정, 문화재반환문제, 재일코리안 법적지위문제에 초점을 맞추어 한일 국교 정상화 체결 이후 50년간 어떠한 논의와 연구가 이루어져 왔는지, 그 해결책은 무엇인지를 종합적이고 체계적으로 고찰하고 있습니다.

제2분과 [한일국교정상화 50년이 남긴 과제와 그 해결을 위한 노력]에서는, 한일 국교정상화 50년이 남긴 과제이며 현재 한일 간의 핫 이슈인 위안부 문제, 역사인식, 강제동원, 교과서문제, 사할린 한인문제 등에 대하여 재점검하고, 문제해결을 위한 궁극적 지향점을 밝히고 있습니다.

본서 제2부에 수록한 제3분과와 제4분과의 논고들은 한일관계에 대한 역사적 검토를 바탕으로 역사 속에서 전개되었던 양국의 갈등상황을 조약, 외교 관점에서 분석한 논문들로, 오늘날 발전적인 한일관계 설정에 역사학적으로 조금이나마 이바지하고자 구성되었습니다.

제3분과 [전쟁과 평화 / 고중세·근세의 한일관계]에서는, 전근대 한일 양국의 대표적인 갈등요소, 즉 전쟁이 두 나라의 정치체제 변화 및 상호 인식에 어떠한 영향을 끼쳤으며, 그것이 갖는 문제점은 무엇이었는지를 규명하고 있습니다. 또한 전쟁 이후 한일양국, 나아가 동아시아 속의 평화라는 어젠다의 도출 및 구축을 위해 양국인이 시도한 노력의 실체를 '외교'라는 관점에서 살펴보고 있습니다. 즉 한일 나아가서는 한중일 관계사 속에서 전쟁과 같은 극한 대립과 갈등 상황 속에서도 상호간에 새로운 관계를 모색하고 구축하기 위해 노력하였던 시도들을 외교의 관점에서 파악하고 있습니다.

제4분과 [일그러진 만남 / 근대 한일관계의 명암]에서의 논문은, 종래의 연구가 대체로 중국 혹은 미국 등 강대국을 중심으로 동아시아 국제관계를 논의하였던 것에 대해, 아시아의 주변으로 자리매김 되어 왔던 한국과 일본이 동아시아의 국제관계를 주도적으로 구축해 간다는 시각에서 근대 한일관계의 역사적 과정을 살펴보고 있습니다. 근대에서 이 과정을 제4분과의 논고들은 조일수호조규, 을사늑약, 한일병합 등의 조약과 외교정책 및 조선총독부의 종교정책·역사 교과서 등의 지배정책에 초점을 맞추어 분석하고 있습니다. 이를 통하여 근대에서 한일양국이 새로운 동아시아 국제관계를 구축해가는 과정에서 한일양국은 경쟁관계에서 대립관계로, 그리고 지배와 피지배의 관계로 전환되어 과정을 분석하고 있습니다. 제4분과에서 다루었던 주제들은 오늘날 한일양국의 역사인식 차이, 역사 갈등의 핵심이 되는 주제입니다.

이상과 같이 본서는 4개 분과에 걸쳐 모두 21개의 논문으로 구성되어 있습니다. 본서의 주인공인 외국인 연구자를 포함한 논문집필자, 토론문 집필진, 사회자 분들은 한일 역사 갈등 해소에 여론을 주도해오셨고, 실제 한일양국의 정책결정 과정에도 음으로 양으로 영향을 미쳐왔던 분들입니다.

　본서의 발간이 한일양국간의 갈등 요인이 되고 있는 문제점들을 이해하고 관련연구를 촉진시키는 데 도움이 되기를 기대하며, 또한 바람직한 한일관계 설정과 발전적이고 새로운 미래를 모색·정립할 수 있는 촉진제가 되었으면 합니다.

　학술대회에 참여하여 옥고를 보완하여주신 집필자 여러분과 종합토론 녹취문 작성 및 본서편집을 맡아주신 본 학회 편집이사 나행주 선생님께 위로의 말씀을 올리며, 본서의 출간과 생산적인 학술대회가 될 수 있도록 지원해 주신 교육부, 동북아역사재단, 그리고 출판을 배려해주신 경인문화사측에 감사의 말씀을 드립니다.

2017. 5. 30

한일관계사학회 회장　　남상호

목 차

■ 발간사(남상호, 한일관계사학회 회장)

■ 기조 강연(金容德)

戰後世代 일본인의 국가인식 ………………………………………… 3

제 1 부

제 1 분과	'광복'과 '패전'의 재회 - 1965년 한일협정의 성과와 오늘날의 과제 -

▌유지아

한일양국의 한일회담 반대운동과 의의 ……………………………… 13

　토론문(최종길) ………………………………………………………… 31

▌吉澤文壽(요시자와 후미토시)

(번역문)한일 간 諸條約에 관련된 과제
　　 - 한일 청구권 협정을 중심으로 - ……………………………… 35

(원문)日韓諸條約に關聯する課題―日韓請求權協定を中心に …………… 57

　토론문(이형식) ………………………………………………………… 78

▌최영호

한일 어업협정과 일본인 어민 영상자료

  – '평화선' 피해 어민에 관한 영상자료를 중심으로 ··············· 83

    토론문(조윤수) ·· 114

▌아리미츠 켄(有光健)

(번역문)한일 국교정상화와 문화재반환 문제 ···················· 117

(원문)日韓國交正常化と文化財返還問題 ························ 155

    토론문(류미나) ·· 184

▌임범부(林範夫)

(번역문)재일코리안의 법적 지위의 변천과 문제점 ·············· 187

(원문)在日コリアンの法的地位の變遷と問題點 ················ 198

    토론문(이성) ·· 208

* 종합토론 ·· 215

제 2 분과	한일국교 정상화 50년이 남긴 과제와 그 해결을 위한 노력

▌와다 하루키(和田春樹)

(번역문)일본정부의 식민지 지배와 침략전쟁에 대한 역사인식 ········ 245

(원문)日本政府の植民地支配と侵略戰爭に對する歷史認識 ············ 257

    토론문(남상구) ·· 267

▌한혜인

강제동원 피해자 보상문제 ··· 271
　　토론문(이신철) ··· 295

▌윤명숙

일본군 '위안부' 문제 해결에 대한 한일정부의 입장과
문제 해결의 궁극적 지향점 ··· 299
　　토론문(서현주) ··· 332

▌Kristine Dennehy(California State University, Fullerton)

(번역문)역사대화와 역사문제 해결 가능성 ················· 337

(원문)History Dialogues and the Possibility of Over coming
　　Historical Issues between Korea and Japan：
　　American Perspectives at the Local Level ·············· 357
　　토론문(박중현) ··· 377

▌Eckhardt Fuchs(게오르그-에케르트 국제교과서연구소)

(번역문)역사대화와 역사문제 해결 가능성 ················· 381

(원문)Textbook Revision： Experiences and Challenges ········· 401
　　토론문(김은숙) ··· 424

* 종합토론 ·· 427

　▌학술회의 일정 ··· 461

제 2 부

제 3 분과	전쟁과 평화 - 고대-근세의 한일관계 -

▌연민수

고대일본의 신라적시관과 복속사상 ·· 3

　　토론문(나카무라 슈야中村修也) ·· 28

▌사에키 코우지(佐伯弘次)

(번역문)몽골 내습과 고려 – 일본의 상호인식 ······························ 33

(원문)モンゴル襲来と高麗 – 日本の相互認識 ······························ 45

　　토론문(金普漢) ·· 55

▌민덕기

임진왜란 이후 국교재개의 노력 – 家康 '국서'의 眞僞를 중심으로 – ···· 57

　　토론문(鄭成一) ·· 91

▌이훈

임진왜란 이후 '통신사 외교'와 조일간의 평화 구축

　　– 광해군대 제2차 '회답겸쇄환사' 파견(1617년)을 중심으로 – ···· 95

　　토론문(나카오 히로시 仲尾 宏) ·· 139

▌첸보(陳波)

(번역문)명청교체기 중·조·일 삼국의 외교관계와 문인 교류

　　– 명청정혁[鼎革]기간 동아시아 국제정치와 문화의

　　　여러 양상[諸相]을 중심으로 ·· 145

(원문)明淸交替之際中朝日三國的外交關系與文人交流
　　-聚焦明淸鼎革期間東亞國際政治與文化的諸相 ························· 196
　　　토론문(하우봉) ·· 237

* 종합토론 ··· 240

제 4 분과	일그러진 만남 - 근대 한일관계의 명암 -

▌김민규

朝日修好條規(1876년)의 역사적 의미 ································· 263
　　　청중토론 ··· 285

▌방광석

한국 중립화안과 일본의 보호국화 정책 ···························· 287
　　　토론문(서민교) ·· 302

▌아오노 마사아키(靑野正明)

(번역문)조선총독부의 「유사종교(類似宗敎)」 탄압
　　- 금강대도(金剛大道)의 수난 - ································· 305

(원문)朝鮮総督府による「類似宗敎」弾圧──金剛大道の受難 ········ 324
　　　토론문(조성운) ·· 341

▌이토 토오루(伊藤徹)

(번역문)야나기 무네요시(柳宗悅) – 조선에 대한 시선 ························· 345

(원문)柳宗悅·朝鮮への視線 ································· 356

　토론문(梁智英) ·· 366

▌현명철

조선총독부 시기의 역사교과서 ································· 373

　토론문(김종식) ·· 405

＊ 종합토론 ·· 408

■ 학술회의 일정 ·· 430

기조강연

戰後世代 일본인의 국가인식

金 容 德(광주과학기술원 석좌교수, 서울대학교 명예교수)

한일 간의 역사갈등이 해소되지 않고 오히려 더욱 악화되고 있는 데에는 전후세대 일본인들의 국가(자기 나라)에 대한 인식에 근본적이고도 심각한 문제가 있다는 관점에서 오늘의 이야기를 풀어나가려고 한다.

지난 8월 14일 전후 70년을 맞이하여 발표한 安倍晋三 일본수상의 담화에는 모순이 몇 군데 눈에 띄는데 그 중 하나가 "전후 출생한 세대가 지금은 80%를 넘고 있다. 그 전쟁에는 아무 관계도 없는 후손(그 자신도 전후세대!)들에게 사죄를 계속하는 숙명을 지고 가게 할 수는 없다"는 선언적 표현이다.

이와 관련하여 1985년 5월 8일 독일의 패전 40주년 국회연설에서 바이체커(Richard von Weizsäcker) 당시 대통령이 했던 다음과 같은 발언을 상기할 필요가 있다. "우리의 젊은이들은 40년 전에 일어난 일에 대하여 책임이 없으나, 그들은 역사적 결과에 대하여는 책임을 져야한다. 우리 나이든 세대는 젊은이들에게 꿈의 실현이 아니라 정직함을 실현하게 할 의무가 있다. 우리는 젊은이들에게 과거의 기억을 살아있게 하는 것이 무엇보다 중요하다는 것을 이해시키지 않으면 안 된다. 우리는 그들이 왜곡되지 않은 역사적 진실을 받아들일 것을 원한다."

개인적으로는, 1995년 2월과 4월, 〈해방 50년, 패전 50년 : 화해와 미래를 위하여〉라는 주제 하에 한국과 일본의 지식인들이 서울과 도쿄에서 두 차례 회의 할 때, 참여하여 발표를 한 적이 있다.[1] 4월 도쿄의 회의장 밖에서는 일상적인 극우파들의 항의가 밖에서 있긴 했지만, 회의장의 분위기는 한일관계의 앞날에 대하여 희망적이고 건설적이었다. 당시 내 발표가 끝난 뒤 청중 가운데 한 사람이, 자기는 1945년 이후 출생자라고 하며 다음과 같은 질문을 하였다. 자못 도전적이었다. "왜 한국은 일본에 대하여 끊임없이 사죄를 요구하는가? 언제까지 얼마나 더 해야 하는가? 그리고 일본의 戰後 출생한 세대에게 戰前세대가 저지른 잘못에 대하여 책임을 묻는 것은 논리적으로 모순이 아닌가?" 하는 것이었다. 이른바 한국에 대한 疲勞感과 戰前 일본의 과오에 대한 責任을 沒覺한 전후세대의 인식이 드러난 발언이었다. 그에 대하여 나는, "사죄란, 말로만 반복해서 되는 것이 아니라 그에 따른 합당한 행동이 따라야 진정한 사죄이다. 과연 일본은 한국인이 받아들일 수 있는 행동들을 사죄발언 후에 하고 있다고 보는가? 그리고 전후 출생한 일본인은 일본국(日本國)이라는 역사적 實體의 連續線上에 있는 일본국민이 아닌가? 국민이 국가의 구성원이라면 당신도 역사적 연속체라는 일본국을 구성하는 그 국민이 아닌가? 전전의 일본국이 행한 과오에 대하여 일본국민인 당신도 마땅히 책임을 져야한다고 나는 생각한다."라는 요지로 답을 하였다.

1945년 이후 출생한 일본국민은 오늘날 1억 명을 넘는다. 이는 전체 국민의 80.5%에 해당한다(2013. 10. 1 현재). 이들이 모두 위의 질문자와 같은 생각을 한다고 볼 수는 없으나 이 중 상당한 숫자가 그와 같은 태도(한국에 대한 피로감과 과거의 잘못에 대한 책임의식의 몰각)라고 한다면 과거사에 대한 건전한 인식과 앞으로의 진정한 한일관계 수립은 힘들지 않겠는가 하는 우려를 떨쳐 버리기 어렵다.

---

1) 발표문은 『對話』 1995년 여름 호와 가을 호에 실려 있다. 日本文은 『世界』 1995년 여름 增刊號.

단순하고 피상적인 형식논리나 증거는 객관성을 내세운 면피의 수단
은 될 수 있을지 몰라도, 그것으로 역사의 진실과 깊은 의미를 인식할
수는 없다. 우선 역사적 존재로서의 국가의 연속성에 대한 인식이 전제
가 되어야 한다. 국가란 오랜 기간 동질성을 가진 집단이 역사적으로 형
성, 계승시켜온 가장 높은 위치의 공동체이다. 물론 국민이 국가를 인식
하는 형태는, 민족적 동질성이 가장 뚜렷하지만, 그것이 아니더라도 공
유하고 있는 언어·문화나 정치적 통합 또는 영토의 배타성 등을 통하기
도 한다. 그러나 이른바 '민족국가'들에 있어서는 역사성이 무엇보다 중
시된다고 하겠다. 특히 한국, 중국, 일본은 늦어도 1천 4백여 년 전부터
는 크게 변하지 않은 영토, 언어, 문화, 생활관습을 유지하며 지금까지
살아온 전형적인 민족국가들이다.

이러한 국가는 시대가 변한다고 그 역사적 연속성이 단절될 수는 없
다. 특히 일본은 전통적으로 '만세일계의 천황'을 내세우며 일본국의 역
사성을 강조해온 세계적으로 유례가 없는 國體觀을 지켜왔었다. 현재의
일본에도 보수적인 인사들에게 그 흔적이 남아있는 것을 우리가 알 수
있다. 일본은 그만큼 역사적 실체로서의 국가 연속성이 강조된 나라이다.

역사적 실체로서의 국가는 그 국가가 안고 있는 모든 역사의 집합체
이다. 그래서 영광과 비극, 성공과 실패, 올바른 방향과 그렇지 않은 방
향의 모든 역사는 그 국가의 資産이고 負債이다. 그 국가의 구성원인 국
민은 어느 특정한 시점에 태어난 존재라고 해도 그 국민인 한에 있어서
연속적인 역사적 실체의 한 부분이다. 그렇기 때문에 어느 시점에 태어
났건 자기가 속한 국가의 역사적 결과와 책임에서 벗어날 수는 없다. 일
본이라는 국가의 역사적 책임은 시대를 넘어 일본국민의 책임이기도 한
것이다. 더구나 일본은 독일과 달리 1945년을 전후하여 체제의 연속성이
어느 정도 이어진 국가라고 할 수 있다.

독일은 1945년을 경계로 정부의 성격이 완전히 바뀌었다. 나치 체제

를 범죄시한, 전혀 다른 戰後의 독일 정부였지만 나치의 만행에 대하여 무한책임을 지고 그에 상응하는 행동을 하고 있는 것은, 바로 독일이라는 역사적 실체로서의 국가에 대한 책임 때문이 아니겠는가? 한창 문제가 되고 있는 일본군 위안부 문제만 해도 독일과는 뚜렷이 차이가 난다. 나치의 전시체제에서도 '성노동자'로 끌려온 여성들의 집단수용소가 있었다. 대표적인 곳이 라벤스브뤼크(Ravensbrück)에 있는 수용소이다.[2] 이 곳 외에도 여러 곳에 있는 것들을 독일정부는 지금도 찾아내어 공개할 뿐만 아니라 학생들에게는 평화교육의 장소로 활용하고 있다.

국가의 성격이 바뀌지 않고 정권의 성격만 바뀌어도 이전 정권의 '국제적 책임'은 승계하는 것이 일반적인 원칙이다. 옛 소련은 해체되어 여러 나라로 갈리었어도 중심국가인 러시아는 옛 소련의 부채를 승계하고 있다. 심지어 쿠데타로 집권한 정권이라도 이전 정권이 했던 국제적 약속을 지키기로 선언해야만 국제적으로 그 쿠데타 정권의 정당성이 인정받을 수 있다. 그러나 현재 일본은 고노, 무라야마 담화의 후속조처에 무관심할 뿐 아니라 부분적으로 그 담화의 내용을 인정하지 않으려는 기미도 보인다.

이보다도, 일본이 국제적으로 약속한 이른바 '근린제국조항(近隣諸國條項)'은 어떠한가? 1982년 당시의 宮澤喜一 관방장관은 "이웃 아시아 국가와의 사이에서 발생한 근현대의 歷史事象을 다룰 때에는 국제이해와 국제협조라는 견지에서 필요한 배려를 해야 한다"고 표명하였고, 이후 일본 문부성 교과서 검정기준으로도 고시한 바 있다.[3] 과연 일본의 문부성은 이 약속의 엄중함을 알고 있는지, 그렇지 않으면 무시하고 있

---

2) 이곳은 베를린에서 북쪽으로 약 90킬로미터 떨어진 곳으로 1939-1945년 간 주로 독일이 침략한 지역에서 끌려온 수많은 여성들에게 노역과 성노동을 강요한 곳이다. 이곳보다 규모가 작은 여성들의 강제수용소가 30여 곳이 넘는다.

3) 1982. 8. 26. 宮澤喜一 관방장관 담화와 1989년 文部省 敎科書檢定基準. 지금은 이 기준을 수정한 새 기준에 따르고 있다.

는지 모를 일이다. 국제적 약속을 지키는 정권이라야 정권의 신뢰는 물론 그 국가의 신뢰를 불러올 수 있을 것이다.

독일은 '기억책임미래(EVZ)재단'[4]을 만들어 각국의 나치 피해자들이 받아들일 수 있는 피해보상을 해온 한편으로는, 이미 세상을 떠난 피해자들을 위한 기념사업을 대규모로 벌이고 있다. 독일 정부와 산업체가 52억 유로의 기금을 반반씩 부담하여 2000년 설립한 이 재단은 피해자들이 속한 나라의 유관 기관들과 협의하여 사업을 진행하고 있다. 현재 공식적인 피해신고기간이 끝나기는 했으나 새로운 피해사례가 나타나면 여전히 보상하고 있는 한편, 남아있는 기금으로 전쟁의 피해를 되새기며 평화를 위한 새로운 사업, 예컨대 과거사의 비판적 검토, 인권보호사업 등을 계속하고 있다.[5] 독일인의 올바른 국가인식이 어두운 과거를 들춰내어 반면교사로 삼아, 앞으로 나아갈 방향을 찾아가는 것이라 하겠다.

일본의 '아시아여성평화기금'의 경우 현재 남아있는 일본군 위안부들에 대한 위로와 지원에 주력하고 있다. 그러나 전체 피해여성 중에서 오늘날 살아계신 일본군 위안부는 상징적 존재라고 할 정도로 극히 일부에 불과하다. 이름도, 흔적도 없이 사라져간 대부분의 일본군 위안부들에 대하여는 어떻게 해야 할 것인가 깊이 있게 생각해 보아야 한다. 인도적 차원의 지원이 물론 필요하지만 보다 근본적인 문제는 국가책임의 차원에서 이 문제를 다루어야 할 것이다. 일본정부가 국가책임을 인정하고, 일본군 위안부 문제를 받아들일 때 비로소 완전한 문제해결의 端初가 열릴 것이다. 전쟁의 피해를 기억하고 평화를 이루기 위한 건설적인 국가 차원의 공식적인 행동이 바람직한 것이다. 여기에는 일본국민들이 국가의 역사성과 역사적 책임을 인식하는 것이 전제가 되어야 할 것이다.

---

4) Stiftung Erinnerung, Verantwortung und Zukunft(Remembrance, Responsibility, and Future Foundation)
5) 2008년 8월 8일 필자의 독일 재단 방문 면담기록

불행한 과거를 딛고 건전한 미래를 구축하는 길은, 진실의 규명과 확인 그리고 피해자의 가해자에 대한 용서와 화해의 단계를 거쳐야 한다고 한다. 그러나 무엇보다도 신뢰와 행동을 담보로 한 굳은 의지를 서로 확인 하는 것이 더욱 중요하다. 이는 일본의 정권과 국민의 국가인식이 보편적 역사의식을 바탕으로 할 때 가능할 것이다. 여기서 '보편적'이란 세계사적 공통성과 동시에 다른 나라들로부터의 국제적인 평가와 인정을 받을 수 있어야 한다는 뜻이다.

과거에 대하여 피로감을 느끼며 국가적 책임을 회피하려는 (또는 의식하지 못하는) 일본인이 줄어들고, 올바르게 국가의 역사성과 역사적 책임을 인식하는 일본인이 확산되고 증가할 때 일본이라는 나라의 국제적 위치와 권위는 인정받을 것이다. 일본이 그토록 원하는 유엔 안전보장이사회의 상임이사국 지위획득에 다른 나라들이 반대할 명분이 사라질 것이다.

한일 간의 불행한 역사적 관계는 단순히 오늘의 이해 때문에 덮어 두고 갈 일이 아니다. 물론 현실에 닥친 문제는 그 나름대로 대처하고 해결해야 한다. 그러나 척박한 토양을 표면만 덮으면 그 위에서 식물이 자랄 수 없다. 왜 척박하게 되었는지 그 원인을 찾아 비옥한 토지로 가꾸어 가려는 노력과 지혜가 필요한 것이다.

또한 '불행한 과거사'를, '특수한 두 나라 간'의 문제로 보는 것은 그 내용의 본질에 대한 깊은 성찰에서 나온 것이 아니다. 감성적 대응이나 정치공학적 접근을 넘어 세계사적 보편성의 차원에서 제국주의 침략과 영토문제 그리고 군위안부 문제를 다뤄야 한다. 보편성의 논리를 세울 때 일본국민들로부터 뿐 아니라, 나아가 국제적으로 공감대가 폭넓게 형성될 수 있다. 이러한 데에 동조하는 일본인들이 일본 내에 적잖이 있다는 것은 희망적 기대를 걸게 한다. 우리가 한일 간의 역사문제를 특수한 한일관계로 시야를 한정하여, 감성적으로 일본을 압박하려 할 때에, 일본인에게는 한국에 대한 피로감이 더 쌓여 갈 수도 있고, 일본인의 건전한 국가인식의 길을 넓히지 못 하게 할 수도 있을 것이다.

일본이 국제적으로 신뢰 받는 문화선진국인가 하는 판단은 일본국민들의 국가인식과 관련되어 있다. 歷史的 連續體로서의 日本國이라는 國家認識을 한다면 당연히 過去事에 대한 國家責任意識을 그 역사 속의 構成員인 日本國民은 갖게 될 것이다.

제1부

제1분과

'광복'과 '패전'의 재회

- 1965년 한일협정의 성과와 오늘날의 과제 -

한일양국의 한일회담 반대운동과 의의

유 지 아(경희대학교 현대사연구원)

I. 머리말

한일국교정상화교섭은 1951년부터 1965년까지 진행되었는데, 같은 시기 양국에서는 한일회담에 대한 반대운동도 진행되었다. 한국에서는 1964년 3월부터 학생 및 야당을 주체로 한 대규모 한일회담 반대운동이 전개되었다. 반대운동 초기에는 한일회담의 문제점을 지적하는 것이었지만, 6월에는 본격적인 반정부 운동으로 변화하였다. 즉, 한일회담 반대운동은 당시의 정치, 사회, 경제적 구조하에서 한국에 산적해 있던 다양한 요구가 표출된 공동투쟁이었으며, 이에 대해 계엄령을 발령하여 군대에 의한 진압을 감행한 6·3사태가 일어나 한일회담은 중단되기도 하였다. 특히 김종필·오히라 메모와 같이 국민들의 요구사항을 수렴하는 방식이 아니라 막후 교섭과 같은 한일 간의 밀실외교를 통해 한일회담이 추진되자, 국민들은 한일협정에 대한 요구사항을 언론을 통해 정부에 전달하고, 정부가 국민의 대표로서 한일협정을 준비하고 대응할 것을 촉구하였다.

반면 일본에서의 한일회담 반대운동은 1960년의 안보투쟁을 배경으로 하여 1962년부터 63년 초까지를 '제1고조기', 65년 한일조약조인 후부터 국회비준 저지를 목표로 한 '제2고조기'로 나눌 수 있다. 일본의 반대운동 세력은 동북아시아 군사동맹론, 조선남북통일저해론, 일본독점자본의 대한침략론을 핵심논리로 하고 있다. 일본대중의 한일조약에 대한 무관심속에서 혁신정치세력은 일본인의 평화의식이나 생활감각에 뿌리내리는 운동을 전개하고자 하였다. 따라서 일본의 반대운동은 조선총련을 중심으로 한 재일조선인, 朝日우호단체, 학생 및 지식인 등 다양한 입장에서 전개되었다.

기존의 한일회담 연구는 한일협정 체결과정의 국제정치적 배경, 한일 양국 정부의 입장, 협정의 내용과 문제점들에 대한 분석들이 주를 이루고 있고, 사회사적인 시각에서 한일회담에 대한 당시 한국사회의 인식과 대응과정을 면밀히 고찰한 연구는 미흡한 편이다. 사회사적인 시각에서는 주로 한일회담 반대운동에 대한 연구들이 대부분인데, 이 또한 사회운동의 흐름 속에서 야당과 학생운동을 중심으로 한 반대운동의 논리를 살펴보는데 그치고 있다.[1] 일본의 한일회담 반대운동에 대해서는 일본 시민사회의 한일협정에 대한 대응을 다룬 이원덕,[2] 최종길,[3] 임성모,[4] 박정진[5]의 연구가 있다. 이러한 연구는 주로 일본의 한일회담 반대담론이 일본 지식인의 역사인식과 전쟁책임인식의 부재로 인해 한국의 반대

---

[1] 박진희, 2006, "한일양국의 한일협정 반대운동 논리", 『기억과 전망』 18호.; 요시자와 후미토시, 2001, 「한국에서의 한일회담 반대운동의 전개」, 『한중인문학연구』 제6집.
[2] 이원덕, 1996, 『한일과거사 처리의 원점-일본의 전후처리 외교와 한일회담』 서울대학교 출판부./2005 「한일회담에 나타난 일본의 식민지 지배인식」 『한국사연구』 131.
[3] 최종길, 2012, 「전학련과 진보적 지식인의 한반도 인식 : 한일회담 반대 투쟁을 중심으로」 『일본역사연구』 35.
[4] 임성모, 2011, 「냉전기 일본 진보파 지식인의 한국 인식 : 『세카이』의 북송·한일회담 보도를 중심으로」 『동북아역사논총』 33.
[5] 박정진, 2010, 「북한과 일본혁신운동 – 일본 한일회담반대운동의 발생(1960-1962)」 『한림일본학』 17./李鍾元 他, 2011, 「日韓會談反對運動」 『歷史としての日韓國交正常化 I 東アジア冷戰編』 法政大學出版局.

세력과의 연대는 물론 운동 자체도 성과를 거두지 못했다는 해석을 하고 있다. 일본내에서는 한일회담 전반에 대한 역사인식의 전개와 그 주장에 대해서는 요시자와 후미토시(吉澤文壽)[6]와 다카사키 소지(高崎宗司)[7]가 잘 정리하고 있다.

본 연구는 이러한 연구를 바탕으로 한일관계와 한일협정 체결에 대한 한일양국의 반대여론을 살펴보고 한일회담 반대운동이 가지는 의의를 고찰하고자 한다. 따라서 신문기사에 나타난 한일회담에 대한 반응을 분석하여 한일협정 체결과 한일양국 사회 여론과의 관계를 역사적으로 평가하고, 이것이 결국 1960~70년대 한일관계 형성과 어떻게 연결되는 것인지 분석하고자 한다.

Ⅱ. 한국내 한일회담 반대여론

1961년 8월 중순 박정희의 미국방문이 거론되면서 한일국교정상화는 공식적인 쟁점으로 떠올랐다. 박정희는 한국과 일본의 과거사에 연연하던 이승만 및 민주당 정부와는 달리, 미국 방문 길인 1961년 11월 22일에 일본을 방문하여 이케다 하야토(池田勇人) 총리를 만나 양국은 "현안문제를 해결하고 국교를 정상화하여 명랑하고도 굳건한 토대위에서 긴밀한 제휴를 해나가야 한다"고 국교정상화의 의지를 솔직하고도 명백하게 천명하면서 협조를 요구하였다. 그리고 다음해에 김종필 중앙정보부장과 일본의 오히라 마사요시(大平正芳) 외상 간에 협상내용에 합의하였다. 박정희의 이 같은 태도는 한반도에서 국민의 여론에 연연하지 않고 이 문제를 처리하겠다는 정부가 들어섰음을 알리는 것이었으며, 그것은

6) 吉澤文壽, 2005, 『戰後日韓關係―國交正常化交渉をめぐって』 クレイン.
7) 高崎宗司, 1996, 『檢證日韓關係』 岩波書店(新書).

비록 "한·미·일 삼각관계"에서 최하위의 파트너이기는 하지만 동북아시아에서 차지하는 한국의 전략적 역할을 적극적으로 감당하겠다는 메시지를 던지는 것이었다. 또한 미국의 동아시아 지역통합전략에 따라 진행된 당시의 한일회담은 1961년 6월에 진행된 케네디·이케다 회담에 이은 11월의 박정희·케네디 회담의 산물로 나타난 것으로서 단순히 한일 간의 현안문제가 아니라 한·미·일 3국 간의 관계에서 의제에 오른 문제였다. 한일국교정상화가 미국에게는 군사 정치적 이유에서, 일본에게는 재계의 한국진출에 대한 요구라는 차원에서 얼마나 중요한 현안문제였는지를 여실히 보여 준 것이다.

결과적으로 그동안 대일 협상 진행 과정을 비밀에 부쳐오던 박정희 정권의 민주공화당은 1964년 2월 22일 당론으로 확정된 한일 교섭안을 발표하였다. 이들은 일반 여론의 추세를 무시한 채 3억불의 청구권 보상 대신 평화선에 대한 협상을 하기로 결정하였다. 그리고 1964년 3월 5일 정부와 여당은 연석회의에서 한일회담의 타결·조인·비준을 5월까지 모두 마친다는 방침을 밝혔다. 이에 야당인사 200여 명은 3월 9일 '대일굴욕외교반대 범국민투쟁위원회'(의장 윤보선)를 결성하여 구국선언을 채택하고 반대투쟁에 총궐기할 것을 다짐한 후 전국 유세에 들어갔다. 학생들의 반대 시위도 전국적으로 확산되었다. 3월 24일 서울대 문리대, 고려대, 연세대 학생들이 5·16 군사쿠데타 이후 최초의 대규모 가두시위(3·24시위)를 벌였다. 1962년 한일회담이 급속히 추진될 당시 신문사에서 조사한 여론조사를 보면, 한일국교정상화의 필요성에 대한 국민들의 의견을 볼 수 있다.

> 본사와 한국 통계센터가 실시한 전국여론조사에서 응답자(2,724명)의 17%는 한일관계에 있어 정식으로 국교를 맺을 필요가 없다는 견해를 나타냈으나 이의 약 2배에 가까운 32.3%는 국교수립의 필요성을 인정하였다. (중략)

국교정상화의 필요성을 인정하는 54.8%의 879명 응답자에게 한일 교섭에 있어서의 우리 측 입장을 물어본 결과는 ①우리가 내세운 조건을 약간 양보하더라도 속히 국교를 맺어야 한다는 의견에 찬동한 비율은 33.8%이며, ②우리가 내세운 조건을 양보하면서까지 국교를 맺을 필요는 없다는 의견에 찬동한 비율은 53.8%로 훨씬 많았다. 이밖에 ① '상호 협조적으로', '차차 두고 실정을 보아가며'라는 약간의 기타 견해도 있었다.(경향신문 62/05/17, 1면)

위에서 살펴보면, 30% 이상이 한일 국교를 맺어야 한다고 인정하고 있는데, 이는 그다지 높은 비율이라고는 할 수 없다. 또한 찬성하는 입장에서도 '우리가 내세울 수 있는 조건을 양보하면서까지 국교수립을 서두를 필요는 없다'는 입장이 58%를 넘고 있는 것을 보았을 때, 국민들의 의견은 정부가 추구하는 동북아 정세와 한국의 위상보다 대일감정과 일본에 대한 국가적인 이익을 고려하고 있다고 볼 수 있다. 따라서 당시 여론은 한일국교정상화에 대해 크게 반대하는 입장은 아니라 하더라도 한일회담의 추진과정에서 한국 측의 이해관계가 얼마나 반영될 수 있을까에 맞추어져 있었음을 알 수 있다.

그러나 1962년 11월 12일 무상 3억, 유상 3억 달러로 대일청구권 문제를 낙찰시킨 김종필 중앙정보부장과 오히라 일본 외상과의 비밀합의 내용을 담은 메모가 폭로되면서 정부의 한일회담 추진과정에 대한 문제제기가 촉발되었다. 특히 1963년에 들어서는 군정연장반대와 한일회담 문제가 교착되면서 한일회담에 대한 입장은 재야 정치인사들을 통해 제기되기 시작하였고, 주요한 내용은 회담의 추진주체가 군사정부가 아닌 민간정부여야 한다는 점, 비밀외교의 방식은 국민에게 큰 해악이 될 수 있다는 점 등이 강조되었다. 또한 남은 현안인 평화선에 대한 문제제기가 이어졌다.(경향신문 63/05/01. 1면; 동아일보 63/05/01. 1) 이 시기 한일회담에 대한 여론의 반응은 회담의 평등성 확보였으며, 한일회담을 서두르지 말 것을 촉구하는 것이었고, 국민의 여론을 무시한 정부 독단의 회담 추진과정에 대한 비판이 주를 이루었다.(경향신문 63/07/22) 반대운동의 논리 역시 기본적으로는 대일저자세 외교를 추궁하는 것이었고, 조기타결을 저지할 것과 김종필 의장의 한일회담 관여를 반대한다는 입장을 제시하였다. 이는 결국 비밀외교에 대한 비판이기도 했다.[8]

결국 1963년에 대통령 선거가 임박한 시점에서 한일회담 문제는 대통령 선거와 결부되면서 상대후보에 대한 폭로와 비방전에 가까운 논란이 제기되었다. 이는 주로 박정희 후보에 대한 공격으로 나타났고, 박정희가 한일회담을 양보하는 대신 일본에서 정치자금을 받았다는 문제제기가 이어졌고, 대일저자세 외교를 집중 비판하였다. 이러한 상황에서 대통령 선거가 박정희의 승리로 끝나고, 미국은 본격적으로 한일회담 조기 타결을 촉구하기 시작하였고, 군정에서 민정으로 이양한 박정희 정부는 1964년 초 회담 타결을 서둘렀다. 정부의 정책에 반발한 학생들은 1964년 5월 20일에 '한일굴욕외교반대대학생총연합회'가 주최한 '민족적 민주주의 장례식 및 성토대회'를 개최하였고, 이로써 한국에서 한일회담 반대운동이 다시 고양되는 계기가 되었다. 이 대회에서 학생들은 "4월 항쟁의 참다운 가치성은 반외압세력, 반매판, 반봉건에 있으며 민족민주의 참된 길로 나가기 위한 도정이었다. 5·16 쿠데타는 이러한 민족민주 이념에 대한 도전이었으며 노골적인 대중 탄압의 시작"이라고 선언하였다. 또한 "오늘의 이 모든 혼란이 외세의존이 아닌 민족적 자립만이 해결할 수 있음을 재확인한다"고 말하면서 "민족적 긍지를 배반하고 일본 예속화를 촉진하는 굴욕적 한일회담의 즉각 중단을 엄숙히 요구한

---

8) 대학가를 중심으로 재야인사들의 강연회가 진행되고 한일회담반대운동이 대여투쟁의 양상을 보이게 되자 김종필은 직접 대학생과의 간담회를 주선하기도 했으며, 학생들에게 김·오히라 메모를 공개할 의사가 있음을 밝히기도 했다. 그러나 이는 오히려 외교적 문제로 비화하며 정부의 외교적 무능을 비판하는 공격의 빌미를 제공하기도 했다.

다"고 선언하였다.[9] 그리고 집회에서는 한일회담에 대한 비판에 그치지 않고, 현 정부의 정통성도 비판하고 있다.

이 집회에 대한 정부의 강경대응에 대해 25일 전국 32개 대학의 총학생회 연합체인 한국학생총연합회가 주최하는 '난국타개 학생총궐기대회'를 열어 "조국의 주인이 누구요, 주권의 소재가 어디인데 민족의 절규와 감정을 외면한 채 민생고 해결에 완전 실패한 나머지 고갈된 국가경제 긴급 미봉책으로 신제국주의를 자초하는 반민족적 만행이 정치귀족의 탁상에서 계속 강행되고 있지 않은가?"[10]라고 말하고 일본과의 국교정상화를 계기로 하는 경제개발자금 도입을 서두르는 박정희 정권을 비판했다. 이 시위는 불발로 그쳤지만 27일 서울대에서는 긴급교수총회가 열려 "정부는 책임을 전가하지 말고 사태혼란의 근본원인을 직시하고, 과감하고 발본적인 시책을 단행하라"는 결의문을 발표했다. 이와 같이 이 시기 한국에서의 한일회담 반대운동은 정부의 경제정책을 중심으로 한 내정 전반에 대한 비판도 이루어지고 있었다. 그리고 6월 3일 학생데모는 전면적으로 확대되어 '한일회담 반대운동'에서 '박정권 하야'로 이행했다. 약 5만 명의 시민과 학생이 국회의사당으로 전진하자, 정부는 박정희 담화를 발표하여 계엄령을 선포하였으며, 한일회담은 중단되는 사태에 이르렀다. 이에 한일회담문제는 야당 투쟁의 쟁점으로 부상하게 되었고, 야당과 재야세력을 중심으로 '대일굴욕외교반대 범국민투쟁위원회'가 결성되면서 조직적인 반대운동으로 확산되었다. 반대의 논리는 1962년 말부터 제기되어오던 여론의 반영이었다.

그러나 한일회담 반대운동 후기인 1965년에는 한일회담 의제의 내용을 중심으로 한일기본조약, 청구권 및 경제협력, 어업, 법적지위협정 가

---

9) 「서울대학교 5·20 선언문」(6·3 동지회편, 1994, 『6·3 학생운동사』 편집위원회, p.471.)

10) 「난국타개 학생 총궐기대회 선언문」(앞의 책, 『6·3 학생운동사』 pp.483~488.)

조인 그리고 '기본조약 제2조'에 명시되어 있는 '한국병합'조약의 무효 시점에 관한 문제를 중심으로 전개되었다. 특히 한국은 한일간의 조문해석이 다른 점을 중심으로 문제점을 명확하게 하면서 오로지 한국의 국익이라는 시점에서 반대론을 전개하였다. 때문에 한일조약에 대한 찬성파, 반대파 모두 반공의 입장에서 전개되는 경향이 짙었으며, 따라서 청구권이나 재일한국인의 법적지위 등에 관한 인권문제가 상대적으로 경시되는 경향이 있었다.

Ⅲ. 일본내 한일회담 반대여론

한일회담에 대한 일본인들의 관심이 본격화된 것은 1960년대에 들어서였다. 1950년대에는 한일회담 교섭 중에 양국 간의 외교적 대립이 고조되었을 뿐만 아니라, 한국에 대한 관심은 한국전쟁과 휴전 후 냉전체제에 관한 내용이 주를 이루고 있다. 특히 이승만 대통령이 평화선을 선포하면서 일본정부와 여론은 '불법', '부당'의 관점에서 한국을 비난하였으며, 따라서 일본사회에는 한국에 대한 부정적인 이미지가 심화되어 갔다.[11] 그리고 한국에 대한 부정적인 이미지는 한일회담에 대해서도 일본정부의 논리를 그대로 수용하는 분위기로 이어졌다. 구보타 발언으로 인해 한일회담이 결렬되었을 당시 일본사회의 여론을 살펴보면 이러한 분위기를 더욱 명확하게 알 수 있다. 당시 아사히 신문에는 '한일회담 결렬의 원인'이라는 기사에서 "일한회담이 성과 없이 끝난 것은 한국 측의 예정된 계획인 것 같다. 한국 측의 주장은… 일본대표로부터 일본의 조선 통치는 나쁜 면뿐만은 아니었다는 발언을 유도하였다"고 하는 일본 외무성의 주장을 소개하고 있다.[12] 또한 같은 날 '유감인 일한회담의 결

11) 鄭大均, 1995, 『韓國のイメージ』中央公論社, pp.71~81.

럴' 사설에서는 "정부성명처럼 한국 측의 태도에는 사소한 발언을 일부러 왜곡하여 회담전반을 일방적으로 파괴한 것으로 보이는 부분이 있는 것은 정말로 유감"[13]이라고 하면서 이로 인해 어업문제의 해결이 늦어진 것을 안타까워하고 있다.

이와 같이 일본사회에는 한국에 대한 부정적 이미지가 고착되어갔지만 한일회담의 타결이 임박한 1960년대에 들어가면서 한일회담에 대한 일본사회의 관심은 증대되었다. 특히 1962년에 경제협력방식의 도입으로 한일회담의 조기타결이 가시화되면서 이 문제에 대한 논의가 본격화되었다. 한일회담의 조기 타결을 지지하는 전형적인 논리는 1963년 1월에 『中央公論』에 실린 자민당 소속의 중의원 의원 가야 오키노리(賀屋興宣)의 글에서 살펴볼 수 있다. 그는 한일회담의 반대론이 부자연스러운 것이라고 하면서 그 이유로 한일 간의 역사적·지리적 관계와 같은 자유진영이라는 점을 들고 있다. 그리고 반대론에서 제기하는 박정희 정권의 정통성에 대해서 한국정부가 민주주의로 이행되어 가고 있으며, 합법정부로 승인 받았다고 하면서 반대를 위한 반대에 불과하다고 일축하고 있다. 또한 한일회담이 남북통일을 방해할 것이라는 비판에 대해서 오히려 남북통일을 방해하는 것은 공산주의라고 서술하고 있으며, 한일회담이 군사동맹적 성격을 지니고 있다는 반대론에 대해서도 북한이야말로 소련, 중국과 군사동맹을 맺고 있다고 말하고 있다. 그리고 경제적인 측면에서 한국에 대한 투자의 안정성을 강하게 주장하면서 한일회담의 조기타결을 주장하였다.[14]

이러한 과정에서 제3차 통일행동 재개의 배경은 한일회담을 둘러싼 정세의 급변을 들 수 있다. 1962년 10월 20일에 김종필이 일본에 건너가

---

12) "日韓會談決裂の原因"『朝日新聞』(1953년 10월 22일)
13) "遺憾な日韓會談の決裂"『朝日新聞』(1953년 10월 22일)
14) 賀屋興宣, 1963, 「日韓交涉への私見」『中央公論』, pp.270~275.

21일에 오히라 마사쿠니(大平正芳)외상과 회담을 갖고 한일 간에 청구권 문제의 정치적 타결에 관한 논의가 급진전되었던 것이다. 이 시기를 기점으로 한일회담 반대를 위한 통일전선이 일본사회에 점차 정착되어가는 듯했다. 사회당은 11월 11일 사회당의 이오카(井岡) 국민운동위원회 사무국장과 총평의 이와이(岩井) 사무국장 등 '일한회담대책연락회의'의 단체대표와 협의한 결과 청구권문제의 비준저지에 중점을 두고 먼저 통상국회 소집 전후로 대대적인 대중운동을 조직하기로 결정하고, 한일회담반대 국민운동의 구체적인 진행방법에 대해서는 17일 중집위에서 검토하기로 결정하였다.15) 사회당은 사회당, 총평 등 41개 단체로 구성된 '일한회담대책연락회의'를 강화하고 이 단체를 중심으로 폭넓은 국민운동을 발전시킬 생각이었다. 그러나 1963년 3월을 기점으로 국민회의의 한일회담반대운동이 급격하게 침체되기 시작했다. 그리고 일본국내에서는 포라리스 원자력잠수함의 기항문제가 부상하여 5월 20일 제9차 통일행동 슬로건은 일한회담반대에서 '기항반대'로 바뀌었다. 당시 한국에서는 김종필이 중앙정보부장을 사임하고 한일회담은 제자리걸음 상태가 되어 일종의 낙관적인 관측이 다시 국민회의 안에 퍼졌던 것이다. 결국 국민회의는 1963년 9월 1일 제12차 통일행동을 끝으로 해체되었다.16)

이와 같이 국민회의의 해체에 의해 통일전선운동의 구심력이 약화되자, 일조협회는 8월 31일 제1회 상임이사회에서 '전조직이 단결하여 300만 서명을 획득하는 것이 시급한 현실'이라고 결의하였다. 사회당은 1964년 9월 3일 총평과 함께 원자력 잠수함기항저지 전국실행위원회를 결성하여 독자적인 활동을 시작하였고, 공산당은 1964년 11월 제9회 당대회를 열어 안보조약의 고정기간이 종료하는 1970년이 초점이 될 것이

---

15) "請求權の批准阻止社党, 日韓會談反對運動"『讀賣新聞』(1961년 11월 12일 日曜日 朝刊)
16) 李鍾元 他, 2011, (박정진「日韓會談反對運動」) p.275.

라는 인식하에 보다 장기적인 관점에서 통일전선을 조직해야 한다고 주
장했다. 그 과정에서 한일회담반대투쟁은 수단적인 의미를 가진다고 기
본방침을 정했다. 이렇게 통일행동이 와해되는 가운데 1964년 12월 3일
제7차 한일회담이 정식으로 시작되었다. 그리고 1965년 2월 20일 한일
기본관계조약안이 가조인될 때에는 사회당과 일본공산당은 단독행동으
로 대응하게 되었다.

이 시기 한일회담 반대운동에 대한 논리적 전개를 이어 나간 단체는
일본조선연구소이다. 일본조선연구소는 1961년 5월에 발족한 박정희 정
권이 10월부터 이케다 하야토(池田勇人) 정권과의 한일교섭(제6차)을 재
개하여 11월에는 방일을 하는 등 급하게 교섭을 진행하자, 62년 3월부터
60년 안보투쟁에서 중심적인 역할을 담당했던 안보국민회의가 "일한회
담분쇄"를 내걸고 운동을 진행하면서 발족되었다. 일본조선연구소는 한
일회담을 일미신안보의 일환이라고 인식하면서 연구회나 서클이 아닌
상설 연구소를 만들어 활동을 전개하였으며, "제2의 안보"를 슬로건으로
하여 공산당 및 사회당, 총평이 연합하여 62년 10월부터 63년 3월까지
대중운동을 전개하였다가 다시 국민회의 활동이 정체기로 접어들면서
그 활동을 활발하게 재개하게 되었다.

일본조선연구소에서 발행한 책자에서 한일회담에 대해 표현한 내용
을 살펴보면 먼저 한일회담이 위험한 군사동맹이며, 일본인의 사활문제
임을 명확하게 하고 있다.[17] 특히 설명의 방식에서 유럽의 NATO와 비
교하면서 군사동맹을 구성하고 있는 각 군대의 통수권·지휘권 문제, 병
기·장비문제, 구성·훈련·작전방식을 들고 있다. 내용에서는 NATO동맹
국들이 독립국인데 비해 아시아 군사동맹(NEATO)국인 남한과 대만, 일
본은 완전한 독립국이 아님을 지적하면서, 특히 "일본은 자위대의 통수

---

17) 寺尾五郎編, 1963. 1, 「それは危険な軍事同盟日本人の死活問題」『私たちの生活
と日韓會談』朝鮮研究月報,日本朝鮮研究所, pp.3~15.

권을 완전히 미국이 쥐고 있는 상황에서 더욱 종속적일 수밖에 없다"고 말하고 있다. 또한 경제적인 면에서는 한일경제협력이라든가 경제원조 등 여러 가지 아름다운 명목으로 말하고 있지만 일본의 대자본이 노리고 있는 것은 다름 아닌 경제침략이며 경제지배라고 주장하고 있다. 그 근거로 "일본의 대자본이 생각하고 있는 것은 상품을 많이 수출하고자 하는 것도 있지만 그 이상으로 자본수출을 생각하고 있다. 즉 한국에 일본의 자본을 가지고 가서 투하한다. 공장을 건설하고 광산을 사서 점거하여 경영한다"는 것이다. 그렇다면 일본은 불안정한 한국에 왜 자본을 투하하려고 하는 것인가라는 의문에 대해 한국의 노동임금이 일본의 3분의 1 내지 4분의 1이라는 극단의 저임금 때문이라고 설명하고 있다. 즉 일본의 노동자 계급은 춘계투쟁, 연말투쟁 등 계속 요구를 하고 있기 때문에 수입이 적어지므로 별로 수입이 없는 일본의 공장을 합리적으로 폐쇄하고 한국에 공장을 세우면 값싼 노동력으로 돈을 벌수 있다는 논리에서 나온 것이라고 설명하고 있다.[18] 이와 같이 대중의 생활과의 관련성을 역설하면서 한일교섭의 위험성을 역설하고 있음을 알 수 있다.

이와 같이 같이 한일회담 반대운동을 꾸준히 전개해 온 조선연구소에서는 한일회담 반대논리를 크게 세 가지로 나누어 전개하고 있다. 첫째는 아시아의 전쟁을 야기하는 군사동맹 차원에서의 반대이고, 둘째는 경제적인 면에서 일본의 자본진출로 인하여 일본 노동자의 생존권을 위협한다는 것이다. 그리고 마지막으로 한국의 통일을 방해하고 베트남전쟁을 지속시키기 위한 기반을 마련하기 위한 군사제휴의 논리로 반대하고 있다.

18) 寺尾五郎編, 1963. 1, pp.30~36

Ⅳ. 한일양국의 한일회담 반대운동의 의의

한국에서 한일회담 반대운동의 의의는 박정희 정권에 대한 최초의 반정부운동이었다는 점을 들 수 있다. 1964년 5월 20일에 '한일굴욕외교반대 대학생총연합회'가 주최한 '민족적 민주주의 장례식 및 성토대회'로 인해 한일회담 반대운동이 다시 고양되어, 25일에는 한국학생총연합회가 주최하는 '난국타개 학생총궐기대회'로 이어지면서 일본과의 국교정상화를 계기로 하는 경제개발자금 도입을 서두르는 박정희 정권을 비판했다. 이와 같이 이시기 한국에서의 한일회담 반대운동은 정부의 경제정책을 중심으로 한 내정 전반에 대한 비판도 이루어지고 있었다. 그리고 6월 3일 학생데모는 전면적으로 확대되어 '한일회담 반대운동'에서 '박정권 하야'로 이행했다. 한국에서 한일회담 반대운동의 주장은 대체로 ①한국정부의 대일 저자세 비판, ②평화선 사수, ③일본의 경제침략에 대한 경계, ④미국의 한일회담 개입에 대한 비판 등으로 요약할 수 있다.

일본에서는 한일회담 반대논리를 크게 세 가지로 나누어 전개하고 있다. 첫째는 아시아의 전쟁을 야기하는 군사동맹 차원에서의 반대이고, 둘째는 경제적인 면에서 일본의 자본진출로 인하여 일본 노동자의 생존권을 위협한다는 것이다. 그리고 마지막으로 한국의 통일을 방해하고 베트남전쟁을 지속시키기 위한 기반을 마련하기 위한 군사제휴의 논리로 반대하고 있다. 이러한 논리는 일본 공산당을 중심으로 한일회담 반대투쟁을 안보반대투쟁의 연속으로 이해하면서, 아시아와 세계의 평화를 지키기 위해 전 민주세력이 통일해야 하는 투쟁으로 전개되었다. 또한 미국에 대한 견제를 견고하게 함으로써 한일양국의 안보반대·평화와 민주주의를 지키는 국민의회의 공동투쟁의 과제로 삼고자 적극적으로 노력하였다. 즉, 일본내 한일회담 반대담론은 미국과의 관계와 국제정세에서 일본이 처한 입장, 즉 군사동맹국으로의 편입에 대한 우려가 가장 크게 나타나고 있음을 알 수 있다. 이는 동아시아의 냉전체제가 고착되어가는 시점에서 체결되는 조약이니만큼 일본으로서는 가장 우선해서 고려해야 할 사안이기도 했던 것이다.

위에서 살펴본 바와 같이 한일양국이 전개한 한일회담 반대논리는 각각의 국내 사정에 맞게 전개되어 보다 넓은 의미에서 한일양국 공동의 반대논리를 찾는 데는 실패하였다는 한계를 가지고 있다. 그럼에도 불구하고 한일양국의 반대 운동에서 가장 큰 의의는 양국 국민이 자국의 민주주의를 실현시키기 위한 운동과 같은 맥락에서 전개되었다는 점을 들 수 있다. 앞에서도 서술한 것과 같이 한국에서 한일회담 반대운동의 의의는 박정희 정권에 대한 최초의 반정부운동이었다는 점이다. 한국에서는 직접적으로 한일국교정상화를 통한 아시아에서의 군사동맹을 비난하지는 않았지만, 4·19혁명 정신을 들어 반외세, 반매판을 주장하면서 민주화의 퇴보를 우려하였다. 일본은 미일안보조약에 반대하는 투쟁의 연장선상에서 고조된 한일회담 반대운동이었기 때문에 군사동맹에 대한 우려의 목소리가 직접적으로 나오고 있으나, 이러한 우려는 패전 후 일본의 민주화와 비군사화 정책이 역행할 것에 대한 두려움에서라고 할 수 있다. 따라서 한일양국이 처한 국내적인 상황으로 보았을 때, 양국이 처한 가장 반민주적인 상황을 타개하기 위한 수단의 하나로써 한일회담 반대운동을 전개했음을 알 수 있다. 또한 민주주의 실현을 위한 정책 중 '자주성' 고취라는 면에서 한일회담 반대운동 논리에서 미국의 한일회담 개입에 대한 비판은 양국이 공통으로 내포하고 있는 내용이다.

두 번째 한일회담 반대운동의 의의로 들 수 있는 것은 한국에서 한일국교정상화로 인한 경제의 일본예속화가 아니라 '자주경제'를 실현해야 한다는 주장이 일본에서는 한국원조라는 명목으로 인한 공장시설의 이동은 일본 노동자의 생존권을 위협하는 경제정책이기 때문에 한국의 경제뿐만 아니라 일본의 경제에도 큰 타격을 준다는 논리와 맞물리고 있다는 점이다. 한일국교정상화를 통해 표면적으로 한국은 일본의 원조를 받아 경제를 살릴 수 있다는 기대를 갖고 있었지만, 실상은 새로운 경제적 예속임을 한국에서도 명확하게 지적하고 있으며, 일본 또한 경제적 진출을 명목으로 한 국내 노동자 탄압에 대한 절차임을 확실하게 파악하고 있음을 알 수 있다.

마지막으로 일본에서 한일회담 반대운동 이후 운동 주체의 내재적 문제로 가지고 있던 한계를 '한일회담 반대운동의 내재적 비판'을 통해 살펴볼 수 있다. 특히 하타다 다카시의 일본에서의 한일회담 반대운동에 대한 내재적 비판은 그가 일조우호운동의 거점이 된 일본조선연구소 활동을 통해 사회당, 총평, 공산당 등 기존 혁신 단체의 반대운동을 망라하여 내재적 비판을 하였다는 점에서 의의가 있다. 하타다는 한일회담에 대한 대처에 기초해서 정리한 『日本人の朝鮮觀』에서 일본인의 조선문제에 인식의 부족함과 왜곡을 언급하는 내용을 쓰고 있는데 그 내용은 다음과 같다.

지금 많은 일본인은 식민지주의를 긍정하지 않고 있다. 적어도 머릿속에서는 반대하고 있다. 아시아·아프리카의 식민지 해방운동에 공감하는 사람이 많이 있는 것은 명백한 사실이다. 거기에는 전전과는 전혀 다른 사상의 상황이 있다. 그러나 일단 조선문제가 되면 그 점이 이상해진다. 그것은 조선문제가 식민지 지배에 대한 일반적인 것이 아니라, 일본인 자신의 문제이기 때문이다. 조선문제에 대해서는 단순히 식민지주의에 반대하는 것만으로는 끝나지 않는다. 일본 자신이 식민지 지배국이며, 일본인 자신이 식민지 지배민족이었다. 이 경우 식민지주의에 대한 반대는 자기부정을 하지 않고는 끝나지 않는다. 거기에서 혼란이 생긴 것이다. 일조문제는 이해하기 힘들다고 자주 말하지만, 그것은 식민지 지배국, 식민지 지배민족으로서의 일본 또는 일본인을 직시하기 어렵기 때문이다. 일본인은 자국 군국주의 아래서 고통을 받았던 희생자임과 동시에 식민지 지배민족이기도 하였다. 이 두 개의 성격을 보유한 자이다. 군국주의의 희생자였던 것은 잘 알고 있지만, 지배민족

이었던 것은 좀처럼 알기 어렵다. 조선문제, 일조문제의 이해하기 어려운 근원이 거기에 있다.[19]

즉, 일본인 자신이 식민지 지배민족이었다는 자각을 하지 못함으로써 조선문제에 대한 명확한 이해를 하지 못하고 있다고 지적하면서, 전쟁시기 가해자로서의 자기부정이 필요하다고 역설하고 있는 것이다. 또한 하타다는 후기에서 한일회담 반대운동의 한계에 대해 "무엇보다도 일본의 조선에 대한 식민지 지배 사실 및 식민지 지배 책임에 대한 인식이 결여되어 있다는 것을 통감했다. 이것은 한일회담을 추진하는 측은 물론, 한일회담에 반대하는 측에게도 보여졌다"[20]고 말하고 있다. 또한 한일회담과 한일조약에 관한 일본인의 전반적인 관심 빈약, 조약에 대한 찬반이 현재·미래의 일본과 조선의 관계에 집중하고, 과거 일본의 조선 지배는 잊는 경향이 있었다는 점, 반대운동측은 식민지 지배를 정당화하지 않았지만, 이러한 측면에 대한 대처가 불충분했다는 점, 그 현상으로 구보타 발언과 '독립에 대한 축하금'으로서의 배상문제 처리에 대한 반대운동 세력으로부터의 비판이 부재했다는 점, 일본 민중도 또한 피해자라는 논리에 의해 한국에 대한 지원에 반대하려는 반대운동 논리 등이 비판적으로 지적되었다.[21] 이러한 인식을 바탕으로 하타다는 한일회담은 일본과 조선 사람들 사이에 수립되는 새로운 국제관계의 모체이기 때문에 일본과 조선이 우호관계를 맺기 위해서는 일본인 자신의 '탈식민지화(decolonization)'가 필수적이라고 지적하고 있다. 한일회담 반대운동의 내재적 비판을 통해 나타난 식민지 지배민족으로서의 자각은 이후 일본사회운동에 영향을 미쳤으며, 식민지 문제에 대한 보다 본질적인 접근을 가능하게 하는 역할을 하였다고 할 수 있다.

---

19) 旗田巍, 1969, 『日本人の朝鮮観』, 勁草書房.
20) 앞의 책, p.296.
21) 앞의 책, p.96, 102.

Ⅴ. 맺음말

한국에서 한일회담 반대운동의 주장은 대체로 ①한국정부의 대일 저 자세 바판, ②평화선 사수, ③일본의 경제침략에 대한 경계, ④미국의 한 일회담 개입에 대한 비판 등으로 요약할 수 있다. 일본에서는 한일회담 반대논리를 크게 세 가지로 나누어 전개하고 있다. 첫째는 아시아의 전 쟁을 야기하는 군사동맹 차원에서의 반대이고, 둘째는 경제적인 면에서 일본의 자본진출로 인하여 일본 노동자의 생존권을 위협한다는 것이다. 그리고 마지막으로 한국의 통일을 방해하고 베트남전쟁을 지속시키기 위한 기반을 마련하기 위한 군사제휴의 논리로 반대하고 있다.

한일양국이 전개한 한일회담 반대논리는 각각 국내 사정에 맞게 전개 되어 보다 넓은 의미에서 한일양국 공동의 반대논리를 찾는 데는 실패하 였다는 한계를 가지고 있다. 그럼에도 불구하고 한일양국의 반대 운동에 서 가장 큰 의의는 양국 국민의 민주주의를 실현시키기 위한 운동과 같 은 맥락에서 전개되었다는 점을 들 수 있다. 두 번째 한일회담 반대운동 의 의의로 들 수 있는 것은 한국에서 '자주경제'라고 표현되었던 부분이 일본에서도 또한 노동자의 생존권을 위협하는 경제개념으로 나타나고 있었다는 것이다. 표면적으로 한국은 일본의 원조를 받아 경제를 살릴 수 있다는 기대를 갖고 있었지만, 실상은 새로운 경제적 예속임을 한국에 서도 명확하게 지적하고 있으며, 일본 또한 경제적 진출을 명목으로 한 국내 노동자 탄압에 대한 수순을 확실하게 파악하고 있음을 알 수 있다.

마지막으로 한일회담 반대운동의 내재적 비판을 통해 일본인 자신이 식민지 지배민족이었다는 자각을 하지 못함으로써 조선문제에 대한 명 확한 이해를 하지 못하고 있다고 지적하면서, 전쟁시기 가해자로서의 자 기부정이 필요하다고 인식한 것이다. 이러한 자각은 이후 일본사회운동 에 영향을 미쳤으며, 식민지 문제에 대한 보다 본질적인 접근을 가능하게 하는 역할을 하였다고 할 수 있다.

〈참고문헌〉

가야 오키노리(賀屋興宣), 1963, 「日韓交涉への私見」『中央公論』.

다카사키 소지(高崎宗司), 1996, 『檢證日韓關係』岩波書店(新書).

박정진, 「북한과 일본혁신운동 - 일본 한일회담반대운동의 발생(1960~1962)」
『한림일본학』 17, 2010.

_____(朴正鎭), 「日韓會談反對運動」『歷史としての日韓國交正常化 I 東アジ
ア冷戰編』(李鍾元 他) 法政大學出版局, 2011.

한일관계사연구논집 편찬위원회 저, 2005, 『해방후 한일관계의 쟁점과 전망』, 서
울 : 경인문화사.

박진희, 2006, "한일양국의 한일협정 반대운동 논리", 『기억과 전망』 18호.

요시자와 후미토시(吉澤文壽), 『戰後日韓關係 - 國交正常化交涉をめぐって』
クレイン, 2005.

_____, 2001, 「한국에서의 한일회담 반대운동의 전개」, 『한중인문학연구』 제6집.

6·3 동지회편, 1994, 『6·3 학생운동사』 편집위원회.

이원덕, 『한일과거사 처리의 원점 - 일본의 전후처리 외교와 한일회담』 서울대학
교 출판부, 1996.

李鍾元 他, 2011, 「日韓會談反對運動」『歷史としての日韓國交正常化 I 東ア
ジア冷戰編』法政大學出版局.

_____ 「한일회담에 나타난 일본의 식민지 지배인식」『한국사연구』 131, 2005.

임성모, 「냉전기 일본 진보파 지식인의 한국 인식 : 『세카이』의 북송·한일회담
보도를 중심으로」『동북아역사논총』 33, 2011.

정대균(鄭大均), 『韓國のイメージ』, 中央公論社, 1995.

최종길, 「전학련과 진보적 지식인의 한반도 인식 : 한일회담 반대 투쟁을 중심으
로」『일본역사연구』 35, 2012.

하타다 다카시(旗田巍), 『日本人の朝鮮觀』, 勁草書房, 1969.

「한일양국의 한일회담 반대운동과 의의」에 대한 토론문

최 종 길(고려대학교)

우선 이 발표문은 한일회담 반대운동 과정에서 제기된 다양한 논의를 고찰하여 반대운동의 결과 사회적으로 생산된 결과물이 어떠한 의의를 가지고 있는지 살피고 있다. 그리고 이 발표문은 이러한 연구결과를 향후 한일관계의 전망과 연동하여 고찰하고 있다는 측면에서 학문의 사회적 기능을 충실히 수행하고 있다고 볼 수 있다. 특히 광복 70년, 한일 수교 50년이란 시기에 매우 시의적절한 연구라 할 수 있으며 경색된 한일관계를 풀어가기 위한 계기를 제공할 수 있는 연구이다.

고찰의 결과 발표자는 한일양국에서 한일회담 반대운동을 진행한 한국과 일본의 운동주체들이 공동의 반대논리를 찾는데 실패하였다. 둘째 한국경제의 일본 예속과 일본 노동자들의 생존권 위협, 셋째 가해자로서의 자각과 자기부정에 대한 인식이 필요하다는 사실을 지적하고 있다.

1. 서론에서 반대운동의 의미가 "1960~1970년대 한일관계 형성과 어떻게 연결되는 것인지 분석"하고자 했지만 본문에는 이러한 내용에 대한 분석이나 언급이 별로 보이지 않는다. 물론 발표문인 만

큼 한정적인 내용에 머무를 수밖에 없는 상황을 고려한다고 하더라도 위의 내용은 논문전체에서 차지하는 비중이 큰 만큼 어떤 형태로든 언급이 필요하다고 본다. 이에 대하여 발표자의 견해를 말씀해주시기 바란다.

이러한 내용은 현재의 경직된 한일관계를 풀고 미래지향적인 관계 형성에 많은 시사점을 제공할 수 있으므로 더욱 중요하다. 특히 특정한 주제에 대하여 한일 공동의 논리를 창출하지 못하고 개별적으로 운동을 진행할 수밖에 없었던 당시의 한계를 넘어서서 비록 이해관계가 충돌한다고 하더라도 공동의 관심사에 대한 논점을 추출하는 작업은 매우 중요하다.

2. 발표자는 한일회담은 "한일 간의 현안문제가 아니라 한·미·일 3국 간의 관계에서 의제에 오른 문제였다"고 판단한다. 특히 한일국교 정상화 교섭이 시작된 1951년의 상황을 살펴보면 이 판단은 올바른 지적이라고 본다. 그렇다면 이러한 측면에서도 한일회담 반대운동이 가지는 의의가 분석되어야 하지 않을까 생각한다. 즉 한·미·일 3국 관계의 시각에서 본 반대운동의 사사점은 무엇이며 이러한 내용이 현재의 동북아시아 국제정세를 이해하는데 있어 어떠한 기능과 역할을 할 수 있는지. 발표자의 의견을 듣고 싶다.

3. 발표자는 일본 내 한일회담 반대운동을 고찰하는 내용에서 하타다 다카시를 중심으로 한 일본조선연구소의 활동을 분석하면서 "일본인 자신이 식민지 지배민족이었다는 자각을 하지 못함으로써 조선문제에 대한 명확한 이해를 하지 못하고" 있는 만큼 "가해자로서의 자기부정이 필요하다"고 한 주장을 소개하고 있다. 즉 "식민지 지배민족으로서의 자각은 이후 일본사회운동에 영향을 미쳤으며, 식민지 문제에 대한 보다 본질적인 접근을 가능하게 하는 역할을

하였다"고 정리하였다.

가해자로서의 자각이 60년도 후반 70년도의 사회운동에 어떠한 형태로 영향을 미쳤는지 구체적인 사례를 소개해줄 수 있는지. 특히 자기부정이란 용어는 전공투의 운동과 사상을 대표하는 키워드라고 할 수 있는데 한일회담 반대운동과 전공투 운동의 연계성을 시야에 넣고 있는지. 만약 그렇다면 어떠한 측면에서 관련성을 고찰하려고 하는지. 좀 더 상세한 설명을 부탁드립니다.

나아가서 이러한 '식민지 지배책임에 대한 자의식'을 일본사회는 가져야한다는 문제제기를 70년대 중반 이후 일본사회의 점진적인 보수화 경향과 겹쳐서 살펴보면 성과는 미미하지 않은가라는 생각도 든다. 특히 현재 일본에서 일어나고 있는 다양한 보수화 경향을 염두에 둔다면 더욱이 이러한 생각을 지울 수가 없다.

즉 일본조선연구소의 활동이 있었던 것은 사실이고 그들의 주장이 가지는 의미는 상당히 중요한 것이었으나 당시 한일회담 반대운동에 참가한 많은 단체와 개인에게 있어 '식민지 지배책임에 대한 자의식'은 미미하지 않았나 생각한다. 발표자도 서론에서 기존의 "이러한 연구는 주로 일본의 한일담 반대담론이 일본 지식인의 역사인식과 전쟁책임인식의 부재"라는 결론을 내리고 있다고 요약하고 있다.

한일 간 諸條約에 관련된 과제*
-한일 청구권 협정을 중심으로 -

吉澤文壽(新潟國際情報大)

본 논문에서는 韓日諸條約에 관련된 과제로서 재산청구권에 대해 고찰해 보고자 한다. 이 문제는 예전부터 연구[1]가 많이 축적되어 왔으나, 여기서는 최근 공개된 외교문서를 사용하여 지금까지 충분히 검토하지 못했던 이하 3가지 논점에 주목할 것이다.

첫째, 在朝日本人의 재산을 둘러싼 논의의 검증이다. 기존 연구에서는 한국측 청구권, 특히 개인청구권이 어떻게 처리되었는가 하는 문제에 초점을 맞춰왔다. 그러나 外務省 문서를 보면 외무성은 오히려 在朝日本人의 재산 처리에 보다 무게를 두고 관심을 가져왔다.

둘째, 한국측 개인청구권 요구에 일본측이 대응했던 제안에 관한 검증이다. 기존 연구에서는 종종 일본이 한국측에 증거제시를 요구함으로써 청구금액을 낮추려 했다는 지적이 있어 왔다.[2] 그러나 이번에 공개된

* 이 논문은 졸저 『日韓會談 1965 戰後日韓關係の原點を檢證する』(高文硏, 2015) 제3장 「『完全かつ最終的に解決された』請求權とは何だったのか - 財産請求權」의 내용임. 또한 논문 가운데 강조한 것은 저자가 표시한 것임.
1) 太田修 『日韓交涉 - 請求權問題の硏究』 クレイン, 2003, 吉澤文壽 『戰後日韓關係 - 國交正常化交涉をめぐって』 クレイン, 2005, 張博珍 『植民地關係の淸算はなぜ實現できなかったのか』 論衡(ソウル), 2009.
2) 山田昭次 「日韓條約の今日の問題點」(『世界』 제567호, 1992년 4월, 56쪽).

문서를 보면 이러한 접근방법에 보다 큰 의미가 있다는 것을 알 수 있다.

셋째, 韓日請求權協定 第2條 第1項 「完全하고 最終的으로 解決」된 청구권 내용에 대한 檢證이다(한일청구권협정 제2조 전문 및 그 合意議事錄은 논문 뒤편에 첨부한 참고자료를 참조). 기존 연구에서는 개인청구권에 대한 논의가 전혀 없거나 부족하고, 기본관계 문제와 거래하는 차원에서 한국인의 개인청구권을 취급, 미해결인 채로 처리해 버렸다고 하였다. 이와 관련해서는 1961년 이후 제6·7차 회담 시기 논의 가운데 일본측이 삭제하려던 청구권 내용을 상세히 검토하여 재확인할 필요가 있다.

특히 세 번째 논점은 오늘날 식민지 지배 / 전쟁 피해자의 인권 회복 문제와도 밀접하게 관련되어 있다. 韓日請求權協定으로 이 문제가 「해결」되었는가, 청구권 교섭 검증은 최종적으로 이 물음으로 귀착될 것이다.

I. 在朝日本人의 재산에 대한 관심

1945년 패전 후 일본정부가 특히 관심을 가진 것은 在外日本財産, 그 가운데서도 私有財産의 행방이었다.[3] 1948년 5월 2일 外務省條約局條約課가 작성한 「割讓地域에 있는 讓渡國의 財産, 權利, 利益의 처리에 관하여」라는 문서에서는 이탈리아평화조약을 중심으로 베르사유·생제르망조약을 연구, 在外財産 처분에 관해 추측하고 있다. 外務省은 賠償의 일부로 國有財産이 할양지역에 양도된 것은 부득이한 것으로 간주하고 포기했으나 私有財産에는 집착하였다.

---

3) 이에 대해서는 金恩貞 「日韓國交正常化交涉における日本政府の政策論理の原點 : 對韓請求權論理」の形成を中心に」(『國際政治研究の先端10』(季刊國際政治 제172호, 2013년 3월)가 최신 연구이다.

外務省은 특히 제1차 대전에서 독일이 모든 해외식민지를 소실하게 된 베르사유조약 규정에 주목했다. 베르사유조약은 알자스-로렌 및 구독일 식민지에서 국적선택권을 엄중히 제한하고, 국적선택자의 퇴거에 대해서는 특별취급을 인정하지 않았다. 이는 패전 후 할양지역인 조선, 대만, 사할린(樺太) 등에 거주하던 일본인들이 사실상 강제퇴거 되고, 그 사유재산도 대부분 남겨 두었던 일본의 사례에 참고가 되었다. 단 外務省은 「조선에 있는 私有財産은 배상 개념을 적용할 근거가 없고, 또 이를 公有財産처럼 조선에 無償 계승하는 것으로 보는 것도 불합리하므로 어떤 救濟措置가 있어야 할 것이다」[4]라고 생각하고 있었다. 여기서 일본정부의 청구권 주장의 기초가 되는 사상을 엿볼 수 있다.

1952년 2월부터 시작된 제1차 韓日會談에서, 한국측이 「韓日間財産 및 請求權協定要綱 (이른바 對日請求8項目)을 제시하자 일본측은 在朝日本人 재산에 관한 청구권을 주장했다. 결국 이 청구권은 1957년 12월 31일 韓日共同宣言에서 對日講和條約 第4條 b項에 관한 美國務省 覺書를 근거[5]로 정식 철회되었다. 外務省도 인정한 것처럼 **일본측이 주장한 청구권은 「방대할 것으로 예상되는 한국 측의 배상요구를 봉쇄하기 위한」 것이었다.** 또 한편 外務省은 「청구권 相互放棄를 제기하는 것은 國內補償問題를 유발한다」고 생각하고 있었다.[6]

---

4) 條約局條約課 「割讓地域にある讓渡國の財産, 權利, 利益の取扱について」(1948년 5월 2일, 日本政府開示記錄, 文書番號 1560[이하 日/1560로 표기한다], 6쪽).

5) 한국정부의 요청으로 1952년 4월 29일 미국무성이 샌프란시스코 강화조약 4조b항을 해석한 각서를 가리킨다. 골자는 (1) 동조항에 의해 일본은 미군정 하 남조선에 남아있는 재산 및 그 이익에 대한 유효한 청구권을 주장할 수 없다. (2) 일본이 유효하다고 인정한 재산 처리는 강화조약 제4조 a항에 의해 결정된다. 즉 韓日請求權協定 처리를 고려하는 경우 이에 관련된다는 것이다(「日韓請求權問題解決に關し平和條約第四條の解釋に對する米國の考え方に關する聲明案」, 日/1352, 1쪽).

6) アジア局總務參事官室 「懸案對日請求權の經緯及び解決方針に關する參考資料」(1959년 1월 31일, 日/1600, 71쪽).

1958년 2월 18일 문서에 따르면 外務省은 在朝日本人 재산 보상에 대해 「연합국 내 일본재산 처리와 같이 넓게는 전쟁피해자 전반에 대한 救濟問題로써 財政的 관점보다는 종합적으로 검토되어야 할 문제」라고 기술하고 있다.[7] 일본정부는 이러한 자세를 현재도 견지하고 있으며 1957년 5월 17일 제정한 引揚者給與金等支給法 이외의 조치는 취하지 않고 있다. 오늘날까지 공개되지 않은 부분 가운데는 在朝日本人財産 관련 정보가 많이 포함되어 있는데, 外務省이 在朝日本人의 보상문제에 관해서 韓國人에 대한 보상과 비교하며 신경 써 왔다는 것을 알 수 있다.

전후 일본은 아시아에 대한 배상을 매우 싼 값에 처리했다는 점을 종종 지적받아 왔다. 그러나 이 「低價의 賠償」에 在朝日本人 재산에 대한 補償不履行이 포함되어 있다는 점을 간과하는 경향이 있다. 물론 在朝日本人이 식민지 조선에 支配者로 군림해 온 사람들이기 때문에 피해자인 한국인들과 동등한 지위에 있는 것은 아니다. 청구권의 성질도 '帝國主義에 기초를 둔 모든 활동의 成果에 대한 代價' 혹은 '帝國主義의 暴力·收奪에 대한 代價'로 규정하여 비교하거나 상쇄하려는 것은 타당한 발상은 아닐 것이다.

그러나 引揚者(귀환자) 가운데는 일본인 사회의 주변부 혹은 저변에서 꿋꿋이 살아온 사람도 적지 않았다.[8] 그렇다면 「일본 대 아시아」라는 단순 구도가 아닌, 예를 들면 日本帝國主義의 所産으로 형성된 '舊內地居住者 - 引揚者 - 舊植民地出身者'라는 「戰後日本」의 重層構造에 입각한 논의가 필요할 것이다.

---

7) アジア局 「日韓關係擬問擬答」(1958년 2월 18일, 日/1234, 24쪽).
8) 道場親信 「「戰後開拓」再考－「引揚げ」以後の「非／國民」たち」(『歷史學研究』 제846호, 2008년 10월).

Ⅱ. 日本政府의 「債務履行」案을 둘러싸고

　　제1차 회담은 일본측이 在朝日本人 財產請求權을 주장했기 때문에 한국측이 이에 항의하여 결렬되었다. 그리하여 韓日國交正常化는 對日講和條約 발효까지 실현되지 못했다. 제1차 회담 직후부터 일본정부는 韓日會談 재개를 모색했는데, 이 때 (1) 전술한 美국무성 각서를 근거로 한 請求權의 相互放棄, (2) 한국인에 대한 채무를 일부 이행한다는 제안이 검토되었다.

　　즉 1952년 11월 시점에서 外務省은 「회담이 성립되지 못한 주요 원인인 청구권에 관해서는 종전의 일본측 해석을 再考하고, 샌프란시스코 평화조약 제4조 b항은 미국 측과 동일하게 해석하여 일본측 청구권이 없는 것을 인정하는 동시에 한국측 對日請求權도 放棄시키도록 하는」 방침을 세웠다.9) 또 익년 3월 韓日請求權協定案 第1條에 상기한 취지에 맞게 請求權 相互放棄를 규정하고 제3조(제2안)에서는 다음과 같은 條文을 검토했다.

　　제3조 일본국은 前記한 제1조 규정에 관계없이 다음 사항은 별도로 제정된 일본국 법령에 따라 이를 지불한다.

(1) 1945년 9월 2일 전 일본국 군대 구성원이었던 한국인의 근무 급여, 군사우편저금 및 부상자, 전몰자에 대한 보상.

(2) 1938년의 國家總動員法에 근거하여 徵用되거나 또는 總動員業務에 協力할 것을 명받은 한국인과 일본국 陸軍 및 海軍의 요청으로 전투에 참가한 한국인의 근무 급여 및 부상자, 전몰자에 대한 보상.

(3) 일본국 영역에 예치된 우편저금 및 계약된 간이생명보험, 우편연

---

9) アジア局 第2課 「日韓國交調整處理方針」(1952년 11월 11일, 日/1043, 1쪽).

금(미경과보험료 및 연금 포함)

(4) 恩級. 단 總理府恩給局에서 裁定한 國庫支給에 한정한다.10)

이 같은 방침은 外務省 관료 久保田貫一郎가 수석대표로 참가한 제 2~3차 회담(1953년 4월~10월)에도 유지되었다. 제3차 회담 때 外務省 교섭방침으로 한일청구권 相互放棄와 함께 「(1) 일본육해군에 속한 軍人 및 國家總動員法에 의해 徵用된 한국인의 급여와 그 외 미지급금으로 일본 법령에 따라 지불된 것, (2) 戰前 근무로 일본에게서 恩級을 받을 권리가 있는 한국인의 은급으로 일본의 법령에 따라 지불된 것, (3) 戰後 일본에서 引揚 귀국한 한국인의 稅關預金」은 例外로 두었다.11)

이 久保田는 1953년 10월 15일 제3차 會談請求權分科委員會에서 「일 본의 조선 통치는 반드시 나쁜 면만 있다고 할 수 없으며 좋은 면도 많았 다」12)고 발언, 한국 측의 분노를 사 회담을 결렬시킨 장본인이다. 그러 니 한국 측의 個人請求權에 外務省이 대응한 자세는 예상 밖일지 모른 다. 그러나 전혀 모순된 것이 아니었다. 즉, **일본의 조선 식민지 지배를 合法으로 전제하던 外務省은 미지급금이나 은급을 당연히 지불해야 하 는 것이라고 생각하고 있었다.**

그 증거로 上記한 外務省의 「債務履行」 案은 「久保田 발언」으로 韓 日會談이 4년 반 결렬되었던 기간에도 유지되었다. 1957년 3월 外務省 의 교섭방침 안에서는 「개개의 증빙서류 확인, 지불할 용의있음」으로, (1) 引揚韓國人의 稅關預金, (2) 軍人, 軍屬 및 政府關係徵用勤勞者에 대

---

10) 「日本國と大韓民國との間の財産及び請求權處理に關する特別取極(案)」(1953년 3월 25일, 日/1049, 11~12쪽).

11) アジア局 第2課長 「高裁案日韓交涉處理方針に關する件」(1953년 10월 17일 결 재, 日/1061, 8쪽). 더욱이 外務省은 한국관계문화재 증여를 검토하고 있었다.

12) アジア局 「在韓日本財産の放棄と久保田發言の撤回について－日韓會談再開の二 條件の問題點－」(1955년 7월 20일, 日/1259, 12쪽).

한 미지불급여, (3) 부상병, 전몰군인, 군속에 대한 弔慰金, (4) 일반 징용
근로자 가운데 부상자, 사망자에 대한 弔慰金, (5) 미지불은급, (6) 폐쇄기
관 및 在外會社의 잔여재산 가운데 한국인 명의로 供託되거나 장래 供
託될 것 등 6가지를 열거했다. 大藏省은 이 가운데 引揚韓國人의 세관에
금, 미지불급여 및 은급은 지불이 가능하다고 하였다.[13] 제4차 회담이
시작되기 직전 1958년 3월 31일 첨부된「청구권문제에 관한 기본방침안」
에서도 외무성은「한국인에 대한 일본정부의 채무(국채, 피징용자 미지
불금 등)은 지급한다」고 하였다.[14]

1960년 10월 제5차 회담이 시작되자 一般請求權小委員會에서 한국
측은 제1차 회담에 올렸던 對日請求權 항목을 다시 올렸고 청구권에 대
한 구체적인 논의가 시작되었다. 이 시기 일본정부, 특히 外務省과 大藏
省 사이에서 입장 조정을 위한 논쟁이 종종 벌어졌다. 이 과정에서 外務
省의「債務履行」안은 급속히 소멸해갔다. 1961년 2월 7일, 청구권 외교의
의제 순위에 관해 外務省-大藏省 간에 다음과 같은 논의가 이루어졌다.

> 外務省측이 회담에서 비교적 문제가 적은, 未拂金 같은 사안을 먼
> 저 의논하는 게 어떻겠냐고 하자, 大藏省측은 未拂金 같은 건 한국측
> 이 이미 받은 것처럼 하고 있으니 이런 문제를 먼저 언급하는 것은 부
> 당한 희망을 갖게 하는 것이다. 오히려 8項目을 들며 순위에 따라 이것
> 도 저것도 불가능하다고 하면서 진행하는 것이 교섭의 기술로 유리할
> 것이다 라는 의견이 나왔다.[15]

外務省이 未拂金과 같은 문제를 논의하려던 것에 반해 大藏省은 이

---

13) アジア局作成文書(「關係省打合資料」と端書きされている. 1957년 3월 18일, 日/1518,
   7~8쪽).
14)「財産權問題に關する基本方針案」(1958년 3월 31일, 日/1598, 5쪽).
15) 北東アジア課「請求權問題に關する大藏省との打合會」(1961년 2월 7일, 日/1350,
   13~14쪽).

에 반대하고 오히려 한국 측의 청구항목을 하나씩 부정하는 형태로 교섭해야 한다고 하였다. 주지하는대로 1961년 5월 10일 一般請求權小委員會에서 일본측은 한국인 개개인에 직접 전달하는 형태로 未拂金 등을 지불하고자 한다고 제출했으나, 한국측은 이를 거부하고「지급 문제는 한국정부가 직접 할 것」[16]이라고 말했다. 종래 연구에서 보듯 外務省의「債務履行」안은 한국인 개개인이 증빙자료 제시할 것을 전제로 하는 것이었기 때문에 對日請求額 減少를 원치 않던 한국측은 받아들일 수 없다고 하였다. 그러나 이러한 교섭 전 이미 **일본측 태도는 債務履行에 소극적으로 변하고 있었다.** 이는 후술하는 바와 같이 **일본측이 이른바「經濟協力方式」으로 청구권 문제를 해결한다는 방침으로 전환**했기 때문이다. 한일청구권협정은 제1조는 일본이 한국에 무상 3억 달러, 유상 2억 달러를 經濟協力 자금으로 供與할 것을 규정하고 있다. 이 무상 3억 달러 供與를 골자로 하는 청구권 문제 해결안을 외교문서로 확인할 수 있던 것은 1961년 5월이었다.[17] 이는 제1장에서 서술한 것처럼 일본정부가 청구권논의를 보류해 둠과 동시에,「과거 贖罪같은 것 없이 앞으로 한국 경제 및 사회복지에 기여한다는 취지」라는 對韓經濟協力을 목표로 한 결과였다.

그 후 한국에서 군사 쿠데타가 발생하여 朴正熙가 정권을 장악하자 韓日會談 타결에 한층 속도가 붙었다. 1961년 9월 14일 外務省은 다른 나라와의 賠償協定金額을 참고하면서 한국에의 경제협력에 관하여「청구권 처리 및 경제기술협력(무상)」 2억 5,427만 달러, 누적채무 4,572만 달러 남짓, 5년에 걸쳐 經濟開發借款 2억 5,000만 달러를 供與한다는 내

---

16) 北東アジア課 「第5次日韓全面會談予備會談の一般請求權小委員會の제13回會合」 (1961년 5월 10일, 日/95, 28쪽).

17) 李鍾元 「日韓會談の政治決着と米國 『大平・金メモ』への道のり」(李鍾元・木宮正史・淺野豊美編著 『歷史としての日韓國交正常化 I 東アジア冷戰編』 法政大學出版局, 2012).

용의 안을 작성하였다.[18] 이는 청구권 처리와 무상경제협력에 한일간 무역에서 발생한 한국측 누적채무를 더해 3억 달러로 한다는 제안이었다. 동년 11월 11일 韓日首腦會談에서는 한국측 對日請求權을 충분히 검토한 후, 청구권 문제 해결을 위해 정치 차원에서 절충할 것을 합의하였다.[19] 이때 일본측은 청구권 문제를 경제협력방식으로 해결하겠다는 목적을 가지고 논의했다고 할 수 있다.

外務省은 1962년 3월 12일부터 韓日外相會談을 준비하며 다음과 같은 기본 방침을 세웠다.

> 첫째, 지금까지 청구권을 둘러싼 논점을 다시 충분히 토의한다.
> 둘째, 「(1) 사실관계 확인이 극히 어려운 점, (2) 관계법규가 조선 독립을 전제하고 있지 않다는 점, (3) 조선전체 청구액에서 남한 몫을 산출하는 방법은 개괄적일 수 밖에 없는 점, (4) 몇 가지 형태로 (對日講和條約 제4조b항에 대한-인용자 주) 「미국의 해석」을 적용할 용의가 있는 점 등을 이유로 들며 '법적 근거가 있는 청구권(만)을 지불한다'는 원칙을 세우는 한 지불하는 금액은 극히 적을 수 밖에 없다는 점을 한국측에 충분히 납득시킨 후, 「일본측은 충분히 뒷받침할 자료가 없고 실정법상 근거가 빈약하더라도 條理 있거나 국제관례에 비춰보아 타당하다고 인정되는 것이 있다면 해결할 용의가 있다」고 설명한다.
> 셋째, 「(1) 가능하면 한국측으로 하여금 청구권을 포기시키고 일본측이 일정금액을 증여하는 방식, (2) (한국측이 (1)에 응하지 않을 경우) 일본측이 일정금액을 증여하고 한국측이 청구권을 完全하고 最終的으로 解決했음을 확인하는 방식을 落着시킨다.

여기까지 의논을 진행한 단계에서 일본측은 총액 약 1억 달러 증여라

---

18) 「日韓請求權解決方策について」(1961년 9월 14일, 日/1360, 3쪽). 이외에 청구권 및 무상협력으로 3억달러 제공하는 안이 검토되었다.
19) 吉澤前揭書, 128~131쪽.

는 안을 제시하고자 했다. 또 이 방침에서는 전술한 한국 측의 累積債務를 「최후수단」으로 삼아 교섭 최종 단계까지 언급하지 않도록 하고 있다.[20]

결국 이 단계에서 外務省은 未拂金이나 은급 등 「법적 근거가 있는 청구권」, 즉 식민지 지배 合法性을 전제한 법률에 따른 한국인 個人의 債權을 포기시키고, 無償經濟協力이라는 방법으로 「청구권 문제를 완전하고 최종적으로 해결」하고자 했던 것이다. 이 때 회담에서는 금액 제시까지 나아가지는 않았다. 동년 10월~11월 大平正芳 外相과 金鍾泌 中央情報部長과의 회담에서 일본측은 한국에 무상 3억 달러, 유상 2억 달러의 경제협력을 실시하고, 民間借款 1억 달러 이상을 약속하는 것으로 청구권 문제를 해결한다는 원칙적 합의가 성립되었다.

이처럼 일본정부는 韓日交涉을 진전시키지 않은 단계에서 교섭을 촉진하기 위해 「債務履行」 안을 제기했다. 그러나 李承晩 정권이 붕괴하고 張勉 정권, 그리고 朴正熙 정권이 對日交涉에 적극적인 자세를 보이자 일본측은 經濟協力供與에 의한 해결을 목표로 「債務履行」안을 포기하게 된다. 이와 같은 경위로 일본측은 식민지 지배의 合法性을 전제하면서도, 한국인에 대한 債務履行 기회를 스스로 소멸시켰던 것이다.

Ⅲ. 완전하면서 최종적으로 해결된 청구권 내용

그렇다면 韓日請求權協定으로 해결된 청구권에 대해 일본정부는 무엇을 想定하고 있었을까. 일본정부측 사상은 外務省이 작성한 外交文書를 통해 읽을 수 있다.

우선 池田勇人와 朴正熙의 韓日首腦會談 직후인 1961년 11월 15일, 外交政策企劃委員會에서 있었던 외교관료의 발언을 몇 가지 들어보겠다.

---

20) 「日韓政治折衝に臨む日本側の基本方針」(1962년 3월 7일, 日/718, 4~8쪽).

安川 : 개인 배상을 청구하는 부분이 많은 것 같은데, 개인에게 이를
　　　지불하게 되면 한국정부는 經濟建設을 위한 資金을 얻지 못하
　　　게 되지 않는가.

人部 : 우리는 개인 몫은 개인에게 지불해야 한다고 생각하고 있다. 그
　　　러나 한국정부는 外貨 또는 이를 대신하는 것으로 일본측 資本
　　　財(제철소, 댐, 고속도로 자재 등을 포함한다-인용자 주)를 생각
　　　하고 있기 때문에 이 자본재를 拂下하여 個人에게 지불할 자금
　　　을 만들면 될 거라고 생각한다.
　　　또 개인 몫은 개인에게 지불한다는 방식은 결국 관철되지 못하
　　　고 한국정부측에 지불을 맡기게 될지도 모른다. 그 때는 在日朝
　　　鮮人의 취급에 대해 한국측과 잘 이야기 해 둘 필요가 있다.
　　　(중략)

新關 : 한국정부는 빨리 자금 받기를 원하고 있는데 개인 문제가 들어
　　　가면 정부는 곤란해지지 않은가.

占部 : 恩給 같은 건 한국정부에 자금을 건네고 개인에게 지불하는 것
　　　은 한국정부 책임으로 할 수도 있다. 한국정부가 원하는 엔자금
　　　은 이렇게도 지불이 가능하다.[21]

　　이처럼 외무관료들은 한국정부가 경제개발을 위해 엔자금을 원하고
있다는 것을 전제로 하면서 한국정부가 개인청구권을 관리한다는 형태
를 목표로 하고 있었다. 우연이었지만 이 가운데 占部 外務省參事官이
'일본에서 자본재를 불하고 이를 한국내의 보상금 財源으로 했으면 한다'
는 발언은 韓日國交正常化 이후 한국정부가 채용한 정책과 거의 일치한다.
　　또 한국정부는 제시한 對日請求 8項目 가운데 제6항「韓國法人, 自
然人 所有의 日本法人 株式 혹은 기타 證券의 法的認定」으로 국교정상
화 이후의 對日請求를 인정하자고 주장하고 있다. 1962년 3월 韓日外相
會談 준비작업의 일환으로 작성된 자료에 의하면 外務省條約局法規課는
국교정상화 이후 한국으로부터의 청구권을 일체 인정하지 않고 時效의

---

21) 官總參「제178回外交政策企劃委員會記錄」(1961년 11월 15일, 日/1368, 9~11쪽).

進行停止도 할 수 없도록 하는 자세를 보인다.[22]

이어 전술한 大平－金鍾泌 회담 후인 1962년 12월 25일, 大藏省이 李承晩 라인 「侵犯」을 이유로 한국 경비정에 拿捕된 일본어선의 반환을 요구하자 外務省은 앞으로 나포어선에 대한 청구는 하지 않을 것이라며 다음과 같이 설명했다.

> 당성(外務省)이 생각한 해결 방식은 「청구권을 포기한다」는 표현을 사용하지 않고 「앞으로 返還請求를 주장하지 않는다」는 것인데, 大藏省이 우려하는 포기 방식은 아니다. 법률적으로 설명한다면 外交保護權의 포기이지 개인이 직접 청구하는 권리까지 소멸시키지 않는다는 것이고, 덧붙여 어민들의 실제적 필요를 만족시키기 위한 별도의 입법 조치를 강구하고 나포어선에 위로금을 지급하는 방식으로 문제를 해결하는 것이 적당하다고 생각한다.[23]

여기서 주목할 것은 나포어선에 대해 청구하지 않는 것이 청구권 포기가 아니라는 설명이다. 즉 外務省은 外交保護權만을 포기하는 것이며 개인의 청구권을 소멸시키는 조치는 아니라고 설명하고 있다. 外務省은 일본어민에 대한 보상금이 아닌 위로금을 지급하는 방침이었다. 이는 전술한 引揚者給付金만을 지급하여 在朝日本人의 재산 문제를 처리한 방식과도 일치한다.[24]

이러한 논의를 거쳐 최종적으로 협정문을 검토하는 단계에서 「완전

---

22) 條約局法規課 「要綱6に對する方針案(未定稿)」(1962년 3월 8일, 日/718, 16~22쪽). 예외적으로 시효를 인정한 항목으로는, (イ) 폐쇄기관, 재외회사재산청산에 따른 재조한인 주주(본래 주주에 한함)에 대한 잔여 재산분배의 청구권 (ロ) 생명보험준비금에 대한 재조한국인의 청구권 (ハ) 무기명유가증권류(사채주식 포함)에 대한 재조한국인의 청구권(現物證示를 조건으로 한다)를 들고 있다.

23) 北東アジア課 「日韓船舶問題解決方策に關する問題點(討議用資料)」(1962년 12월 25일, 日/638, 4~5쪽).

24) 同前, 6쪽.

하고 최종적으로 해결되는」청구권 내용은 보다 엄밀히 논의되었다. 그 내용은 外務省이 교섭기록을 정리해 작성한 『日韓國交正常化交涉의 記錄』에 상세히 실려있다. 1965년 3월 24일부터 도쿄에서 韓日外相會談이 시작되었다. 이 시기 大藏省은 청구권문제 해결을 둘러싸고 한일간 의견 차이가 있었다고 外務省에 여러 번 지적하고 있다. 3월 29일 椎名悅三郎가 작성한 한일 간 합의내용안에서 「청구권 해결」이 「관계협정 성립시 존재했던 한일양국 및 양국민의 재산 및 양국·양국민 간 청구권 문제는 샌프란시스코평화조약 제4조 규정을 포함해 완전하고 최종적으로 해결되었다」[25]고 되어 있다. 이 안에 대해 大藏省은 「구체적으로 한국측이 요구하는 청구권을 삭제하지 않는다면 후에 문제가 생긴다」[26]라며 다음과 같은 염려를 나타냈다.

> 大藏省 입장에서는 전부터 청구권 문제가 미해결인 채로 방치되고 있는데 이번에도 경제협력 부분만 다룬다면 난감한 데다, 한국측은 아직도 여러 청구권이 더 남아있다는 표정이니 「이래선 곤란하다. 한국측 청구권을 완전히 삭제한다는 내용을 이니셜 문장(4월 3일 가조인된 합의사항을 가리킴-인용자 주)으로 확실히 남겨야 한다」고 강하게 주장했다. …[27]

그리고 大藏省은 「특히 이 8項目을 解消한다는 내용을 문서로 남길 것을 강력하게 주장하였으며, 이것이 용인되지 않으면 合意事項 閣議決定에 捺印할 수 없다」[28]고 까지 주장했다. 大藏省이 강경하게 밀어붙이고 外務省이 이를 받아들여 한국측과 교섭을 진행시킨 결과, 4월 3일 청

---

25) 「日韓國交正常化交涉의 記錄(請求權·法的地位·漁船問題合意事項イニシアル)」 (日/1128, 200쪽).
26) 同前, 223쪽.
27) 同前, 224~225쪽.
28) 同前, 226쪽.

구권, 법적지위, 어업문제 합의사항이 가조인되었다. 그「청구권 해결」
에 대한 합의내용은 전술한「…완전하고 최종적으로 해결된 것이 되는」
문안만이 공표되었고, 다음과 같이 공표되지 않은 合意議事錄 이 추가되
었다.

> 완전하고 최종적으로 해결된 것이 되는 한일양국 및 양국민의 재산
> 과 양국·양국민 간 청구권에 관한 문제에는 韓日會談에서 한국측이 제
> 출한「韓國의 對日請求要綱」(이른바 8項目)의 범위에 속하는 모든 청
> 구권이 포함되어 있으며, 따라서 관계협정 발효에 의해 對日請求要綱
> 에 대해서는 어떤 주장도 하지 않는다는 것을 확인한다.[29]

大藏省은 이 不公表 合意議事錄을 높게 평가하며,「청구권 문제에서
는 이 不公表 合意議事錄이 유일한 보루다. 하마터면 한국에 당할 뻔했
다. 이로써 우리는 앞으로 협정 작성 테이블에 들어갈 때 저 쪽(한국측)
의 私的請求權까지 삭제한다는 단서를 확보한 셈이다」[30]고 말했다.

가조인 후 청구권 교섭은 條文化 作業을 본격화한다. 특히 한일청구
권협정 제2조 일본안 작성과정에서 당시 교섭을 담당한 佐藤正二 外務
省大臣官房審議官의 기술이 주목된다.

> 제2조 심의에서는「청구권」취급 방식에 큰 문제가 있었다. 최초 안
> 에는「財産, 權利, 利益」이 들어가 있었는데, 이와 請求權이 觀念的으
> 로 분리되어 있지 않았다. 法制局에서 審議할 때부터 '대체 청구권이
> 란 무엇인가' 하는 얘기가 나왔다. 「財産, 權利, 利益」은 국내법상 수
> 립된 것인데,「청구권」이 이 이외라는 관념이라면 일종의 트집잡는 것 같
> 은 권리가 아닌가 하는 이야기가 나온 것이다. 거기서 처분 대상이 되는
> 것은 이 트집권이 아닌,「재산」,「권리」,「이익」같이 실체적 권리를

---

29) 同前, 240~241쪽.
30) 同前, 230쪽.

처분 대상으로 하는 것이 좋지 않겠냐는 생각이 점차 확고해져 갔다. 이러한 사고방식이 확실해지면서 조문도 변해 갔다.

그래도 청구권은 남지 않느냐는 의견이 있는데, 예를 들면 폭행을 당해 재판을 진행하는 도중 실체적으로는 損害賠償請求權이 발생하지 않더라도 문구로는 언급하는 것처럼 우리도 그렇게 해둬야 했기 때문에 「청구권」이라는 문구를 조문에 넣은 것이다.

또 한 가지 문제는 北朝에 대한 고려이다. 北朝에서 온 청구는 조치가 불가능하기에 보류되었다. 또한 종전 때 朝鮮에 있다가 후에 제3국으로 간 사람이 가진 권리에 대해서도 한국정부는 어떤 언급도 할 수 없었다. 「관할 하에 둔다」라는 말은 이런 생각에서 나온 것이었다.[31]

우선 인용 앞부분은 한마디로 韓日請求權協定 제2조의 「청구권」과 일본 국내법상 확립된 「財産, 權利, 利益」 외에는 「트집잡는 권리」라고 생각하고 있다는 것을 보여주고 있다. 앞 절에서 서술한대로 일본정부가 말하는 「법적 근거가 있는 청구권」이란 이 「財産, 權利, 利益」을 가리키는 것일 것이다. 그렇다면 **일본정부가 인정하지 않는 청구, 즉 일본의 식민지배 책임을 묻는 것 같은 청구는 모두 「트집잡는」 청구권이 된다.** 이처럼 大藏省뿐 아니라 外務省도 한국 측의 모든 청구권을 소멸시키기 위해 부심하고 있었다는 것을 볼 수 있다.

또 인용 뒷부분과 같이 일본정부는 북한 문제에도 관심을 지속하고 있다. 여기서는 朝鮮民主主義人民共和國 政府로부터의 청구권만을 언급하고 있지만 일본정부는 조선 북부의 在朝日本人 재산문제에도 신경을 곤두세우고 있다. 韓日請求權協定 제2조는 제1항만 주목받고 있으나 실제로는 제3항 「관할 하에 둔다」라는 文言이야말로 外務省 사상을 표현한 것이다. 1965년 6월 11일부터 시작된 조문 최종안 작성 시기 사토는 교섭의 모습을 다음과 같이 말했다.

31) 「日韓國交正常化交渉の記錄總說13」(日/1316, 174~175쪽).

> **한국측은 시종 "일본측 안은 '숲으로 도망간 개를 죽이기 위해 숲을 전부 태우겠다는 사고방식'이다. 그러지 말고 개를 끌어내 죽이면 좋지 않으냐"는 얘기를 하고 있었다.** 이 개 논의는 충분히 했다.
> (중략)
> 한국측 안은 늦은 밤, 새벽 2시인가 3시 무렵 즉 18일 아침에 전달되었다. 그 안을 보니 우리 들의 개 죽이는 사고방식이 3항에 들어가 있었기 때문에 이걸로 됐다고 생각했다.[32]

이상 서술한 것과 같이 일본정부는 경제협력 방식으로 청구권 문제를 해결함과 동시에 한국 측의 對日請求權 전부를 삭제하는 데에 혈안이 되어 있다. 일본정부 측 논리는 '식민지배 원인은 당시 한국정부에 있다는 것'과, '어떤 청구권도 일본측에 주장하지 못하도록 하는 것'을 목적으로 하고 있었다. 무엇보다도 일본정부는 韓日請求權協定으로 개인청구권 그 자체를 소멸시키고자 하는 의도는 없었으며 한일양국의 外交保護權만 처리한 것으로 간주하고 있었다.[33] 이러한 사고 근저에는 일본의 식민지 지배를 合法한 것으로 보고 그 법률에 근거한 것만을 「법적 근거가 있는 청구권」으로 보며, 이 외는 정당한 청구로 인정하지 않는다는 사상이 깔려있다.

더욱이 外務省은 「한국의 분리 독립에 따라 처리할 필요가 발생한, 이른바 전후 처리적 성격을 가진 한일양국간 재산 및 청구권 문제」로서 對日請求 8項目을 이해하고 있었다. 따라서 「종전 후 한국인이 일본에 남긴 財產, 權利, 利益」이 일본측에서 「최종적으로 처분되었다」해도 청구권 그 자체가 전쟁이나 식민지 지배에 대한 배상이 아니라 「한국이 분리 독립함에 따라」 발생한, 말하자면 民事的 혹은 財政的인 성격인 것으

---

32) 同前, 188~189쪽.
33) 이에 대해서는 졸고 「日韓請求權協定と戰後補償問題の現在 第2條條文化過程の檢證を通して」(『體制移行期の人權回復と正義[平和研究 第38호]』早稻田大學出版部, 2012년)를 참조할 것.

〈표〉 일본정부 各省廳의 한국측 개인청구권 消滅對象 항목 일람

勞働省	(1) 법령, 취업규칙, 노동계약 등에 기초한 임금, 퇴직금, 여비, 勞災扶助料 등에서 지급되지 않고 있는 것 (2) 사업주가 보관하는 한국인 노동자들의 적립금, 저축금, 유가증권 등으로 반환되지 않은 것
郵政省	(1) (저금국 관할) 우편저금, 우편환, 우편대체저금 (2) (간이보험국 관할) 간이생명보험, 우편연금
大藏省	(1) (은행관계) 예저금, 어음법·수표법 상 채무, 미불송금환, 외상, 차입금 외 채무, 보호예치·담보, 그 외 수탁물 (2) (보험관계) 　(i) (손해보험) 미지불 보험금, 계약 무효·실효·해제 등에 수반되는 반려보험료, 再保險取引의 收支尻 　(ii) (생명보험) 解約拂戾金(책임준비금) (3) (유가증권관계) 국채, 저축채권, 보국채권, 복권 등 사채(社債)·주식 (4) (폐쇄기관·재외회사관계) 供託物, 新會社保管分 (5) 세관보호물건 (6) 통화(일본은행권 신엔(新円) 　※ 이 가운데 유가증권관계는 「검토 중」, 통화는 「소멸시키기 어려움」으로 되어 있음
總理府恩給局	恩給
法務省	공탁금(國外居住外國人等に對する債券の辨濟のためにする供託の特例に關する政令 (쇼와 25년 정령22호)에 기초한 공탁금)
文部省	저작권
厚生省援護局	(1) 미귀환자부재가족등원호법, 미귀환자에 관한 특별조치법과 부상자특별원호법에 기초한 각종 원호 (2) 부상자전몰자유족원호법에 의한 장해연금, 유족연금 등의 지급 (3) 인양자급여금등지급법에 의한 引揚者給付金 및 유족급부금 (4) 전몰자 등 妻에 대한 특별급부금지급법에 의한 특별급부금 (5) 전몰자 등 유족에 대한 특별 조위금지급법에 의한 특별조위금 (6) 그 외 　(i) 군인 및 군속 등에 대한 미지불급여 　(ii) 물품납입대 　(iii) 계약해제에 따른 보상 　(iv) 손해배상 　(v) 쇼와 20년 8월 16일 이후 발생한 상기 2, 3, 4호 채권

출전：「日韓請求權協定署名に伴う關係法律の整備について」(1965년 8월 5일부, 事務次官 등회의 합의에서 비롯된 일련의 자료군 [日/1226]에서 저자가 작성함.

로 처리했다는 점에 유의해야 할 것이다.[34]

---

34) 「財產及び請求權問題解決條項(제2條) について」 1965년 6월 18일, 同前, 제3책 72~73쪽.

韓日請求權協定 체결 후의 사료를 검토해 봐도 對日請求 8項目에 대한 일본정부의 상기와 같은 이해를 알 수 있다. 일본정부가 공개한 문서 가운데는 勞動省, 大藏省, 厚生省 등에서 한국측 개인청구권을 소멸시키기 위한 절차와 관련있는 내부 자료들이 있다. 각성청 청구권에 관한 것은 <표>와 같다. 이는 모두 식민지기 법률관계를 전제로 하는 재산 및 청구권이다. 앞서 언급한 청구권 문제의 정의에 맞추어 이 표 내용을 보아도 일본군 위안부 문제와 같은 전쟁범죄 피해에 관해서는 상정하지 않았다고 볼 수 있을 것이다. 게다가 원폭 피해자에 대한 구원조치 등 韓日國交正常化 이후 제기된 문제도 갑자기 논의 선상에서 사라져 버린 것도 확인할 수 있다.

Ⅳ. 마치며

본 논문에서는 일본정부의 교섭자세를 중심으로 청구권 교섭을 재검토해 보았다. 정리하면 다음과 같다.

첫째, 일본정부는 請求權交涉에서 한국인의 對日請求權뿐 아니라 在朝日本人 財産 문제를 해결하려는 목적을 가지고 있었다. 이른바 청구권 교섭은 이 두 가지 문제를 해결하기 위한 연립방정식이었다. 그러나 對日講和條約 제4조 b항 때문에 在朝日本人 財産에 관한 일본측 청구권은 당초부터 인정되지 못했고 이 때문에 일본정부는 在朝日本人 財産 보상 문제를 유야무야 처리하려는 방법을 생각했다. 또 在朝日本人 財産 請求權 주장에서는 滯留된 교섭을 타개하기 위해 한국인에 대한 債權履行을 검토했다. 그러나 經濟協力이라는 방식이 부상하자 일본정부는 일변하여 한국인 청구권 「完全封鎖」를 목표로 하게 된다. 일본정부는 청구권 교섭에서 이 두 가지 목표를 달성할 목적으로 한국측과 협정문을 작성했다. 그 결과 韓日請求權協定은 한일양국의 外交保護權만을 소멸시키고 개인 청구권처리에 관해서는 애매한 내용이 되었다.

둘째, 종래 韓日會談의 財産請求權交涉에 관한 연구에서는 주로 外交文書를 이용했다. 그러나 일본측 교섭과정만 봐도 大藏省이 빈번하게 外務省과 회합하며 大藏省의 의견을 교섭에 반영하려 했던 것을 알 수 있다. 한국 측의 재정담당부서는 經濟企劃院과 財務部이다. 따라서 이들 부서의 입장을 알 수 있는 문서를 조사하는 것이 이후 연구를 진전시키는데 필요할 것이다.

셋째, 완전하고 최종적으로 해결한 것이 되는「청구권」내용에 대해 새로이 정리해두고자 한다. 일본측 의도는 한국측 청구권의「完全封鎖」였으며, 교섭 결과 한국측이 일본측 생각을 고려한 協定文案을 제시했다. 이것은 한국측이 일본 측의「개를 죽이는 사고방식」을 어느 정도 수용했다는 것으로 간주할 수 있다. 단 한국측이 상정한 청구권 문제 해결은「개를 끌어내 죽이는」, 즉 國交正常化 이후 나타나는 청구에는 각자 대처해야 한다는 것이었다.

완전하고 최종적으로 해결된 것이 되는「청구권」에 관해 정말로 한일 간 합의가 있었던 것인가.「개 논의」는 현재까지 계속되고 있는 게 아닐까. 한일 외무관료가「개」로 예를 든 식민지 지배/전쟁피해자들이 지금까지 끈질기게 자신들의 피해를 호소해 온 결과 드디어 韓日請求權協定의 벽이 무너지려 하는 지금, 다시 한 번 자료를 조사하여 한일청구권 협정을 재검토할 필요가 있을 것이다.

〈참고자료〉

「재산 및 청구권에 관한 문제 해결과 경제협력에 관한 대한민국과 일본국 간의 협정」 제2조 전문

1. 양 체약국은, 양 체약국 및 그 국민(법인을 포함함)의 재산, 권리 및 이익과 양 체약국 및 그 국민 간의 청구권에 관한 문제가, 천구백오십일년 구월 팔일에 샌프란시스코 시에서 서명된 일본국과의 평화조약 제4조(a)에 규정된 것을 조합하여, 완전히 그리고 최종적으로 해결한 것이 된다는 것을 확인한다.

2. 본 조의 규정은 다음의 것(본 협정의 서명일까지 각기 체약국에 취한 특별조치의 대상이 된 것을 제외한다)에 영향을 미치는 것이 아니다.

   (a) 일방 체약국의 국민으로서 천구백사십칠년 팔월 십오일부터 본 협정의 서명일까지 사이에 타방 체약국에 거주한 적이 있는 사람의 재산, 권리 및 이익

   (b) 일방 체약국 및 그 국민의 재산, 권리 및 이익으로서 천구백사십칠년 팔월 십오일 이후에 있어서 통상의 접촉의 과정에서 취득되었고 또는 타방 체약국의 관할 하에 들어오게 된 것

3. 2의 규정에 따르는 것을 조건으로 하여, 일방 체약국 및 그 국민의 재산, 권리 및 이익으로서 본 협정의 서명일에 타방 체약국의 관할 하에 있는 것에 대한 조치와 일방 체약국 및 그 국민의 타방 체약국 및 그 국민에 대한 모든 청구권으로서 동 일자 이전에 발생한 사유에 기인하는 것에 관하여는, 어떠한 주장도 할 수 없는 것으로 한다.

협정 제2조에 관한 합의의사록

(a) "재산 권리 및 이익"이라 함은 법률상의 근거에 의거하여 재산적 가치

가 인정되는 모든 종류의 실체적 권리를 말하는 것으로 양해되었다.

(b) "특별 조치"라 함은 일본국에 관하여는, 제2차 세계 대전 전후 상태의
종결의 결과로 발생한 사태에 대하여, 1945년 8월 15일 이후 일본국
에서 취해진 전후 처리를 위한 모든 조치(1951년 9월 8일에 샌프랜시
스코 시에서 서명된 일본국과의 평화조약 제4조 (a)의 규정)에 의거하
는 특별 약정을 고려하여 취해진 조치를 포함함)를 말하는 것으로 양
해되었다.

(c) "거주한"이라 함은 동조 2(a)에 기재한 기간 내의 어떠한 시점까지던
그 국가에 계속하여 1년 이상 거주한 것을 말하는 것으로 양해되었다.

(d) "통상의 접촉"에는 제2차 세계대전의 전후 상태의 종결의 결과, 일방
국의 국민으로서 타방국으로부터 귀환한 자(지점 폐쇄를 행한 법인을
포함함)의 귀환시까지 사이에, 타방국의 국민과의 거래 등, 종전 후에
발생한 특수한 상태 하에서의 접촉이 포함되지 않는 것으로 양해되
었다.

(e) 동 조3에 의하여 취하여질 조치는 동조 1에서 말하는 양국 및 그 국
민의 재산, 권리 및 이익과 양국 및 그 국민 간의 청구권에 관한 문제
를 해결하기 위하여 취하여 질 각국의 국내조치를 말하는 것으로 의
견의 일치를 보았다.

(f) 한국측 대표는 제2차 세계대전의 전후 상태의 종결 후 1947년 8월
15일전에 귀국한 대한 민국 국민이 일본국 내에 소유하는 부동산에
대하여 신중한 고려가 베풀어질 수 있도록 희망을 표명하고, 일본측
대표는 이에 대하여 신중히 검토한다는 취지의 답변을 하였다.

(g) 동 조 1에서 말하는 완전히 그리고 최종적으로 해결된 것으로 되는
양국 및 그 국민의 재산, 권리 및 이익과 양국 및 그 국민 간의 청구
권에 관한 문제에는 한일회담에서 한국측으로부터 제출된 "한국의
대일 청구 요강"(소위 8개 항목)의 범위에 속하는 모든 청구가 포함되

어 있고, 따라서 동 대일 청구 요강에 관하여는 어떠한 주장도 할 수 없게 됨을 확인하였다.

(h) 동 조 1에서 말하는 완전한 그리고 최종적으로 해결된 것으로 되는 양국 및 그 국민의 재산, 권리 및 이익과 양국 및 그 국민간의 청구권에 관한 문제에는, 본 협정의 서명일까지에 대한 민국에 의한 일본어선의 나포로부터 발생한 모든 청구권이 포함되어있고, 따라서 그러한 모든 청구권은 대한민국 정부에 대하여 주장할 수 없게 됨을 확인하였다.

日韓諸條約に関聯する課題
—日韓請求権協定を中心に*

吉沢文寿(新潟国際情報大)

　本報告では、日韓諸条約に関連する課題として、財産請求権について考察する。この問題は従来からの研究[1]が多いが、ここでは最近開示された外交文書を利用し、今まで十分取り上げられなかった、以下の3点に注目したい。

　第一に、在朝日本人財産をめぐる論議の検証である。既存の研究では韓国側の請求権、とりわけ個人請求権がどのように処理されたかという問題に焦点を合わせてきた。しかし、外務省の文書を読むかぎり、同省はそれと同様か、より重きを置いて在朝日本人財産の処理に関心を持っていた。

　第二に、日本側から韓国側の個人請求権に応じて支払おうとする提案についての検証である。既存の研究ではしばしば韓国側からの証拠提示を要求することで、日本側は韓国の請求金額を下げようとしたと指摘されてきた[2]。しかし、今回開示された文書により、このアプローチにはさらなる意味があることが分かった。

　第三に、日韓請求権協定第2条第1項の 「完全かつ最終的に解決」された請求権の内容についての検証である(日韓請求権協定第2条の全文およびその

　＊この報告は拙著 『日韓会談1965 戦後日韓関係の原点を検証する』(高文研、2015年)の第3章 「『完全かつ最終的に解決された』請求権とは何だったのか—財産請求権」の内容である。なお、報告文中の強調は報告者による。

　1)　太田修 『日韓交渉—請求権問題の研究』クレイン、2003年。吉沢文寿 『戦後日韓関係—国交正常化交渉をめぐって』クレイン、2005年。張博珍 『植民地関係の清算はなぜ実現できなかったのか』論衡(ソウル)、2009年。
　2)　山田昭次 「日韓条約の今日の問題点」(『世界』第567号、1992年4月、56頁)。

合意議事録は本章の最後に付した参考資料を参照されたい)。既存の研究で
は、個人請求権についての論議が不足していたり、まったく議論されなかった
り、あるいは基本関係問題との取引として、韓国人の個人請求権が未解決のま
ま処理されてしまったとされている。この点については1961年以降の第6・7次会
談期の論議を詳細に検討することで、とくに日本側が消滅させようとした請求権
の内容を再確認する必要がある。

とくに第三の論点は、今日の植民地支配／戦争被害者の人権回復の問題
と密接に関連している。この問題は日韓請求権協定によって 「解決」しているの
か、請求権交渉の検証は、最終的にこの問いへと立ち返ることになるだろう。

1. 在朝日本人財産への観心

1945年に敗戦した後、日本政府がとりわけ関心を持ったのは在外日本財
産、とりわけ私有財産の行方であった[3]。1948年5月2日に外務省条約局条約
課が作成した 「割譲地域にある譲渡国の財産、権利、利益の取扱について」と
いう文書では、イタリア平和条約を中心に、ヴェルサイユ、サン＝ジェルマン条
約を研究して、日本の場合における在外財産の処分について推測している。外
務省は、国有財産が賠償の一部として割譲地域に譲渡されることを止むなしとし
たが、私有財産については執着した。

外務省は私有財産について、とくに第1次世界大戦でドイツがすべての海外
植民地を失うことになったヴェルサイユ条約の規程に注目した。ヴェルサイユ条
約は、アルザス・ロレーヌおよび旧ドイツ植民地については国籍選択権を厳重に
制限し、国籍選択者の退去に対する特別の取扱を認めていない。このことは、

---

3) この点については金恩貞 「日韓国交正常化交渉における日本政府の政策論理の原
点：対韓請求権論理」の形成を中心に」(『国際政治研究の先端10』(季刊国際政治
第172号、2013年3月)が最新の研究である。

割譲地域である朝鮮、台湾、樺太などに居住していた日本人がすべて敗戦後に事実上の強制退去となり、その私有財産も大部分残置した、第2次世界大戦で敗戦した日本の事例の参考になるとされた。ただし、外務省は「朝鮮にある私有財産については賠償の観念を適用する根拠がなく又これを公有財産と同様無償で朝鮮に継承されることにするのは不合理であるから何らかの救済措置が適用されるべきであろう」4)と考えていた。ここに在朝日本人財産に対する日本政府の請求権主張の基礎となる思想が見られる。

1952年2月から始まる第1次日韓会談で、韓国側が「韓日間財産および請求権協定要綱」(いわゆる対日請求8項目)を提示したのに対して、日本側は在朝日本人財産に対する請求権を主張した。結局、この請求権は1957年12月31日の日韓共同宣言で対日講和条約第4条b項についての米国務省覚書5)を基礎として、正式に撤回された。外務省も認めているように、日本側の請求権は「厖大と予想された韓国側の賠償的要求を封ずるため」に主張されたものであった。その一方で、外務省は「請求権の相互放棄を提起することは国内補償問題を誘発する」と考えていた6)。

1958年2月18日付の文書によると、外務省は在朝日本人財産の補償について、「連合国内における日本財産に関する処理と全く同様であり、このことは広く戦争被害者全般に対する救済の問題として財政その他の見地より総合的に検討

---

4) 条約局条約課「割譲地域にある譲渡国の財産、権利、利益の取扱について」(1948年5月2日付、日本政府開示記録、文書番号1560〔以下、日/1560と表記する〕、6頁)。

5) 韓国政府の要請に応じて、1952年4月29日付で米国務省がサンフランシスコ講和条約第4条b項の解釈を示した覚書を指す。その骨子は(1)同条項により日本は米軍政下の南朝鮮に残された資産およびその利益に対する有効な請求権を主張できない、(2)しかしながら日本が有効と認めた資産の処理は講和条約第4条a項による取り決め、すなわち日韓請求権協定の処理を考慮する場合に関連する、というものである(「日韓請求権問題解決に関し平和条約第四条の解釈に対する米国の考え方に関する声明案」、日/1352、1頁)。

6) アジア局総務参事官室「懸案対日請求権の経緯及び解決方針に関する参考資料」(1959年1月31日付、日/1600、71頁)。

されるべき問題」7)としている。日本政府はこのような姿勢を現在も堅持しており、1957年5月17日に制定した引揚者給付金等支給法以外の措置を行っていない。今日までの不開示部分のうち、在朝日本人財産関連の情報が多く含まれており、外務省が韓国人に対する補償と同等か、それ以上に在朝日本人に対する補償問題に神経を尖らせてきたことが分かる。

　戦後日本はアジアに対する賠償を非常に安く処理してきたことはしばしば指摘される。しかし、「安上がりの賠償」に在朝日本人財産についての補償不履行が含まれていることは、見落とされがちである。もちろん、在朝日本人とは植民地朝鮮において支配者として君臨してきた人たちであり、被支配者であった韓国人と同等の地位ではない。請求権の性質もまた、帝国主義に基礎をおいた諸活動の果実に対する代価と帝国主義による暴力や収奪に対する代価を比べたり、ましてや相殺したりすることは妥当な発想ではなかろう。

　だが、引揚者として帰国した彼らの中には、日本人社会の周辺または底辺で生き抜くことを強いられた者が少なくなかった8)。そうであるならば、「日本対アジア」という単純な構図ではなく、例えば日本帝国主義の所産として形成された旧内地居住者－引揚者－旧植民地出身者という　「戦後日本」における重層構造を踏まえた論議が必要であろう。

2. 日本政府による「債務履行」案をめぐって

　第1次会談は日本側が在朝日本人財産に対する請求権を主張したため、韓国側がこれに抗議し、決裂した。こうして対日講和条約発効までに日韓国交正常化は実現できなかった。その直後より、日本政府は日韓会談の再開を模索す

7) アジア局「日韓関係擬問擬答」(1958年2月18日付、日／1234、24頁)。
8) 道場親信「「戦後開拓」再考―「引揚げ」以後の「非／国民」たち」(『歴史学研究』第846号、2008年10月)。

るが、その際に(1)前述の米国務省覚書を基礎とする請求権の相互放棄、(2)韓国人に対する債務の一部履行を提案することが検討された。

すなわち、1952年11月の時点で、外務省は「従来会談不成立の主要原因となった請求権に関する我方従前の解釈を再考し、桑港平和条約第四条B項は、素直に米側と同様に解し、我方請求権のないことを認め、同時に韓国側の対日請求権をも放棄せしめることとする」9)という方針を示した。また翌年3月の日韓請求権協定案第1条に上記の趣旨による請求権の相互放棄を規定し、第3条(第2案)には次のような条文を検討していた。

第三條日本國は、前記第一條の規定にかかわらず次のものは別に制定される日本國の法令に従ってこれを支払う。

(Ⅰ) 千九百四十五年九月二日前に日本國の軍隊の構成員であった韓人の勤務に関する給与、軍事郵便貯金及び戦傷病者、戦没者に對する補償。

(Ⅱ) 千九百三十八年の国家総動員法に基づいて徴用され又は総動員業務につき協力を命ぜられた韓人及び日本国の陸軍及び海軍の要請に基づいて戦斗に参加した韓人のそれぞれの勤務に関する給与及び戦傷病者、戦没者に対する補償。

(Ⅲ) 日本国の領域において預入れられた郵便貯金並びに契約された簡易生命保険及び郵便年金(未経過保険料及び年金を含む)。

(Ⅳ) 恩給。但し総理府恩給局裁定の国庫支辨のものに限る10)。

これらの方針は外務省参与の久保田貫一郎が首席代表を務めた第2 - 3次会談(1953年4月-10月)にも維持された。第3次会談時の外務省の交渉方針として、日韓請求権の相互放棄とともに、「(1)日本陸海軍に属した軍人及び国家総動員法によって徴用された韓人に対する給与その他の未払金で日本の法令に

9) アジア局第2課「日韓国交調整処理方針」(1952年11月11日付、日 / 1043、1頁)。
10) 「日本国と大韓民国との間の財産及び請求権処理に関する特別取極(案)」(1953年3月25日付、日 / 1049、11-12頁)。

従って支払われるもの(2)戦前の勤務により日本の恩給を受ける権利のある韓人に対する恩給で日本の法令に従って支払われるもの(3)戦後日本から引揚帰国した韓人からの税関預かり金」をその例外とした[11]。

久保田参与といえば、1953年10月15日の第3次会談請求権分科委員会にて「日本の朝鮮統治は必ずしも悪い面ばかりでなく、よい面も多かった」[12]などと発言し、韓国側の怒りを買って、会談を決裂させた張本人である。その外務省が韓国側の個人請求権に応じる姿勢を示していたことは、意外に思われるかもしれない。しかしながら、このことは外務省においてまったく矛盾していなかった。すなわち、日本の朝鮮植民地支配が合法であるという前提に立っていた外務省は、未払金や恩給などについては当然支払うべき金銭であると考えていた。

その証左として、上記の外務省による「債務履行」案は「久保田発言」によって日韓会談が4年半決裂していた間も維持された。1957年3月の外務省の交渉方針案では、「個々の証憑書類確認の上支払う用意あり」として、(1)引揚韓国人の税関預り金(2)軍人、軍属及び政府関係徴用労務者に対する未払給与(3)戦傷病、戦没軍人、軍属に対する弔慰金、年金(4)一般徴用労務者のうち負傷者、死者に対する弔慰金(5)未払恩給(6)閉鎖機関および在外会社の残余財産のうち、韓国人名儀で供託されまた将来供託されるもの6項目を列挙した。このうち、大蔵省は引揚韓国人の税関預り金、未払い給与および恩給について支払い可能であるとした[13]。第4次会談が始まる直前の1958年3月31日付の「請求権問題に関する基本方針案」でも、外務省は「韓国人に対する日本政府の債務(国債、被徴用者の未払金等)は支払う」[14]としていた。

---

11) アジア局第2課長「高裁案日韓交渉処理方針に関する件」(1953年10月17日決裁、日 / 1061、8頁)。さらに、外務省は韓国関係文化財の贈与を検討していた。

12) アジア局「在韓日本財産の放棄と久保田発言の撤回について―日韓会談再開の二条件の問題点―」(1955年7月20日付、日 / 1259、12頁)。

13) アジア局作成文書(「関係省打合資料」と端書きされている。1957年3月18日付、日 / 1518、7-8頁)。

14) 「財産権問題に関する基本方針案」(1958年3月31日付、日 / 1598、5頁)。

　1960年10月より第5次会談が始まり、一般請求権小委員会で韓国側が第1次会談で掲げた対日請求項目を改めて示し、ようやく具体的な請求権論議が始まった。しかしながら、この時期に日本政府内では、とりわけ外務省と大蔵省が立場を調整するための打合会がたびたび行われた。この過程で外務省の「債務履行」案は急速に消滅していく。1961年2月7日に行われた外務省と大蔵省との打合会で、請求権交渉における議題の順位について次のような議論が行われた。

　　外務省側から、会談においては、比較的問題の少ない例えば、未払給与のようなものから先に取り上げて討議することにしてはどうかと述べたのに對し、大蔵省側より未払給与のごときは韓国側ではすでにもらったような氣になっており、このようなものから入ることは韓国側に不当な希望を抱かせることになるのではなかろうか、むしろ、8項目の順位に従って、あれもダメ、これもダメとして進めていくことが交渉のタクティックとして有利ではなかろうかとの意見が述べられた15)。

　外務省が　「未払い給与のようなもの」から議論しようとしたのに対し、大蔵省はこれに反対し、むしろ韓国側の請求項目を一つずつ否定するかたちで交渉すべきであると述べた。周知のように、1961年5月10日の一般請求権小委員会で日本側が韓国人個人に直接手渡すかたちで未払い給与などを支払いたいと申し出たのに対し、韓国側はこれを拒絶し、「支払いの問題は韓国政府の手で行ないたい」16)と述べた。従来の研究において、外務省の「債務履行」案は韓国人個人からの証憑資料などの提示を前提とするものであったため、対日請求額の減少を避けたい韓国側に受け入れられるものではなかったとされる。だが、この

15)　北東アジア課　「請求権問題に関する大蔵省との打合会」(1961年2月7日付、日 / 1350、13-14頁)。
16)　北東アジア課「第5次日韓全面会談予備会談の一般請求権小委員会の第13回会合」(1961年5月10日付、日 / 95、28頁)。

ような交渉以前に、日本側は「債務履行」に消極的になっていた。

それは後述するように、日本側はいわゆる「経済協力方式」による請求権問題の解決を目指す方針に転換したからであった。日韓請求権協定は第1条で日本は韓国に無償3億ドル、有償2億ドルの経済協力の供与を定めている。この無償3億ドルを骨子とする請求権問題の解決案が外交文書で確認できるのは、1961年5月のことであった[17]。これは第1章で述べたように、日本政府が請求権論議を「棚上げ」にするとともに、「過去の償いということではなしに、韓国の将来の経済および社会福祉に寄与するという趣旨」の対韓経済協力を行なうことを目指した結果である。

その直後に韓国で軍事クーデターが発生し、朴正熙が政権を掌握すると、日韓会談はいっそう妥結へと加速した。1961年9月14日に外務省は他国との賠償協定の金額を参考にしつつ、韓国に対する経済協力について、「請求権処理及び経済技術協力(無償)」2億5427万ドル、累積債務4572万ドル余り、5年間かけて経済開発借款2億5000万ドルを供与する案を作成した[18]。これは請求権処理及び無償経済協力に、当時までの日韓貿易による韓国側の累積債務を加えて3億ドルとする提案である。同年11月11日の日韓首脳会談では韓国側の対日請求権について充分な討議を経た後に、請求権問題解決のための政治折衝をすることで合意された[19]。だが、このときには、日本側では経済協力方式による解決を目指して、議論を積み重ねていたといえよう。

1962年3月12日からの日韓外相会談に備えて、外務省は次のような基本方針を立てていた。

---

17) 李鍾元「日韓会談の政治決着と米国『大平・金メモ』への道のり」(李鍾元・木宮正史・浅野豊美編著 『歴史としての日韓国交正常化Ⅰ東アジア冷戦編』法政大学出版局、2012年)。
18) 「日韓請求権解決方策について」(1961年9月14日付、日／1360、3頁)。なお、このほかに請求権及び無償協力で3億ドルとする案も検討された。
19) 吉沢前掲書、128-131頁。

　第一に、今までの請求権をめぐる論点を改めて十分討議する。

　第二に、「(i)事実関係の確認がきわめて困難であること、(ii)関係法規が朝鮮の獨立ということを前提としていないこと、(iii)全鮮分請求額から南鮮分を算出する方法は概括的ならざるをえないこと、(iv)何らかの形で(対日講和條約第4條b項に對する—引用者注)「米国解釋」を適用する用意があること等の事情があるため、法的根據のある請求権の支払いという建前を貫くかぎり、支払いうるものはきわめて少額にならざるをえない」ことを韓国側に十分納得させた上で、「日本側としては十分に裏付け資料のないものや実定法上の根據が薄弱なものでも、條理や国際慣例に照らして妥当と認められるものについては、それらをも加味して解決する用意がある」と説明する。

　そして、第三に、「(i)できれば韓国側をして請求権を放棄せしめ、これを受けて日本側から一定金額を贈与する方式」「(ii)(韓国側が(i)に応じない場合は)日本側より一定金額を贈与し、これを受けて韓国側が請求権の完全かつ最終的な解決を確認する方式」のいずれかに落着させる。

　ここまで議論が進んだ段階で、日本側は総額約1億ドルの贈与という案を提示しようとしていた。なお、この方針では前述の韓国側の累積債務を「最後の切り札」として交渉の最終段階まで留保して触れないことにしていた[20]。

　つまり、この段階で外務省は未払給与や恩給などの「法的根拠のある請求権」、すなわち植民地支配の合法性を前提とし、その法律などに則した韓国人個人の債権を放棄させ、無償経済協力による　「請求権の完全かつ最終的な解決」を図ろうとしていたのである。このときの外相会談では金額の提示には至らなかった。同年10月及び11月の大平正芳外相と金鍾泌韓国中央情報部長との会談によって、日本側が韓国に無償3億ドル、有償2億ドルの経済協力を実施し、民間借款1億ドル以上を約束することで、請求権問題を解決するという原則的な合意が成立した。

---

20)「日韓政治折衝に臨む日本側の基本方針」(1962年3月7日付、日／718、4-8頁)。

このように、日本政府は日韓交渉が進展しない段階において、交渉を促進させるために「債務履行」案を提起していた。しかし、李承晩政権が崩壊し、張勉政権、そして朴正熙政権が対日交渉により積極姿勢を見せると、日本側は経済協力供与による解決を目指し、「債務履行」案を放棄した。この日韓会談の経緯により、日本側は植民地支配の合法性を前提としつつも、韓国人たちへの債務を履行する機会を自ら消滅させたのである。

3. 「完全かつ最終的に解決」された請求権の内容

では、日韓請求権協定によって 「解決」される請求権の内容について、日本政府は何を想定していたのだろうか。この点について、外務省が作成した外交文書を通して、日本政府の思想を読み解くことができる。

まず、池田と朴正熙による日韓首脳会談直後の1961年11月15日に開かれた外交政策企画委員会で行なわれた外務官僚の発言をいくつか取り上げたい。

○ 安川 「個人のクレームの部分が多いということだが、これを個人に支払うということになると韓国政府は benefit を受けないし、経済建設のための資金を得ることはできないのではないか。」

○ 卜部 「わが方としては、個人のものは個人に支払いたいと思っている。しかし、韓国政府としては外貨又はこれに代る意味での日本の資本財(製鉄所、ダム、高速道路などの資材などを含む―引用者注)が入っていくわけで、この資本財を払下げて、個人への支払いの資金をつくれば良いように思う。

また、個人のものは個人に支払うという考え方は、最後まで貫きとおし得ず、結局支払いを韓国政府に委すことになるかも知れない。そのときは、在日朝鮮人の扱い方につき韓国側との間でよく話し合っておく必要がある。」

(中略)

○ 新関 「韓国政府は早く資金が欲しいのだし、個人の懐に入るのでは、政府としては困るのではないか。」

○ 卜部 「恩給のようなものは韓国政府に資金を渡し、個人への支払いは韓国政府の責任とすることも一般に出來るわけだ。韓国政府の欲しい円資金がこうして出來るわけだ。」[21]

　このように外務官僚たちは韓国政府が経済開発のための円資金を獲得したがっていることを前提に、個人請求権を名目とするものも含めて、韓国政府がそれを極力管理できるかたちを目指していた。偶然であるが、このなかで、卜部敏男外務省参事官が日本からの資本財を払い下げて韓国国内での補償金の財源を作ればよいとする発言は、日韓国交正常化後に韓国政府が採用した政策とほぼ合致する。

　また、韓国政府は提示した8項目の対日請求のうち、第6項「韓国法人、自然人所有の日本法人の株式またはその他証券の法的認定」として、国交正常化以後の対日請求を認めよと主張していた。これに対して、1962年3月の日韓外相会談の準備作業として作成された資料によると、**外務省条約局法規課は国交正常化以後に韓国からの請求権を一切認めず、時効の進行停止の措置も取らせないという姿勢**を示していた[22]。

　さらに、前述の大平・金鍾泌会談後の1962年12月25日に、外務省は李承晩ライン「侵犯」を理由に韓国の警備艇によって拿捕された日本人の資産については、日本漁船の返還請求を求める大蔵省に対して、今後拿捕漁船に対する

---

21) 官総参 「第178回外交政策企画委員会記録」(1961年11月15日付、日／1368、9-11頁)。

22) 条約局法規課 「要綱6に対する方針案(未定稿)」(1962年3月8日付、日／718、16-22頁)。なお、例外的に時効を認める項目として、(イ)閉鎖機関、在外会社の在日財産清算に伴う在鮮韓国人株主(本来の株主に限る)に対する残余財産分配分の請求権(ロ)生命保険準備金に対する在鮮韓国人の請求権(ハ)無記名有価証券類(社債株式を含む)に対する在鮮韓国人の請求権(現物呈示を条件とする)」を挙げている。

請求をしないとして、次のように説明した。

> 少々複雑でわかりにくいので、この引用の後に、ひらたく言うと、こういうことであるというような解説を付けていただけると、この引用文の意味が理解できると思いました。当省の考えている解決方式は「請求権を放棄する」との表現はとらず、「返還請求を今後主張しない」とするものであって、大蔵省の心配しているような放棄方式ではない。そしてその法律的説明としては外交保護権の放棄であって、個人が直接請求する権利まで消滅せしめているものではないとの立場をとり、その上で、漁民の実際上の必要を満足するため別途立法措置を講じ拿捕漁船に對し見舞金を支給することにより問題を解決するのが適当と考えられる[23]。

ここで注目されるのは、拿捕漁船に対する請求をしないことは請求権の放棄ではないという説明である。すなわち、外務省は外交保護権のみを放棄するのであり、個人の請求権を消滅させる措置ではないと説明している。実はこのようなわかりにくい外務省の姿勢の背景には在朝日本人財産の処理問題がある。外務省は日本漁民に対して補償金ではなく、見舞金を支給する方針であった。そのことは、前述のように引揚者給付金のみの支給で処理した在朝日本人財産への対応に合致する[24]。

このような議論を経て、最終的に協定文を検討する段階で「完全かつ最終的に解決される」請求権の内容はより厳密に議論された。その内容は外務省が交渉記録をまとめて作成した『日韓国交正常化交渉の記録』に詳しい。1965年3月24日から東京で日韓外相会談が始まる。この時期に、請求権問題の解決をめぐって日韓間で意見の相違があると、大蔵省は外務省に度々指摘していた。3月29日付で椎名悦三郎外相が作成した日韓間の合意内容案で、「請求

---

23) 北東アジア課「日韓船舶問題解決方策に関する問題点(討議用資料)」(1962年12月25日付、日／638、4-5頁)。

24) 同前、6頁。

権の解決」は 「関係協定の成立時に存在する日韓両国および両国民の財産ならびに両国および両国民の間の請求権に関する問題は、桑港平和条約第4条に規定するものを含めて完全かつ最終的に解決されたことになる」[25]とされていた。この案に対して、大蔵省は 「具体的に韓国側要求の請求権を消すことにしないと具合が悪い」[26]として、次のように懸念を示した。

> 大蔵省としては、従来から請求権の方ははっきりきめられないまま、ほっぽらかされ、今度も経済協力の方だけをとられるのは具合が悪いし、それに韓国側はいろんな請求権がまだあるのだという顔を現にしていたから、「それでは困る。**韓国側請求権が全くなくなることがこれ**(4月3日に仮調印された合意事項のこと─引用者注)で明らかにならねばならぬ」と強く主張した…[27]

そして、大蔵省は 「とくにこの8項目の解消されるべき旨一札とっておくことを強硬に主張し、これが入れられなければ合意事項の閣議決定に印をおさない」[28]とまで主張したのであった。このような強硬な突き上げを受けて、外務省が韓国側との交渉を進めた結果、4月3日に請求権、法的地位、漁業問題の合意事項が仮調印されることになった。その 「請求権の解決」についての合意内容は、前述の 「…完全かつ最終的に解決されたことになる」という文案のみが公表され、次のような不公表の合意議事録が加えられた。

> 完全かつ最終的に解決されたことになる日韓両国及び両国民の財産並びに両国及び両国民の間の請求権に関する問題には、日韓会談において韓国側から提出された 「韓国の対日請求要綱」(いわゆる八項目)の範囲に属する

---

25) 「日韓国交正常化交渉の記録(請求権・法的地位・漁船問題合意事項イニシアル)」(日/1128、200頁)。
26) 同前、223頁。
27) 同前、224-225頁。
28) 同前、226頁。

　　すべての請求権が含まれており、したがって、関係協定の発効により、同
　　対日請求要綱に関しては、いかなる主張もなしえないこととなることが確
　　認される[29]。

　　大蔵省はこの合意議事録を高く評価し、「請求権については、この不公表合
意議事録が唯一のとりでで、あやうく韓国にくい逃げされるところだった。これで
私共としては将来協定作成のラウンドに持込む際に向こうの私的請求権まで消せ
ることについて足掛を担保したつもりであった」[30]と述べている。
　　仮調印後、請求権交渉は条文化作業を本格化させる。とくに日韓請求権協
定第2条の日本案作成過程について、当時交渉を担当した佐藤正二外務省大
臣官房審議官による以下の記述は注目される。

　　第2條の審議では「請求權」の取り扱い方が大きな問題だった。最初の案で
　　は「財産、権利、利益」と入れたのだが、それと「請求權」が観念的にあま
　　り分離されないでいた。法制局で審議したころから、一体請求権とは何だ
　　という話になった。「財産、権利、利益」は国内法上establish されたもの
　　であって、「請求權」がそれ以外のものだという観念ならば、一種の「い
　　ちゃもん」をつけるような権利ではないかというような話になり、そこ
　　でいわゆる処分の対象になるものは、そのいちゃもん権ではなくて、むし
　　ろ「財産」「権利」「利益」の実体的な権利を処分の対象にすればいいではな
　　いかと、だんだん考えがはっきりしてきた。このような考え方がはっきり
　　するのに従って案文も変ってきている。それでもなお請求権は残るでは
　　ないかという議論、たとえば、殴られて裁判継続中で実体的にはまだ
　　損害賠償請求権が発生していないけれども文句は言っているというよ
　　うなものまでつぶしておかないといけないからあとに 「請求權」という
　　字句を条文に入れたわけだ。
　　もう一つの問題は、北鮮に対する考慮である。北鮮からの請求はどうする

29) 同前、240-241頁。
30) 同前、230頁。

ともできない。これは残るという話になった。また、終戦の時、朝鮮に
いた人で、今、第三国に行っている人の持つ権利についても、韓国政府と
しては何も文句を言えない。「管轄のもとにある」という言葉はそういう考
えから出てきたものだった[31]。

　まず、引用の前段部分はひとことで言うと、日韓請求権協定第2条にある「請
求権」とは日本の国内法上確立された「財産、権利、利益」以外の「いちゃもん
権」だという考えが示されている。前節で述べたように、日本政府が呼ぶ「法的
根拠のある請求権」とはこの「財産、権利、利益」のことであろう。そうであるな
らば、日本政府が認めない請求、すなわち日本の植民地支配の責任を問う
ような請求はすべて「いちゃもん権」としての「請求権」となる。このように大
蔵省ばかりでなく、外務省も韓国側のすべての請求権を消滅させようと腐心
していたことが分かる。

　なお、引用の後段部分のように、日本政府は朝鮮北部の問題についても関
心を持ち続けた。ここでは朝鮮民主主義人民共和国政府からの請求権のみが
取り上げられているが、日本政府は朝鮮北部の在朝日本人財産の問題にも神
経を尖らせていた。日韓請求権協定第2条は第1項ばかりが注目される。しか
し、実は第3項の「管轄の下にある」という文言こそ、外務省の思想を表現するも
のであった。佐藤は、1965年6月11日から始まった条文最終案作成のための
交渉の様子について、次のように述べている。

　　韓国側が終始いっていたことは、日本の案は森に逃げ込んだ犬を殺す
　　ために森を全部焼いてしまうという考え方だ、そうではなく犬をひっ
　　ぱり出して、それを殺せばいいのではないかというようなことをいっ
　　ていた。この犬論議は随分やった。
　　（中略）

---

31)「日韓国交正常化交渉の記録総説13」(日／1316、174-175頁)。

韓国側の案は夜遅く朝の2時か3時ごろ、つまり18日朝持ってきた。その韓
国案を見ると我が方の犬殺しの考え方が3項に出てきているので、これで
できたと思った[32]。

以上述べたとおり、日本政府は経済協力方式によって請求権問題を解決す
るとともに、韓国側の対日請求権のすべてを 「つぶす」ことについて血眼になっ
ていた。日本政府の論理としては、韓国政府が植民地支配当時に原因があ
る、いかなる請求権も日本側に主張できなくすることを目指した。もっとも、日本
政府は日韓請求権協定によって、個人の請求権そのものを消滅させる意図を
持っておらず、日韓両国の外交保護権のみを処理したものと見なしている[33]。
これらの基礎には日本の植民地支配を合法とし、その法律に根ざしたものだけを
「法的根拠のある請求権」とし、それ以外を正当な請求と認めない思想がある。

なお、外務省は 「日本からの韓国の分離独立に伴って処理の必要が生
じたいわゆる戦後処理的性格をもつ日韓両国間の財産及び請求権問題」と
して、対日請求8項目を理解していた。したがって、「終戦後日本を去ったまま
の韓国人が日本に残置した財産、権利、利益」が日本側で 「最終的に処分さ
れる」としても、請求権そのものが戦争や植民地支配に対する賠償ではなく、「日
本からの韓国の分離独立に伴って」生じた、言わば民事的または財政的な性格
のものであったことに留意すべきだろう[34]。

---

32) 同前、188-189ページ。
33) この点については、拙稿「日韓請求権協定と戦後補償問題の現在第2条条文化過
程の検証を通して」(『体制移行期の人権回復と正義〔平和研究第38号〕』早稲田
大学出版部、2012年)を参照されたい。
34) 「財産及び請求権問題解決条項(第2条)について」1965年6月18日付、同前、第3分
冊72-73ページ。

〈表〉日本政府各省庁に関わる韓国側の個人請求権消滅対象項目一覧
(出典：「日韓請求権協定署名に伴う関係法律の整備について」(1965年8月5日付、
事務次官等会議申し合わせから始まる一連の資料群〔日／1226〕より著者が作成
した)

労働省	(1) 法令、就業規則、労働契約などに基づく賃金、退職金、旅費、労災扶助料等で未払いとなっているもの (2) 事業主が保管する韓国人労働者の積立金、貯蓄金、有価証券で返還されていないもの
郵政省	(1) (貯金局管轄)郵便貯金、郵便為替、郵便振替貯金 (2) (簡易保険局管轄)簡易生命保険、郵便年金
大蔵省	(1) (銀行関係)預貯金、手形法・小切手法上の債務、未払送金為替、掛け金、借入金その他の債務、保護預かり・担保、その他預かり物件 (2) (保険関係) 　（ⅰ）(損保)未払保険金、契約の無効・失効・解除などにともなう返戻保険料、再保険取引の収支戻 　（ⅱ）(生保)解約払戻金(責任準備金) (3) (有価証券関係)国債、貯蓄債券、報国債券、福券等、社債・株式 (4) (閉鎖機関・在外会社関係)供託物、新会社保管分 (5) 税関保管物件 (6) 通貨(日銀券新円) ※このうち、有価証券関係は「検討中」、通貨は「消滅させがたい」とある。
総理府恩給局 法務省	恩給 供託金(国外居住外国人等に対する債券の弁済のためにする供託の特例に関する政令(昭和25年政令22号)に基づく供託金)
文部省 厚生省援護局	著作権 (1) 未帰還者留守家族等援護法、未帰還者に関する特別措置法および戦傷病者特別援護法に基づく各援護 (2) 戦傷病者戦没者遺族等援護法による障害年金、遺族年金等の支給 (3) 引揚者給付金等支給法による引揚者給付金および遺族給付金 (4 戦没者等の妻に対する特別給付金支給法による特別給付金 (5) 戦没者等の遺族に対する特別弔慰金支給法による特別弔慰金 (6) その他 　（ⅰ）軍人および軍属等に対する未払給与

	（ⅱ）物品納入代等
	（ⅲ）契約解除にともなう補償
	（ⅳ）損害賠償
	（ⅴ）昭和20年8月16日以後生じた上記2、3、4号の債権

　日韓請求権協定締結後の史料を検討しても、上記のような日本政府の対日請求8項目についての理解が分かる。日本政府公開文書のうち、労働省、大蔵省、厚生省などが同協定に関わる韓国側の個人請求権を消滅させるための手続に関する内部資料群がある。各省庁に関わる請求権は〈表〉のとおりである。これらはいずれも植民地期の法律関係を前提とする財産および請求権である。先の請求権問題についての定義と合わせて、この表の内容を見ても、日本軍「慰安婦」問題などの戦争犯罪による被害については想定されていなかったといえるだろう。さらに、原爆被害者に対する救援措置など、日韓国交正常化以後に提起される問題も、当然ながら議論の俎上に載せられなかったことが確認できる。

おわりに

　本稿は日本政府の交渉姿勢を中心に、請求権交渉の再検討を試みた。本稿の議論を整理すると、次の通りである。

　第一に、日本政府にとって、請求権交渉は韓国人の対日請求権ばかりでなく、在朝日本人財産の問題をも解決しようとするものであった。いわば、請求権交渉はこの両者の請求権問題を解決するための、連立方程式であった。対日講和条約第4条b項のために、在朝日本人財産に対する日本側の請求権は当初より認められなかった。そのため、日本政府は在朝日本人財産の補償問題をうやむやにする方策を思案した。また、在朝日本人財産に対する請求権主張で滞った交渉を打開するために、日本政府は韓国人に対する債権を履行すること

を検討した。しかし、経済協力方式が浮上すると、日本政府は一転して韓国人の請求権の 「完封」を目指した。その2つの目標を達成するために、日本政府は請求権交渉に臨み、韓国側とともに協定文を作成した。その結果、日韓請求権協定は、日韓両国の外交保護権のみを消滅させ、個人の請求権の処理についてはあいまいにしたまま、言わば「生殺し」にする内容となった。

　第二に、従来、日韓会談における財産請求権交渉の研究は、主として外交文書を利用してきた。しかしながら、日本側の交渉過程を見ても、大蔵省が度々外務省と会合し、同省の意見を交渉に反映させようとしていたことが分かる。韓国側で財政を担当する省庁は経済企画院であり、財務部である。したがって、これらの省庁の立場が分かる文書を精査することが今後の研究を進展させる上で必要である。

　そして、第三に、完全かつ最終的に解決された「請求権」の内容について、改めて整理したい。日本側の意図は韓国側の請求権の 「完封」であり、交渉の結果、韓国側が日本側の考えを汲んだ協定文案を提示した。このことをもって、韓国側は日本側の 「犬殺しの考え方」をある程度受け入れたと見なすこともできる。ただし、韓国側が想定した請求権問題の解決は、 「犬をひっぱり出して、それを殺す」、すなわち国交正常化以後に現れた請求に対して、それぞれ対処すべきということである。

　完全かつ最終的に解決された「請求権」について、ほんとうに日韓間で合意したのか。「犬論議」は現在まで継続しているのではないか。日韓の外務官僚が「犬」に例えた植民地支配／戦争被害者たちが今日まで粘り強く自らの被害を訴え続けた結果、ようやく日韓請求権協定の壁が突き崩されようとしている現在、もう一度資料を精査し、日韓請求権協定を見直す必要があるだろう。

参考文献

「財産及び請求権に関する問題の解決並びに経済協力に関する日本国と大韓民国との間の協定」第2条の全文

1 両締約国は、両締約国及びその国民(法人を含む。)の財産、権利及び利益並びに両締約国及びその国民の間の請求権に関する問題が、千九百五十一年九月八日にサン・フランシスコ市で署名された日本国との平和条約第四条(ａ)に規定されたものを含めて、完全かつ最終的に解決されたこととなることを確認する。

2 この条の規定は、次のもの(この協定の署名の日までにそれぞれの締約国が執つた特別の措置の対象となつたものを除く。)に影響を及ぼすものではない。

(ａ) 一方の締約国の国民で千九百四十七年八月十五日からこの協定の署名の日までの間に他方の締約国に居住したことがあるものの財産、権利及び利益

(ｂ) 一方の締約国及びその国民の財産、権利及び利益であつて千九百四十五年八月十五日以後における通常の接触の過程において取得され又は他方の締約国の管轄の下にはいつたもの

3 2の規定に従うことを条件として、一方の締約国及びその国民の財産、権利及び利益であつてこの協定の署名の日に他方の締約国の管轄の下にあるものに対する措置並びに一方の締約国及びその国民の他方の締約国及びその国民に対するすべての請求権であつて同日以前に生じた事由に基づくものに関しては、いかなる主張もすることができないものとする。

協定第2条に関する合意議事録

(ａ) 「財産、権利及び利益」とは、法律上の根拠に基づき財産的価値を認められるすべての種類の実体的権利をいうことが了解された。

(ｂ) 「特別の措置」とは、日本国については、第二次世界大戦の戦闘状態の終結の結果として生じた事態に対処して、千九百四十五年八月十五日以後日本国において執られた戦後処理のためのすべての措置(千九百五十一年九月八日にサン・フランシスコ市で署名された日本国との平和条約第四条(ａ)の規定に基づく特別取極を考慮して執られた措置を含む。)をいうことが了解された。

(c) 「居住した」とは、同条2(a)に掲げる期間内のいずれかの時までその国に引き続き一年以上在住したことをいうことが了解された。

(d) 「通常の接触」には、第二次世界大戦の戦闘状態の終結の結果として一方の国の国民で他方の国から引き揚げたもの(支店閉鎖を行なつた法人を含む。)の引揚げの時までの間の他方の国の国民との取引等、終戦後に生じた特殊な状態の下における接触を含まないことが了解された。

(e) 同条3により執られる措置は、同条1にいう両国及びその国民の財産、権利及び利益並びに両国及びその国民の間の請求権に関する問題の解決のために執られるべきそれぞれの国の国内措置ということに意見の一致をみた。

(f) 韓国側代表は、第二次世界大戦の戦闘状態の終結後千九百四十七年八月十五日前に帰国した韓国国民が日本国において所有する不動産について慎重な考慮が払われるよう希望を表明し、日本側代表は、これに対して、慎重に検討する旨を答えた。

(g) 同条1にいう完全かつ最終的に解決されたこととなる両国及びその国民の財産、権利及び利益並びに両国及びその国民の間の請求権に関する問題には、日韓会談において韓国側から提出された 「韓国の対日請求要綱」(いわゆる八項目)の範囲に属するすべての請求が含まれており、したがつて、同対日請求要綱に関しては、いかなる主張もなしえないこととなることが確認された。

(h) 同条1にいう完全かつ最終的に解決されたこととなる両国及びその国民の財産、権利及び利益並びに両国及びその国民の間の請求権に関する問題には、この協定の署名の日までに大韓民国による日本漁船のだ捕から生じたすべての請求権が含まれており、したがつて、それらのすべての請求権は、大韓民国政府に対して主張しえないこととなることが確認された。

요시자와 선생님 발표에 대한 토론문

이 형 식(고려대 아세아문제연구소)

저는 과거 국민대 일본학연구소에서 막 공개된 한일협정관련 일본외 교문서를 정리한 적은 있습니다만 한일교섭에 대해서는 문외한에 가깝 습니다. 하여 요시자와 선생님 발표에 대한 적합한 토론자가 아니라는 것을 미리 양해해 말씀을 드리면서 장박진 선생님의 연구(『미완의 청산』) 와 선생님의 발표문을 읽으면서 느꼈던 의문점과 평소 이 문제에 대해서 가졌던 생각을 제시함으로써 토론자의 책무를 다하고자 합니다.

김종필-오히라 합의로 '소멸'된 청구권문제를 생각할 때 한일양국 국 민에게 국가란 도대체 무엇인가라는 국가의 존재의의에 대해서 다시 한 번 생각하게 하는 귀중한 발표가 아닌가 생각됩니다.

Ⅰ. 재한일본인재산을 둘러싼 검증

일본정부가 귀환자의 재외재산에 대한 보상을 등한시하거나 의도적 으로 청구권을 상쇄하기 위한 주장으로 이용했다는 점에서 일본정부의 자국민에 대한 책임은 매우 크다고 할 것입니다. 하지만 여기에서 우리 가 놓쳐서는 안 되는 식민지 지배의 역사가 있습니다. 일본 외무성과 대장성이 연합국에 대한 배상에 대비하여 만든 『일본인의 해외활동에 관한 역사적 조사』라는 자료가 있습니다. 이 자료는 일본인의 재외재산의 생성과정은 제국주의적 발전사가 아니고, 일본인의 해외활동은 일본인의 정상적인 經濟行爲, 商行爲, 文化活動의 성과였다고 주장하고 있습니다. 하지만 해외사업전후대책중앙협의회 의장인 荒川昌三는 해외재산을 조사하는 작업에서 "전쟁에 기여했다든지 해외에서 착취했다든지 일본의 팽창정책에 기여했다고 하는 것은 되도록 피하거나 삭제한다는 취지로 보고해 주었으면 한다. 전쟁 전부터 일본의 평화발전을 위해 해외에서 특히 당시 주민의 민생을 위해 기여했다고 하는 것에 중점을 두었으면 한다"고 하고 당부하고 있습니다. 이처럼 재한일본인재산 가운데 적지 않는 재산이 전시경제, 군수산업을 지탱하고 있었고 반드시 평화적인 활동, 정상적인 경제행위만은 아니었다고 생각합니다. 하여 연합국이 재한일본인재산을 몰수한 것은 타당한 측면이 있다고 생각합니다. 하지만 일본의 재한일본인재산 요구는 결과적으로 한국의 일본에 대한 식민지 지배 피해에 대한 보상 요구를 위축시키지 않았나 생각합니다. 즉 식민지 지배 피해에 대한 보상은 재한일본인재산요구로 상쇄되고 그 나머지를 한국정부가 대일8항목요구라는 형태로 제시하였던 것입니다. 국책에 충실히 부응했던 재한일본인의 사유재산에 대해서 일본정부가 충분히 보상하지 않고 오히려 청구권을 상쇄하기 위한 방편으로 이용했던 책임이 크다고 생각합니다.

II. 조선통치관계자와 한일교섭

한일교섭 연구는 지적하신 것처럼 주로 외교문서에 의존하고 있습니다. 그러다 보니 외무성을 중심으로 한일간의 교섭이 중심이 되어 정책

결정/교섭과정이 평면적으로 그려지고 있는 것 같습니다. 선생님께서 지적하신 것처럼 대장성이나 다른 관청의 동향도 주목해야 하지만, 개인적으로는 중앙일한협회나 우방협회와 같은 소위 조선통치관계자들의 역할에 대해서도 주목해야 할 필요가 있지 않을까 합니다. 조선총독부관료를 비롯한 조선통치관계자는 전시동원피해에 대한 청구권에 대해서 매우 전향적인 태도를 취하고 있습니다. 전시동원에 관여하고 있었던 이들은 한국병합 합법론에 의거해 식민지 지배에 대해서는 문제삼지 않고 전시기 '일본인'으로 전쟁에 기여/협력하다가 피해를 입은 조선인에 대한 보상을 주장하고 있습니다. 이들은 한일회담 일본측 수뇌부(松本俊一, 久保田貫一郎 등)와 종종 만나 자신들의 입장을 전달하였습니다. 뿐만 아니라 외무성 안에도 이세키 아시아국장- 마에다 동북아과장과 같이 조선과 깊은 관련을 가지고 있는 관료들이 존재하고 있어 이들은 외무성 안의 '한국통'으로 한일교섭에서 중요한 역할을 담당하고 있습니다. 조선통치관계자들은 회담에는 직접적으로 관여하지 않았지만 회담담당자의 식민지 지배인식(구보타발언 등)에 적지 않은 영향을 미쳤으리라 생각됩니다. 따라서 이들의 역할에도 주목해야 하지 않을까 생각합니다.

Ⅲ. 일본이 지불하려고 한 개인청구권

한일교섭과정에서 일본외무성은 한국병합 합법론에 의거해 한국측이 제시한 청구권 8항목 가운데 개인청구권에 대해서는 지불의사를 밝히고 있습니다. 이러한 외무성 인식은 앞에서 언급한 조선통치관계자의 인식과 일치합니다. 하지만 애시 당초 한국측이 제시한 청구권(8항목)에는 이상덕 배상구상에는 포함되어 있던 관동대지진학살, 창씨개명 등과 같은 전쟁책임이나 식민지 지배책임문제는 누락되어 있어 전시동원에 한정한 점은 근본적인 한계를 가지고 있었던 것은 아닐까 생각합니다. 한일교섭과정에서 한일양국 모두 식민지 지배문제에 대한 '청산'을 누락시켰던 것은 아닐까 생각합니다.

Ⅳ. 일본이 '소멸'시키려고 했던 청구권의 내용

장박진 선생은『미완의 청산』에서 청구권의 내용과 교섭과정을 실증적으로 분석하여 청구권을 '소멸'시킨 한국정부의 책임을 문제삼고 있습니다. 박정희 정권이 회담이 재개되기도 전에 청구권문제를 각 개별 항목별 토의에 기초한 실무 교섭으로서가 아니라 총액방식으로 타결할 것을 결정했고, 1차 정치회담을 계기로 기초 항목과 무관하게 총액을 결정하는 교섭으로 옮아감으로써 사실상 종결되었다고 보고 있습니다. 일본은 개인청구권에 대해서 직접 개인에게 지불하는 방법을 한국정부에게 요청했고 이케다 수상은 청구권＋유상원조를 통한 해결의 가능성을 타진했다는 것을 지적하고 있습니다. 하지만 외무성과 대장성이 이케다 수상의 생각을 기각시켰고 한국이 청구권으로서의 지불을 고집할 경우에는 일본정부로서 지불 대상을 엄격히 한정할 수밖에 없다는 것, 그리고 그 결과 지불 액수가 적어질 수밖에 없다는 것을 통해서 한국정부를 설득했다고 밝히고 있습니다. 한국정부는 이러한 설득에 응해 김종필-오히라 합의를 통해 청구권문제(개인청구권마저)를 '소멸'시켰다고 결론짓고 있습니다. 이러한 장박진 선생님의 견해는 본 발표에서 제기했던 '犬論議'를 부정하는 것으로 보이는데 이에 대해서 어떤 입장을 가지고 계신지 궁금합니다.

한일 어업협정과 일본인 어민 영상자료
'평화선' 피해 어민에 관한 영상자료를 중심으로

최 영 호(영산대)

Ⅰ. 머리말

한일양국의 국교정상화 50주년을 맞아 다양한 각도에서 양국관계를 재조명하려는 시도가 각지에서 전개되고 있는데, 필자는 올해 '평화선 침범'으로 납치된 일본인 어민문제에 초점을 맞추어 한일관계의 현대사를 재조명하고 싶다. 1952년 1월 '평화선'(일본에서는 '이승만 라인'으로 표현된다)이 선포된 이후 1965년 6월 한일 어업협정이 체결되기까지 13년간 한국정부에 의해 나포된 일본 선박이 총 328척, 억류된 일본인 어민이 총 3,929명, 사상자는 총 44명에 달한다.[1] '평화선'에 의한 일본인 어민 피해 문제는 1950년대 일본인 대중의 한국 인식에 지극히 부정적인 영향을 끼쳤다.[2] 이것은 한일양국의 외교 교섭에도 큰 영향을 끼친 문제로서, 인도적인 차원에서 외교 교섭을 재개하게 하는데 중요한 계기

---

1) https://ja.wikipedia.org/wiki/李承晩ライン(2015年 7月 15日 검색).
2) 内海愛子,「李ラインと戦後日本人の韓国認識」, 内海愛子·宮本正明·内藤壽子·鈴木久美·高敬一, 『<海の上の国境線> について考える』, 大阪国際理解教育研究センター, 2010年, pp.1~6.

가 되었다. 그러면서도 식민지 지배에 대한 서로 다른 견해와 청구권 문제로 인하여 외교 교섭이 제대로 진행되지 않는 가운데 결과적으로 피해자들의 호소가 제대로 반영되지 못했다. 일본인 어민 문제는 재일한인의 법적지위 문제와는 완전히 일치하지는 않지만, 적어도 인도적인 차원에서 양국 외교관계의 수립을 필요로 하는 마이너리티 문제였다는 점에서 어느 정도 비슷한 성격을 띠고 있었다고 할 수 있다.

한일간 어업협정의 체결 이후 일본정부는 자국의 나포 피해 어민에 대해 보상에 준하는 조치에 나서야 했다. 억류된 승무원의 경우 억류 기간 1일에 대하여 1,000 엔씩, 사망자 부조금 450만 엔씩, 부상자에 대해서는 국가공무원 재해보상 규정에 따라 장해등급을 14단계로 나누어 최고 450만 엔부터 최저 20만 엔까지 지급했다. 또한 일본정부는 이를 위해 특별교부금 총 40억 엔과 저리장기융자 총 10억 엔에 달하는 예산을 집행했다.[3] 그러나 나포 피해 어민에게 있어서 이러한 정부의 조치는 충분한 것이 될 수 없었다. 이러한 상황에서 일본의 일부 언론들은 피해 어민의 고통을 강조하며 한국에 대한 혐오를 조장하는 기사들을 일본사회에 지속적으로 쏟아내 오고 있다.[4] 올해 6월에도 사가신문(佐賀新聞)은 「나포의 공포 잊을 수 없다」라고 하는 제목으로 한일국교정상화 50주년 특집 인터뷰 기사를 내보냈다.[5] 일반 어민(승무원)으로 제주도 동쪽에서 조업하던 중 '평화선 침범' 죄목으로 1962년 12월에 한국 해안경비정에 나포되어 부산에서 3개월간 수용된 우라마루 겐이치로(浦丸健一郞)

---

3) 日韓漁業協議會(編), 『日韓漁業對策運動史』, 日韓漁業協議會, 1968年, pp.428~430.

4) 예를 들어, 「韓国に拿捕された船長73日間毎日丸麥1合と大根葉の塩漬2回」, 『週刊ポスト』 2012年 8月 27日; 「【韓国の本性】李承晩ラインで日本漁民が味わった塗炭の苦しみ射殺、餓死…」, 『夕刊フジ』 2014年 8月 26日; 「日韓国交正常化まで韓国が日本漁船を拿捕・抑留日本人4000人」, 『NEWS ポストセブン』 2015年 6月 25日.

5) 「拿捕の恐怖忘れられぬ、日韓国交50年思い複雑」, 『佐賀新聞』 2015年 6月 21日.

평화선 피해자를 이토시마군에서 면담하는 필자

할아버지(84세)에 관한 인터뷰 기사였다. 그는 가라쓰(唐津)에 거주하고 있으며 한국 수용소 생활의 트라우마를 씻지 못하고 양국의 국교정상화 이후 다양한 민간 국제교류에 참가하지 못하는 아픔을 안고 있다는 보도였다.

　한편 오늘날 한일간 외교관계의 경색 가운데 일본의 우파적 언론은 '평화선' 문제를 통해 한국정부의 독선적이고 폭력적인 측면을 강조하고 반면에 일본인 어민 피해의 역사만을 강조하여 일본 네트우익의 혐한 분위기를 선동하는데 사용하고 있다.6) 필자는 이러한 혐한 움직임이 격화되는 상황에서 2014년 말부터 피해 당사자인 일본 어민들을 직접 만나 과거의 나포 사실에 대해 오늘날 어떠한 생각을 가지고 있는지 면담 조

---

6) 인터넷에 떠돌고 있는 관련 언론 기사가 무수히 많은 가운데 대표적으로 자주 인용되고 있는 것을 거론하자면, 다음과 같은 기사를 꼽을 수 있다. 「【韓国の本性】李承晩ラインで日本漁民が味わった塗炭の苦しみ射殺、餓死…」, 『夕刊フジ』 2014年 8月 26日; 「[細川珠生]【竹島問題、領土議連の活動に期待】-日韓国交正常化50年の節目に-」 『ラジオ日本 「細川珠生のモーニングトーク」』(2015年 2月 21日 放送)」; 「日韓国交正常化まで韓国が日本漁船を拿捕,抑留日本人4000人」 『SAPIO』 2015年 7月号(2015年 7月 15日 검색).

사하는 활동에 돌입했다. 나포 피해 어민으로서의 생존자 증인이 점차
사라지고 있는 상황에서 후쿠오카현(福岡縣)과 야마구치현(山口縣)을 돌
며 생존자를 찾아다녔다. 2014년 7월과 9월에 나포 피해 어민(선장) 생존
자와 인터뷰를 행하고 나포 경위와 형무소·수용소 체험을 기록한 스즈
키 구미(鈴木久美) 연구자의 연구조사결과는 필자의 조사활동에 중요한
계기가 되었다.[7]

　　조사활동의 결과 필자는 올해 2월 중순에 후쿠오카현 이토시마(糸島)
에서 2명의 어민 생존자를 찾아내어 면담을 할 수 있게 되었고 동행한
카메라맨에 의해 인터뷰 모습을 영상자료로 생성할 수 있게 되었다.[8] 이

---

7) 鈴木久美, 「'李ライン'により拿捕、抑留されたA氏に聞く」, 『アジア太平洋研究セン
　　ター年報』12号, 2015年 1月, pp.48~54.
8) 필자는 2월 11일부터 14일까지 '평화선'에 의한 일본인 어민 피해자를 찾아내기
　　위해 후쿠오카에 출장했다. 과연 생존자가 있을까, 있다고 해도 면담에 응할까, 반
　　신반의 하면서 이토시마를 찾아갔는데 운 좋게도 바로 '평화선' 피해자 할아버지
　　2명을 찾아내어 면담까지 할 수 있게 됐다. "두 사람 모두 1950년대 중반 20대
　　미혼 청년으로서 같은 어촌의 사람들로 구성된 28명의 선원들 사이에 끼어 밤늦게
　　제주도와 고토(五島) 열도 사이 해역에서 고등어 잡기에 열중하고 있었다고 한다.
　　이때 소총을 들고 나타난 한국의 경비대에 포획되어 28명 모두 부산으로 끌려갔다
　　고 한다. 경찰의 취조를 받은 후 수용소에 끌려가 2년 동안 집단수용소 생활을 한
　　후에 4개월 동안 형무소에서 추가로 복역하다가 석방되어 일본으로 돌아오게 되었
　　다고 한다. 이들이 겪은 '평화선 침범 어선 나포' 사건은 한국과 일본 사이에 아직
　　어업협정이 맺어지지 않은 시기에 일어났다. 이 사건은 세상에 널리 알려져 있기는
　　하지만 집단적인 감정을 자극하고자 하는 일본의 언론에 의해 지나치게 어둡게 묘
　　사되고 있다는 것을 이번 인터뷰를 통해 필자는 직접 확인할 수 있었다. 언뜻 상상
　　해 볼 때 일본인 피해 어민들이 어느 날 갑자기 가족과 생이별을 하게 되고 2년
　　8개월 동안이나 이국땅에 억류되었다고 하여 엄청난 고난을 당했다고 생각하기 쉽
　　다. 그러나 당사자 어민들은 우리 한국 연구진을 따뜻하게 맞아들인 것은 물론, 부
　　산의 억류 생활에 대해서도 마치 집단적으로 소풍을 다녀온 것과 같이 회고했다.
　　같은 배를 타고 있던 28명이 함께 억류 생활을 했고 일본 전국에서 온 어민 약
　　1000명이 부산에서 일본어로 집단생활을 했기 때문에 별로 부자유함을 느끼지 않
　　았다는 것이다. 도리어 억류 기간 동안 군이 어로 활동과 같은 고생을 하지 않아도
　　매일 식량이 배급되었고 억류 이후에 근해에서만 어로 활동을 하게 되어 편해졌다

때 실시한 인터뷰의 구체적인 내용에 대해서는 금후 별도의 연구논문을
통해 밝히고자 하며, 이 발표문에서는 '평화선' 관련 영상자료에 국한하
여 그 자료군의 소재와 대강의 내용을 소개함으로써 RKB방송국 자료의
위치매김을 시도하고자 한다.

Ⅱ. 왜 영상자료인가

주지하다시피 '평화선' 문제는 한국의 현대사 사건 가운데 중요한 부
분을 차지하고 있다. '평화선' 문제에 관한 기존의 연구는 한국의 정책결
정 과정과 한일회담의 추이에 초점을 맞추어 왔다. 이에 대해서 본 연구
자는 기존 연구를 시야에 포함시키면서도 가능한 일본인 어민의 생활에
초점을 맞추어 관련 영상자료를 파악하는데 주력하고자 했다. '평화선'
문제가 한일양국의 국경지대에서 활동하는 사람들의 생활에 어떠한 영
향을 끼쳤는지, 한일회담 타결을 통한 '평화선' 문제 해결이 이들 어민들
의 생활에 어떠한 변화를 초래했는지 조사하고, 이에 관한 이미지 자료
의 소재를 연구계에 소개하려는 것이었다. 연구과제의 주안점은 한일회
담의 주요 의제가 된 '평화선' 문제에 대하여 외교정책 결정자의 시각에
서 접근하기에 앞서 일반 어민의 생활에서 접근하고자 하는 것에 있었

고도 했다. 우리 조사단이 이번에 면담을 하게 된 할아버지들은 당시 생활형편이
어려운 선원에 불과했고 억류 당시에 결혼하지 않아 가족을 거느릴 의무가 없었기
때문에 이제 와서도 다른 피해 어민에 비해 밝게 억류 사실에 대해 회고하고 있는
지 모른다. 이들이 겪은 분위기가 1953년부터 1964년까지 이루어진 모든 일본인
억류 피해자에게 동일하게 적용되었다고 보기도 어렵다. 인터뷰를 마치고 피해자
어민의 거실을 떠나면서 나는 "건강하실 때 한번 부산에 놀러 오시지요" 하고 인사
를 전했다." 최영호, 「후쿠오카福岡 에서 한일 간 '평화'를 생각하다」, 『강제동원&
평화연구회 Newsletter』 제38호, 2015년 3월(cafe.naver.com/gangje).

다. 이러한 생활사적인 연구는 어느 시기를 막론하고 외교적 갈등에 있어서 근본적이고 보편적인 문제점으로부터 해결의 실마리를 발견하게 하는데 주효할 것으로 판단되었기 때문이다.

2000년대 들어 한국 현대사 분야는 새로운 영상자료의 발굴과 이를 이용한 연구가 활발하게 이루어지고 있다. 특히 주목할 만한 연구성과로 '영상역사학'에 관심을 가지고 한국전쟁에 관한 영상자료를 발굴하고 그 활용방안을 제시한 노성호 연구자의 연구를 꼽을 수 있다. 그는 한림대학교 아시아문화연구소가 소장하고 있는 '미육군통신대(Army Signal Corps) 촬영 한국전쟁 동영상(A.S.C 영상)'을 주목하였다.[9] 그는 이 영상자료의 가치와 내용을 검토하여 한국전쟁 분야의 새로운 연구 가능성을 열었으며 아울러 '영상 역사 기록물'에 대한 심도 있고 체계적인 연구를 통해 이 기록물이 다양한 방면에서 활용될 수 있도록 했다. 그는 A.S.C 영상 자료의 가치와 내용 검토를 통해 첫째, 미공개 동영상의 존재를 밝혀 새로운 사료 발굴이 가능하다는 점, 둘째, 문헌자료에 대한 보완 및 명징이 가능하다는 점, 셋째, 평면적 사료의 입체화가 가능하다는 점을 발견했고, 이로써 한국전쟁 연구에 있어 기존 문헌 기록을 통한 연구와 A.S.C 영상자료의 연구가 상호보완적 상승효과를 낼 수 있다는 것을 확인했다.

영상자료는 열람하기가 쉽지 않다는 점과 촬영자나 편집자의 시각에 의해 1차로 걸러진 자료라고 하는 한계가 있다. 그럼에도 불구하고 디지털 기술과 아카이브 작업의 발달로 탐색 및 열람의 편의성이 높아지고 있고, 촬영자가 의도하지 못한 여러 정보를 담고 있는 영상 자료를 연구자의 관심에 따라서 다양하게 분석할 수 있는 장점을 가지고 있다는 것

---

9) 노성호, 「A.S.C 영상자료를 통한 한국전쟁 연구의 새로운 가능성 : 아시아문화연구소 소장 A.S.C 영상자료의 가치와 내용 검토」, 『한국사학사학보』 27호, 2013년 6월, pp.101~132.

을 부정할 수 없다. 영상자료는 역사적 사실과 정보의 인지적 이해 뿐
아니라 상상력을 구체화하여 생생하고 오래 기억되는 학습경험을 제공
할 수 있다.[10] 영상에 의한 역사자료는 매체의 특성상 문자에 의한 역사
자료와는 다른 방식으로 역사를 재현하고 전달하게 되며 시청자들이 문
자와는 다른 방식으로 수용하게 된다. 오늘날 문자미디어보다 영상미디
어가 더욱 더 대중들에게 널리 수용되고 있는 현실은 영상자료가 더 이
상 문자자료의 보조수단만은 아니며 문자자료의 한계를 보완하고 풍부
한 역사적 함의를 제공할 수 있는 매체라고 하는 점을 말해주고 있다.[11]

　이러한 이유 때문에 평소 한일관계의 현대사에 관심을 갖고 있는 필
자로서는 관련 영상자료의 소재를 파악하고 가능한 한 관련자를 인터뷰
하고 이를 영상자료화하여 후세에 남기고자 하는 연구과제를 생각하게
되었다. 마침 한국학진흥사업단에서는 한국의 현대사 연구 프로젝트로
이와 관련된 연구조사사업을 모집하여 이에 응하게 된 것이다. 이러한
연구계획은 후쿠오카를 지역기반으로 하는 RKB마이니치 방송국이 한일
국교수립 이전에 방영한 TV영상자료를 소장하고 있으며 이들 자료 가운
데 '평화선' 관련 자료가 다수 존재한다는 정보를 입수한 것이 그 실마리
가 되었다. 2014년 4월부터 6월까지 후쿠오카에 체재하는 동안 필자는
거의 매일 RKB방송국의 지하 자료실을 찾아가 '평화선' 관련 영상자료
를 요청하고 시청했다. 아울러 해당 방송국 측에 영상자료 목록을 요청
하고 영상자료와 목록을 상호 대조하여 나름대로 '평화선' 영상자료에
관한 목록을 만들어갔다. '평화선' 관련 영상자료인 만큼 그 대상 시기는
'평화선'이 선포된 1952년 1월부터 한일간 어업협정이 체결된 1965년 6
월까지의 기간으로 했다. 한국의 KBS방송국이 1961년 10월에 TV 방영

10) 오정현·이승실, 「역사와 창의·인성 교육 사례 연구 : 영상물을 활용한 프로젝트
　　수업을 중심으로」, 『교과교육학연구』 17권 4호, 2013년 12월, p.1151.
11) 이학노, 「역사교육에 있어서 영상자료의 활용: EBS 다큐멘터리 '상인의 나라 중국'
　　의 분석을 중심으로」, 『대구사학』 76권, 2004년 8월, p.134.

후쿠오카의 RKB 마이니치 방송국

을 개시한 점을 감안할 때, RKB마이니치방송국의 50년대 말 TV 영상자료는 '평화선' 문제를 이해하는데 중요한 자료가 될 것이다.

Ⅲ. '평화선'에 관한 영상자료군

'평화선' 피해 일본인 어민에 관한 영상자료로서, 이마이 다다시(今井正) 감독이 제작하여 1961년 2월에 공개 상영되기 시작한 『저것이 항구의 등불이다』는 주목할 만한 작품이라고 생각한다.[12] 일본인 어민 속에

---

12) 今井正監督, 水木洋子原作·脚本, 『あれが港の灯だ』(DVD), 東映株式会社, 1961
年. 이 작품은 일본인 대중으로부터 그다지 호응을 얻지 못했다. 기독교 소설가로 유명한 시이나 린조는 이러한 대중성에 입각하여 이 작품이 한국정부의 '평화선'에

서 생활하는 재일한인 청년의 고뇌를 중심으로 하여 1950년대 말의 '평화선' 문제와 '북송' 문제를 다룬 작품이면서도, 후쿠오카 일본인 어민의 '평화선' 해역 어로 활동에 관한 리얼한 영상을 잘 구현하고 있기 때문이다. 일본 선박을 나포하기 전에 한국 경비정이 접근하여 총격을 가하는 장면을 부각시킨 것은 1953년 2월의 '제1다이호마루(大邦丸) 사건'을 연상하게 한다. 이 작품을 둘러싸고 1950년대 재일한인들의 암울한 생활환경에 초점을 맞추어 한국과 일본에서 관련 논문이 나왔다.[13]

1950년대의 영상자료로서 우선 영화관에서 상연된 뉴스영화(newsreel)를 꼽을 수 있다. 한국의 뉴스영화는 1945년 해방 이후 미군정 시절 「조선시보(朝鮮時報)」로 제작되기 시작되어, 1948년 대한민국 정부수립 후 「대한전진보(大韓前進報)」로 제작되다가 한국전쟁 이후인 1953년부터 「대한늬우스」라는 타이틀을 달고 상연되었다. 이로써 「대한늬우스」는 1950년대 한국의 대표적인 뉴스영화가 되었다. 이것은 그 후 1960년대 외래어 표기법이 바뀜에 따라 「대한뉴우스」로 수정되었고, 1980년대부터는 「대한뉴스」라는 이름을 사용했다. 1948년 11월부터 공보처(공보실) 공보국 산하 현상과(現像課)가 제작한 이 영상자료는 1961년 6월부터 정부조직법의 개정에 따라 국립영화제작소로 이관되어 제작되었다. 1957년부터 매달 1편씩 각 10편이 전국 극장에서 상연되었으며, 1960년부터

관한 정당성을 옹호하고 있다고 하며 메시지가 분명하지 않다고 혹평했다. 椎名麟三, 『椎名麟三全集18』, 冬樹社, 1976年, pp.118~119. 그러나 훗날 연구자 나이토 히사코는 이 작품의 극본에서 나타나는 휴머니즘을 높이 평가했다. 內藤壽子, 「脚本家·水木洋子と映畵'あれが港の灯だ'」, 『湘北紀要』 29号, 2008年 3月, pp.95~101; 內藤壽子, 「映畵'あれが港の灯だ'に関する水木洋子旧藏資料について」, 內海愛子·宮本正明·內藤壽子·鈴木久美·高敬一, 『<海の上の国境線> について考える』, 大阪国際理解教育研究センター, 2010年, pp.45~52.

13) 임상민, 「이승만라인과 재일코리안 표상: 영화 '저것이 항구의 등불이다'론」, 『일어일문학연구』 83집, 2012년 9월, pp.505~522; 高柳俊男, 「映畵'あれが港の灯だ'に描かれた在日朝鮮人と帰国事業」, 『光射せ!: 北朝鮮收容所国家からの解放を目指す理論誌』(特集55周年を迎えた北朝鮮帰国事業), 13号, 2014年 7月, pp.33~39.

는 매년 총 30편이 상영되었다.[14) 현재 KTV는 「다시 보는 대한늬우스」를 인터넷으로 제공하고 있다.[15) 일반 공개되고 있는 자료를 통해 볼 경우, 1953년부터 1960년까지 이승만정부 시기에 제작된 총 146편의 「대한늬우스」 가운데, '평화선' 관련 영상으로는 유일하게 1960년에 제작된 「해양 원양훈련단 소식」 정도가 확인된다. 재일한인에 관한 영상이 총 5편이었던 것에 비추어 볼 때,[16) 그 당시 '평화선' 피해 일본인 어민에 관한 한국정부와 사회의 관심이 아주 빈약했다는 점을 확인할 수 있다.

한편 일본의 뉴스영화는 1930년에 「쇼치쿠뉴스(松竹ニュース)」가 정기적으로 제작·상영된 것으로부터 시작되었다고 할 수 있다. 전후에 들어서 각 신문사들이 뉴스영화를 제작하기 시작하여 1950년대와 1960년대에 대중의 인기를 얻었으나, 1960년대에 들면서 텔레비전의 일반 보급에 따라 쇠퇴 일로를 걷게 된다. 1950년대를 대표하는 일본의 뉴스영화로는 1946년 1월부터 일본영화사(日本映畵社)에 의해 제작되었던 「일본뉴스(日本ニュース)」가 있는데, 여기에 아사히신문사가 관여하면서 1952년부터 1976년까지 「아사히뉴스(朝日ニュース)」라는 타이틀로 제작·상영되었다. 이외에도 요미우리신문사 계열의 「요미우리국제뉴스(讀賣國際ニュース)」, 마이니치신문사 계열의 「마이니치세계뉴스(每日世界ニュース)」와 「닛카쓰세계뉴스(日活世界ニュース)」 등이 있다.[17) 마이니치신문은 1960년 9월에 「닛카쓰세계뉴스」의 타이틀을 「마이니치뉴스」로 바꾸어 제작·상연했고, 현재 인터넷을 통해 과거의 뉴스영화를 대중들에게 제공하고 있다. 1965년 6월 22일 한일어업협정이 체결될 때까

---

14) 한국민족문화대백과사전, 대한뉴스(Korea News, 大韓뉴스).
15) http://www.ktv.go.kr/culture.
16) 「재일 청년단 경무대 예방」(1957년); 「재일 한국인학생 여름학교 입교식」(1958년); 「재일교포 구출에 총 궐기하자」(1959년); 「재일교포 북송 반대 국민 총궐기」(1959년); 「재일교포 강제북송 저지 집회」(1959년).
17) ウィキペディア(フリー百科事典), ニュース映畵.

지 「마이니치뉴스」는 총 148편의 뉴스영화를 제작·상연했는데, 이 가운데 '평화선'이나 일본인 어민과 관련이 있는 뉴스영화는 현재 한편도 발견할 수 없다.[18] 다만 일본의 우파적 성향의 개인이나 단체가 혐한을 목적으로 1950년대 일본 뉴스영화 가운데 '평화선' 관련 영상을 일반에 공개하고 있어, 그 가운데 4편의 뉴스영화가 인터넷에 널리 유포되고 있는 것을 확인할 수 있다.[19]

다음은 TV 영상자료를 살펴보자. 한국에서 TV가 일반가정에 보급된 것은 1960년대에 들어서이다. 한국에서 텔레비전이 처음 선보인 것은 1954년 7월 서울 보신각 앞 미국 RCA 한국대리점에서 한국의 텔레비전 보급에 대한 타당성을 알아보기 위해 유선방식 수상기를 일반에게 공개한 일이다. RCA 등은 기초조사를 마친 뒤 합작으로 1956년 5월 텔레비전 방송국을 개설하였고 시험방송을 거쳐 그 해 11월 1일부터 정규방송을 시작했다. 이윽고 1961년 12월에 국영 「서울 텔레비전 방송국」이 지상파 방송을 시작했다. 그러나 당시에는 미국이나 일본에서 수입된 TV 수상기로 극히 일부분의 사람들만이 TV 영상자료를 시청할 수 있었다. 한국정부의 수상기 자체 생산 권고를 받은 금성사가 1963년에 일본 히타치제작소에 기술연수팀을 파견하고 생산시설을 도입하는 등 TV생산 계획을 진행하게 되었다.[20] 따라서 '평화선' 문제에 관한 TV 영상자료를 한국에서 찾기는 곤란하다.

반면에 일본의 경우는 공영 방송이나 민영 방송 모두 1950년대부터 본 방송을 시작했기 때문에 다량의 '평화선' 관계 TV 영상자료를 가지고 있을 것으로 보인다. 다만 각 언론사가 영상자료를 전면적으로 일반에

---

18) 懐かしの毎日ニュース アーカイブ. http://mainichi.jp/feature/nostalgicnews/archive/
19) 「緊張つづく朝鮮水域」『毎日世界ニュース』(1953年):「李ライン卽時撤廢を(山口東京)」『朝日ニュース』(1955年):「抑留漁夫第一陣帰る(下関)」『NHK週間ニュース』(1958年):「ワイドの眼, 李ラインを行く」『朝日ニュース』(1959年).
20) 시사상식사전, 국내 텔레비전(TV)의 역사.

공개하고 있지 않기 때문에 영상자료를 입수하기는 매우 어렵다. 따라서 현 단계에서는 TV 영상자료가 있을 것으로 보이는 언론사를 소개하고, 그 가운데 일반 공개되고 있는 자료에 대해서만 언급하고자 한다.

일본의 TV 영상자료 가운데 가장 오래된 것은 1953년 2월에 본 방송을 개시한 NHK 도쿄 텔레비전 방송국의 자료라고 생각된다. 그리고 NHK보다 약간 늦게 1953년 8월에 본 방송을 개시한 일본 TV 등의 민간 TV 방송국도 NHK에 뒤지지 않는 역사를 가지고 있다. 다이호마루 (大邦丸) 등 1953년에 나포된 어선이 많았기 때문에 TV 방송국도 개국 이래 '평화선'에 관한 뉴스를 자주 방영했을 것으로 보인다. NHK는 1954년 3월에는 오사카와 나고야 지역에 TV 방송을 시작했고, 1956년 3월에는 센다이, 히로시마, 후쿠오카로 방송 지역을 확대해 갔다. NHK 나 민간 TV 방송 모두 1960년에는 거의 일본전국을 커버하게 되었다. 오늘날 NHK 방송국은 자체 자료실에 보존되어 있는 프로그램 정보를 인터넷으로 검색할 수 있도록 하고 있다. 다만 일반인들이 이 프로그램 들을 직접 볼 수는 없다.[21] 인터넷 검색을 통하여 NHK 자료실 가운데 다음 두 개의 '평화선' 관련 다큐멘터리 프로그램을 확인할 수 있다. 하나는 1961년 11월 23일에 방영된 프로그램 「어느 일본인 저인망 어선, 단슈마루(但州丸)의 사람들」이다. 이 프로그램은 효고현 가스미(兵庫縣 香住)를 근거지로 하여 대한해협 '평화선' 구역 근처까지 어로에 나서는 저인망 어선의 노동 어민들을 취재한 것이다.[22] 또 하나는 1963년 6월 23일에 방영된 프로그램 「일본의 민낯, 국경주변」이다. 쓰시마(對馬) 섬 의 서부와 북부 해안에서 '평화선' 문제와 밀입국 문제 등을 안고 살아가 는 국경 마을 사람들을 취재한 것이다.[23]

---

21) NHK アーカイブス. http://www.nhk.or.jp/archives/document/
22) 「ある日本人底曳船, 但州丸の人々」. http://nhk.jp/chronicle/?B10001200996111230130005.
23) 「日本の素顔, 国境周辺」. http://nhk.jp/chronicle/?B10001200996306230130032.

Ⅳ. 후쿠오카 RKB마이니치 방송국의 영상자료

필자가 2015년 2월에 후쿠오카와 야마구치의 어촌을 방문한 것은 바로 RKB방송국의 '평화선' 영상자료 목록을 미리 입수하고 그 가운데서 실마리가 될 만한 지역을 발견해 냈기 때문이다. 후쿠오카에 본사를 두고 있는 후쿠오카 RKB마이니치방송국은 TV방송을 시작한 1958년 2월부터 한일어업협정이 체결된 1965년 6월까지 7년 4개월간에 걸쳐 총 2,331개의 뉴스 영상자료를 제작했다. 이 가운데 '평화선' 관련 영상자료는 총 37개가 확인되고 있다. 또한 이 기간 동안 RKB는 총 919개의 다큐멘터리 영상자료를 제작했는데 이 가운데 '평화선' 관련 영상자료는 총 5개가 확인되고 있다. '평화선' 문제가 진정 단계에 들어가는 시기에 촬영된 이 영상자료들은 1960년을 전후한 시기 후쿠오카와 야마구치(山口) 지역 사람들의 한국에 대한 인식이 어떠했는지 잘 보여주고 있다.

RKB 마이니치 방송국의 영상자료실

이러한 영상자료는 일찍이 2014년 4월부터 6월까지 필자가 후쿠오카에 체재하는 동안 RKB방송국 영상자료실을 방문하여 직접 목록을 찾아내고 관련 영상자료를 열람한 것이다. 그 후 한국연구재단의 지원을 받아 11월부터 필자는 대학과의 산학협정을 통하여 이 영상자료들을 입수하는 한편, 그 자료에 나타난 어촌을 직접 방문하여 생존자 어민과 인터뷰 하고 이를 영상자료로 남기는 작업에 돌입할 수 있게 되었다. 다음은 RKB 자료실에서 입수한 스크립트를 통해서 '평화선' 관련 영상자료의 내용을 간략하게 소개하고자 한다.

뉴스01(1958. 02. 28) : 한국억류어부 제2진 송환

'평화선' 침범으로 한국에 억류되어 있던 일본인 선원 제2진 200명이 한국의 「이리호」로 시모노세키에 들어왔다. 422명은 아직 돌아오지 못하고 있다. 송환된 선원들은 3년 만에 귀국했으며 귀국 첫날은 이곳에 정박 중인 대형 선박(德壽丸)에서 1박한 후 다음날 귀향한다. 시모노세키 부두에는 3,000명 정도의 환영 인파가 몰렸다. 유골이 되어 돌아온 제12平漁丸기관장, 한국에서 지급받은 상의를 벗어던지는 선원들, 「이리호」의 한국경비원 모습 등이 보인다.

뉴스02(1958. 04. 26) : 한국억류선원 300명 돌아오다(下關市)

한일 상호석방 제3차 송환선 「이리호(558톤)」는 4월 26일 오후 1시 반 경, 부산으로부터 선원 300명을 싣고 간몬(關門)港 무쓰레(六連) 검역소에 도착했다. 4월 23일 부산을 출항했다가 폭풍으로 인하여 되돌아갔다가 다시 3일 만에 다시 출발했다. 이날 오후 3시 지나서 시모노세키 부두에 도착했으나, 열병과 영양실조로 환영식 중에도 주저앉아서 쉬는 사람도 있었다. 300명 귀국자 가운데 24명이 열병 환자였다. 귀국자의 이야기로는 부산의 수용소에서 4월 초부터 악성 열병이 유행하기 시작하여 중증환자도 많이 나왔다고 했다. 입항하는 「이리호」, 부두의 가족, 「이리호」에서 손을 흔드는 선원, 가족과의 감격스런 재회 모습 등이 보인다.

뉴스03(1958. 04. 27) : 한국억류선원 후쿠오카 귀향

4월 26일 「이리호」로 시모노세키에 돌아온 선원 300명 가운데 후쿠오카시(福岡市)와 이토시마군(糸島郡) 가후리(加布里) 어업협동조합 관계자 65명이 27일 열차를 타고 오후 6시 27분에 하카타역(博多驛)에 도착했다.

뉴스04(1958. 05. 18) : 한국억류선원 귀국

한일양국의 상호석방 협약으로 최후의 선원 122명이 시모노세키 부두에 도착했다. 이 가운데 환자는 3명. 한국에서 지급받은 검은 상의를 입고 선원들이 연이어 상륙하여 가족과 해후했다. 이날 저녁까지 각자 지방으로 돌아갔다. 시모노세키에 입항하는 제4차 송환선 「평택호」. 끌어안고 안기며 상륙하는 선원, 환영식, 가족과의 대면, 임시 숙소가 된 도쿠주마루(德壽丸)에 승선, 시모노세키 시장으로부터 선물 증정, 의복 갈아입기, 차를 마시며 휴식하는 모습 등이 보인다.

뉴스05(1959. 02. 22) : 억류선원 가족대표 진정단 돌아오다

'평화선'을 침범했다고 하여 여전히 어선 나포가 계속되고 있는데 시모노세키 항구에서 쓰시마해협으로 고기잡이 나가는 선박이 출항준비를 서두르고 있다. 나포 선원의 가족을 대표하는 진정단이 시모노세키역에 진정단이 도착하는 풍경, 이들을 맞는 역장실, 시모노세키 항구를 출항하는 어선, 이를 배웅하는 선원 가족, 포구에서 출항 준비하는 선원, 이들을 배웅하는 가족 등이 보인다.

뉴스06(1959. 03. 22) : 한국 억류선원 가족, 시라사와(白澤) 제네바로 출발

한국 억류선원 가족의 고통을 세계에 알리기 위해 제네바로 향하는 억류선원 가족 후쿠오카 지구 대표 시라자와 쓰기에는 3월 22일 09시에 하카타역 출발 급행열차로 떠났다. 여기에는 오쿠무라 시게토시(奧村茂敏) 시장을 비롯하여 관계자 약 30명이 배웅하러 나왔다. 하카타역 홈으로 걸어가는 시라사와, 배웅 나온 선원 가족들, 오쿠무라 시장이 전달하는 진정서, 열차에 올라타는 시라사와, 출발하는 열차, 손을 흔들어 이를 배웅하는 사람들과 손수건을 흔드는 시라사와 등이 보인다.

뉴스07(1959. 06. 20) : 제2 산노마루(山王丸) 귀국

'평화선'을 침범했다고 하여 억류당했던 시모노세키시 가메다(龜田) 어업 소속 저인망 제2 산노마루가 한국 대통령의 특사로 석방되어 39일 만에 귀국했다. 귀국하는 제2 산노마루와 이를 마중하는 제1 산노마루, 시모노세키 항구에 접안·상륙하는 모습, 마중 나온 가족과 관계자들, 포구에서의 환영회 등이 보인다.

뉴스08(1959. 07. 25) : '평화선' 특별 초계

제7관구 해상보안본부 본부장은 7월 22일과 23일, 모지항(門司港)에서 순시선 「사쓰마」를 타고 쓰시마 해역에 '평화선' 특별 초계 첫 시찰에 나섰다. 순시선 「이스즈」는 한국 경비정에 추적을 당하던 일본인 선원 12명을 수용하고 귀국했다. 제7관구 본부장이 해상 지도로 설명하는 모습, 쓰시마 히타카쓰항(比田勝港) 풍경, 순시선의 무선실·조타실 등이 보인다.

뉴스09(1959. 08. 21) : 민간 자위 선박에 동승 '평화선' 첫 밤, 일찍이 긴박('평화선' 해역)

8월 20일과 21일에 취재한 것으로 취재진은 20일 아침 나가사키항(長崎港)을 출항한 일본원양선망어업협회의 민간 자위선 제2 가쓰마루(勝丸)에 동승했다. 20일 밤에는 약 300척 선망 어선단이 '평화선' 깊숙이에서 조업을 하고 있었고 오랜 만의 풍성한 어획을 만끽하고 있었다. 한편 21일 미명 전에는 2척의 어선이 한국에 나포당했다. 나가사키항을 출항하는 제2 가쓰마루, 제2 가쓰마루의 조타실·무선실, 망원경 레이더로 어선 움직임을 감시, 선망 어선단 등이 보인다.

뉴스10(1959. 12. 31) : '평화선' 해역으로 출어

후쿠오카시 도쿠시마(德島) 수산 소속 제15 도쿠히로마루(德廣丸) 등 어선 4척이 '평화선' 해역에서 조업을 하기 위해 하카타항을 출항했다. 이 어선들은 설날을 바다 위에서 보내야 한다. 미명 전에 하카타 항구, 출항 준비 풍경과 배웅 나온 가족, 선내에 걸린 새해 달력, 출항하는 어선 등이 보인다.

뉴스11(1960. 03. 28) : 한일 상호 송환 제1선 출항

한일양국의 협약에 따른 상호 송환을 위해 한국인 귀국자 제1진 344명이 오무라(大村) 수용소에서 일본의 마지막 밤을 보냈다. 우려했던 남한파·북한파 사이에 트러블은 일어나지 않았다. 수용소에는 한국 대표부에서 담당자가 파견되어 한 사람 한 사람 명부를 대조하여 버스에 태웠다. 이들은 860톤 규모의 산스이마루(山水丸)을 타고 부산을 향해 출항했다. 오무라 수용소의 전경, 여권과 명부의 대조 풍경, 해상에서 대기하는 산스이마루, 배웅하는 한국인과 조선인, 깃발을 흔드는 수용소 내 송환자 등이 보인다.

뉴스12(1960. 03. 31) : 한국 억류 어선원 귀국

부산에 억류된 일본인 어민 167명이 한일 상호송환 협약으로 송환선 「이리호」를 타고 마침내 시모노세키에 돌아왔다. 시모노세키 부두에서 환영식이 열린 후 이들은 각각 귀향했다. 조만간 송환될 것을 알고 있는 억류 어민 가족회 대표 사라사와 쓰기에 씨, 부친 모리 도라키치(森虎吉)의 귀국을 기다리는 딸 3명, 일한어업대책본부 관계자, 「이리호」 접안과 상륙하는 선원, 시모노세키 환영식, 모리 자매에 대한 후쿠오카 시장의 환영회 등이 보인다.

뉴스13(1960. 04. 14) : 한국 억류 가족 그 후

후쿠오카시 다다(多田) 수산 소속 제3히루코마루(蛭子丸)의 조타수 모리 도라키치는 한국에서 2년 간 억류생활을 보낸 후 3월 31일 한일 상호송환 선박으로 귀국했다. 억류 중에 부인이 사망했고 딸 3명이 가정을 지켜야 했다. 이 가족은 부친의 귀국으로 일상생활에 복귀했다. 저녁 식사를 준비하는 장녀, 자녀의 학습 풍경을 지켜보는 도라키치, 포구를 산책하는 자매들, 하카타 항구의 어선들 등이 보인다.

뉴스14(1960. 10. 05) : 한국 억류 어선원 귀국

부산에 억류되었던 일본인 어선원 40명이 한국의 「이리호」를 타고 시모노세키 부두로 돌아왔다. 부두에서는 환영대회가 열렸고 휴게소인 시모노세키 회관에 들러 건강검진을 받았다. 시모노세키 거주 10명은 곧바로 집으로 향했고 나가사키 거주 30명은 열차로 귀향했다. 시모노세키 항구에 접안하는 「이리호」, 어선원의 상륙, 1,000명 정도의 마중객, 환영식, 시모노세키 회관에서 쉬는 모습, X-ray 검사, 시모노세키 병원에서의 검진, 도시락을 먹는 어선원, 나가사키를 향해 가는 열차 안 풍경 등이 보인다.

뉴스15(1960. 10. 30) : 북한에 나포된 어선 귀국

1960년 7월에 북한에 나포된 이누이(乾)수산 시모노세키 지점 소속 저인망 어선, 제1·제2유타카마루가 10월 26일에 석방되어, 승무원 27명이 30일 아침에 어선과 함께 시모노세키 항구로 돌아왔다. 시모노세키 항구에 입항하는 두 척의 선박, 접안 후 상륙하는 27명의 선원, 가족과의 해우, 환영회 등이 보인다.

뉴스16(1961. 04. 27) : 제2 아키타마루(秋田丸) 귀국

'평화선' 해역에서 조업하다가 한국 경비정에게 나포된 후쿠오카시 아키타수산 소속 90톤 규모의 제2아키타마루와 그 승무원 10명이 3월 20일 석방되어 27일에 후쿠오카현 기타미나토마치(北湊町)에 귀국했다. 부두에 마중 나온 주부와 어린이, 상륙과 함께 가족과 해후하는 선원, 나카무라(中村) 선장의 인터뷰 모습, 아키타 수산 사장의 인사와 만세 모습, 한국에 총격당한 선박의 흔적 등이 보인다.

뉴스17(1961. 11. 11) : 한국 억류 어선원 76명 귀국(1)

한국에서 11월 10일에 석방된 억류 어선 5척과 승무원 76명이 10일 밤 나가사키현 쓰시마의 이즈하라항(嚴原港)에 돌아왔다. 이때 석방된 것은 나가사키현(五島奈良屋町)의 다이요마루(大洋丸)어업 소속 제3다이요마루 등 5척이다. 11일 아침 어업협동조합 앞에서 환영회가 열렸다. 소형 비행기 세스나(Cessna)에서 공중 촬영한 영상자료이며, 귀국을 준비하는 5척의 어선, 갑판 위에서 일장기를 흔드는 선원, 석방 어선과 함께 달리는 순시선 등이 보인다.

뉴스18(1961. 11. 11) : 한국 억류 어선원 76명 귀국(2)

편집되지 않은 영상자료로, 제2 도요마루(東洋丸) 선내 풍경, 접안하

는 제3 도요마루, 마중 나온 사람들, 상륙 후 어업협동조합 앞에서 열린
환영회, 제3 다이요마루 선내 풍경, 식사 모습, 마중 나온 선박들, 새벽이
되어 포구에 접안하는 어선들, 제3 다이요마루 안에서 보고관계자들이
취재하는 모습, 선원들의 검역 모습 등이 보인다.

뉴스19(1962. 02. 06) : 한국 억류 어선원 8명 귀국

한국에서 유죄 판결을 받고 수형을 마친 일본인 어선원 8명이 2월 6
일 아침 오시마마루(男島丸) 선박으로 시모노세키항에 들어왔다. 귀국한
어선원은 1961년 8월 동중국해에서 나포된 시모노세키시 이누이수산 소
속 제83 아이코마루(愛幸丸) 선장 아카시 시게아키(明石繁明) 등 5명, 그
리고 1961년 5월에 밀수 혐의로 체포되었다가 그 후 혐의가 풀려 석방된
후쿠오카시 어선 시치후쿠마루(七福丸)의 선장 후루카와 후지오(古川藤
夫) 등 2명이다. 시모노세키 제4부두에 접안하는 오시마마루, 부두에 마
중 나온 가족과 동료, 환영회 모습 등이 보인다.

뉴스20(1962. 10. 31) : 한국에서 석방된 제5 다이요마루 귀국

10월 19일에 동중국 해상 어장으로 가는 도중에 '평화선'을 지나갔다
고 하여 한국측에 나포된 다이요어업 시모노세키 지사 소속 트롤 어선
(제5 다이요마루), 그리고 27명의 선원은 30일에 석방되어 31일 아침에
시모노세키 항구로 돌아왔다. 시모노세키항에 접안하는 제5 다이요마루
어선, 부두에 마중 나온 가족과 동료, 상륙 환영식, 가족과의 해우, 기자
회견 모습 등이 보인다.

뉴스21(1962. 12. 02) : 한국 억류 어선원 5명 귀국

5월 13일에 '평화선'을 침범했다고 하여 체포된 가라쓰시(唐津市) 주
낙 어선(long liner) 제5 미야자키마루(宮崎丸)의 선원 5명이 6개월의 형

기를 마치고 12월 2일 아침 시모노세키항에 들어왔다. 이때 제5 미야자키마루도 귀환했으며 선원들은 한일간 정기 선박인 오시마마루를 타고 들어왔다. 부두에는 가족들이 마중 나왔다. 접안하는 오시마마루, 마중 나온 가족, 부두를 떠나는 선원 등이 보인다.

뉴스22(1962. 12. 15) : 한국에서 석방된 어선 3척 귀국

한일관계 정상화를 위해 한국을 방문한 자민당 부총재 오노 반보쿠(大野伴睦)에 대해 한국측은 "억류하고 있는 선원 33명과 어선 3척을 13일에 석방하겠다"고 약속했다. 이에 따라 15일 아침 석방된 어선 3척이 각각 후쿠오카 항구로 돌아왔다. 후쿠오카시 쇼토쿠(昭德)수산 소속이 제22 쇼토쿠마루는 6명의 선원과 함께, 한국측에 몰수당했던 가라쓰시 나가히사마루(長久丸) 선박의 선원 5명을 태우고 후쿠오카현 기타미나토마치의 항구에 들어왔다. 후쿠오카 어항 전경, 접안하는 제22쇼토쿠마루, 이슬비 속에 마중 나온 가족 등이 보인다.

뉴스23(1963. 05. 28) : 한국 억류 어선원 9명 귀국

5월 16일 군사혁명 2주년 특사로 석방된 다이요어업 시모노세키 지사 소속 저인망 어선 제177 아카시마루(明石丸)의 선원 7명, 그리고 나가사키현 이키군(壹岐郡) 아시베쵸(芦辺町)의 주낙 어선 곤피라마루(金比羅丸) 선원 2명이 28일 오시마마루를 타고 시모노세키항에 들어왔다. 곤피라마루는 1962년 13일에, 아카시마루는 1963년 2월 13일에, 각각 한국측에 나포되었다. 이렇게 하여 한국에 억류된 일본인 어민은 모두 풀려났다. 시모노세키항에 접안하는 오시마마루, 선원 9명의 상륙과 가족 해후, 부두에서 열린 환영회, 인사하는 어선원 대표 등이 보인다.

뉴스24(1963. 06. 11) : 한국 경비정이 추돌한 어선 귀항

6월 10일 아침, '평화선' 수역에서 일본수산 도바타(戶畑) 지사 소속 수조선(手操船) 구레하마루(吳羽丸)와 오토와마루(音羽丸)가 한국 경비정의 추적을 받아 추돌당하는 사건이 발생했다. 근처에 있던 일본 순시선의 조치로 2척은 무사히 탈출하여 11일 도바타 항구에 돌아왔다. 기자단에게 추돌 당시 상황을 설명하는 구레하마루의 선장 오하마(大濱)·오토와마루의 선장 이와사키(岩崎) 그리고 선원들, 선박 2척의 모습이 보인다.

뉴스25(1963. 06. 12) : '평화선'으로 일본어선 잡히다

6월 11일 오후 5시 50분 경, 한국 제주도 남쪽 60킬로 해역에서 가라쓰시 도보(唐房)의 제2 미야자키마루가 한국경비정의 추적을 받은 후 나포당했다. 이 배에는 10명의 선원이 조업을 하고 있었다. 가라쓰항에 대기 중인 어선들, 미야자키마루의 선주, 순시선 선장, 후쿠오카항구, 도보 어업협동조합의 하물 선적 모습 등이 보인다.

뉴스26(1963. 06. 19) : 한국 억류 중의 모든 어선 석방

한국정부는 6월 19일, "6월 1일 이후에 포획된 일본어선 5척과 선원 42명을 불기소 처분하고 전원 석방하겠다"고 일본정부측에 통보했다. 태풍의 접근으로 어선을 일본에 인도하는 일이 늦어지기는 했으나 21일 오후 2시 부산과 쓰시마의 중간 지점에서 일본측 순시선이 5척의 어선과 42명의 선원을 인도받았다. 선원들은 쓰시마 이즈하라항에서 검역을 마친 후 각각 본래의 항구로 돌아갔다. 가라쓰시의 제2미야자키마루는 순시선에 견인되어 갔고, 진세이마루(甚政丸)는 자력으로 22일 가라쓰항에 도착했다. 공중 촬영 영상으로, 가라쓰항, 출어 준비 중의 선원, 억류 선원의 가족, 도보 포구에 입항하는 어선, 해상 견인되는 선박 등이 보인다.

뉴스27(1963. 06. 21) : 한국에서 석방된 어선 5척 일본측에

6월 19일 한국측이 석방하겠다고 발표한 5척의 일본어선과 42명의 선원은 21일 아침 한국경비정의 선도로 부산을 출항하여 부산과 쓰시마 중간 지점에서 일본의 순시선 「기타가미」에게 인도되었다. 여기에는 가라쓰시의 제2 미야자키마루와 진세이마루가 포함되어 있었다. 공중촬영 영상으로, 이즈하라항을 향하여 귀국 길에 오른 어선 5척의 모습, 순시선 「기타가미」가 제2 미야자키마루를 견인하고 좌우에 야하타마루(八幡丸)·진세이마루, 약간 뒤에서 미요시마루(三好丸)·삼포마루(三寶丸)가 항해하는 모습, 손을 흔드는 어민들, 수산청 지도선박 등이 보인다.

뉴스28(1963. 09. 29) : '평화선' 특별 초계 순시선

'평화선' 해역에서 한국경비정에 의한 일본어선 나포가 계속되는 가운데, 제7관구 해상보안부의 특별 초계와 '평화선' 해역에서 조업 중인 일본어선을 종합하여 편집한 자료 영상이다. 순시선에서 바라 본 쓰시마 해역의 해상, 파도와 조타선 선박, 조업 중인 일본 어선, 그 부근에서 감시 중인 일본 해상보안관, 한국의 경비정, 해상보안부의 순시선, 순시선의 야광 투광기 등이 보인다.

뉴스29(1963. 11. 04) : 한국 억류 어선과 선원 44명 석방되다

10월 4일에 부산에 억류 중이던 60명 선원 가운데 이미 미성년자와 노약자 16명은 석방되었다. 나머지 44명에 대해 11월 3일 석방이 결정되었고, 이들은 11월 4일 오전 11시, 제13 세이쇼마루(正昭丸)·제5 세이쿄마루(清興丸)·제38 이치마루(一丸)·제1 후쿠호마루(福寶丸) 등 4척을 나눠 타고 부산항을 출항하여, 한국 경비정 701호의 호위를 받으면서 4일 오후 4시 반 경에 나가사키현 쓰시마의 사스나(佐須奈) 북방 5킬로 해상에서 일본측 순시선 「헤쿠라」에 인도되었다. 쓰시마 근해 해상, 한국 경비정에 유도되어 귀국하는 일본 어선, 손을 흔드는 선원들, 한국 경비정과 일본 순시선 등이 보인다.

뉴스30(1964. 03. 27) : 한일 교섭으로 요구 관철, 후쿠오카현 어민대회

도쿄에서 실시되고 있는 한일교섭이 중요한 국면을 맞고 있는 가운데, "어업교섭 문제에서 어민의 희생 위에 이뤄지는 타결은 허용할 수 없다"고 후쿠오카현 어민들이 집회를 열고 어민들의 희생에 대한 정당한 보상을 요구했다. 3월 27일 한일회담 요구 관철 후쿠오카현 어민대회는 후쿠오카시 이리후네쵸(入船町)의 포구에서 개최되었다. 포구에 계류 중인 어선, 어민 대회, 도쿠시마수산 사장(德島善太郎)의 선창과 만세 모습, 후쿠오카 어시장의 전무이사 등이 보인다.

뉴스31(1964. 11. 30) : '평화선' 특별 초계

'평화선'이 여전히 존속하고 있는 가운데, 제7관구 해상보안본부는 일본어선의 안전조업을 지키기 위해 '평화선' 해역에서 특별 초계를 실시하고 있다. 후쿠오카 해상보안부 소속의 순시선 「구사카키」에 동승하여 촬영한 영상이다. '평화선' 해역에서 조업 중인 일본 어선, 순시선 「구사카키」 내부 시설·해상 지도·뱃머리 부분, 다른 순시선 「지쿠고토」와의 교통 등이 보인다.

뉴스32(1964. 12. 04) : 한국 억류 일본 어선원 석방, 귀국

한국 주일대표부는 12월 2일, 한국에 억류되어 있는 일본인 어선원 16명과 어선 3척을 석방했다고 일본 외무성에 통보했다. 이때 석방된 것은 9월 16일에 나포된 제65 쇼도쿠마루와 선원 8명, 9월 11일에 나포된 겐요마루(源洋丸)와 선원 8명, 6월 15일에 선박만 나포된 제83 호코마루

(寶幸丸)였다. 이들은 12월 3일 오후 해상에서 일본 순시선에 인도되었다. 쇼도쿠마루와 겐요마루는 순시선「와카치도리」의 인도로 4일 오전 1시 경 이즈하라항에 입항했다. 호코마루는 견인하는 밧줄이 끊어져 약간 늦게 입항했다. 일본 어선과 선원, 순시선의 모습 등이 보인다.

뉴스33(1965. 03. 24) : 한일어업교섭 수습되다

한일어업교섭은 3월 24일 아침 제10회 농수산장관 회담에서 차균희 한국 농림부 장관과 아카기 무네노리(赤城宗德) 일본 농림성 대신은 최종 합의에 이르렀고 27일에 어업협정 요강에 가조인하기로 되었다. 이로써 '평화선'은 실질적으로 철폐되기에 이르렀다. 시모노세키시의 어업관계자는 이제 안심하고 조업할 수 있게 되었다고 하면서 교섭 타결을 환영했다. 그러나 일본에서 김을 취급하는 수산업자들은 값싼 한국산 김이 일본에 수입되는 것에 대해 반대 의사를 표명했다. 시모노세키 중앙도매시장, 한국어선 부산호, 한국산 김 수입 반대 집회, 한국의 한일협정반대 집회 등이 보인다.

뉴스34(1965. 03. 25) : 한국 농림부 장관 후쿠오카 어항 시찰

차균희 한국 농림부 장관은 어업교섭을 마치고 서일본지역 어업기지를 시찰하기 위하여 3월 25일 후쿠오카 공항에 도착했다. 그는 우선 후쿠오카 어업조정사무소를 방문하고 어시장과 어민항구를 시찰했다. 하카타 데이코구(帝國)호텔에서 오찬을 나누면서 일본의 선망·저인망 업계 대표들과 대화를 나눴다. 그가 후쿠오카 중앙어시장을 시찰할 때에는 총련계 한인 80명 정도가 한일회담을 반대하는 시위를 전개했기 때문에 일본 경찰관이 출동하여 사태를 수습해야 했다. 후쿠오카 공항에 도착한 차 장관, 어업조정사무소, 중앙어시장과 항구를 시찰하는 모습, 경찰관의 호위를 받으면서 호텔에 들어가는 모습 등이 보인다.

뉴스35(1965. 04. 04) : 한일회담 가조인, 평화로운 바다로 출어

도쿄에서 열린 한일 각료회담에서 어업·대일청구권·재일한인법적지위 등 3개 현안에 대해 합의에 달했으며 4월 3일에 가조인을 실시했다. 이로써 '평화선'은 사실상 소멸되었다. 이러한 상황에서 4일 후쿠오카 항구를 떠나 출어에 나서는 어민들과 이들을 내보내는 가족들에게서 안도의 표정이 엿보였다. 후쿠오카시 나가하마(長濱) 의 어촌 항구, 출어를 준비하는 어선원들, 이들을 배웅하는 가족들, 선원들의 승선, 커다란 일장기 등이 보인다.

뉴스36(1965. 04. 07) : 평화의 바다를 순시선이 패트롤

4월 3일의 한일어업협정 가조인으로 14년간 계속하여 일본어선을 나포하는 구실이 된 '평화선'은 사실상 소멸되었다. 제7관구 해상보안본부의 가와카미 지카토(川上親人) 본부장은 4월 5일부터 3일간 순시선「구사카키」로 '평화선' 해역을 시찰했다. 이 영상자료는 순시선에 동행하여 촬영한 것이다. 해상 지도를 사용하여 전관수역과 공동규제수역을 설명하는 본부장, 순시선의 통신실과 조타실, 다른 순시선「히라도」와 해상에서의 조우, 멀리 보이는 제주도, 조업 중인 한국과 일본의 어선 등이 보인다.

뉴스37(1965. 06. 22) : 한일 국교정상화, 시모노세키 어항의 표정

한일양국은 기본조약과 관련협정·의정서 조인식을 6월 22일 저녁 도쿄의 수상 관저에서 개최했다. 이때 서일본 어업기지의 하나인 시모노세키 어항에서는 다음날 출어할 어선들이 준비를 하고 있었다. 관계자는 "협정에 불만이 남기도 하지만 이제 안전 조업이 보장되었다"고 즐거워했다. 시모노세키 어항, 출어 준비 중인 어선, 하물 선적, 어패류 수확, 그물 수리, 관계자 인터뷰, 야마구치현 무역빌딩 등이 보인다.

보도특집01(1960. 03. 31) : 한국에서 억류 어선원 돌아오다

'평화선'을 침범했다고 하여 한국에 억류되었던 선원 167명이 석방되어 돌아오게 되었다. 그 과정을 살펴보는 특집으로, 나포결과 통지, 가족의 진정, 운수성 대신의 해역 시찰, 후쿠오카 어항, 한일 상호송환 결정, 시라사와씨, 모리씨 3자매 상황 등을 영상으로 엮었다.

보도특집02(1961. 06. 23) : 한국억류 어선원, 부산수용소 자료영상

RKB 특파원이 부산에서 피납 어민들의 생활을 영상에 담은 것으로, 일본인 어민의 어로활동, 부산의 재판 풍경, 포승줄에 묶여서 재판정을 나오는 어민들의 모습, 수용소 내에서 빨래하는 모습과 화투·바이올린·기타 등으로 여가를 보내는 모습 등을 영상으로 엮었다.

보도특집03(1962. 05. 19) : 한국산업박람회 시찰단의 부산입항

한국산업박람회 시찰단과 함께 부산에 들어간 촬영팀이 부산시가지의 풍경과 일본인 어민 수용소 외견을 영상에 담았다. 부산 출입국관리소가 운영하는 수용소는 철조망으로 둘러싸여 있었고 정문 옆의 푯말에는 "何人을 막론하고 허가 없이 출입을 금지함"이라는 경고 문구가 적혀 있었다.

보도특집04(1963. 09. 29) : '평화선' 공중 촬영, 자료영상

쓰시마 해협을 중심으로 하여 공중 촬영을 통해 얻은 '평화선' 해상에 관한 영상이다. 한국경비정, 일본어선의 어로활동, 일본순시선, 나포된 일본어선 등을 영상으로 엮은 것이다.

보도특집05(1965. 04. 05) : '평화선'이 사라지다(14년 회고)

공중 촬영 영상을 다시 사용했으며, 억류되었던 어민에 대한 인터뷰, 한일회담 결렬 보도, 억류 어민의 석방을 위한 청원 활동과 석방, 어민의 귀국과 가족의 환희, 한국경비정, 일본의 순시선 등이 보인다.

다음은 RKB 방송국의 '평화선' 관련 영상자료를 목록화 한 것이다. 필자는 올해 7월 16일 RKB 자료실로부터 해당 영상자료를 전달받았다. 이때 관련 아날로그 영상을 디지털화 하고 있는 상황에서 아직 작업이 완료되지 않았기 때문에 보도특집 영상 두 편은 관리번호가 부여되지 않았고 전달받지도 못했다. 하지만 이 두 편의 자료도 작년에 필자가 직접 열람하고 그 내용을 메모해 두었기 때문에 위와 같은 개략적인 설명을 할 수 있게 됐다.

RKB영상라이브러리 '평화선'자료 목록
(1958년 2월 28일~1965년 6월 22일 방영자료)

A. 뉴스영상

no	放送日	Title	LTO	時間	整理番號	管理番號
1	1958.02.28	韓國抑留漁夫第2陣送還		05:00	ND-8-1	N000034
2	1958.04.26	韓國抑留漁船員300人歸る(下關市)		01:35	ND-11-2	N000050
3	1958.04.27	韓國抑留漁船員歸博		02:50	ND-11-3	N000051
4	1958.05.18	韓國抑留漁船員歸國		05:50	ND-16-1	N000075
5	1959.02.22	抑留船員留守家族代表陳情團歸る	N200001	02:16	ND-66-7	N000379
6	1959.03.22	韓國抑留船員留守家族の白澤ジュネーブへ出發		02:45	ND-71-5	N000417
7	1959.06.20	第二山王丸歸國		01:25	ND-86-7	N000532
8	1959.07.25	李ライン特別哨戒		23:00	ND-93-1	N000581
9	1959.08.21	民間自衛船に同乘・李ライン '第一夜'早くも緊迫		07:45	ND-98-3	
10	1959.12.31	李ライン海域へ出漁	N200002	05:10	ND-121-4	N000793

11	1960.03.28	日韓相互送還第一船出港		14:20	ND-134-6	
12	1960.03.31	韓國抑留漁船員歸國		38:15	ND-135-1	N000894
13	1960.04.14	韓國抑留家族その後		06:05	ND-140-8	
14	1960.10.05	韓國抑留漁船員歸國		10:30	ND-171-3	
15	1960.10.30	北朝鮮だ捕の漁船歸國		02:20	ND-173-6	N001130
16	1961.04.27	第2秋田丸歸國		05:05	ND-190-6	
17	1961.11.10	韓國抑留漁船員76人歸國(1)	N200013	04:30	ND-207B-5	N008137
18	1961.11.11	韓國抑留漁船員76人歸國(2)		16:30	ND-207B-6	N008138
19	1962.02.06	韓國抑留の8漁船員歸國	N200003	03:45	ND-215-6	N001443
20	1962.10.31	韓國釋放の第5大洋丸歸國		02:35	ND-241-5	
21	1962.12.02	韓國抑留の5船員歸國		02:40	ND-249-8	N001668
22	1962.12.15	韓國釋放の3漁船歸國		05:35	ND-251-5	N001681
23	1963.05.28	韓國拘留漁船員9人歸國		00:50	ND-268-3	N001811
24	1963.06.11	韓國艇が体当り'漁船歸港		02:45	ND-269-6	N001822
25	1963.06.12	李ラインで日本漁船捕れる		07:15	ND-269-7	
26	1963.06.19	韓國抑留中の全漁船釋放		14:20	ND-270-1	N001823
27	1963.06.21	韓國釋放の5漁船日本側に		04:55	ND-270-3	
28	1963.09.29	李ライン特別哨戒の巡視船		02:20	ND-227A-7	
29	1963.11.04	韓國抑留の漁船・乘組員44人釋放される		01:20	ND-281-7	N008178
30	1964.03.27	日韓交渉で要求貫徹福岡縣漁民大會	N200004	04:20	ND-300-6	N001984
31	1964.11.30	李ラインの特別哨戒		12:50	ND-312-5	
32	1964.12.04	韓國抑留の日本漁船員釋放'歸國		06:45	ND-313-1	
33	1965.03.24	日韓漁業交渉まとまる		08:10	ND-321-1	N002045
34	1965.03.25	韓國農務部長官福岡漁港視察		05:25	ND-321-2	
35	1965.04.04	日韓會談假調印'平和の海へ出漁		02:55	ND-321-3	N002102
36	1965.04.07	平和の海を巡視船パトロール		11:00	ND-321-4	N002013
37	1965.06.22	日韓國交正常化'下關漁港の表情		02:20	ND-321-5	N002104

B. 보도특집 영상

no	放送日	Title	LTO	時間	整理番號	管理番號
1	1960.03.31	36 報道特番´ 韓國から抑留漁船員歸る	B001062	06:30	M報道10	작업중
2	1961.06.23	235 韓國抑留漁船員´ 資料映像(釜山收容所)	B200062	02:40	K韓國1	B200062
3	1962.05.19	401 韓國´ 資料映像(韓國産業博覽會視察團の釜山入港)		09:05	K韓國1	
4	1963.09.29	67 李ライン(空撮)´ 資料映像67	B200056	04:45	L映像67	B004744
5	1965.04.05	149 李ラインが消える : 14年回顧	B001094	24:25	M報道36	작업중

Ⅴ. 맺음말

이상으로 '평화선' 피해 어민에 관한 영상자료의 소재에 관하여 살펴보았다. 후쿠오카의 RKB 마이니치 방송국의 TV 영상자료를 중심 사례로 하여 그 목록과 대강 내용을 자료별로 살펴보았다. 이와 함께 한국과 일본에 들어있을 것으로 추측되는 영상자료군에 대해서도 언급했다. 영상자료는 한일관계의 현대사를 연구하는 데 있어서 문서 자료를 보완하는 역할을 담당할 것으로 보이며 이에 대한 다양한 연구가 앞으로 심화될 것으로 보인다. 앞으로 NHK 영상자료의 열람과 조사를 통하여 '평화선' 문제와 관련한 새로운 영상자료가 발굴될 것으로 보인다. 때마침 NHK방송국에서는 2015년 10월부터 대학의 연구자들을 모집하여 영상자료를 시험적으로 조사할 수 있도록 배려하고 있으며 이러한 학술목적 조사활동에 대한 지원 방침을 앞으로 계속 확대해 갈 방침이라고 한다. 따라서 필자는 앞으로 NHK의 학술조사 지원이 계속 확대될 것으로 예상하고 NHK 영상자료 분석을 당면 연구과제로 삼고 있다.

오늘날의 이토시마군 가후리 어촌

토론문

조 윤 수(동북아역사재단)

한일회담 기간 중 평화선 문제는 일본의 입장에서 보면 오늘날 북한의 일본인 납치 문제 이상으로 큰 문제였다. 이러한 점에서 기존 문서에만 의존하여 분석했던 한계점을 영상 관계로 보완하여 한일관계 현대사를 조망하는 것은 큰 의의가 있다고 생각한다. 특히 이 논문에서는 방대한 양의 영상자료를 검토했다는 것 자체가 매우 의미가 있는 작업이라고 생각한다.

그럼에도 불구하고 이 논문이 영상자료를 조망함으로써 한일 현대사에 어떤 의미를 부여하는 것인지 논문의 성격을 분명하게 드러내는 것이 좋다고 생각된다.

이 글에서 최영호 선생님은 다음과 같이 서술하고 있다.

식민지 지배에 대한 서로 다른 견해와 청구권 문제로 인하여 외교교섭이 제대로 진행되지 않는 가운데 결과적으로 피해자들의 호소가 제대로 반영되지 못했다. 일본인 어민 문제는 재일한인의 법적지위 문제와는 완전히 일치하지는 않지만, 적어도 인도적인 차원에서 양국 외교관계의 수립을 필요로 하는 마이너리티 문제였다는 점에서 어느 정도 비슷한 성격을 띠고 있었다고 할 수 있다.

　논문은　일본어민 문제가 마이너리티 문제였다고 설명하고 있지만 일본어민에 대한 나포문제 해결을 위해 어업협상은 일본 측이 가장 적극적으로 임한 부분이기도 하다. 만약 최영호 선생님께서 나포어민들의 정신적 피해문제가 마이너리티였다고 주장하신다면 그것은 그렇게 볼 수 있다고 생각한다. 어쨌든 일본은 한국에 나포된 어민들의 석방요구와 이에 대한 시정조치를 협상과정에서 강력히 주장하기도 했고 때로는 협상 카드로 사용하기도 했다. 물론 일본이 어민 피해자들에 대한 배상 문제를 한국 측에 본격적으로 협상 테이블에서 안건으로 제시한 것은 7차 회담이었으나 일본 내에서는 한일회담 과정 내내 일본 나포 자들의 보상문제가 일본정부의 골칫거리였으며 국내문제이기도 했다.

　이 논문이 한일협정 과정에서 피해어민에 관한 영상자료 분석을 통해 한일 현대사를 조망하는 것이 가능하다고 했는데 현재의 논문은 영상자료 소개일 뿐 구체적인 분석이 없어서 어떻게 조망하는 것이 가능한지 궁금하다. 방대한 양의 영상 분석을 통해서 기존의 문서 분석만으로 채울 수 없었던 부분이 구체적으로 어떤 부분인지 소개가 필요할 것으로 생각한다.

　예를 들어 논문에서 언급된 것처럼 첫 번째, 평화선 문제가 해결되는 과정에서 일본의 나포 피해자들의 호소가 제대로 반영되지 않았다는 점을 강조하고 싶은 것인지? 아니면 두 번째 외교문서를 보면 협상과정에서 나포어민이 부산수용소에서 비인도적인 한국정부의 태도를 비판한 적이 있는데 영상자료를 분석해 본 결과 혹은 나포 자들의 인터뷰 결과 사실과 다르다는 것을 밝히고 싶은 것인지 분명한 제시가 필요하다고 생각된다. 예를 들어, 실제로 외교문서를 보면 협상과정에서 평화선을 침범하여 어획활동을 하고 있던 일본 어민 피해자들의 손해와 정신적 고통을 일본 측이 주장한 바 있다. 최영호 선생님의 논문에서 나타난 것처럼 실제로 이들을 인터뷰 한 결과 혹은 영상은 이러한 사실 결과와 다르다는 것을 설명하고 있는 것인지 기존 문서를 더욱 보완하는 수준인 것인지 분명하게 드러나지 않는다.

한편 평화선 피해 어민은 일본 어민만을 강조하는 것인지? 아니면 한국어민들도 포함된 것인지? 한국에서는 평화선은 합법적인 조치였고 오히려 이를 위반한 일본 어민들에 의해 한국 어장이 황폐화되었다고 주장하고 있다. 따라서 두 가지를 다 포함한 것인지?

평화선으로 피해를 본 일본 어민들에 대한 구제조치를 일본내부에서 검토한 내용은 지난 2010년 국내 언론에 보도된 적이 있다. 그것은 후지코시 소송에서 '나포어민에 대한 청구권' 문제를 검토한 문서를 법적 근거로 제시하여 개인청구권이 소멸되지 않았다는 증거 자료로 사용되었다. 물론 이는 나포어민들에 대한 개인 청구권 문제가 아니라 일본군 위안부 피해자 및 강제징용 피해자들이 개인청구권을 행사하는 것이 가능하다는 것이 기사의 요지였다. 즉 '나포어선'에 대한 배상 청구권 문제를 일본정부는 포기하지만 나포어선의 선주나 어민이 한국에 손해배상 청구권을 청구할 때 한국정부의 법률에 따르게 된다는 내용의 검토보고서였다. 즉 나포어민에 대한 개인청구권은 살아있다는 것을 의미하는 것이기도 하다. 그만큼 이 문제는 지금 한일 간 현안에서는 드러나고 있지는 않으나 사실 매우 복잡한 상황이기도 하다는 것을 말하고 싶다.

마지막으로 작은 것으로 각주에서 '위키피디아'를 인용하고 있는데 위키피디아는 정확한 정보가 아닐 수 있으므로 숫자 등 민감한 자료는 논문의 신뢰를 높이기 위해 좀 더 정확한 자료의 인용이 필요하다고 생각한다.

한일 국교정상화와 문화재반환 문제

아리미츠 켄

(한국조선문화재 반환문제 연락회의 부대표·
전후보상 네트워크 간사 대표·
오사카경제법과대학 아시아태평양연구센터 객원연구원)

Ⅰ. 시작하며

1965년 6월 22일에 조인, 12월 18일에 발효된 한일기본조약과 관련 4협정, 교환공문이 교환된 지 60년이 지났다. 그 내용에 대해서는 당시부터 한일양국 쌍방에서 심한 비판이 있었고 반대운동도 격렬했다. 특히, 청구권, 영토를 둘러싼 갈등은 현재까지 지속되며 논의가 이루어지고 있는데, 근년 문화재반환 문제도 갑자기 부상되어 현재의 어려운 한일관계를 발생시킨 원인의 하나로 작용하고 있다. 과거 60년 가깝도록 잊혀져 있었던 한일의 문화재반환 문제가 왜 최근에 이르러 급부상하여 혼미하고 있는 것인가, 그 경과와 해결책에 대해 고찰한다.

Ⅱ. 한일회담과 문화재반환 문제
―「권장」이라는 합의의사록 문언의 기만

1951년 10월부터 1965년 6월까지 진행된 한일회담 가운데, 문화재반환 문제는 극히 중요한 테마였음에도 불구하고 당시도 그 이후에도 그다지 널리는 주목 받지 못했다. 현재 문화재반환의 과제로 되어 있는 오쿠라(小倉) 컬렉션(현재·도쿄국립박물관 소장)이나 이천(利川)·5층 석탑(오쿠라 집고관(大倉集古館) 소장) 등도 이 회담 중에 목록에 기재되어 교섭이 행해졌으나 반환이 이루어지지 못한 물건들이다.

　(* 한일회담에서의 경과에 대해서는 다카사키 소지(高崎宗司)·요시자와 후미토시(吉澤文壽)·오오타 오사무(太田修)·류미나(柳美那)· 이양수(李洋秀)씨 등의 저서 논고에 자세하다.)

일본 측이 버티고 버틴 끝에 1965년의 시점에서는 최종적으로 1,432 점으로 좁혀 반환되었는데, 국보·중요문화재로 지정된 것은 전무하며, 민간소유의 문화재도 제외되었다. 일본정부 측은 현재에도 어디까지나 「반환」이 아닌 「인도」라는 견해를 관철하고 있다.

한일회담에서 한국 측이 반환을 요구했던 문화재는 3,200점 이상이라고 말해진다(* 「조선일보」 신문 등은 「4,479점」이라 보도하고 있으나, 현재까지 이 숫자는 검증되지 않았다고 생각한다). 양적으로도 질적으로도 충분히 납득할 수 있는 물건이 없고, 당시 문화재반환 교섭을 담당했던 한국 측 대표위원으로 후에 국립중앙박물관 관장도 역임했던 황수영(黃壽永) 동국대학교 교수가 1973년에 간행한 『일제기 문화재 피해 자료(日帝期文化財被害資料)』(한국미술사학회 간행, 고고미술자료 제22집, 등사판 인쇄, 한정 200부 발행)는 민족적 의분에 불타 편찬된 귀중한 책인데, 황수영 교수는 그 속에서 「반환된 문화재의 질과 양은 우리들이 일본제국주의기에 입은 유형, 무형의 피해에 비추어보면 너무나도 적다」,

「특히 개인소장품에 대해서는 별도로 양국 간에 각서를 교환했음에도 불구하고, 그것을 지금도 여전히 활용할 수 없는 상태에 있다」(같은 책·머리말)고 술회하고 있다.

황수영 교수가 지적한 각서란 「한일기본조약」, 「한일청구권협정」과 함께 조인된 문화재에 관련한 협정(「한일기본조약의 관계 제 협정, 문화재 및 문화협력에 관한 일본국과 대한민국 간의 협정」)에 부속하는 「합의의사록(合意議事錄)」(문화재 및 문화협력에 관한 일본국과 대한민국 간의 협정에 대한 합의된 의사록, 자료①)을 말하는 것인데, 거기에 기술되어 있던 「일본 측 대표는 일본 국민이 소유하는 이들 문화재를 자발적으로 한국 측에 기증하는 것은 한일양국 간의 문화협력 증진에 기여하는 것이기도 하기 때문에 <u>정부로서는 이를 장려한다</u>」라는 기술은 그 후 50년 간 한번도 실행된 적이 없었다.

일본 측의 한일회담 관계의사록에 대해 해독·분석 작업을 하고 있는 이양수 씨에 의하면, 「장려(勸奬)」라는 익숙하지 않는 말이 최종적으로 합의의사록에 삽입된 경위는 다음과 같은 것이었다. (* 밑줄은 필자)

「(7)사적 문화재의 인도에 대한 의사록

한국 측 대표는 최후까지 사유문화재의 인도까지도 강하게 주장하고, 사유문화재에 대한 한국 국민의 관심이 강하여 그것의 인도에 대해 어떠한 언급도 없이 조인하는 것은 대표로서 매우 곤란한 입장에 처해 있다는 점을 말하고, 그 후(1965년 6월 18일)에 한국 측의 다음의 안(案)이 제시되었다.

문화재 및 문화협력에 관한 일본국과 대한민국과의 사이의 협정에 대한 합의된 의사록(안)

대한민국 정부 대표 및 일본국 정부 대표는 당일 서명된 문화재 및 문화협력에 관한 일본국과 대한민국과의 사이의 협정에 관해 다음의 이해에 도달했다.

일본국 정부는 일본국 국민의 사유 하에 있는 한국문화재가 대한민국 측에 기증되도록 적극적인 지도를 행하며, 특히 다음의 문화재가 우선적으로 포함되도록 한다.

이에 대해 힐튼호텔에서 토의를 진행했는데, 한국안은 사유문화재의 한국으로의 기증에 대해 일본정부의 적극적인 지도를 강하게 요망하고 있는 점이 일본 측의 납득을 얻지 못하고, 18일 밤에 그것을 수정한 다음의 일본안이 제시되었다.

문화재 및 문화협력에 관한 일본국과 대한민국과의 사이의 협정에 대한 합의된 의사록(안)

대한민국 측 대표는 일본국 국민 사유의 한국에 유래하는 문화재가 대한민국 측에 기증되(도록 일본정부가 가능한 한 중재를 해주)길 희망하는 뜻을 말했다.

일본 측 대표는 이들 일본국민이 소유하는 문화재를 자발적으로 한국 측에 기증하는 것은 일한양국 간의 문화 흉륵(胸肋＝심장과 갈비대)의 증진에 기여하는 것(으로서 환영할 만한 일)이기 때문에 정부로서는 이를 권장하는 것이다라고 말했다. (주) (　)안은 6월 19일 문화재보호위원회 측의 의견에 의해 삭제"

이 안을 둘러싼 한국 측과의 절충에 대해서 마쓰나가(松永) 조약과장은 다음과 같이 말하고 있다. (「일한교섭의 회고-조약과(課)의 입장에서(日韓交涉の回顧―條約課の立場から)」)

<문화재협정의 합의의사록에서 사유문화재를 한국에 기증하는 것은 『정부로서 이를 장려하는 것이다』라고 하기로 되었는데, 이 『장려(勸獎)』라는 말은 지금까지의 조약·협정에 사용된 사례가 없다. 그 때의 교

섭 경위는 6월 18일 저녁 힐튼호텔에서 한국 측 대표인 방희(方熙 ; 편집자) 공사와 김정태(金正泰) 참사관이 있는 곳에서 나는 이렇게 설명을 했다.『사유재산권은 전시체제 하에 있는 한국에서는 일본의 경우보다 제약이 있을 수 있다고 하더라도, 일본의 헌법 하에 있어서는 사유재산에 대한 권리는 강하게 보호되어 있어 침해할 수 없다. 사유재산은 자연보호적으로 발생하고 있는 권리라는 개념이 원래 그 기초에 있기 때문인데, 그것을 일본정부가 이래라저래라 조치를 취하는 것은 헌법상 불가능하다. 그 점을 한국 측은 인식하고 있는가?』라고 말하자『그 점을 잘 알고 있다』고 말했다.『따라서 여기서 말하고 있는「장려하는 것이다」라는 것은 일본정부로서「바람직한 일입니다」라는 입장을 취하는 것일 뿐, 무언가 이로써 어떤 조치를 취하는 일은 없으며, 또한 가능하지도 않다』고 설명했다. 한국 측은『그것으로 좋습니다. 한국 측도「한국측에 기증되게 되기를 희망한다」고 말하고 있기 때문에, 그것을 반드시 돌려받지 않으면 안 된다고 요구하고 있는 것은 아니다. 일본 측의 설명은 법률적으로는 그대로라고 생각하며, 여기서는 단지 한국측이 그러한 희망을 표명하고, 일본 측도「그렇게 된다면 그것은 좋은 일입니다」라는 정도로 좋다』라고 하여 이러한 문장이 되었다.>

19일, 하리야(針谷) 문화사업부장은 미야지(宮地) 문화재보호위원회 사무국장에게 전화를 걸어 교섭했다. 그 때, 미야지 대표는「장려(勸獎)」라는 문구를 넣는 것에 반대했으나, 이에 대해서 하리야 부장은 이것은 외교사령(外交辭令)으로「좋습니다」라는 의미라는 점, 또한「개인이 자발적으로 행한다는 것을 말하는 것은 아니다」라고 설명하여, 약간의 수정 의견이 부가되어 양해를 얻었다. 미야지 국장은 20일에 가와라(河原) 문화재보호위원회 위원장에게 하리야 부장으로부터의 상기 상신에 대해 설명했는데, 가와라 위원장은「장려한다」라는 축에 구애 받으면서도「이 의사록을 첨부하지 않으면 일이 마무리되지 않는 것이라면 어쩔 수 없을 것이다」라고 말했다.

> (* 외무성 공개 일본 측 문서번호 1316『일한 국교정상화 교섭의 기
> 록(日韓國交正常化交涉の記錄) 총설13』Ⅷ 조문작성 교섭과 일한
> 조약 제 협정의 조인(條文作成交涉と日韓條約諸協定の調印) 5.
> 문화재 관계(7)사유문화재의 인도에 대한 의사록(私有文化財の引
> き渡しについての議事錄)13-618-624)

일본정부 측의 본심이 명백하다.「장려한다」란「권장, 장려하는」것이
지만, 일본정부 측에는 전혀 그럴 생각이 없고, 한국 측도 그것을 알고
타결했다고 하는 경과가 기록으로 남아있다. 이러한 사정이라면 민간의
문화재 반환도 진행될 리가 없었던 것이다.

일본 측의 역사학자도 1965년 한일문화재협정 조인 직후에 이 정도
로서는 도저히 문제해결이 되지 않는다는 점을 지적하고 강하게 비판했
다. 하타다 다카시(旗田巍), 니시카와 히로시(西川宏), 니시야마 다케히코
(西山武彥) 씨 등에 의해 1990년대 초두까지 비판과 본격적인 반환을 요
구하는 문제제기가 지속되었는데, 그러한 목소리는 일본사회 안에서는
그다지 확산되지 않고 또한 구체적인 움직임으로 연결되지도 않았다.

Ⅲ. 1965년 이후의 움직임-활발한 한국 측 시민 운동이 반환을 촉구하다

1991년 조선왕조 최후의 황태자비・이방자(李方子) 여사 서거 후, 유
언에 따라 예복 등이 반환되어 이 문제를 위한 특별협정이 체결되었다
(→자료②). 2006년에는 도쿄대학이 서울대학에「조선왕조실록」47책을
「기증(寄贈)」이라는 형태로 반환하고 있다(→자료③). 민간에서는 1996

년에는 오쿠라 집고관(大倉集古館)이 경복궁에서 이축하여 관동대지진 때 소실됐던 「자선당(資善堂)」의 유구 초석을 반환. 2005년에는 야스쿠니신사(靖國神社)가 「북관대첩비(北關大捷碑)」를 한국 경유로 북한에 반환하고 있다.

2006년에 도쿄대학에 「조선왕조실록」의 반환을 요구한 한국의 환수위원회가 다음으로 「조선왕실의궤(朝鮮王室儀軌)」 반환운동으로 발전할 무렵부터 한국 측의 문화재반환 운동은 확산되기 시작했다. 한국 국회는 2006년과 2010년에 2차례 「조선왕실의궤」 반환을 요구하는 국회결의를 채택하고 일본정부와 중의원·참의원 의장에게 전달함과 함께, 여야당의 의원도 빈번히 일본을 방문하여 원본을 궁내청(宮內廳) 서릉부(書陵部)에서 확인하는 등의 촉구활동을 해 왔다. 민단도 2008년에 중·참 의장에게 요망서를 제출하고 있다. 그리고 병합 100년을 계기로 2010년 8월에 간(菅) 수상 담화가 발표되고 「조선왕실의궤」 등의 도서 1,205점의 반환을 약속. 동년 11월에 「한일도서협정(日韓圖書協定)」이 조인되어 다음 해 2011년 12월에 마침내 도서반환이 실현되었다.

경기도 이천시는 2010년에는 시의 인구 절반을 넘는 10만 명이나 되는 서명을 지참·제출하며 오쿠라 집고관(大倉集古館)에 5층 석탑의 반환을 계속 요구하고 있다.

이에 비해 일본 측의 대처는 한동안 정체되어 있다는 인상을 받는다. 오쿠라 집고관의 이천5층석탑도 한일회담 시의 반환요구 리스트에 들어 있었다(1954년 8월 15일자 한국정부 「대일배상요구조서(對日賠償要求調書)」, 현물반환요구조서(四) 약탈 미술품 골동품 목록(被掠美術品骨董品目錄)(五) 번호1963). 그러나 그 후, 이천시 출신의 김창진(金昌鎭) 씨가 2005년에 재차 제기하기까지 석탑은 40년 이상 같은 장소에 있었음에도 거의 잊혀진 존재가 되어 있었다. 일본 측의 역사학자들은 문화재반환 문제를 과제로서는 인식하고 있으면서도 구체적인 조사를 진행하거나 반환촉구 움직임에 나서는 예는 별로 볼 수 없었다.

이귀열(李龜烈) 저 『잃어버린 조선문화재 - 일본 침략 하의 한국문화재 비화』(新泉社, 1993년, 신장판 2006년)의 역자인 재일 저널리스트 남영창(南永昌) 씨가 취재·조사한 보고(「조선시보(朝鮮時報)」 1995. 1. 23～1996. 1. 22에 23회 연재 「조선문화재 왜 일본에(朝鮮文化財なぜ日本に)」)와 2009년과 2010년 고려(高麗)박물관(신주쿠)에서 열린 기획전 「잃어버린 조선문화 유산(失われた朝鮮文化遺産)—식민지 하에서의 문화재 약탈·유출, 그리고 반환·공개에」 등은 귀중한 성과인데, 특히 일본 측 연구자의 대처가 적극적으로 행해지고 있지 않았던 점은 비판을 받아 마땅하다.

일본의 대학이나 연구기관에 소속된 연구자들은 그 사이 병합조약이나 한일회담회의록을 조사하거나 비판하는 작업에는 열심이었으나, 발밑에 있는 자신의 대학이나 연구기관이 소장하는 한국·조선문화재의 조사나 검증, 공개·반환에의 노력을 게을리해 온 것처럼 보인다. 대상이 되는 문화재는 일본 국내에 특히 대학이나 국립박물관 등에 지금도 다수 존재한다. 일본정부를 비판하는 것과 같은 예리함으로 자신의 직장이나 적을 둔 학술·문화기관의 과거를 검증하고 그에 정면으로 대응해 왔는가? 그 결과, 1965년의 한일조약·문화재협정으로부터 이미 50년이 지났는데, 문화재반환으로 이어지는 성과라 할 수 있는 것은 빈약하다. 일본 측의 대처가 불충분함을 인정하고 솔직하고도 심각하게 반성하지 않으면 안 된다.

그러한 반성 위에 서서 만시지탄이나마 2010년 6월에 뜻있는 연구자와 시민으로 「한국·조선 문화재 반환 문제 연락회의」(대표＝아라이 신이치(荒井信一) 이바라키(茨城)대학 명예교수)를 결성하여 동년 11월에는 도쿄에서 한일공동 심포지엄을 개최하는 등의 활동, 조사·연구, 한국 측 관계자나 단체와의 교류를 거듭해 오고 있다.

Ⅳ. 황수영 저 『일제기 문화재 피해 자료』의 재평가－한일에서 복간·출판

이러한 과정 속에서 우리들이 가장 주목했던 것은 1965년 한일문화재·문화협정에 이르는 한일회담에서 문화재를 둘러싼 교섭을 중심적으로 담당했던 상기한 황수영 교수가 써서 남긴 『일제기 문화재 피해 자료』였다. 당초 등사판(가리반) 인쇄로 200부밖에 배포되지 않았던 이 책을 재차 널리 읽을 수 있는 형태로 세상에 내놓고 그 추적조사를 행함으로써 문화재 피해의 실태를 재조사·검증하기로 하고, 이 책의 일본어역과 한국어 텍스트의 정리, 인용문헌이나 자료의 조사·재수집을 행해 왔다. 금년 7월에 한국에서 이 책이 국외소재 문화재재단의 조성으로 출판되었고(『일제기 문화재 피해 자료』 황수영 편, 이양수·이소령 증보, 강의정·이기성 해제, 국외소재 문화재재단 발행, (주)사회평론아카데미 간행, 정가 30,000원), 이어 일본에서도 출판될 예정이다. 이 책에 기록된 문화재가 지금 어디에, 어떠한 상태로 있으며, 그것들이 왜 한일회담 때에 일단 목록에 실리면서도 한국에 반환되지 않았는가? 등을 한일 공동으로 연구하고 분명하게 밝혀나가는 일이 다음의 과제이다. 부디 많은 분들이 이 책을 읽고 함께 작업에 동참해 주시길 호소하고 싶다. 이 책에 대한 심포지엄 등도 계획하고 싶다.

Ⅴ. 문화재반환 문제의 새로운 곤란 – 쓰시마 불상 도난사건으로 반발 커져 조사에도 지장

한국 측 시민운동의 활발한 활동에 의해 2010년 경부터 문화재반환 문제가 외교상의 과제로서 부상함에 따라 일본 측의 반발도 확대되고 격화되어 왔다. 「위안부」 문제와 교과서 문제로 한국이나 중국에 대한 혐오감성을 부채질해 온 일본의 우파는 영토문제와도 관련시켜 「조선왕실의궤」의 반환에 반대하고, 현재 집권 여당인 자유민주당도 2011년의 한일도서협정의 비준에 중참 양원에서 반대했다.

또한 2012년에 쓰시마에서 일어난 2체의 불상 도난사건의 범인이 한국인이며, 절도가 인정되었음에도 불구하고 장기간에 걸쳐 도난불상을 일본이 돌려받지 못한 일로(이 가운데 1체는 금년 7월에 반환이 완료됨) 더욱 한국에 대한 반발이 고조되어 혐한(嫌韓) 감정은 일시 일본사회 전체에 퍼졌다.

이러한 상황 속에서 한국과의 문화재반환 문제에 언급하거나 조사를 행하는 것은 극히 어려운 일이 되어버렸다. 한국 측 단체 등이 게릴라식으로 몰려와서 소동을 일으키는 일에 대한 경계도 강화되고 있으며, 문화재를 비공개로 하는 등의 대항책을 강구하여 대화나 교섭이 거부되는 케이스가 속출하고 있다. 정보제공이나 조사활동에 대한 협력도 얻기 어렵게 되었다. 조속한 반환을 요구하는 한국 측 여론과의 격차는 벌어져 있는 상태 그대로이다.

Ⅵ. 금후를 위한 제언 – 한일의 연구자와 시민의 이니셔티브로 신협정의 검토를

2010년 11월에 「한국·조선문화재 반환문제 연락회의」는 새로운 100년을 위해 이하의 6항목의 제언을 하였다.

① 일본정부는 이번의 「조선왕실의궤」 등의 반환만으로 끝내지 말고, 더욱 적극적으로 국립박물관이나 각 대학이 소장하는 한국·조선 문화재의 조사와 반환에 노력할 것. 또한, 민간소유의 문화재반환도 촉구할 것.

② 구체적으로 한국·조선 문화재의 반환을 촉진하기 위해 일본과 한국·조선 및 유네스코 등의 전문가에 의한 조사·자문위원회를 설치하여 문화재의 공동조사를 추진하며, 공동의 데이터베이스를 구축함과 아울러 반환문제에 대한 기본적인 생각을 정리하여 공표할 것.

③ 각 박물관·미술관·대학, 민간의 문화재 소장자는 자진해서 한국·조선문화재의 정보를 공개하고 반환에 협력할 것.

④ 일본에 있어서의 고고학·박물관학·미술사학·문헌학·근현대사학·도서관학 등의 관련 각 학회는 문화재반환을 위해 관계되는 조직에 대해 소장자료의 현상조사·입수경위 설명·정보공개를 적극적으로 촉구할 것.

⑤ 전문가뿐만 아니라 학생이나 교사, 시민, 종교가 등도 참가·협력하여 폭넓게 한국·조선문화재 조사를 추진하며, 그 의미나 역사에 대해 서로 배우도록 호소할 것.

⑥ 정부·국회는 한국·조선문화재의 조사와 반환을 촉진하기 위해 필요한 입법조치를 행할 것. 지방자치단체에도 협력을 호소할 것.

나아가 동 연락회의는 금년 6월, 1965년 협정 50주년을 앞두고 「문화재 및 문화협력에 관한 일본과 한국 간의 신협정(추가협정)」(가칭)을 제안하고, 촉구해 나갈 것을 제언하고 있다. 그 경우, 다음과 같은 제 점에 대한 개선과 배려가 필요하다고 호소하고 있다. 많은 분들이 의견이나 제안을 보내주셨으면 한다.

1) 「기증」, 「인도」가 아닌 「반환」으로 용어 통일

종래 일본 측은 「기증」, 「인도」라 말하고, 한국 측은 「반환」이라 설명하고 있는데, 오해와 차이를 피하기 위해 원래의 장소나 소유자에게 되돌릴 때는 「반환」으로 용어를 통일 할 것.

2) 반환·협력은 「장려」가 아닌 「책무」, 「적극적 관여」

1965년 협정에는 「일본국민이 그 소유하는 이들 문화재를 자발적으로 한국 측에 기증하는 것은 일한 양 국민의 문화협력 증진에 기여하는 것이기도 하기 때문에 정부로서는 이를 권장하는」 것으로 합의의사록에 명기되어 있는데, 실제로 민간의 문화재 반환은 거의 추진되지 않았다. 그래서 신협정에서는 민간 차원에서의 문화재의 조사·교류·반환을 촉진시키기 위한 정부 측의 책무와 적극적인 관여를 명기하는 것이 필요.

3) 종합적인 조사를 공동

일본에 있는 한반도 경유의 문화재 및 한반도에 있는 일본유래의 문화재에 대한 전체적인 조사를 양국의 전문가가 참가하여 공동으로 행하는 일이 불가결. 신협정에는 「한일공동문화재종합조사기관」(가칭)의 설치를 명기할 것.

4) 민간에 맡기지 말고 국가가 관여해 분쟁 확대 예방

종래, 민간소유의 문화재 취급은 민간에 맡겨져 왔는데, 문화재반환을 둘러싼 문제가 분쟁화, 심각해지고 있는 사태를 감안하여, 양국정부가 적극적으로 관여·개입하여, 분쟁의 조정·재정(裁定) 기능과 권한을 지닌 독립적인 위원회를 설치하여 합리적인 해결을 주도하는 것을 신협정에 명기할 것.

5) 반환의 법적 절차 명확화와 간소화

상기의 기구/위원회가 「반환」을 명했을 경우, 국가가 소유하는 것도 그 때마다 특별하게 협정을 맺지 않고도 신속하게 반환될 수 있도록 국내법과의 관계도 정리하고, 반환의 룰·절차에 대해서도 명기하여 원만한 반환을 촉진시킬 것.

6) 국제적인 룰과 수준의 존중

UNESCO가 주도하고 확립해 온 국제적인 룰을 존중하고 그것들에 준거한다는 점을 명기할 것. 공동연구나 문화재의 활용에 대해서도 명기할 것.

參考文献

荒井信一, 『コロニアリズムと文化財』 岩波新書 1376、2012年.

吉澤文壽, 『日韓會談1965』 高文研、2015年.

慧門著・李素玲譯, 『儀軌―取り戻した朝鮮の寶物』 東國大學校出版部、2011年.

慧門著・李一滿譯, 『民族文化財を探し求めて』 影書房、2014年.

NHK取材班, 『朝鮮王朝「儀軌」百年の流轉』 NHK出版、2011年.

李龜烈著, 『失われた朝鮮文化財－日本侵略下の韓國文化財秘話』 新泉社、
　　　　1993年、新裝版2006年.

松本剛, 『略奪した文化 -戰爭と圖書-』 岩波書店、1993年.

森本和男, 『文化財の社會史 -近現代史と傳統文化の變遷-』 彩流社、2010年.

高崎宗司, 「日韓會談における文化財返還交渉について」 『朝鮮史研究會論文
　　　　集』 第23號: 35、1986年.

淺野豊美・吉澤文壽・李東俊編, 『日韓國交正常化問題資料』 第1卷、現代史料
　　　　出版、2010年.

淺野豊美・吉澤文壽・李東俊編, 『日韓國交正常化問題資料』 第3卷、現代史料
　　　　出版、2010年.

李洋秀, 「日韓會談と文化財返還問題」 『戰爭責任研究』 第72號。2011年.

朴　薫, 「日韓會談における文化財「返還」交渉の展開過程と爭點」 李鐘元・木
　　　　宮正史・淺野豊美編 『歷史としての日韓國交正常化Ⅱ 脫植民地化編』
　　　　法政大學出版局、2011年.

한국·조선문화재 반환 문제의 경과 <약사(略史)>

1875년 강화도 사건, 서적 56책 등 문화재 약탈

1876년 부산 개항. 오쿠라 기하치로(大倉喜八郞), 부산에 오쿠라 상회(大
　　　　倉商會) 개점(후에 오쿠라 토목(大倉土木)

1894년 구키 류이치(九鬼隆一) 제국박물관(帝國博物館) 총장이 청국·조
　　　　선문화재의 약탈 방침을 구체적으로 지시(「전시청국보물수집방
　　　　법(戰時淸國寶物收集方法)」). 오쿠라 토목(후에 다이세이(大成)건

설), 육군 물자조달 담당에

1904~05년 러일전쟁. 제2사단 제7여단장, 「북관대첩비(北關大捷碑)」일본으로 가지고 옴. 건축학자 세키노 다다시(關野貞)의 조선 고적 조사 시작됨. 이토 히로부미(伊藤博文), 경복궁 규장각 장서 반출, 궁내청 서릉부(書陵部)에

1908년 9월 26일 마타노 타쿠(股野琢) 제실박물관(帝室博物館) 총장 서울에 들어와 순종 황제를 알현

1909년 4월 대한제국 제실박물관 개관

1910년 4월 대한제국 제실박물관의 스에마쓰 구마히코(末松熊彦) 부장에게 조선 전토의 문화재 수집을 훈령

8月 22日 「한국병합조약」 조인·29일 공포·조선총독부 설치

1915년 이천오층석탑을 박람회장 장식을 위해 서울로 이송

1916년 조선총독부 「고분 및 유물보존 규칙」 공포(총령 52호)

1917년 오쿠라 집고관(大倉集古館), 일본 최초의 사립미술관으로 설립, 경복궁 「자선당(資善堂)」을 이축하여 「조선관」으로 개관(진열 미술품 3,692점, 서적 15,600권 외)

1918년 오쿠라 집고관이 조선총독에게 이천5층석탑의 교부 청원, 인천항에서 반출, 도쿄로

1922년 「조선왕조의궤(朝鮮王朝儀軌)」등 조선총독부가 궁내청(宮內廳)에 기증

1933년 우가키 가즈시게(宇垣一成) 총독 「조선보물고적명승천연기념물보존령(朝鮮寶物古蹟名勝天然記念物保存令)」 공포(정령 제6호)

1945년 8월 15일 일본 패전

1952~65년 한일 문화재 반환 교섭

1958년 일부 반환(106점)

1965년 6월 22일 「한일조약」, 「한일문화재·문화협정」 조인·1432점(이

가운데, 궁내청 소장 도서 852점) 반환(⇔당시 한국 측 요구는
3,200점 이상) * 자료1

1970년 유네스코 총회 「문화재 불법반출·소유권 양도 금지와 예방수단
에 관한 조약」 채택

1973년 유엔 제 38차 총회 결의 「약탈문화재의 반환」 결의 * 자료4

1991년 조선왕조 최후의 황태자비·고 이방자(李方子, 李雅子) 여사의 예
복 반환(4월 15일 양국 간 특별협정 체결 「양국 협력관계의 발전
에 이바지하기 위한 특별조치로서…」)

* 자료 2

1991년 조선왕조 최후의 황태자비·고 이방자(李方子, 李雅子) 여사의 예
복 반환(4월 15일 양국 간 특별협정 체결 「양국 협력관계의 발전
에 이바지하기 위한 특별조치로서…」)

1996년 야마구치(山口)여자대학(현, 야마구치현립대학)이 한국·경남대학
(마산)에 「데라우치문고(寺內文庫)」의 일부 98종 136점을 기증
(부속도서관에서 전시. 양 대학에서 학술교류 협정도)

오쿠라 집고관(大倉集古館)이 관동대지진으로 소실된 「자선당
(資善堂)」의 유구 초석(288개, 110t)을 반환

2001년 10월 해외 전적조사연구회(海外典籍調査研究會)의 조사에서 「조
선왕실의궤」가 궁내청에 있음이 판명

2005년 11월 12일 야스쿠니신사(靖國神社)가 한국정부에 북관대첩비(北
關大捷碑)를 반환(민주당·김원웅(金元雄) 의원이 교섭, 후에 한
국정부가 북한에 인도)

2006년 7월 도쿄대학이 서울대학교에 「조선왕조실록 오대산사문고본(五
臺山史文庫本)」 47책(1913년 반출) 반환(「기증」) * 자료3

9월 「조선왕실의궤 환수 위원회」 발족

12월 한국 국회, 「조선왕실의궤 반환 요구 결의」

2007년 1월 상기 결의에 기초해 한국 국회사무총장으로부터 일본정부에 반환 요구

4·5월 중의원 문부과학위원회·참의원 외교방위위원회에서 질문

7월 「조선왕실의궤 환수 위원회」(공동의장＝정염(正念) 월정사 주지 등) 외무성을 방문, 반환요망서 제출

10월 「조선왕실의궤 환수위원회」 혜문(慧門) 사무총장 등 방일, 외무성에 요망 <제2회 교섭>

2008년 4월 「조선왕실의궤 환수 위원회」가 「조선왕실의궤」의 반환을 요구하는 후쿠다(福田) 수상 앞으로의 진정서를 제출

한일 외무장관 회담(유명환(柳明桓) 외교통상부 장관 vs 고무라(高村) 장관)에서 한국 측이 제기

8월 한국·이천5층석탑 환수위원회가 발족

11월 서울에서 개최된 유엔 교육과학문화기관(유네스코)의 문화재 반환 촉진을 위한 정부간 위원회(ICPRCP) 설립30주년 특별회의에서 김홍동(金泓東) 한국 문화재청 국제교류과장이 일본과 프랑스에 위법으로 소지하고 있는 문화재반환 요구

2009년 10월 「조선왕실의궤 환수 위원회」 혜문(慧門) 사무총장 등 방일, 외무성에 진정서 제출, 국내청 서릉부(書陵部)에서 「조선왕실의궤」 확인, 시민집회에서 보고

2010년 1월 한국 문화재청 국립문화재연구소가 확인한 국외유출 한국문화재는 10만 7,857점(18개국, 이 가운데 국내에 돌아온 것은 약 8,000점), 이 가운데 일본에는 6만 1,409점이 있다고 발표

2월 서울에서 거행된 한일 외무장관 회담에서 유명환(柳明桓) 외교통상부 장관이 「한국 측의 관심」을 전달

한국 국회, 「조선왕실의궤 반환 요구 결의」 만장일치로 채택. 2번째

3월 한국 「중앙일보」신문이 궁내청 서릉부(書陵部) 소장의 조선 왕실의궤, 제국도서(帝室寶書), 경연(經筵) 등 조선왕실 도서를 열람하고 사진을 발표(⇒ 4페이지 참조)

4월 이정현(李貞鉉), 정의화(鄭義和), 이범관(李範觀), 성윤환(成 允煥) <한나라당>, 김부겸(金富謙), 최문순(崔文洵) <민주당> 의 6의원, 「조선왕실의궤 환수위원회」 혜문 사무총장 등과 방일, 아베 도모코(阿部知子) <사민>, 가사이 아키라(笠井亮) <공 산> 중의원 의원, 우오즈미 유이치(魚住祐一) <공명> 참의원 의원에게 협력 요청. 궁내청 서릉부(書陵部)·국립박물관 시찰. 카이로에서 개최된 「문화재반환 문제 국제회의」(이집트 정부 주 최)에서 한국정부 문화재청 국제교류과장이 일본에 있는 조선왕 실 문서 661점의 반환을 촉구함

「조선왕실의궤 환수위원회」 혜문(慧門) 사무총장 등 민주당 「전 후보상의원연맹(戰後補償議連)」과 간담, 협력요청. 외무성을 방 문해 오카다(岡田) 외무장관 앞으로 진정서를 제출

한국 「이천석탑반환 위원회」 대표가 방일, 오쿠라 집고관(大倉 集古館)(호텔·오쿠라 내)이 소장하는 이천에 있었던 고려시대의 석탑 반환을 요구하는 요망서 제출

7월 한국·이천 시장과 「이천석탑반환 위원회」 대표가 방일, 오 쿠라 집고관(大倉集古館)에 시민 12만 명의 석탑반환을 요구하 는 서명을 제출

8월 한국·이해봉(李海鳳) 의원 등, 조선왕실의궤 조기반환을 사 이토(齋藤)·이시게(石毛)·후지타 유키히사(藤田幸久) 의원 등에 게 요망

10일 간(菅) 총리, 「병합 100년」담화에서 조선왕실의궤 등 인도
를 발표

10월 18일 한국·최재성(崔宰誠) 의원, 조선왕실의궤 조기반환을
이시게(石毛)·이나미(稻見)·하쓰시카(初鹿)·오오가와라(大河原)
의원 등에게 요망

29일 한국·이천 시장과 「이천석탑반환 위원회」대표가 재차 방
일, 오쿠라 집고관(大倉集古館)과 교섭. 오쿠라 측, 「정부의 의향
등 확인이 필요」하다고 강조

11월 14일 한일외상이 요코하마(橫濱)에서 「도서에 관한 일본정
부와 대한민국정부 간의 협정」(한일도서협정)에 조인. 1,205점의
반환 합의. *자료5

2011년 5월 27일 참의원 본회의에서 도서협정을 가결(6月 10日, 일한도
서협정을 각의 결정)

10월 19일 한일 수뇌회담에서 노다(野田) 수상이 조선왕실의궤
가운데 5책을 반환

12월 6일 인천공항에 도서 1,200책이 공수되어 한국정부에 인도.

2012년 10월 8일 쓰시마 불상 도난 사건

* **자료1 1965年 6月 22日 조인**

일한 기본조약의 관계 제 협정, 문화재 및 문화협력에 관한 일본국과
대한민국 간의 협정

일본국 및 대한민국은 양국 문화에 있어서의 역사적인 관계를 거울 삼
아 양국의 학술 및 문화 발전과 아울러 연구에 기여할 것을 희망하여 다
음과 같이 협정하였다.

제1조 일본국 정부 및 대한민국 정부는 양국 민간의 문화 관계를 증진
시키기 위해 가능한 한 협력하는 것으로 한다.

제2조 일본국 정부는 부속서에 기재한 문화재를 양국 정부 간에 합의한 절차에 따라 이 협정의 효력발생 후 6개월 이내에 대한민국 정부에 대해서 인도하는 것으로 한다.

제3조 일본국 정부 및 대한민국 정부는 각각 자국의 미술관, 박물관, 도서관 기타 학술 및 문화에 관한 시설이 보유한 문화재에 대해서 타방 국가의 국민에게 연구할 기회를 부여하기 위해 가능한 한 편의를 제공하는 것으로 한다.

제4조 이 협정은 비준되지 않으면 안 된다. 비준서는 가능한 한 빨리 교환하는 것으로 한다. 이 협정은 비준서를 교환한 날에 효력을 발생한다.

이상의 증거로서, 하기 대표는 각자의 정부로부터 이를 위해 정당한 위임을 받아 이 협정에 서명하였다.

1965년 6월 22일에 도쿄에서, 동등하게 정본인 일본어 및 한국어로 본서 2통을 작성하였다.

일본국을 위하여

시이나 에쓰사부로(椎名悅三郎) 다카스기 신이치(高杉晋一)

대한민국을 위하여 이동원(李東元), 김동조(金東祚)

일한 기본조약의 관계 제 협정, 문화재 및 문화협력에 관한 일본국과 대한민국 간의 협정, 합의의사록

문화재 및 문화협력에 관한 일본국과 대한민국 간의 협정에 대한 합의된 의사록

한국 측 대표는 일본국민 사유의 한국에 유래하는 문화재가 한국 측에 기증되게 되기를 희망하는 취지를 말했다.

일본 측 대표는 일본국민이 소유하는 이들 문화재를 자발적으로 한국 측에 기증하는 것은 일한 양국 간의 문화협력 증진에 기여하는 것이 되

기 때문에 <u>정부로서는 이를 장려하는 것이다</u>라고 말했다.

1965년 6월 22일에 도쿄에서

E·S·T·W·L·

* 자료2 1991年 4月 15日 조인, 5月 24日 발효

고 이방자(李方子) 여사(영친왕비)에 유래하는 복식 등의 양도에 관한 일본국 정부와 대한민국 정부 간의 협정

일본국 정부 및 대한민국 정부는 다음과 같이 협정하였다.

제1조 일본국 정부는 양국 간의 우호관계 및 제 분야에 있어서의 협력 관계 발전에 이바지 하기 위한 특별한 조치로서, 고 이방자 여사(영친왕비)에 유래하는 복식 등에서 부속서에 기재한 것을 양국 정부 간에 합의한 절차에 따라서 이 협정의 효력 발생 후 6개월 이내에 대한민국 정부에 대해서 대가 없이 양도한다.

제2조 대한민국 정부는 전조의 규정에 따라 양도된 복식 등이 양국 간의 우호관계 및 제 분야에 있어서의 관계 발전에 이바지 하는 일이 되도록 적절한 조치를 취한다.

제3조 이 협정은 일본국이 그 국내법상의 절차에 따라 이 협정을 승인한 사실을 통지한 일본국 정부의 공문을 대한민국 정부가 수령한 날에 효력을 발생한다.

이상의 증거로서, 하기 대표는 각자의 정부로부터 이를 위해 정당한 위임을 받아 이 협정에 서명하였다.

1991년 4월 15일에 도쿄에서, 동등하게 정본인 일본어 및 한국어로

본서 2통을 작성하였다.

일본국 정부를 위하여 나카야마 타로(中山太郎)

대한민국 정부를 위하여 오재희(吳在熙)

* 자료3 http://rarebook.dl.itc.u-tokyo.ac.jp/jitsuroku/korean.html
「조선왕조실록」도쿄대학 총합도서관 구(舊)장본에 대하여

오대산사고(五臺山史庫)에 보관되어 있던 「실록」은 1913년에 조선총독부에 의해 도쿄제국대학 부속도서관으로 이관되었다고 말해지고 있다. 전부 794책 있었던 실록은 1923년의 관동대지진에 의해 거의 소실되었는데, 일부 74책이 남았다. 이 가운데 27책은 1932년에 경성제국대학에 이관되어, 그 후 국립 서울대학교의 규장각한국학연구원에 보관되어 왔다.

도쿄제국대학에 남아 있던 47책은 도쿄대학 총합도서관에서 귀중서로 보관되어 왔는데, 오대산본으로서 국립 서울대학교 소장의 27책과 일체로 보는 것이 적당하기 때문에 2006년 7월 국립 서울대학교로 이관했다.

도쿄대학 부속도서관

* 자료4
문화재의 불법한 수입, 수출 및 소유권 이전을 금지하고 아울러 방지하는 수단에 관한 조약
(平成 14 2002년 9월 10일 조약 제14호) 發効日 : H14.12.9

(H14.9.10 외무성 고시 384)

유엔 교육과학문화기관 총회는 1970년 10월 12일부터 11월 14일까지 파리에서 제16회 회기로서 회합하여,

총회의 제14회 회기에서 채택한 문화에 관한 국제협력 원칙에 관한 선언의 중요성을 상기하고,

과학적, 문화적 및 교육적 목적을 위해 행하는 문화재의 제국 간 교류

에 의해 인류 문명에 관한 지식이 증대하고, 모든 인민의 문화적인 생활이 풍부하게 되며 아울러 제국 간이 상호 존중하고 또한 평가하게 되는 점을 고려해,

문화재가 문명 및 국가 문화의 기본적 요소의 하나라는 점, 나아가 문화재의 진가는 그 기원, 역사 및 전통에 대한 가능한 한 충분한 정보에 기초해서만 평가할 수 있는 것이라는 점을 고려해,

자국의 영역 내에 존재하는 문화재를 도난, 도굴 및 불법적인 수출의 위험으로부터 보호하는 것이 각국의 의무라는 점을 고려하여,

이러한 위험을 회피하기 위해 각국이 자국 및 다른 모든 나라의 문화유산을 존중하는 도의적 책임을 한층 인식하는 것이 중요하다는 점을 고려하여,

문화시설로서의 박물관, 도서관 및 공문서관이 세계적으로 인정된 도의상의 원칙에 따라 수집을 행하는 일을 확보해야만 한다는 점을 고려하여,

유엔 교육과학문화기관은 국제조약을 관계 제국에 권고함으로써 제국 간의 이해 촉진을 도모하는 것을 그 임무의 하나로 삼고 있는데, 문화재의 불법한 수입, 수출 및 소유권 이전은 이 제국 간의 이해에 장해가 된다는 점을 고려하여,

문화유산의 보호는 각국의 국내에 있어서, 또한 제국 간에 긴밀하게 협력하여 행하는 경우에만 효과적으로 행할 수 있는 것이라는 점을 고려하여,

유엔 교육과학문화기관의 총회가 1964년에 이 취지의 권고를 채택한 점을 고려하여,

총회의 제16회 회기 의사일정 제19 의제인 문화재의 불법한 수입, 수출 및 소유권 이전을 금지하고 아울러 방지하는 수단에 관한 새로운 제안을 전제로,

총회의 제15회 회기에서 이 문제가 국제조약의 대상이 되어야만 한다

는 점을 결정하여 이 조약을 1970년 11월 14일에 채택한다.

제1조

이 조약의 적용상, 「문화재」란, 종교적 이유 여하를 불문하고, 각국이 고고학상, 선사학상, 사학상, 문학상, 미술상 또는 과학상 중요한 것으로서 특별히 지정한 물건이며, 다음의 분류에 속하는 것을 말한다.

  (a) 동물학상, 식물학상, 광물학상 또는 해부학상 희소한 수집품 및 표본 나아가 고생물학상 관심의 대상이 되는 물건

  (b) 과학기술사, 군사사, 사회사 기타의 역사, 각국의 지도자, 사상가, 과학자 또는 예술가의 생애 및 각국의 중대한 사건에 관한 물건

  (c) 정규의 발굴, 도굴 기타의 고고학상의 발굴 또는 고고학상의 발견에 의해 얻어진 물건

  (d) 미술적 혹은 역사적 기념공작물 또는 분단된 고고학적 유물의 부분

  (e) 제작 후 100년을 넘는 고대유물(예를 들면, 금석문, 화폐, 각인(刻印))

  (f) 민족학적 관심의 대상이 되는 물건

  (g) 미술적 관심의 대상이 되는 물건으로, 예를 들면 다음의 (i)에서 (iv)까지에 게시한 것

    (i) 육필 서화(화포 및 재료를 따지지 않는 것으로 하며, 의장 및 수작업으로 장식한 가공물을 제외한다)

    (ii) 조각, 소상(塑像), 주상(鑄像) 기타 이와 유사한 미술품(재료를 따지지 않는다)

    (iii) 동판화, 목판화, 석판화 기타의 판화

    (iv) 미술적으로 구성하고 또는 합성한 물건(재료를 따지지 않는다)

  (h) 단독 또는 일괄된 것으로써 특별한 관심(역사적, 미술적, 과학적, 문학적 기타의 관심)의 대상이 되는 희소한 손으로 쓴 문서, 인큐내불러, 고서적, 문서 및 출판물

(i) 단독으로 또는 일괄된 우편우표, 수입인지 기타 이에 유사한 물건

(j) 음성, 사진 또는 영화에 의한 기록 기타의 기록

(k) 오랜 악기 및 제작 후 100년을 넘은 가구

제2조

1. 체약국은 문화재의 불법한 수입, 수출 및 소유권 이전이 해당 문화재의 원산국 문화유산을 빈곤화 시키는 주요한 원인의 하나라는 점 및 국제협력이 이들 불법한 행위에 의해 발생한 모든 위험으로부터 각국의 문화재를 보호하기 위한 가장 효과적인 수단의 하나라는 점을 인식한다.

2. 체약국은 이를 위해 자국이 취할 수 있는 수단, 특히 불법한 수입, 수출 및 소유권 이전의 요인을 제거하고 현재 행해지고 있는 행위를 정지시키고 동시에 필요한 회복을 하기 위해 원조함으로써 불법한 수입, 수출 및 소유권 이전을 저지하는 것을 약속한다.

제3조

체약국이 이 조약에 기초해 취하는 조치에 반하여 행해진 문화재의 수입, 수출 또는 소유권 이전은 불법으로 간주한다.

제4조

이 조약의 적용상, 체약국은 다음 종류의 문화재가 각국의 문화유산을 이루는 것이라는 점을 인정한다.

(a) 각국의 국민(개인인지 집단인지는 따지지 않는다)의 재능에 의해 창조된 문화재 및 각국의 영역 내에 거주하는 외국인 또는 무국적자에 의해 그 영역 내에서 창조된 문화재로서 해당국에 있어 중요한 것

(b) 각국의 영역 내에서 발견된 문화재

(c) 고고학, 민족학 또는 자연과학의 조사단이 그 원산국의 권한이 있는 당국의 동의를 취득한 문화재

(d) 자유로운 합의에 기초해 교환된 문화재

(e) 그 원산국의 권한 있는 당국의 동의를 얻어 증여되거나 또는 합법적으로 구입한 문화재

제5조

체약국은 다음의 임무를 효과적으로 실시하기 위해 충분한 수의 적격한 직원을 지닌 하나 또는 둘 이상의 문화유산 보호를 위한 국내기관이 아직 존재하지 않는 경우에 있어서, 자국에 있어 적당한 때에 불법한 수입, 수출 및 소유권 이전으로부터 문화재를 보호하는 것을 확보하기 위해 그러한 국내기관을 자국의 영역 내에 설치하는 것을 약속한다.

(a) 문화유산의 보호, 특히 중요한 문화재의 불법한 수입, 수출 및 소유권 이전의 방지를 확보하기 위한 법령안의 작성에 공헌할 것.

(b) 자국의 보호물건 목록에 기초하여 중요한 공사의 문화재로서 그 수출에 의해 자국의 문화유산을 현저하게 빈곤화 시킬 우려가 있는 것의 일람표를 작성하고 아울러 상시 최신의 것으로 할 것.

(c) 문화재의 보존 및 전시를 확보하기 위해 필요한 과학기술에 관련되는 시설(박물관, 도서관, 공문서관, 연구소, 작업장 등)의 발전 또는 설치를 촉진할 것.

(d) 고고학상의 발굴 관리를 조직적으로 행하고, 어떤 종류의 문화재의 현지보존을 확보하며, 나아가 장래의 고고학적 연구를 위해 보존된 지구를 보호할 것.

(e) 관계자(박물관의 관리자, 수집가, 고물상 등)를 위해 이 조약에 규정한 윤리상의 원칙에 따라 규칙을 규정하여 그 규칙의 준수를 확

보하기 위한 조치를 취할 것.

(f) 모든 나라의 문화유산에 대한 존중을 촉구하고, 나아가 육성하기 위한 교육적 조치를 취하며, 아울러 이 조약의 규정에 관한 지식을 보급시킬 것.

(g) 문화재의 어떤 것이라도 망실되었을 경우에는 적절히 공표할 것.

제6조

체약국은 다음 사항을 약속한다.

(a) 해당 문화재의 수출이 허가된 것이라는 점을 수출국이 명기한 적당한 증명서를 도입할 것. 이 증명서는 규칙에 따라 수출된 문화재의 모든 물건에 첨부되어야만 한다.

(b) (a)에 규정한 수출허가에 대한 증명서가 첨부되지 않는 한, 문화재가 자국의 영역에서 수출되는 것을 금지할 것.

(c) (b)에 규정한 금지를 적당한 수단에 의해, 특히 문화재를 수출하거나 또는 수입할 가능성이 있는 것에 대해 공표할 것.

제7조

체약국은 다음 사항을 약속한다.

(a) 자국의 영역 내에 소재하는 박물관 기타 이에 준하는 시설이, 다른 체약국을 원산국으로 하는 문화재로서 이 조약이 관계국에 대해 효력을 발생한 후에 불법으로 수출된 것을 취득하는 것을 방지하기 위해 국내법에 따라 필요한 조치를 취할 것. 이 조약이 이들 나라에 대해 효력을 발생한 후에 해당 문화재의 원산국인 체결국에서 불법으로 반출된 문화재의 제공 신청이 있을 경우에는 해당 원산국에 대해 가능한 한 그 취지를 통보할 것.

(b) (i) 다른 체결국의 영역 내에 소재하는 박물관, 공공의 기념공작물

(종교적인 것인가 아닌가는 묻지 않는다.) 기타 이에 준하는 시설에서 이 조약이 관계국에 대해 효력을 발생한 후에 훔쳐온 문화재 (해당 시설의 소장품 목록에 속한다는 점이 증명된 것에 한함.)의 수입을 금지할 것.

(ii) 원산국인 체약국이 요청할 경우에는, (i)에 규정하는 문화재로서 이 조약이 관계국에 대해 효력을 발생한 후에 수입된 것을 회복하고 나아가 반환하기 위해 적당한 조치를 취할 것. 다만, 요청을 행하는 체약국이 해당 문화재의 선의의 구입자 또는 해당 문화재에 대해 정당한 권원을 지닌 자에 대해 적정한 보상금을 지불하는 것을 조건으로 한다. 회복 및 반환 요청은 외교기관을 통해서 한다. 요청을 하는 체결국은 회복 및 반환에 대한 권리를 확립하기 위해 필요한 서류 기타의 증거자료를 자국의 부담으로 제출한다. 체약국은 이 조의 규정에 따라 반환된 문화재에 대해서 관세 기타의 과징금을 부과해서는 안 된다. 문화재의 반환 및 인도에 관련된 모든 경비는 요청을 한 체약국이 부담한다.

제8조

체약국은 제6조 (b) 및 전조 (b)에 규정한 금지에 관한 규정에 위반한 점에 대해 책임을 지닌 자에 대해 형벌 또는 행정벌을 과하는 것을 약속한다.

제9조

고고학상 또는 민족학상의 물건의 약탈에 의해 문화유산이 위험에 처해있는 체약국은 영향을 받는 다른 체약국에 요청을 할 수 있다. 이 경우에 있어서 체약국은 국제적으로 협조해서 행하는 노력으로서 필요한 구체적 조치(개별 물건의 수출, 수입 및 국제거래의 규제 등)를 결정하고 나아가 실시하기 위한 것에 참가할 것을 약속한다. 각 관계국은 합의에 도달할 때까지의 동안에 요청을 한 나라의 문화유산이 회복하기 어려운 손상을 입는 것을 방지하기 위해 실행 가능한 범위 내에서 잠정 조치를 취한다.

제10조
체약국은 다음 사항을 약속한다.

(a) 교육, 정보제공 및 감시를 행함으로써 체약국으로부터 불법으로 반출된 문화재의 이동을 제한할 것. 또한 자국에 있어서 적당한 경우에는 문화재의 각 물건 별 출소, 공급자의 성명 및 주소, 그리고 매각한 각 물건의 특징 및 가격을 기록한 대장을 상비할 것, 나아가 문화재의 매수자에 대해 해당 문화재에 대해 수출금지 조치가 취해진 사실이 있다는 점을 알리는 것을 고물상에게 의무사항으로 할 것. 이 의무에 위반한 자에게는 형벌 또는 행정벌을 과한다.

(b) 문화재의 가치와 아울러 도취, 도굴 및 불법한 수출이 문화유산에 끼치는 위험에 대해 교육을 통해 국민에게 인식시키고 나아가 그러한 인식을 고양시키기 위해 노력할 것.

제11조
외국에 의한 국토점령에 직접 또는 간접으로 기인한 강제적인 문화재의 수출 및 소유권 이전은 불법으로 간주한다.

제12조
체약국은 자국이 국제관계에 대해 책임을 지닌 영역 내에 존재하는 문화유산을 존중하는 것으로 하며, 해당 영역에 있어서의 문화재의 불법한 수입, 수출 및 소유권 이전을 금지하고 아울러 방지하기 위해 모든 적당한 조치를 취할 것.

제13조

체약국은 또한 자국의 법령에 따라 다음 사항을 약속한다.

(a) 문화재의 불법한 수입 또는 수출을 촉진할 우려가 있는 소유권 이전을 모든 적당한 수단에 의해 방지할 것.

(b) 불법으로 수출된 문화재가 그 정당한 소유자에게 가능한 한 신속하게 반환되는 것을 용이하게 하기 위해 자국의 권한이 있는 기관이 협력하는 것을 확보할 것.

(c) 망실하거나 혹은 도취 당한 문화재 물건의 정당한 소유자 또는 그 대리인이 제기하는 해당 물건의 회복 소송을 인정할 것.

(d) 각 체약국이 특정한 문화재에 대해 양도를 금지하고, 그 결과 당연히 수출도 금지하는 것으로 분류하여 동시에 선언하는 것은 해당 체약국의 빼앗을 수 없는 권리라는 점을 인정하고, 나아가 해당 문화재가 수출된 경우에는 해당 체약국이 그것을 회복하는 것을 용이하게 할 것.

제14조

체약국은 불법한 수출을 방지하고 아울러 이 조약의 실시에 의해 발생하는 의무를 이행하기 위해 문화유산의 보호에 대해 책임을 지닌 국내 기관에 대해 가능한 한 충분한 예산을 배분하는 것으로 하고, 필요가 있을 때에는 이를 위한 기금을 설립해야만 한다.

제15조

이 조약의 어떠한 규정도 이 조약이 관계국에 대해 효력을 발생하기 전에 그 이유 여하를 불문하고 원산국의 영역에서 반출된 문화재의 반환에 관해, 체약국 사이에 특별한 협정을 체결하는 것 또는 이미 체결한 협정의 실시를 계속하는 것을 저해하는 것이 아니다.

제16조

체약국은 유엔 교육과학문화기관의 총회가 결정한 기한 및 양식으로 동 총회에 제출한 정기보고에 있어서 이 조약을 적용하기 위해 자국이 취한 입법조치, 행정조치 기타의 조치 및 이 분야에서 얻은 경험의 상세에 관한 정보를 제공한다.

제17조

1. 체약국은 특히 다음 사항에 대해 유엔 교육과학문화기관의 기술원조를 요청할 수 있다.
   (a) 정보제공 및 교육
   (b) 협의 및 전문가의 조언
   (c) 조정 및 알선
2. 유엔 교육과학문화기관은 문화재의 불법한 이동에 관한 문제에 대해 자발적으로 조사연구를 행하며 나아가 연구결과를 공표할 수 있다.
3. 유엔 교육과학문화기관은 권한이 있는 비정부기관의 협력을 요청할 수 있다.
4. 유엔 교육과학문화기관은 이 조약의 실시에 관해 체약국에 대해 자발적으로 제안을 할 수 있다.
5. 이 조약의 실시에 관해서 현재 분쟁 중인 적어도 2개의 체약국으로부터 요청이 있었을 경우에는, 유엔 교육과학문화기관은 해당 체약국 간의 분쟁을 해결하기 위해 중재를 행할 수 있다.

제18조

이 조약은 한결같이 정문인 영어, 프랑스어, 러시아어 및 스페인어로 작성한다.

제19조

1. 이 조약은 유엔 교육과학문화기관의 가맹국에 의해 각각 자국의 헌법상의 절차에 따라 비준되고 또는 수락되지 않으면 안 된다.
2. 비준서 또는 수락서는 유엔 교육과학문화기관 사무국장에게 기탁한다.

제20조

1. 이 조약은 유엔 교육과학문화기관의 비가맹국에서 동 기관의 집행위원회가 초청한 모든 나라에 의한 가입을 위해 개방해 둔다.
2. 가입은 유엔 교육과학문화기관 사무국장에게 가입서를 기탁하는 것으로 행한다.

제21조

이 조약은 3번째의 비준서, 수락서 또는 가입서가 기탁된 날의 3개월 후에 그 기탁일 이전에 비준, 수락서 또는 가입서를 기탁한 나라에 대해서만 효력을 발생한다. 이 조약은 기타의 나라에 대해서는 그 비준서, 수락서 또는 가입서를 기탁한 날의 3개월 후에 효력을 발생한다.

제22조

체약국은 자국의 본토 영역뿐만 아니라 자국이 국제관계에 대해서 책임을 지닌 모든 영역에 대해서도 이 조약을 적용하는 것을 인정한다. 체약국은 이들 영역에 대한 이 조약의 적용을 확보하기 위해 비준, 수락 또는 가입 시까지 이들 영역의 정부 또는 다른 권한이 있는 당국과 필요에 응해 협의하는 것을 약속하고 또한 이 조약을 적용하는 영역을 유엔 교육과학문화기관 사무국장에게 통고할 것을 약속한다. 이 통고는 그 수령한 날의 3개월 후에 효력을 발생한다.

제23조

1. 체약국은 자국에 대해 또는 자국이 국제관계에 대해 책임을 지닌 영역에 대해서 이 조약을 폐기할 수 있다.
2. 폐기는 유엔 교육과학문화기관 사무국장에게 기탁한 문서에 의해 통고한다.
3. 폐기는 폐기서를 수령한 날로부터 3개월 후에 효력을 발생한다.

제24조

유엔 교육과학문화기관 사무국장은 동 기관의 가맹국 및 제20조에 규정하는 동 기관의 비가맹국 및 유엔에 대해서 제19조 및 제20조에 규정한 모든 비준서, 수락서 및 가입서의 기탁과 아울러 전 2조에 각각 규정한 통고 및 폐기를 통보한다.

제25조

1. 이 조약은 유엔 교육과학문화기관의 총회에 있어서 개정할 수 있다. 그 개정은 개정조약의 당사국이 되는 나라만을 구속한다.
2. 총회가 이 조약의 전부 또는 일부를 개정한 조약을 새롭게 채택할 경우에는, 이 개정조약에 별도의 규정이 없는 한, 비준, 수락 또는 가입을 위한 이 조약의 개방은 그 개정조약이 효력을 발생한 날에 정지한다.

제26조

이 조약은 유엔 교육과학문화기관 사무국장의 요청에 의해 유엔헌장 제102조의 규정에 따라 유엔 사무국에 등록한다.

1970년 11월 17일에 파리에서, 총회 제16회 회기의 의장 및 유엔 교육과학문화기관 사무국장의 서명을 지닌 본서 2통을 작성했다. 이들 본서는 동 기관에 기탁하는 것으로 하며, 그 인증등본은 제19조 및 제20조에 규정한 모든 국가 및 유엔에 송부한다.

이상은 유엔 교육과학문화기관 총회가 파리에서 개최되어 1970년 11월 14일에 폐회를 선언한 그 제16회 회기에 있어서 정당하게 채택한 조약의 진정한 본문이다.

이상의 증거로서 우리들은 1970년 11월 17일에 서명했다.

* 외무성 고시 제384호 *

일본정부는 쇼와 45년(1970) 11월 14일에 파리에서 채택된 「문화재의 불법한 수입, 수출 및 소유권 이전을 금지하고 아울러 방지하는 수단에 관한 조약」의 수락서를 헤이세이 14년(2002) 9월 9일에 유엔 교육과학문화기관 사무국장에 기탁했다.

따라서 동 조약은 그 제21조의 규정에 따라 헤이세이 14년 12월 9일에 일본국에 대해 효력을 발생한다. 아울러, 동 조약의 체약국은 헤이세이 14년(2002) 8월 30일 현재 다음과 같다.

알제리 민주인민공화국, 앙골라공화국, 아르헨티나공화국, 아르메니아공화국, 오스트레일리아연방, 아제르바이젠공화국, 바하마국, 방글라데시인민공화국, 바르바도스, 베라루시공화국, 베리즈, 볼리비아공화국, 보스니아·헤르체고비나, 브라질연방공화국, 불가리아공화국, 브르키나·파소, 캄보디아왕국, 카메룬공화국, 캐나다, 중앙아프리카공화국, 중화인

민공화국, 컬럼비아공화국, 코스타리카공화국, 상아해안공화국, 크로아티아공화국, 쿠바공화국, 사이프러스공화국, 체코공화국, 콩고공화국, 도미니카공화국, 에콰도르공화국, 이집트·아랍공화국, 엘·살바도르공화국, 에스토니아공화국, 유고슬라비아 연방공화국, 핀란드공화국, 프랑스공화국, 그루지아, 그리스공화국, 그레나다, 과테말라공화국, 기니야협동공화국, 온두라스공화국, 헝가리공화국, 인도, 이란·이슬람공화국, 이라크공화국, 이탈리아공화국, 요르단·하세미트 왕국, 쿠웨이트국, 키르기스공화국, 레바논공화국, 사회주의인민 리비아·아랍국, 리투아니아공화국, 마다가스카르공화국, 마리공화국, 모리타니아·이슬람공화국, 모리샤스공화국, 멕시코 합중국, 몽골국, 네팔왕국, 니카라과공화국, 니제르공화국, 나이지리아연방공화국, 오만국, 파키스탄·이슬람공화국, 파나마공화국, 페루공화국, 폴란드공화국, 포르투갈공화국, 카타르국, 대한민국, 루마니아, 러시아연방, 르완다공화국, 사우디·아라비아왕국, 세네갈공화국, 슬로바키아공화국, 슬로베니아공화국, 스페인, 스리랑카 민주사회주의공화국, 시리아·아랍공화국, 타지키스탄공화국, 마케도니아 구 유고슬라비아공화국, 튀니지공화국, 터키공화국, 우크라이나, 탄자니아연합공화국, 아메리카 합중국, 우루과이동방공화국, 우즈베키스탄공화국, 잠비아공화국

헤이세이 14년(2002) 9월 10일

* 자료5 2010年 8月 10日
간 나오토(菅直人) 내각총리대신 담화

올해는 일한관계에 있어서 커다란 시점이 되는 해 입니다. 꼭 100년 전의 8월, 일한 병합조약이 체결되어 이후 36년에 이르는 식민지 지배가 시작되었습니다. 3·1독립운동 등의 격심한 저항에도 나타나 있는 것처럼, 정치적, 군사적 배경 하에 당시의 한국사람들은 그 의사에 반하여 행

해진 식민지 지배에 의해 나라와 문화를 빼앗겼고, 민족의 긍지를 크게 상처 입었습니다.

나는 역사에 대해서 성실하게 마주하고 싶다고 생각합니다. 역사 사실을 직시할 용기와 그것을 받아들이는 겸허함을 가지고 자신의 잘못을 반성하는 일에 솔직하고 싶다고 생각합니다. 고통을 준 쪽은 잊기 쉽고, 받은 쪽은 그것을 쉽게 잊을 수는 없는 것입니다. 이 식민지 지배가 초래한 다대한 손해와 고통에 대해서 여기에 다시 한번 통절한 반성과 마음으로부터의 사죄의 마음을 표명합니다.

이러한 인식 하에, 지금부터의 100년을 바라보며 미래지향의 한일관계를 구축해 나가겠습니다. 또한 지금까지 해왔던 소위 재(在)사할린 한국인 지원, 조선반도 출신자의 유골반환 지원 등과 같은 인도적인 협력을 앞으로도 성실하게 실시해 나가겠습니다. 나아가 일본이 통치하고 있던 기간에 조선총독부를 경유하여 가져온 <u>일본정부가 보관하고 있는 조선왕조의궤 등의 조선반도 유래의 귀중한 도서에 대해서 한국 사람들의 기대에 부응하여 조만간 이것들을 돌려주고 싶다고 생각합니다.</u>

일본과 한국은 2000년에 이르는 활발한 문화교류와 사람들의 왕래를 통해서 세계에 자랑할만한 훌륭한 문화와 전통을 깊이 공유해 왔습니다. 나아가 오늘날의 양국의 교류는 매우 중층적이면서도 또한 광범위, 다방면에 걸쳐 있어서 양국 국민이 서로에 대해 품는 친근감과 우정은 일찍이 없었을 정도로 강하게 되었습니다. 또한 양국의 경제관계나 인적 교류의 규모는 국교정상화 이래 비약적으로 확대되어 상호간에 절차탁마(切磋琢磨)하면서 그 결합은 매우 강고한 것이 되어 있습니다.

일한 양국은 지금 이 21세기에 있어서 민주주의와 자유, 시장경제라는 가치를 공유하는 가장 중요하고 긴밀한 이웃나라 사이가 되어 있습니다. 이는 두 나라 사이의 관계에 그치지 않고, 장래의 동아시아공동체 구축까지도 염두에 둔 이 지역의 평화와 안정, 세계경제의 성장과 발전, 그리고 핵군축이나 기후변동, 빈곤과 평화구축과 같은 지구 규모의 과제까지 폭넓게 지역과 세계의 평화와 번영을 위해 협력하며 리더십을 발휘하는 파트너의 관계입니다.

나는 이 커다란 역사의 시점에 일한 양국의 유대가 보다 깊이, 보다 견고한 것이 되기를 강하게 희구함과 아울러 양국 간의 미래를 열기 위해 부단한 노력을 아끼지 않겠다는 결의를 표명합니다.

2010年 11月 14日 조인, 2011年 6月 10日 발효

도서에 관한 일본국 정부와 대한민국 정부 간의 협정
(일한도서협정)

일본국 정부 및 대한민국 정부는 상호이해에 기초한 문화교류 및 문화협력이 양국 및 양국 민간의 우호관계 발전에 이바지 하기를 희망하여 다음과 같이 협정했다.

第1조　일본국 정부는 양국 및 양국 국민의 우호관계 발전에 기여하기 위한 특별 조치로서 조선반도에 유래하는 부속서에 기재한 도서를 양국 정부 간에 합의한 절차에 따라서 이 협정의 효력 발생 후 6개월 이내에 대한민국 정부에 대해 인도한다.

第2조　양국 정부는 전조에 규정한 조치에 따라 양국 간의 문화교류 및 문화협력이 한층 발전하도록 노력한다.

第3조　각 정부는 외교상의 경로를 통해서 이 협정의 효력 발생을 위해 필요하다고 생각되는 국내절차가 완료되었음을 서면으로 상대국 정부에 통지한다. 이 협정은 늦은 쪽의 통지가 수령된 날에 효력을 발생한다.

이상의 증거로서, 하기 대표는 각자의 정부로부터 정당하게 위임을

받아서 이 협정에 서명하였다.

2010년 11월 14일에 요코하마에서, 동등하게 정본인 일본어 및 한국어로 본서 2통을 작성하였다.

일본국 정부를 위하여 마에하라 세이지(前原誠司)

대한민국 정부를 위하여 김성환(金星煥)

日韓国交正常化と文化財返還問題

有光健(韓国朝鮮文化財返還問題連絡会議副代表・戦後補償ネットワーク世 話人代表・大阪経済法科大学アジア太平洋研究センター客員研究員)

はじめに

1965年 6月 22日に調印、12月18日発効の日韓基本条約と関連4協定、交換公文が交わされてから60年が経つ。その内容については、当時から日韓両国双方で厳しい批判があり、反対運動も激しかった。とりわけ請求権、領土をめぐる葛藤は現在まで続き、議論が交わされてきたが、近年文化財返還問題も急にクローズアップされ、現在の厳しい日韓関係を生み出した一因となっている。過去60年近く忘れられていた日韓の文化財返還問題がなぜ最近になって急浮上し、混迷しているのか、その経過と解決策について考察する。

2. 日韓会談と文化財返還問題
―「勧奨」という合意議事録の文言の欺瞞

1951年10月から1965年6月まで行われた日韓会談の中で、文化財返還問題は極めて重要なテーマであったにもかかわらず、当時もその後もあまり広くは

注目されていなかった。現在文化財返還の課題になっている小倉コレクション(現在・東京国立博物館所蔵)や利川・五重石塔(大倉集古館所蔵)なども、この会談中に目録に記載され、交渉が行われたが、返還が果たせなかったものである。(＊日韓会談での経過については高崎宗司・吉沢文寿・太田修・柳美那・李洋秀氏らの著書・論考に詳しい。)

　日本側が粘りに粘って、1965年の時点では最終的に1,432点に絞り込んで返還されたが、国宝・重要文化財に指定されたものは皆無で、民間所有の文化財も除外された。日本政府側は、現在もあくまで「返還」ではなく「引き渡し」との見解を貫いている。

　日韓会談で、韓国側が返還を要求した文化財は3,200点以上とされる(＊「朝鮮日報」紙などは「4,479点」と報じているが、現在までこの数字は検証されていないと思われる)。量的にも質的にもとても納得できるものはなく、当時文化財返還交渉を担当した韓国側代表委員で、後に国立中央博物館館長も務めた黄寿永東国大学教授が1973年に刊行した『日帝期文化財被害資料』(韓国美術史学会刊、考古美術資料第22集、ガリ版刷、限定200部発行)は、民族的義憤にかられて編纂された貴重な書だが、黄寿永氏はその中で「返還された文化財の質量はわれわれが日帝国期に受けた有形、無形の被害に照らしてみれば、あまりに少なすぎた」「ことに個人所蔵品に対しては、別途両国の間に覚書を交換したにもかかわらず、それをいまなお活用することができていない」(同書・まえがき)と述懐している。

　黄寿永氏が指摘した覚書とは、「日韓基本条約」、「日韓請求権協定」とともに調印された文化財に関わる協定(「日韓基本条約の関係諸協定、文化財及び文化協力に関する日本国と大韓民国との間の協定」)に付属する「合意議事録」(文化財及び文化協力に関する日本国と大韓民国との間の協定についての合意された議事録、資料①)のことだが、そこに記されていた「日本側代表は，日本国民がその所有するこれらの文化財を自発的に韓国側に寄贈することは日韓両国間の文化協力の増進に寄与することにもなるので，政府としてはこれを勧

奨する」という記述は、その後50年間一度も実行されたことがなかった。

　日本側の日韓会談関係議事録の解読・分析をしている李洋秀氏によれば、「勧奨」という聞きなれない言葉が最終的に合意議事録に挿入された経緯は、以下のようなものであった。(＊下線筆者)

　「(7)　私的文化財の引き渡しについての議事録

　韓国側代表は最後まで私有文化財の引き渡しをも強く主張し、私有文化財に対する韓国民の関心が強く、その引き渡しについて何らふれることなく調印することは代表としてきわめて困難な立場に置かれることを述べ、その後、(1965年6月)18日に韓国側の次の案が提示された。

　"文化財及び文化協力に関する日本国と大韓民国との間の協定についての合意された議事録(案)

　大韓民国政府代表及び日本国政府代表は、本日署名された文化財及び文化協力に関する日本国と大韓民国との間の協定に関して次の了解に到達した。

　日本国政府は、日本国国民の私有の下にある韓国文化財が大韓民国側に寄贈されるように積極的な指導を行い、特に次の文化財が優先的に包まれるようにする。"

　これについてヒルトン・ホテルで討議を行ったが、韓国案は、私有文化財の韓国への寄贈について日本政府の積極的な指導を強く要望している点が日本側で納得できず、18日夜にそれを修正した次の日本案が提示された。

　"文化財及び文化協力に関する日本国と大韓民国との間の協定についての合意された議事録(案)

　大韓民国側代表は、日本国国民の私有の韓国に由来する文化財が大韓民国側に寄贈される(ように日本政府ができる限りあっせんを行なう)ことを希望する旨述べた。

　日本側代表は、これらの日本国民がその所有する文化財を自発的に韓国側に寄贈することは日韓両国間の文化胸肋の増進に寄与するもの(として歓迎すべ

きこと)であるので、政府としてはこれを勧奨するものであると述べた。

(注)( )内は6月19日文化財保護委員会側の意見により削除 ”

この案をめぐる韓国側との折衝について松永条約課長は次のとおり述べている。(「日韓交渉の回顧─条約課の立場から」)

〈 文化財協定の合意議事録で、私有文化財を韓国に寄贈することは 『政府としてこれを勧奨するものである』ということになったが、この『勧奨』の語は今までの条約・協定に使われた例ではない。その時の交渉いきさつは、6月18日夜ヒルトンホテルで、韓国側の代表の方熙公使と金正泰参事官のいるところで、私はこういう説明をした。 『私有財産権は、戦時体制下にある韓国では日本の場合より制約があるにしても、日本の憲法の下においては、私有財産に対する権利は強く保護されており、侵害されない。私有財産は自然保護的に発生している権利であるという概念がもともとその基礎にはあるためだが、それを日本政府がどうこう措置をとることは憲法上できない。そのことを韓国側は認識しているか』といったら、『それはよく知っている』といった。『だから、ここでいっている 「勧奨するものである」ということは、日本政府として 「結構なことです」という立場をとるだけであって、何らこれによって措置をとることはないし、またできもしない』と説明した。韓国側は『それで結構なのです。韓国側も「韓国側に寄贈されることになることを希望する」といっているので、それを是非しもらわなくてはいけないと要求しているわけではない。日本側の説明は、法律的には、そのとおりだと思うし、ここは単に韓国側がそういう希望を表明し、日本側も 「そういうことになれば、それは結構なことです」ということでいい』 といって、こういう文になった。 〉

19日、針谷文化事業部長は宮地文化財保護委員会事務局長に電話をもって交渉した。その際、宮路代表は、「勧奨」の字句を入れたことに反対したが、これについて針谷部長はこれは外交辞令であり、 「結構である」という意味であること、また 「個人が自発的に行うということではない」と説明し、若干の修正意見が付加されて了解を得た。宮地局長は20日に河原文化財保護委員会委員

長に対し針谷部長からの上記申入れを説明したところ、河原委員長は 「勧奨する」という軸に拘泥しつつも、「この議事録をつけなければまとまらないというのであればやむを得ないだろう」と述べた。」

(＊ 外務省公開日本側文書番号1316 『日韓国交正常化交渉の記録総説十三』 Ⅷ 条文作成交渉と日韓条約諸協定の調印 5．文化財関係(7)私有文化財の引き渡しについての議事録13-618〜624)

　日本政府側の本音が明らかである。「勧奨する」とは 「勧め、奨励する」ことだが、日本政府側にはまったくやる気がなく、韓国側もそれを承知で妥結したという経過が書き留められている。これでは、民間の文化財返還も進むはずがなかったわけである。

　日本側の歴史学者も、1965年日韓文化財協定調印直後に、この程度ではとても問題解決にならないことを指摘し、つよく批判した。旗田巍、西川宏、西山武彦氏らによって1990年代初頭まで批判と本格的な返還を求める提起は続くが、それらの声は日本社会の中ではあまり広がらず、また具体的な動きには結びつかなかった。

3. 1965年以降の動き—活潑な韓国側市民運動が返還促す

　1991年に朝鮮王朝最後の皇太子妃・李方子女史逝去後、遺言によって、礼服などが返還され、そのための特別協定が締結される(→資料②)。2006年には東京大学がソウル大学に 「朝鮮王朝実録」47冊を「寄贈」という形で返還している(→資料③)。民間では、1996年には大倉集古館が、景福宮から移築し、関東大震災で焼失した 「資善堂」の遺構礎石を返還。2005年には、靖国

神社が「北関大捷碑」を韓国経由で北朝鮮に返還している。

2006年に東京大学に「朝鮮王朝実録」の返還を求めた韓国の還収委員会が、次に「朝鮮王室儀軌」の返還運動に発展するあたりから、韓国側の文化財返還運動は広がりを見せる。韓国国会は2006年と2010年に二度、「朝鮮王室儀軌」返還を求める国会決議を採択し、日本政府や衆参議長に伝達するとともに、与野党議員も頻繁に来日して原本を宮内庁書陵部で確認するなどの働きかけを行ってきた。民団も2008年に衆参議長に要望書を提出している。そして、併合100年を機に、2010年8月に菅首相談話が発表され、「朝鮮王室儀軌」などの図書1,205点の返還を約束。同年11月に「日韓図書協定」が調印され、翌2011年12月にようやく図書の返還が実現した。

京畿道・利川市は、2010年には市の人口の半分を超える10万人もの署名を持参・提出して、大倉集古館に五重石塔の返還を求め続けている。

これに比べて、日本側の取り組みは、久しく停滞していた印象を受ける。大倉集古館の利川五重石塔も、日韓会談時の返還要求リストに入っていた(1954年8月15日付韓国政府「対日賠償要求調書」現物返還要求調書(四)被掠美術品骨董品目録(五)番号1963)。しかし、その後、利川市出身の金昌鎮氏が2005年に再提起するまで、石塔は40年以上同じ場所にあったのに、なかば忘れられていた存在になっていた。日本側の歴史学者らは、文化財返還問題を課題としては認識していながら、具体的な調査を進めたり、返還促進に動いた例はあまり見られなかった。

李亀烈著『失われた朝鮮文化財—日本侵略下の韓国文化財秘話』(新泉社、1993年、新装版2006年)の訳者である在日のジャーナリスト南永昌氏が取材・調査した報告(「朝鮮時報」1995.1.23.～1996.1.22.に23回連載「朝鮮文化財なぜ日本に」)や2009年と2010年高麗博物館(新宿)で行われた企画展「失われた朝鮮文化遺産—植民地下での文化財の略奪・流出、そして返還・公開へ」などは貴重な成果であるが、とりわけ日本側研究者の取り組みが積極的に行わ

れていなかったことは批判を免れない。

　日本の大学や研究機関に所属する研究者らは、この間、併合条約や日韓
会談会議録を調査したり、批判する作業には熱心だったが、足元の自らの大学
や研究機関が所蔵する韓国・朝鮮文化財の調査や検証、公開・返還への努力
を怠ってきたように見える。対象となる文化財は、日本国内に、とりわけ大学や
国立博物館などに、いまも数多く存在する。日本政府を批判するのと同じ鋭さ
で、自らの職場や籍を置く学術・文化機関の過去を検証し、それと向き合ってき
たのか？その結果、1965年の日韓条約・文化財協定からもすでに50年がたつ
が、文化財返還につながる成果といえるものが乏しい。日本側の取り組みの不
十分さを認め、率直かつ深刻に反省しなければならない。

　そうした反省に立って、遅まきながら、2010年6月に有意の研究者や市民で
「韓国・朝鮮文化財返還問題連絡会議」(代表＝荒井信一茨城大学名誉教授)を
結成し、同年11月には東京で日韓共同シンポジウムを開催するなどの活動、調
査・研究、韓国側の関係者や団体との交流を重ねてきている。

4. 黄壽永著,『日帝期文化財被害資料』の再評價 —日韓で復刻・出版へ

　こうした経過の中で、私たちが一番着目したのが、1965年日韓文化財・文
化協定にいたる日韓会談で文化財をめぐる交渉を中心的に担当された上記の黄
寿永氏が書き遺された『日帝期文化財被害資料』だった。当初ガリ版刷りで2
00部しか配布されていなかった同書を再度広く読める形で世に送り出し、その追
跡調査を行うことから、文化財被害の実態を再調査・検証することとし、同書の
日本語訳と韓国語テキストの整理、引用文献や資料の調査・再収集を行ってき
た。今年、7月に韓国で同書が国外所在文化財財団の助成で出版され(『日帝

期文化財被害資料』黄寿永編、李洋秀·李素玲増補、姜熺静·李基星解題、国外所在文化財財団発行、(株)社会評論アカデミー刊、定価30,000ウォン)、ついで日本でも出版される予定である。同書に記されている文化財が今どこに、どういう状態であり、それらがなぜ日韓会談の際に一旦目録に載りながら、韓国に返還されなかったのか？などを、日韓で共同して研究し、明らかにしていくことが次の課題である。ぜひ多くの方に同書を読み、一緒に作業に加わっていただけるよう呼びかけたい。同書についてのシンポジウムなども計画したい。

5. 文化財返還問題の新らたな困難
―對馬佛像盗難事件で反發強まり、調査にも支障

　韓国側市民運動の活発な働きかけによって、2010年頃から文化財返還問題が外交上の課題として上してくるに伴い、日本側の反発も広まり、激化してきた。「慰安婦」問題や教科書問題で韓国や中国への嫌悪感情をあおってきた日本の右派は、領土問題とも関連付けて、「朝鮮王室儀軌」の返還に反対し、現在政権与党の自由民主党も2011年の日韓図書協定の批准に衆参両院で反対した。

　また、2012年に対馬で起きた2体の仏像盗難事件の犯人が韓国人で、窃盗が認定されているにもかかわらず、長期にわたって盗難仏像が日本に戻ってこないことから(内1体は、今年7月に返還済み)、さらに韓国に対する反発が高まり、嫌韓感情は一時日本社会全体に蔓延した。

　こうした中で、韓国との文化財返還問題に言及したり、調査を行うことが極めて難しくなってしまっている。韓国側団体などがゲリラ的に押しかけてきて、騒ぎを起こされることに警戒も強めていて、文化財を非公開とするなどの対抗策を講じ、対話や交渉が拒否されるケースが続出している。情報提供や調査活動への協力も得にくくなってきている。早急な返還を求める韓国世論との落差は広

第二十二条

締約国は、自国の本土領域のみでなく、自国が国際関係について責任を有するすべての領域についてもこの条約を適用することを認める。締約国は、これらの領域についてのこの条約の適用を確保するため、批准、受諾又は加入の時までにこれらの領域の政府又は他の権限のある当局と必要に応じて協議することを約束し、また、この条約を適用する領域を国際連合教育科学文化機関事務局長に通告することを約束する。この通告は、その受領の日の後三箇月で効力を生ずる。

第二十三条

1. 締約国は、自国について又は自国が国際関係について責任を有する領域について、この条約を廃棄することができる。
2. 廃棄は、国際連合教育科学文化機関事務局長に寄託する文書により通告する。
3. 廃棄は、廃棄書の受領の後十二箇月で効力を生ずる。

第二十四条

国際連合教育科学文化機関事務局長は、同機関の加盟国及び第二十条に規定する同機関の非加盟国並びに国際連合に対し、第十九条及び第二十条に規定するすべての批准書、受諾書及び加入書の寄託並びに前二条にそれぞれ規定する通告及び廃棄を通報する。

第二十五条

1. この条約は、国際連合教育科学文化機関の総会において改正することができる。その改正は、改正条約の当事国となる国のみを拘束する。
2. 総会がこの条約の全部又は一部を改正する条約を新たに採択する場合には、その改正条約に別段の規定がない限り、批准、受諾又は加入のためのこの条約の開放は、その改正条約が効力を生ずる日に終止する。

第二十六条

この条約は、国際連合教育科学文化機関事務局長の要請により、国際連合憲章第百二条の規定に従って、国際連合事務局に登録する。

千九百七十年十一月十七日にパリで、総会の第十六回会期の議長及び国際連合教

育科学文化機関事務局長の署名を有する本書二通を作成した。これらの本書は、同機関に寄託するものとし、その認証謄本は、第十九条及び第二十条に規定するすべての国並びに国際連合に送付する。

以上は、国際連合教育科学文化機関の総会が、パリで開催されて千九百七十年十一月十四日に閉会を宣言されたその第十六回会期において、正当に採択した条約の真正な本文である。
以上の証拠として、我々は、千九百七十年十一月十七日に署名した。

* 外務省告示第三百八十四号 *

日本国政府は、昭和四十五年十一月十四日にパリで採択された　「文化財の不法な輸入、輸出及び所有権移転を禁止し及び防止する手段に関する条約」の受諾書を平成十四年九月九日に国際連合教育科学文化機関事務局長に寄託した。
よって、同条約は、その第二十一条の規定に従い、平成十四年十二月九日に日本国について効力を生ずる。
なお、同条約の締約国は、平成十四年八月三十日現在、次のとおりである。
アルジェリア民主人民共和国、アンゴラ共和国、アルゼンティン共和国、アルメニア共和国、オーストラリア連邦、アゼルバイジャン共和国、バハマ国、バングラデシュ人民共和国、バルバドス、ベラルーシ共和国、ベリーズ、ボリヴィア共和国、ボスニア・ヘルツェゴヴィナ、ブラジル連邦共和国、ブルガリア共和国、ブルキナ・ファソ、カンボディア王国、カメルーン共和国、カナダ、中央アフリカ共和国、中華人民共和国、コロンビア共和国、コスタ・リカ共和国、象牙海岸共和国、クロアチア共和国、キューバ共和国、サイプラス共和国、チェッコ共和国、コンゴー共和国、ドミニカ共和国、エクアドル共和国、エジプト・アラブ共和国、エル・サルヴァドル共和国、エストニア共和国、ユーゴースラヴィア連邦共和国、フィンランド共和国、フランス共和国、グルジア、ギリシャ共和国、グレナダ、グァテマラ共和国、ギニア協同共和国、ホンデュラス共和国、ハンガリー共和国、インド、イラン・イスラム共和国、イラク共和国、イタリア共和国、ジョルダン・ハシェミット王国、クウェイト国、キルギス共和国、レバノン共和国、社会主義人民リビア・アラブ国、リトアニア共和国、マダガスカル共和国、マリ共和国、モーリタニア・イスラム共和国、モーリシャス共和国、メキシコ合衆国、モンゴル国、ネパール王国、ニカラグァ共和国、ニジェール共和国、ナイジェリ

ア連邦共和国、オマーン国、パキスタン・イスラム共和国、パナマ共和国、ペルー共和国、ポーランド共和国、ポルトガル共和国、カタル国、大韓民国、ルーマニア、ロシア連邦、ルワンダ共和国、サウディ・アラビア王国、セネガル共和国、スロヴァキア共和国、スロヴェニア共和国、スペイン、スリ・ランカ民主社会主義共和国、シリア・アラブ共和国、タジキスタン共和国、マケドニア旧ユーゴースラヴィア共和国、テュニジア共和国、トルコ共和国、ウクライナ、タンザニア連合共和国、アメリカ合衆国、ウルグァイ東方共和国、ウズベキスタン共和国、ザンビア共和国
平成十四年九月十日

* 資料5 2010年8月10日
菅直人内閣総理大臣談話

本年は、日韓関係にとって大きな節目の年です。ちょうど百年前の八月、日韓併合条約が締結され、以後三十六年に及ぶ植民地支配が始まりました。三・一独立運動などの激しい抵抗にも示されたとおり、政治的・軍事的背景の下、当時の韓国の人々は、その意に反して行われた植民地支配によって、国と文化を奪われ、民族の誇りを深く傷付けられました。

私は、歴史に対して誠実に向き合いたいと思います。歴史の事実を直視する勇気とそれを受け止める謙虚さを持ち、自らの過ちを省みることに率直でありたいと思います。痛みを与えた側は忘れやすく、与えられた側はそれを容易に忘れることは出来ないものです。この植民地支配がもたらした多大の損害と苦痛に対し、ここに改めて痛切な反省と心からのお詫びの気持ちを表明いたします。

このような認識の下、これからの百年を見据え、未来志向の日韓関係を構築していきます。また、これまで行ってきたいわゆる在サハリン韓国人支援、朝鮮半島出身者の遺骨返還支援といった人道的な協力を今後とも誠実に実施していきます。さらに、日本が統治していた期間に朝鮮総督府を経由してもたらされ、日本政府が保管している朝鮮王朝儀軌等の朝鮮半島由来の貴重な図書について、韓国の人々の期待に応えて近くこれらをお渡ししたいと思います。

日本と韓国は、二千年来の活発な文化の交流や人の往来を通じ、世界に誇る素晴らしい文化と伝統を深く共有しています。さらに、今日の両国の交流は極めて重層的かつ広範多岐にわたり、両国の国民が互いに抱く親近感と友情はかつてないほど強くなっております。また、両国の経済関係や人的交流の規模は国交正常化以来飛躍的に拡大

し、互いに切磋琢磨しながら、その結び付きは極めて強固なものとなっています。

日韓両国は、今この二十一世紀において、民主主義や自由、市場経済といった価値を共有する最も重要で緊密な隣国同士となっています。それは、二国間関係にとどまらず、将来の東アジア共同体の構築をも念頭に置いたこの地域の平和と安定、世界経済の成長と発展、そして、核軍縮や気候変動、貧困や平和構築といった地球規模の課題まで、幅広く地域と世界の平和と繁栄のために協力してリーダーシップを発揮するパートナーの関係です。

私は、この大きな歴史の節目に、日韓両国の絆がより深く、より固いものとなることを強く希求するとともに、両国間の未来をひらくために不断の努力を惜しまない決意を表明いたします。

2010年11月14日調印、2011年6月10日発効

図書に関する日本国政府と大韓民国政府との聞の協定(日韓図書協定)

日本国政府及び大韓民国政府は、相互理解に基づく文化交流及び文化協力が、両国及び両国民間の友好関係の発展に資することを希望して、次のとおり協定した。

第一条

日本国政府は、両国及び両国民間の友好関係の発展に資するための特別の措置として、朝鮮半島に由来する附属書に掲げる図書を、両国政府間で合意する手続に従ってこの協定の効力発生後六箇月以内に大韓民国政府に対して引き渡す。

第二条

両国政府は、前条に規定する措置により両国間の文化交流及び文化協力が一層発展するよう努める。

第三条

各政府は、外交上の経路を通じて、この協定の効力発生のために必要とされる国内手続が完了したことを書面により相手国政府に通告する。この協定は、遅い方の通告が受領された日に効力を生ずる。

以上の証拠として、下名は、各自の政府から正当に委任を受けてこの協定に署名した。
二千十年十一月十四日に横浜で、ひとしく正文である日本語及び韓国語により本書
二通を作成した。
日本国政府のために前原誠司大韓民国政府のために金星煥

「日韓國交正常化と文化財返還問題」의 토론문

류 미 나(국민대학교)

　　본 발표는 한일회담의 문화재반환 교섭 내용 중 중요한 내용들을 정리해 소개하고 현재 한일관계에서 문화재반환에 대한 상황을 정리한 것이었다. 2005년과 2008년 한국과 일본에서 외교문서가 공개된 후, 이에 관한 전문적 논의가 조금씩 이뤄지고 있는 가운데 본 발표는 그에 관한 상황을 발표한 내용이라고 생각한다.

　　토론자 역시 이에 관한 연구를 진행하고 있는 연구자 중 한 사람으로 몇 가지 사실 확인과 더불어 앞으로의 문화재반환 문제에 대한 발표자의 의견을 듣고자 한다.

　1. 발표자는 '합의의사록'에 대해 중요한 내용을 설명했다. 그것은 '합의의사록'의 이행이 매우 미진하고, 이에 대한 성과도 매우 미비하다는 것이다. 1965년 한일협정 체결 이후, 2015년 4월까지 한일양국의 정부가 교섭해 협정까지 체결해서 일본의 문화재가 돌아온 것은 1991년 '(고 이방자 여사)로부터 유래하는 복식 등의 양도에 관한 대한민국 정부와 일본국 정부 간의 협정'과 2010년 '도서반환협정'이 전부이다. 나머지는 민간 주도에 의한 협정이 전부이다. 야스쿠니신사에 소장됐던 '북관대첩비' 역시 양국 정부 간 협

정은 없었다. 이러한 상황은 한국정부가 일본을 향해 '합의의사록' 이행을 촉구할 수 있는 충분한 근거가 될 것이다. 다만, 발표자가 설명했듯이 '합의의사록' 작성 당시, 일본은 이 '합의의사록'을 단순한 형식으로만 인식하고 있었고, 김정태 참사관 역시 이를 용인한다는 문서가 존재한다. 일본은 이를 통해 '합의의사록'은 단순한 외교적 수사에 불과했음을 주장하고 있는 것이다. 그러나 이것은 일본 내 문서일 뿐, 한국 내 외교문서에는 이에 관한 내용을 찾을 수 없다. 더욱이 1966년 4월, 이동원 외교부장관은 김동조 주일대사를 통해 '합의의사록' 이행에 관한 일본 내 활동 상황을 조사시켰다. 만약 한국 측이 '합의의사록'이 단순한 외교적 문안이었음을 인식하고 있었다면, 이러한 조사 행위는 어떻게 설명할 수 있을까. 더욱이 한일회담 문화재반환 교섭의 담당자였던 1973년에 간행된 황수영 교수의 저서에는 한일양국이 각서('합의의사록')를 교환했는데도 일본이 이를 이행하지 않고 있음을 비판하고 있다. 이러한 상황을 생각할 때, '합의의사록'에 대한 이해에 대해 고민할 필요가 있을 것이다.

2. 한일회담 당시, 문화재반환 교섭에 대한 일본사회의 인식은 어떠했는지에 대한 설명을 듣고 싶다. 더불어 현재 한국문화재에 대한 일본사회의 인식은 전반적으로 어떠한지 소개해주길 바란다.

한일회담 당시 일본정부는 한반도 출토 문화재반환에 대해 일본사회의 이해나 동의를 구한 바 없다. '국교정상화'란 목표와 '나포된 일본인 어부의 석방'이란 외교적 목표 아래 1958년 106점의 문화재를 한국에 비밀리에 반환했고, 그 후에도 이러한 외교적 입장은 크게 변하지 않았다. 이러한 일본정부의 행위는 일본사회로 하여금 왜 한반도 출토 문화재가 일본에 소장되어 있는지에 대해서도, 이것이 식민지 지배에 의해 발생한 것이라는 것도 생각하게 하지 않았다. 지금도 이러한 사정은 크게 변하지 않았다고 생각된다. 그러나 결국 문화재반환 문제는 식민지 지배와의 문제와 결코 떨어질 수 없는 사안이다. 이 점에 대해 일본사회가 아무런 인식이 없다면, 앞으로의 문화재반환 문제 역시 그리 용이하지 않다고 생각된다. 이 점에 대해 발표자의 의견을 듣고자 한다.

3. 한일회담 당시에도 지금도 일본정부가 한반도 유출 문화재를 반환하지 않는 이유 중 하나는 이러한 사례를 만듦으로써 한국이 아닌, 제3국과의 문화재반환 문제가 등장하지 않을까 하는 우려 때문이라고 생각된다. 실제 2014년 일본 외무성 북동아시아과 과장인 오노 게이치는 한국에 문화재반환을 함으로써 전례가 될 것을 우려한다는 의견을 내 놓고 있다. 그 중 가장 문제가 될 수 있는 것이 일본 소재 중국문화재의 문제이다. 문화재반환 문제가 한일 간의 문제만이 될 수 없음을 시사하는 사례이다.

발표자는 한반도 출토 문화재만이 아니라 일본에 소장된 해외 문화재 문제에 대한 상황에 대해 아는 범위에서 설명해주길 바라며 이에 관한 해결에 대한 제안이 있다면 언급해 주길 바란다.

4. 발표자는 일본 내 한국문화재 정보 공개를 위해 노력에 대해 제언했지만, 실제 민간인이 소장한 한반도 유출 문화재를 공개시키기 위해서는 세금 문제 등이 해결되어야 할 것이다. 문화재 소장으로 인한 과세로 인해 문화재를 은닉하는 경우가 적지 않다고 생각한다. 이러한 일본 국내법을 개선하기 위한 노력이 필요할 것이다. 과연 일본정부가 이러한 법 개정을 하면서까지 문화재반환에 노력할 수 있을지 의문이다. 이에 대한 발표자의 의견을 듣고자 한다.

재일코리안의 법적 지위의 변천과 문제점

임 범 부(변호사)

Ⅰ. 해방 후 재일코리안에 대한 대우

해방 후, 원칙대로라면 재일코리안은 해방 민족으로서의 대우를 받아야 했다. 일본의 식민지 정책은 초기에 토지조사 사업 등과 같은 경제적 수탈부터 시작해, 재일코리안은 알선·강제연행·징용 등으로 인해 부득이 일본으로 이주, 힘든 생활을 보내야 했다. 그렇다면 패전국 일본은 자국의 식민지 정책에 대해, 피해자인 재일코리안에 대한 보상을 힘써야 했다. 예를 들면 「귀국」 혹은 「재류」를 위한 법적·재정적 지원을 당연히 해야만 했다. 또는 귀국선의 준비나 귀국 비용의 지급, 귀국까지의 생활 보조, 확고한 재류 자격의 부여, 재일코리안에 대한 차별·멸시의 개선, 일본인의 사회보장 이상의 특별한 공적 부조, 민족성의 회복·유지를 위한 민족교육에 대한 원조 등이 있을 것이다.

Ⅱ. 일본정부가 취한 입장

일본정부는 재일코리안을 때로는 일본인으로, 때로는 외국인으로 규정함으로써, 피해 회복을 위한 조치를 강구하지 않았다(단, 귀국선은 일부 실현했음). 일본정부는 「국적의 최종 결정은 평화회담 및 그에 종속하는 일본과 조선 간의 조약에 관련된다」라고 하는 입장을 취했다. 얼핏 보면 조국의 의향을 존중하는 것처럼 보이나, 지금까지는 재일코리안을 「일본 국적을 가지는 자」로 규정함으로써, 일본정부는 해방 민족으로서의 처우를 하지 않았던 것이다. 그리고 한편으로 일본정부는 호적법의 적용을 받지 않는 자, 즉 일본 국내에 있으면서도 일본인과는 다르고, 호적법이 아닌 조선 호적령을 적용해 온 재일코리안의 선거권은 정지된 것으로 간주했다. 또 일본 헌법 시행의 전일에 행해진 외국인 등록령에 재일코리안이 「외국인」으로 규정됨에 따라, 일본 국적이라면 누릴 수 있는 처우조차도 재일코리안은 받지 못했던 것이다. 자세한 내용은 아래와 같다.

Ⅲ. 재류 자격

1. 샌프란시스코 강화조약 이후

해방 후 재일코리안은 변함없이 일본 국적으로 인정되었기 때문에, 일단 재류 자격은 문제가 되지 않았다. 그러나 1952년 4월 28일, 샌프란시스코 강화조약(이하, 강화조약)의 발효에 따라, 재일코리안은 일본정부로부터 일방적으로 일본 국적을 박탈당했다. 그리고 이른바 법률 제126호(포츠담 선언의 수락에 동반하여 발동하는 명령에 관한 건에 입각해

외무성 관계 모든 명령의 조치에 관한 법률)에 의해, 재류 자격 없이 재류가 인정되었다.

법률 제126호는 강화조약에 의해 일본 국적을 이탈한 자로, 전쟁 전 (1945년 9월 2일 이전)부터 일본에 거주해 계속 일본에 재류하는 자와, 자녀는 1952년 4월 28일까지 태어난 자에 대해서 재류 자격 없이 재류를 인정했다. 그러나 재류 자격 없이 재류를 인정하는 것은, 「별도로 법률로 정하는 것에 의해 재류 자격 재류 기간이 결정되기까지의 기간」을 인정한 것에 불과한 것이었기 때문에, 언제 어떻게 될지 알 수 없는 불안정한 것이었다.

그리고, 법률 제126호에 해당하지 않는 자, 예를 들면 법률 제126호 해당자의 자녀로 1952년 4월 29일 이후에 태어난 자에 대해서는 「특정 재류자」라고 하는 재류 자격이 주어졌다. 또 특정 재류자의 자녀, 즉 법률 제126호 해당자의 손자나 손녀에게는 「특별 재류자」라고 하는 재류 자격이 주어졌다. 이처럼 강화조약 이후에 주어진 재류 자격은 세분화되었고, 재류 기간은 3개월에서 3년이라는 짧은 기간으로, 갱신의 허가가 필요했다. 그리고 재류 기간 갱신을 허가할지 말지는 법무대신의 자유재량에 맡겨졌고, 퇴거강제 사유는 다른 외국인 일반과 동일하게 적용되었던 것이다.

앞서 기술했듯이, 재일코리안의 일본 이주는 좋아서 한 것이 아니다. 일본정부의 식민지 정책에 의한, 어쩔 수 없었던 것이다. 이른바 강제연행이나 징용·징병 등의 법적 강제가 아니더라도, 일본의 식민지였던 조국에서는 도저히 생계를 유지할 없게 된 탓에 부득이 일본에 일자리를 찾아 왔던 것이었다. 소위 경제난민으로서 일본에 온 자도 많았지만, 결국 그 원인은 일본정부에 있었다. 그렇다면 일본정부는 해방 후의 재일코리안에 대해 확고한 재류 자격, 즉 영주권을 부여했어야 했다. 귀국할지 말지는 재일코리안이 결정하는 것이며 귀국하지 않는 자에게는 재류를 위해 가장 안전한 법적 자격(영주권)을 부여했어야 했던 것이다. 그리고 사회의 법률을 혼란스럽게 하는 자에 대한 제재는 일본인에 대한 것과 똑같은 형벌 등으로 처리하면 될 것이었다. 이미 생활의 근거지를 일본에 두고 있는 재일코리안을 무리해서 생활 기반이 없는 조국에 보내는 퇴거강제의 제도는, 틀림없이 재일코리안의 생존을 위협하는 것이며, 결코 피해 회복을 받아야 할 입장에 있는 재일코리안에 시행되어선 안 되는 것이었다. 더욱이 재입국 허가도 1개월 또는 3개월 밖에 인정하지 않는 매우 제한된 것이었다.

2. 한일 법적지위 협정 이후

그 후 일본정부는 대한민국(이하, 한국) 하고만 국교를 회복해 1965년에 소위 한일 법적지위 협정을 체결한다. 이것에 의해 한국 국적이며(즉 외국인등록 상의 국적에 '한국' 이라고 표시된), 그 외 조건이 충족되는 자에 대해서는 「협정 영주권」이 주어져 영주가 인정되었다. 퇴거강제 사유도 내란이나 외교·마약에 관한 죄 외에 무기 및 7년을 넘는 징역 또는 금고형에 처해진 경우와 같은 네 가지로 제한되었다. 이리하여 한국 국적의 재일코리안의 재류 자격은 현격히 안정되었다. 하지만 다른 한편으로는 외국인등록 상의 기재가 한국인가 조선인가에 의해 같은 역사적 배경을 갖는 재일코리안 임에도 불구하고 재류 자격에 격차가 생겨나게 되었다. 이 때 법무성의 통일된 견해는 외국인등록 상의 국적에 「조선」이라는 표시는 「일찍이 일본의 영토였던 조선반도에서 온 조선인을 뜻하는 용어로, 무슨 국적을 의미하는 것은 아니었다」라고 하는 것이었다. 「재일조선인은, 원래 조선 호적에 속하고 일본 국내에 거주한 채 일본 국적을 상실한 외국인이 되어 버린, 특수한 사정으로 인해 여권 또는 이를 대신하는 국적 증명서를 소지하지 있지 않음으로 편의상의 조치로

「조선」이라는 명칭을 국적으로 기재했다」라는 것인데(법무성 「외국인등록 상의 국적란의 「한국」 또는 「조선」의 기재에 대해서, 1965년 10월 26일), 매우 어려운 설명이라는 것은 누구라도 알 수 있다. 당시 냉전구조의 국제 상황 아래서 재일코리안의 법적지위에는 조국의 분단 상황이 반영되는 결과가 초래되었던 것이다.

3. 출입국관리 및 난민인정법 이후

1982년 난민조약 발표에 따라, 이제까지의 출입국관리법이 출입국관리 및 난민인정법으로 개정되고, 이 때 협정 영주권이 없는 재일코리안에 대해서 「특례 영주권」가 주어지게 되었다. 이것에 의해, 법률 제126호 해당자, 특정 재류자, 특별 재류자 등이 영주권을 취득했지만 협정 영주권과는 달리 퇴거강제 사유는 변화가 없었다.

4. 입관특별법 이후

한일 법적지위 협정에 의해서도 협정 영주권을 취득할 수 없는 재일코리안이 나타난 시기로, 1991년 한일각서(한일 법적지위 협정에 입각한 협의 결과에 관한 각서)에 입각해서 입관특례법이 제정되었다. 이 법률에 의해 재일코리안의 재류 자격은 「특별 영주권」으로 통일되고, 전체적으로 일단은 안정된 재류 자격이 부여되었다. 그러나 퇴거강제 사유는 앞서 서술한 네 가지 항목이 그대로 적용되어, 퇴거강제 시에는 생활의 본거지를 상실, 생존이 위협받는 점에 있어서는 변함없었다. 또 재입국 허가는 원칙적으로 4년으로, 연장 1년에 의한 최장 5년이 인정되었지만, 지문날인 거부자가 재입국 허가를 못 받은 사건은 아직도 기억에 생생하며, 국제화로 해외 근무·유학이 활발한 추세에 5년에 한 번은 일본에 돌아와야 한다. 이와 같은 점은 역시 해외도항의 자유가 불합리적으로 제한되고 있음을 의미한다고 할 수 있다.

Ⅳ. 부당히 지워진 의무

재류 자격은 우리들이 일본에 거주하는 데 있어 근본이 되는 법적지위이기 때문에, 여기에 드러난 문제는 일본정부의 재일코리안에 대한 태도를 단적으로 보여주는 것이라고 해도 좋을 것이다. 즉 일본정부의 태도란, 당초 일본 국적이므로 해방 민족으로서의 처우(특전)을 인정하지 않고, 후에는 외국인이니까 일본인과 같은 권리를 인정할 수 없다고 한 것이다. 하지만 일본정부도 국제인권의 흐름이나 국내의 인권의식의 성장을 무시할 수 없었으므로, 다소 개선한 점도 있었다. 그러나 아직 미해결의 중대한 문제점이 셀 수도 없이 남아 있다.

외국인등록에 대해서는 일본 헌법의 시행 전일부터 재일코리안에게 적용되었다. 문제점으로 지적되는 것은 등록원표 및 등록증명서에 대한 지문날인의 의무, 등록증명서의 상시 휴대의 의무, 마찬가지로 등록 증명서 제시의 의무, 그리고 이를 위반했을 때 형사죄로 처벌받는 것이다. 지문날인은 외국인(시행된 1947년에는 90% 이상이 재일코리안)을 범죄자 취급하는 것이므로 이를 사생활이나 명예(품위)의 이유로 반대해 왔다. 1987년에 지문날인은 한 번으로 한정되었고, 1993년에는 영주자에 대해 폐지, 이어 1999년에는 모든 외국인에 대해서 폐지되었다. 그러나 2007년 특별영주권자를 제외한 모든 외국인에 대해 입국 시는 지문날인을 재차 의무로 규정함으로써, 현저한 퇴보의 양상을 보이고 있다. 등록증명서의 상시 휴대의무는 2012년 외국인 등록법의 폐지와 특별영주자증명서의 신규 채용에 의해 가까스로 특별영주권자에 대해서는 폐지되었다. 하지만 특별영주권자가 아닌 사람에게는 별도로 재류 카드제도가 도입되었고, 재류 카드 상시 휴대의무가 그대로 적용되었다. 제시 의무는 아직 유효하고, 실제 특별영주권자도 이를 위해 부득히 상시 특별영주자 증명서를 휴대해야 한다는 비판이 있다. 상시 휴대의무 위반과 제시의무 위반에 대해서는 형사죄가 적용되는데, 이것이 단순히 행정상의 문제가 아닌, 경찰의 수색을 가능케 하는 단속 목적으로 이용되었다.

Ⅴ. 사회보장

외국인을 대상에서 제외하는 국적 조항에 의해, 국민건강보험과 국민연금의 가입, 공영·공단·공사 주택의 입주, 주택금융 공고(公庫)의 대부·자녀 수당법·자녀 부양 수당법·복지 수당법 등의 적용에 있어 재일코리안은 제외해 왔다. 피용자를 대상으로 하는 건강보험과 후생연금보험에는 국적 조항이 없지만, 차별에 의해 기업에 채용되지 않았던 재일코리안이 이 피용자 보험에 적용되는 것은 매우 드물었다. 결국 재일코리안에 적용된 사회보장은 생활보호 정도가 있을 뿐이었다.

그러나 1982년 난민조약 발효에 따라, 거의 모든 사회보장이 재일코리안에게도 적용되었다. 난민조약 발표에 의해, 베트남 등에서 난민으로 일본 국내에 재류하게 된 사람들에게, 일본인과 같은 사회보험을 적용하도록 되었던 것이다. 이로 인해 긴 세월에 걸쳐 일본에서 생활을 영위하는 재일코리안의 사회보장을 인정하지 않을 명분이 없게 된 것이다. 원래 사회보장은 노동력의 적당한 재생산을 담당하는 것이다. 사회의 일원으로서 오래 일하고 세금을 내는 존재인 이상, 사회보장은 당연한 것이며 앞서 서술한 것처럼 재일코리안이 일본의 식민지 정책의 산물인 이상, 그 피해 회복에 있어서 사회보장만으로는 부족한 것이라고 할 수 있다.

Ⅵ. 공무(公務) 취업·참정권

공무에 취직한다는 것은, 외국인인 재일코리안에게는 당연히 인정되지 않았다. 그러나 공무원에도 여러 가지가 있다. 결국 재일코리안도 외국인인 이상 할 수 없는 직종도 있다. 예를 들면 수상, 대신, 국회의원, 외교관, 재판관, 검찰관, 경찰관 등이 있겠다. 그러나 그 직무의 성격에 따라서는, 재일코리안이 할 수 있는 것도 있다. 국가의사의 형성과 집행에 직접 관계없는 비현업(非現業)의 일반 공무나 국공립의 교원, 의사, 간호사 등이 좋은 예이다. 현재 이와 같은 직종에는 일단 문이 개방되었다. 그리고 지금까지는 내부에서 어디까지의 승진이 허락될 것인가가 문제로 된 시대인데, 최고재판소는 동경의 관리직등용 시험에서 외국 국적을 배제하는 것이 합당하다고 판단해 한국 국적 여성의 소송을 기각했다. 그러나 내부에서 승진이 부정되는 것에 의해 재일코리안 공무원이나 교원의 생애 연수는 일본인과 비교해서 매우 낮은 수준에 있고 이 또한 경시할 수 없는 중대한 문제라고 할 수 있다. 또 사법 분야에서 변호사협회가 한국 국적 변호사를 조정위원으로 추천하고 있는 것에 반해, 최고재판소는 과거 대만 국적의 재판관 출신 변호사를 조정위원에 선임한 적이 있음에도 불구하고, 재일코리안 변호사의 조정위원 선고 자체를 거부하고 있다.

참정권은 국가 혹은 지방 공공단체의 의사형성에 관한 문제이기 때문에 전부를 인정할 수 없다고 해 왔다. 그런데 1995년 최고 재판소가 지방 공공단체의 참정권은 법률로 부여할 수 있다고 판결을 내린 것 때문에 갑자기 주목받기 시작했다. 2010년 민주당 정권시대에 정부안으로 영주외국인 참정권 부여의 법안이 상정·검토되었지만 결국 이루어지지 않았고, 자민당 정권으로 돌아가서는 안타깝게도 오히려 부여를 금지하는 쪽으로 나아가고 있다.

がったままである。

6. 今後に向けた提言
—日韓の研究者＆市民のイニシアティブで新協定の檢討を

2010年11月に 「韓国・朝鮮文化財返還問題連絡会議」は、新しい100年に向けて、以下の6項目の提言を行った。

① 日本政府は、今回の「朝鮮王室儀軌」等の返還だけで終わらせず、さらに積極的に国立博物館や各大学が所蔵する韓国・朝鮮文化財の調査と返還に取り組むこと。また、民間所有の文化財の返還も呼びかけること。

② 具体的に韓国・朝鮮文化財の返還を促進するため、日本と韓国・朝鮮およびユネスコなどの専門家による調査・諮問委員会を設置し、文化財の共同調査を進め、共同のデータベースを構築するとともに、返還問題についての基本的な考え方をまとめ、公表すること。

③ 各博物館・美術館・大学、民間の文化財所蔵者は進んで韓国・朝鮮文化財の情報を公開し、返還に協力すること。

④ 日本における考古学・博物館学・美術史学・文献学・近現代史学・図書館学などの関連する各学会は、文化財返還に向けて、関係する組織に対して所蔵資料の現状調査・入手経緯の解明・情報公開を積極的に働きかけること。

⑤ 専門家だけでなく、学生や教師、市民、宗教者らも参加・協力して幅広く韓国・朝鮮文化財の調査を進め、その意味や歴史について学び合うよう呼びかけること。

⑥ 政府・国会は、韓国・朝鮮文化財の調査と返還を促進するため、必要な立法措置を行うこと。地方自治体にも協力を呼びかけること。

さらに、同連絡会議は、今年6月、1965年協定50周年を前に、「文化財及び文化協力に関する日本と韓国との間の新協定(追加協定)」(仮称)を提案し、働きかけることを提言している。その際、以下の諸点についての改善と配慮が必要であると呼びかけている。広く意見や提案をお寄せいただきたい。

1)「寄贈」「引き渡し」でなく、「返還」に用語の統一を

従来、日本側は「寄贈」「引き渡し」と述べ、韓国側は「返還」と説明しているが、誤解と齟齬を避けるために、元の場所や所有者に戻す際は、「返還」に用語を統一すべき。

2) 返還・協力は「勧奨」でなく、「責務」「積極的関与」へ

1965年協定には「日本国民がその所有するこれらの文化財を自発的に韓国側に寄贈することは日韓両国間の文化協力の増進に寄与することにもなるので、政府としてはこれを勧奨する」ことが合意議事録に明記されているが、実際には民間の文化財返還はほとんど進んでいない。そこで、新協定では、民間レベルでの文化財の調査・交流・返還が促進されるための政府側の責務と積極的な関与を明記することが必要。

3) 総合的な調査を共同で

日本にある朝鮮半島由来の文化財および朝鮮半島にある日本由来の文化財についての全体的な調査を両国の専門家が参加し、共同して行うことが不可欠。新協定には「日韓共同文化財総合調査機関」(仮称)の設置を明記すべき。

4) 民間任せにせず、国が関与し、紛争拡大予防へ

従来、民間所有の文化財の取り扱いは民間に委ねられてきたが、文化財返還をめぐる問題が紛争化、深刻化してきている事態を受け、両国政府が積極的に関与・介入し、紛争の調停・裁定機能と権限を持つ独立的な委員会を設置し、合理的な解決を主導することを新協定に明記すべき。

5) 返還の法的手続きの明確化と簡素化

上記の機構/委員会が「返還」を命じた場合、国が所有するものも、そのつど特別に協定を結ぶことなく、速やかに返還できるよう、国内法との関係も整理して、返還のルール・手順についても明記し、スムーズな返還を促すべき。

6) 国際的なルールと水準の尊重

UNESCOが主導し、確立されてきた国際的なルールを尊重し、それらに準拠することを明記すべき。共同の研究や文化財の活用についても明記すべき。

参考文献

荒井信一『コロニアリズムと文化財』岩波新書1376、2012年

吉沢文寿『日韓会談1965』高文研、2015年

慧門著・李素玲訳『儀軌―取り戻した朝鮮の宝物』東国大学校出版部、2011年

慧門著・李一満訳『民族文化財を探し求めて』影書房、2014年

NHK取材班『朝鮮王朝「儀軌」百年の流転』NHK出版、2011年

李亀烈著 『失われた朝鮮文化財―日本侵略下の韓国文化財秘話』 新泉社、1993年、新装版2006年

松本 剛『略奪した文化 -戦争と図書-』岩波書店、1993年

森本和男『文化財の社会史 -近現代史と伝統文化の変遷-』彩流社、2010年

高崎宗司「日韓会談における文化財返還交渉について」『朝鮮史研究会論文集』第
　　　23号:35、1986年

浅野豊美・吉沢文寿・李東俊編　『日韓国交正常化問題資料』　第1巻、現代史料出
　　　版、2010年

浅野豊美・吉沢文寿・李東俊編　『日韓国交正常化問題資料』　第3巻、現代史料出
　　　版、2010年

李 洋秀「日韓会談と文化財返還問題」『戦争責任研究』第72号。2011年

朴 薫「日韓会談における文化財「返還」交渉の展開過程と争点」李 鐘元・木宮正史・
　　　浅野豊美編『歴史としての日韓国交正常化Ⅱ 脱植民地化編』法政大学出
　　　版局、2011年

韓国・朝鮮文化財返還問題の經過〈略史〉

1875年 江華島事件、書籍56冊等文化財略奪

1876年 釜山開港。大倉喜八郎、釜山に大倉商会開店(のちに大倉土木)。

1894年 九鬼隆一帝国博物館総長が清国・朝鮮文化財の略奪方針を具体的に指示
　　　(「戦時清国宝物収集方法」)。大倉土木(のち大成建設)、陸軍御用達に

1904~05年 日露戦争第2師団第7旅団長、「北関大捷碑」日本に持ち帰る。建築学者
　　　関野貞の朝鮮古跡調査始まる。伊藤博文、景福宮奎章閣蔵書搬出、宮内庁
　　　書陵部に

1908年 9月26日股野琢帝室博物館総長ソウル入りし、純宗皇帝に謁見。

1909年 4月大韓帝国帝室博物館開館

1910年 4月大韓帝国帝室博物館の末松態彦部長に朝鮮全土の文化財収集を訓令
　　　8月22日「韓国併合条約」調印・29日公布・朝鮮総督府設置

1915年 利川五重石塔を博覧会場装飾のためソウルに移送
　　　朝鮮総督府「古墳及遺物保存規則」公布(総令52号)

1917年 大倉集古館、日本最初の私立美術館として設立、景福宮「資善堂」を移築し
　　　「朝鮮館」として開館(陳列美術品3,692点、書籍15,600巻ほか)

1918年 大倉集古館が朝鮮総督に利川五重石塔の下附願、仁川港から搬出、東京
　　　に「朝鮮王朝儀軌」など朝鮮総督府が宮内庁に寄贈 宇垣一成総督「朝鮮宝

物古蹟名勝天然記念物保存令」公布(政令第6号)

1945年 8月15日日本敗戦

1952～65年日韓文化財返還交渉

1958年 一部返還(106点)

年 6月22日「日韓条約」「日韓文化財・文化協定」調印・1432点(内、宮内庁所蔵図書852点)返還(⇔当時韓国側要求は3200点以上)

* 資料1

1970年 ユネスコ総会 「文化財不法搬出・所有権譲渡禁止と予防手段に関する条約採択

1973年 国連第38回総会決議「略奪文化財の返還」決議 * 資料4

1991年 朝鮮王朝最後の皇太子妃・故李方子(イ・パンジャ、李雅子)女史の礼服返還(4月15日両国間特別協定締結「両国協力関係の発展に資するための特別措置として…」)

* 資料2

1996年 山口女子大(現山口県立大学)が韓国・慶南大学(馬山)に「寺内文庫」の一部98種136点を寄贈(附属博物館で展示。両大学で学術交流協定も)

大倉集古館が関東大震災で焼失した「資善堂」の遺構礎石(288個 110t)を返還

2001年 10月海外典籍調査研究会の調査で「朝鮮王室儀軌」が宮内庁にあることが判明

2005年 11月12日靖国神社が韓国政府に北関大捷碑を返却(民主党・金元雄議員が交渉、のち韓国政府が北朝鮮に引き渡し)

2006年 7月 東大がソウル大に「朝鮮王朝実録五台山史文庫本」47冊(1913年搬出)返還(「寄贈」) * 資料3

9月「朝鮮王室儀軌還収委員会」発足

12月韓国国会、「朝鮮王室儀軌返還要求決議」

2007年 1月上記決議に基づき韓国国会事務総長から日本政府に返還要求

4・5月衆院文部科学委員会・参院外交防衛委員会で質問

7月「朝鮮王室儀軌還収委員会」(共同議長＝正念月精寺住職ら)、外務省を訪れ、返還要望書提出

10月「朝鮮王室儀軌還収委員会」慧門事務総長ら来日、外務省に要望＜第2回交渉＞

2008年　4月「朝鮮王室儀軌還収委員会」が「朝鮮王室儀軌」の返還を求める福田首相宛陳情書を提出。

日韓外相会談(柳明桓(ユ・ミョンファン)外交通商部長官vs高村大臣)で韓国側が提起

8月韓国・利川五重石塔還収委員会が発足。

11月ソウルで開催された国連教育科学文化機関(ユネスコ)の文化財返還促進のための政府間委員会(ICPRCP)設立30周年特別会議で、金泓東(キム・ホントン)韓国文化財庁国際交流課長が日本とフランスに、違法に所持している文化財返還要求。

2009年　10月「朝鮮王室儀軌還収委員会」慧門事務総長ら来日、外務省に陳情書提出、宮内庁書陵部で「朝鮮王室儀軌」確認、市民集会で報告。

2010年　　1月韓国文化財庁国立文化財研究所が、確認された国外流出韓国文化財は、10万7857点(18カ国、内国内に戻ったものは約8,000点)、内日本には6万1409点と発表。

2月ソウルで行われた日韓外相会談で柳明桓外交通商相が「韓国側の関心」を伝達。

韓国国会、「朝鮮王室儀軌返還要求決議」全会一致で採択。2度目。

3月韓国「中央日報」紙が、宮内庁書陵部所蔵の朝鮮王室儀軌、帝室図書、経筵など朝鮮王室図書を閲覧し、写真を発表(⇒4頁参照)。

4月李貞鉉、鄭義和、李範観、成允煥(ハンナラ党)、金富謙、崔文洵(民主党)の6議員、「朝鮮王室儀軌還収委員会」慧門事務総長らと来日、阿部知子(社民)、笠井亮(共産)衆院議員、魚住祐一(公明)参院議員に協力要請。宮内庁書陵部・国立博物館視察。

カイロで開催された「文化財返還問題国際会議」(エジプト政府主催)で韓国政府文化財庁国際交流課長が日本にある朝鮮王室文書661点の返還促す。

「朝鮮王室儀軌還収委員会」慧門事務総長ら民主党「戦後補償議連」と懇談、協力要請。外務省を訪ね、岡田外相宛陳情書を提出。

韓国「利川(イチョン)石塔返還委員会」代表が来日、大倉集古館(ホテル・オークラ内)が所蔵する利川にあった高麗時代の石塔の返還を求める要望書提出。

7月韓国・利川市長と「利川石塔返還委員会」代表が来日、大倉集古館に市

民12万人の石塔返還を求める署名提出。

8月韓国・李海鳳議員ら、朝鮮王室儀軌早期返還を斎藤・石毛・藤田幸久議員らに要望。

10日菅総理、「併合100年」談話で朝鮮王室儀軌等引渡しを発表。

10月18日韓国・崔宰誠議員、朝鮮王室儀軌早期返還を石毛・稲見・初鹿・大河原議員らに要望。

29日韓国・利川市長と「利川石塔返還委員会」代表が再来日、大倉集古館と交渉。大倉側、「政府の意向など確認が必要」と強調。

11月14日日韓外相が横浜で「図書に関する日本政府と大韓民国政府との間の協定」(日韓図書協定)に調印。1,205点の返却合意。

* 資料5

2011年 5月27日参議院本会議で図書協定を可決。(6月10日日韓図書協定を閣議決定)

10月19日日韓首脳会議で、野田首相が朝鮮王室儀軌のうち5冊を返還。

12月6日仁川空港に図書1,200冊が空輸され、韓国政府へ引き渡し。

2012年 10月8日対馬仏像盗難事件。

* 資料1 1965年6月22日調印

日韓基本条約の関係諸協定, 文化財及び文化協力に関する日本国と大韓民国との間の協定

日本国及び大韓民国は, 両国の文化における歴史的な関係にかんがみ, 両国の学術及び文化の発展並びに研究に寄与することを希望して, 次のとおり協定した。

第一条 日本国政府及び大韓民国政府は, 両国民間の文化関係を増進させるためできる限り協力を行なうものとする。

第二条 日本国政府は, 附属書に掲げる文化財を両国政府間で合意する手続に従つてこの協定の効力発生後六箇月以内に大韓民国政府に対して引き渡すものとする。

第三条 日本国政府及び大韓民国政府は, それぞれ自国の美術館, 博物館, 図書館その他学術及び文化に関する施設が保有する文化財について他方の国の国民に研究する機会を与えるため, できる限り便宜を与えるものとする。

第四条 この協定は, 批准されなければならない。批准書は, できる限りすみやかにソウル

で交換されるものとする。この協定は，批准書の交換の日に効力を生ずる。

以上の証拠として，下名は，各自の政府からこのために正当な委任を受け，この協定に署名した。

千九百六十五年六月二十二日に東京で，ひとしく正文である日本語及び韓国語により本書二通を作成した。

日本国のために椎名悦三郎高杉晋一大韓民国のために李東元金東祚

日韓基本条約の関係諸協定，文化財及び文化協力に関する日本国と大韓民国との間の協定，合意議事録(文化財及び文化協力に関する日本国と大韓民国との間の協定についての合意された議事録)

韓国側代表は，日本国民の私有の韓国に由来する文化財が韓国側に寄贈されることになることを希望する旨を述べた。

日本側代表は，日本国民がその所有するこれらの文化財を自発的に韓国側に寄贈することは日韓両国間の文化協力の増進に寄与することにもなるので，政府としてはこれを勧奨するものであると述べた。

千九百六十五年六月二十二日に東京で

E・S・T・W・L・

* 資料2 1991年4月15日調印、5月24日発効

故李方子女史(英親王妃)に由来する服飾等の譲渡に関する日本国政府と大韓民国政府との間の協定

日本国政府及び大韓民国政府は、次のとおり協定した。

第一条　日本国政府は、両国間の友好関係及び諸分野における協力関係の発展に資するための特別な措置として、故李方子女史(英親王妃)に由来する服飾等で附属書に掲げるものを、両国政府間で合意する手続に従ってこの協定の効力発生後六箇月以内に大韓民国政府に対して対価なしに譲渡する。

第二条　大韓民国政府は、前条の規定により譲渡される服飾等が両国間の友好関係及び諸分野における関係の発展に資することとなるよう適切な措置をとる。

第三条　この協定は、日本国がその国内法上の手続に従ってこの協定を承認したことを通知する日本国政府の公文を、大韓民国政府が受領した日に効力を生ずる。

以上の証拠として、下名は、各自の政府からこのために正当な委任を受けてこの協定に署名した。

千九百九十一年四月十五日に東京で、ひとしく正文である日本語及び韓国語により本書二通を作成した。

日本国政府のために中山太郎大韓民国政府のために呉在熙

* 資料3

http://rarebook.dl.itc.u-tokyo.ac.jp/jitsuroku/korean.html

「朝鮮王朝実録」東京大学総合図書館旧蔵本について

五台山史庫に保管されていた「実録」は、1913年に朝鮮総督府により東京帝国大学附属図書館に移管されたといわれている。全794冊あった実録は、1923年の関東大震災によりほとんどが焼失したが、一部74冊が残った。うち27冊は、1932年に京城帝国大学に移管され、その後、国立ソウル大学校の奎章閣韓国学研究院に保管されてきた。東京帝国大学に残された47冊は、東京大学総合図書館において貴重書として保管されてきたが、五台山本として国立ソウル大学校所蔵の27冊と一体であることが適当であることから、2006年7月、国立ソウル大学校に移管した。

東京大学附属図書館

* 資料4

文化財の不法な輸入、輸出及び所有権移転を禁止し及び防止する手段に関する条約(平成十四年九月十日条約 第十四号)発効日：H14.12.9(H14.9.10外務省告示384)

国際連合教育科学文化機関の総会は、千九百七十年十月十二日から十一月十四日までパリにおいてその第十六回会期として会合し、

総会の第十四回会期において採択した文化に関する国際協力の原則に関する宣言の重要性を想起し、

科学的、文化的及び教育的目的のために行われる文化財の諸国間の交流により、人類の文明に関する知識が増大し、すべての人民の文化的な生活が豊かになり並びに諸国間が相互に尊重及び評価するようになることを考慮し、

文化財が文明及び国の文化の基本的要素の一であること並びに文化財の真価はその起源、歴史及び伝統についてのできる限り十分な情報に基づいてのみ評価することが

できるものであることを考慮し、

自国の領域内に存在する文化財を盗難、盗掘及び不法な輸出の危険から保護することが各国の義務であることを考慮し、

これらの危険を回避するため、各国が自国及び他のすべての国の文化遺産を尊重する道義的責任を一層認識することが重要であることを考慮し、

文化施設としての博物館、図書館及び公文書館が世界的に認められた道義上の原則に従って収集を行うことを確保すべきであることを考慮し、

国際連合教育科学文化機関は国際条約を関係諸国に勧告することにより諸国間の理解の促進を図ることをその任務の一としているが、文化財の不法な輸入、輸出及び所有権移転はこの諸国間の理解の障害となることを考慮し、

文化遺産の保護は、各国の国内において、かつ、諸国間で緊密に協力して行われる場合にのみ効果的に行われ得るものであることを考慮し、

国際連合教育科学文化機関の総会が千九百六十四年にこの趣旨の勧告を採択したことを考慮し、

総会の第十六回会期の議事日程の第十九議題である文化財の不法な輸入、輸出及び所有権移転を禁止し及び防止する手段に関する新たな提案を受け、

総会の第十五回会期において、この問題が国際条約の対象となるべきことを決定して、この条約を千九百七十年十一月十四日に採択する。

第一条

この条約の適用上、「文化財」とは、宗教的理由によるか否かを問わず、各国が考古学上、先史学上、史学上、文学上、美術上又は科学上重要なものとして特に指定した物件であって、次の分類に属するものをいう。

    (a) 動物学上、植物学上、鉱物学上又は解剖学上希少な収集品及び標本並びに古生物学上関心の対象となる物件

    (b) 科学技術史、軍事史、社会史その他の歴史、各国の指導者、思想家、科学者又は芸術家の生涯及び各国の重大な事件に関する物件

    (c) 正規の発掘、盗掘その他の考古学上の発掘又は考古学上の発見によって得られた物件

    (d) 美術的若しくは歴史的記念工作物又は分断された考古学的遺跡の部分

    (e) 製作後百年を超える古代遺物(例えば、金石文、貨幣、刻印)

    (f) 民族学的関心の対象となる物件

(g) 美術的関心の対象となる物件であって、例えば、次の(i)から(iv)までに掲げるもの

(i) 肉筆の書画(画布及び材料を問わないものとし、意匠及び手作業で装飾した加工物を除く。)

(ii) 彫刻、塑像、鋳像その他これらに類する美術品(材料を問わない。)

(iii) 銅版画、木版画、石版画その他の版画

(iv) 美術的に構成し又は合成した物件(材料を問わない。)

(h) 単独で又は一括されることにより特別な関心(歴史的、美術的、科学的、文学的その他の関心)の対象となる希少な手書き文書、インキュナブラ、古い書籍、文書及び出版物

(I) 単独の又は一括された郵便切手、収入印紙その他これらに類する物件

(j) 音声、写真又は映画による記録その他の記録

(k) 古い楽器及び製作後百年を超える家具

第二条

1. 締約国は、文化財の不法な輸入、輸出及び所有権移転が当該文化財の原産国の文化遺産を貧困化させる主要な原因の一であること並びに国際協力がこれらの不法な行為によって生ずるあらゆる危険から各国の文化財を保護するための最も効果的な手段の一であることを認める。

2. 締約国は、このため、自国のとり得る手段、特に、不法な輸入、輸出及び所有権移転の原因を除去し、現在行われている行為を停止させ並びに必要な回復を行うために援助することにより、不法な輸入、輸出及び所有権移転を阻止することを約束する。

第三条

締約国がこの条約に基づいてとる措置に反して行われた文化財の輸入、輸出又は所有権移転は、不法とする。

第四条

この条約の適用上、締約国は、次の種類の文化財が各国の文化遺産を成すものであることを認める。

(a) 各国の国民(個人であるか集団であるかを問わない。)の才能によって創造され

た文化財、及び各国の領域内に居住する外国人又は無国籍者によりその領
域内で創造された文化財であって当該国にとって重要なもの

(b)　各国の領域内で発見された文化財

(c)　考古学、民族学又は自然科学の調査団がその原産国の権限のある当局の同
意を得て取得した文化財

(d)　自由な合意に基づいて交換された文化財

(e)　その原産国の権限のある当局の同意を得て、贈与され又は合法的に購入した
文化財

第五条

締約国は、次の任務を効果的に実施するために十分な数の適格な職員を有する一又
は二以上の文化遺産の保護のための国内機関がまだ存在しない場合において、自国
にとって適当なときは、不法な輸入、輸出及び所有権移転から文化財を保護すること
を確保するため、そのような国内機関を自国の領域内に設置することを約束する。

(a)　文化遺産の保護、特に、重要な文化財の不法な輸入、輸出及び所有権移転
の防止を確保するための法令案の作成に貢献すること。

(b)　自国の保護物件目録に基づき、重要な公私の文化財であってその輸出により
自国の文化遺産を著しく貧困化させるおそれのあるものの一覧表を作成し及び
常時最新のものとすること。

(c)　文化財の保存及び展示を確保するために必要な科学技術に係る施設(博物館、
図書館、公文書館、研究所、作業場等)の発展又は設置を促進すること。

(d)　考古学上の発掘の管理を組織的に行い、ある種の文化財の現地保存を確保
し、及び将来の考古学的研究のために保存された地区を保護すること。

(e)　関係者(博物館の管理者、収集家、古物商等)のために、この条約に定める
倫理上の原則に従って規則を定め、その規則の遵守を確保するための措置をとる
こと。

(f)　すべての国の文化遺産に対する尊重を促し及び育成するための教育的措置を
とり、並びにこの条約の規定に関する知識を普及させること。

(g)　文化財のいずれかが亡失した場合には、適切に公表すること。

第六条

締約国は、次のことを約束する。

(a) 当該文化財の輸出が許可されたものであることを輸出国が明記する適当な証明書を導入すること。この証明書は、規則に従って輸出される文化財のすべての物件に添付されるべきである。

(b) (a)に規定する輸出許可についての証明書が添付されない限り、文化財が自国の領域から輸出されることを禁止すること。

(c) (b)に規定する禁止を適当な手段により、特に、文化財を輸出し又は輸入する可能性のある者に対して公表すること。

第七条

締約国は、次のことを約束する。

(a) 自国の領域内に所在する博物館その他これに類する施設が他の締約国を原産国とする文化財であってこの条約が関係国について効力を生じた後に不法に輸出されたものを取得することを防止するため、国内法に従って必要な措置をとること。この条約がこれらの国について効力を生じた後に当該文化財の原産国である締約国から不法に持ち出された文化財の提供の申出があった場合には、当該原産国に対し、できる限りその旨を通報すること。

(b) (i)他の締約国の領域内に所在する博物館、公共の記念工作物(宗教的なものであるかないかを問わない。)その他これらに類する施設からこの条約が関係国について効力を生じた後に盗取された文化財(当該施設の所蔵品目録に属することが証明されたものに限る。)の輸入を禁止すること。

(ii)原産国である締約国が要請する場合には、(i)に規定する文化財であってこの条約が関係国について効力を生じた後に輸入されたものを回復及び返還するため適当な措置をとること。ただし、要請を行う締約国が当該文化財の善意の購入者又は当該文化財に対して正当な権原を有する者に対し適正な補償金を支払うことを条件とする。回復及び返還の要請は、外交機関を通じて行う。要請を行う締約国は、回復及び返還についての権利を確立するために必要な書類その他の証拠資料を自国の負担で提出する。締約国は、この条の規定に従って返還される文化財に対し関税その他の課徴金を課してはならない。文化財の返還及び引渡しに係るすべての経費は、要請を行う締約国が負担する。

第八条

締約国は、第六条(b)及び前条(b)に定める禁止に関する規定に違反したことについて責任を有する者に対し、刑罰又は行政罰を科することを約束する。

第九条

考古学上又は民族学上の物件の略奪により自国の文化遺産が危険にさらされている締約国は、影響を受ける他の締約国に要請を行うことができる。この場合において、締約国は、国際的に協調して行われる努力であって、必要な具体的措置(個別の物件の輸出、輸入及び国際取引の規制等)を決定し及び実施するためのものに参加することを約束する。各関係国は、合意に達するまでの間、要請を行う国の文化遺産が回復し難い損傷を受けることを防止するため、実行可能な範囲内で暫定措置をとる。

第十条

締約国は、次のことを約束する。

  (a) 教育、情報提供及び監視を行うことにより、締約国から不法に持ち出された文化財の移動を制限すること。また、自国にとって適当な場合には、文化財の各物件ごとの出所、供給者の氏名及び住所並びに売却した各物件の特徴及び価格を記録した台帳を常備すること並びに文化財の買手に対し当該文化財について輸出禁止の措置がとられることがある旨を知らせることを古物商に義務付けること。この義務に違反した者には、刑罰又は行政罰を科する。

  (b) 文化財の価値並びに盗取、盗掘及び不法な輸出が文化遺産にもたらす脅威につき教育を通じて国民に認識させ及びそのような認識を高めるよう努めること。

第十一条

外国による国土占領に直接又は間接に起因する強制的な文化財の輸出及び所有権移転は、不法であるとみなす。

第十二条

締約国は、自国が国際関係について責任を有する領域内に存在する文化遺産を尊重するものとし、当該領域における文化財の不法な輸入、輸出及び所有権移転を禁止し及び防止するためすべての適当な措置をとる。

第十三条

締約国は、また、自国の法令に従い、次のことを約束する。

(a) 文化財の不法な輸入又は輸出を促すおそれのある所有権移転をすべての適当な手段によって防止すること。

(b) 不法に輸出された文化財がその正当な所有者にできる限り速やかに返還されることを容易にするために自国の権限のある機関が協力することを確保すること。

(c) 亡失し若しくは盗取された文化財の物件の正当な所有者又はその代理人が提起する当該物件の回復の訴えを認めること。

(d) 各締約国が特定の文化財について譲渡を禁止し、その結果当然に輸出も禁止するものとして分類し及び宣言することは当該締約国の奪い得ない権利であることを認め、並びに当該文化財が輸出された場合には当該締約国がそれを回復することを容易にすること。

第十四条

締約国は、不法な輸出を防止し及びこの条約の実施によって生ずる義務を履行するため、文化遺産の保護について責任を有する国内機関に対しできる限り十分な予算を配分するものとし、必要があるときは、このための基金を設立すべきである。

第十五条

この条約のいかなる規定も、この条約が関係国について効力を生ずる前にその理由のいかんを問わず原産国の領域から持ち出された文化財の返還に関し、締約国の間で特別の協定を締結すること又は既に締結した協定の実施を継続することを妨げるものではない。

第十六条

締約国は、国際連合教育科学文化機関の総会が決定する期限及び様式で同総会に提出する定期報告において、この条約を適用するために自国がとった立法措置、行政措置その他の措置及びこの分野で得た経験の詳細に関する情報を提供する。

第十七条

1. 締約国は、特に次の事項について、国際連合教育科学文化機関の技術援助を要請することができる。

  (a) 情報提供及び教育

  (b) 協議及び専門家の助言

  (c) 調整及びあっせん

2. 国際連合教育科学文化機関は、文化財の不法な移動に関する問題につき、自発的に調査研究を行い及び研究結果を公表することができる。

3. 国際連合教育科学文化機関は、このため、権限のある非政府機関の協力を要請することができる。

4. 国際連合教育科学文化機関は、この条約の実施に関し、締約国に対し自発的に提案を行うことができる。

5. この条約の実施に関して現に係争中の少なくとも二の締約国から要請があった場合には、国際連合教育科学文化機関は、当該締約国間の紛争を解決するためあっせんを行うことができる。

第十八条

この条約は、ひとしく正文である英語、フランス語、ロシア語及びスペイン語により作成する。

第十九条

1. この条約は、国際連合教育科学文化機関の加盟国により、それぞれ自国の憲法上の手続に従って批准され又は受諾されなければならない。

2. 批准書又は受諾書は、国際連合教育科学文化機関事務局長に寄託する。

第二十条

1. この条約は、国際連合教育科学文化機関の非加盟国で同機関の執行委員会が招請するすべての国による加入のために開放しておく。

2. 加入は、国際連合教育科学文化機関事務局長に加入書を寄託することによって行う。

第二十一条

この条約は、三番目の批准書、受諾書又は加入書が寄託された日の後三箇月で、その寄託の日以前に批准書、受諾書又は加入書を寄託した国についてのみ効力を生ずる。この条約は、その他の国については、その批准書、受諾書又は加入書の寄託の日の後三箇月で効力を生ずる。

Ⅶ. 민족교육과 일본사회에 뿌리 깊은 차별·편견의 해소

오랜 세월 일본에 있으면서 민족성을 더욱 굳건하게 유지할 수 있는 방법을 궁리해야 할 필요가 있다. 민족교육과 일본사회에 뿌리 깊은 차별·편견의 해소가 그 방법에 포함된다는 사실에 대해서는 이론의 여지가 없을 것이다.

1. 민족교육

민족교육에 대해서 살펴보면, 일본의 식민지 정책으로 황민화교육을 강요당해 왔던 재일코리안은 해방 후 즉시 언어·문화·역사를 비롯한 민족적 소양을 키우기 위한 민족교육을 자녀에게 시행했다. 초기에는 자연발생적이었던 학습회가, 일본에 정착해서 생활하게 될 것이 예상되는 가운데, 교육기관으로서의 학교 건설로 바뀌어갔다. 그러나 냉전구조 속에서 GHQ 및 일본정부는 북조선을 지지하지 않도록 하기 위해 일본 학교로의 취학을 강제하고, 이어서 민족학교의 폐쇄를 강행했다. 이후 민족학교는 간신히 각종 학교로 다루어져, 그 내에서 조성금을 받고 운영할 것인가, 또는 일본 학교 교육법을 충족한 후에 언어·역사·문화 등을 학습지도 요강 밖에서 가르칠 수밖에 없게 되었다. 게다가 이와 같은 민족학교는 최근 학생 수 감소에 고민하고 있다. 근래 월경인(越境人)이라고 하는 기치를 내세운, 코리아 국제학원이라고 하는 오사카에서의 새로운 학교교육의 시도가 일본 국내에서 평가를 받고 있는데, 역시 재정난에 어려워하고 있다. 한국정부에 재정적 지원을 요청했으나 국기·국가의 강제·이사(理事)의 사상 조사·월경인이라고 하는 학교 건립 정신의 방기를 요구한 탓에, 지원 받는 것을 포기하고 있다. 한국정부의 해외학교 정책은 4세대, 5세대에 걸쳐 일본에 거주하는 재일코리안, 민주화로 해외 이주가 수월해진 것을 배경으로 일본에 건너와 20년 이상 되었고 앞으로도 계속 정착할 것으로 예상되는 새롭게 온 사람들(new comer), 장래 동아시아 관계를 바라보는 데 있어 한국과의 파트너십에 무게를 두고 자녀에게 교육을 하고 싶다는 일본인 학부모의 자녀 등이 모여 독자적인 다문화공생과 국제사회에 대한 공헌을 목적으로 교육을 하고 있는 코리아 국제학원의 학교교육을 방기하려는 사람도 있는데, 재외공관을 통해서 유신헌법 때와 같은 교육관 및 운영을 강요하고 있다. 이런 식으로 한다면, 재일코리안을 포함한 해외 동포의 공감을 얻지 못할 것이다. 더욱이 이와 같은 민족교육의 협력에도 불구하고 대다수의 재일코리안 자녀는 일본학교를 다니면서 겨우 과외 수업으로 민족의 언어·역사·문화를 배우고 있는 정도이다. 민족교육의 기회가 없는 재일코리안 자녀도 상당수에 이른다. 여기에도 일본정부는 원조의 손길을 내밀어야 하며, 올바른 이해로 한국정부의 책임 분담이 이루어져도 좋을 것이라고 생각한다.

2. 차별·편견의 제거

일본사회에는 재일코리안에 대한 뿌리 깊은 차별·편견이 남아 있다. 근래에는 무차별 폭언의 표적이 되어, 「좋은 한국인도 나쁜 한국인도 죽이자」 등 1923년의 관동대지진 때 일어난 한국인 제노사이드(일본인 일반 시민에 의한 조선인 대학살)를 선동하는 언동이 어떠한 법적 규제도 받지 않고 있으며, 뿐만 아니라 제노포비아(외국인 혐오)를 자민당 정권 스스로가 조장하는 듯 한 발언을 하고 있다. 이와 같은 사회에 둘러 싸여 차별이나 편견에 지지 않고 한국인임을 자랑스럽게 생각하면서 그러나 결코 배타적이지 않는, 이러한 민족성을 육성·유지하기 위해서는, 앞서 기술한 민족학교·민족학급의 충실한 활동, 재특회(在特會)로 대표되는 무차별 폭언, 제노포비아(외국인 혐오)를 규제해야 할 필요가 있다. 현재 재일코리안이 차별·편견에 말려든 최대의 원인은 일본정부의 식민지 정책과 해방 후에도 지속된 동화 정책에 있다. 그렇다면 원인 제공자인 일본정부가 이를 해결하고 재일코리안을 원칙대로 있어야 할 자리로 보상해야 할 의무를 가지는 것은 당연하다. 일본정부는 무차별 폭언에 대한 법적 규제를 비롯해 물심양면의 원조를 아끼지 말아야 할 것이다. 물론 우리들 자신의 문제인 이상, 스스로가 보다 좋은 방법을 찾아서 실천해 가는 노력을 끊임없이 해야 함은 말할 필요도 없다.

〈참고문헌〉

박종명 편저, "재일 조선인 - 역사, 현상, 전망" 아카시서점 1999.
朴鐘鳴編著, 「在日朝鮮人 - 歷史、現狀、展望」明石書店 1999.
김경덕 저, "신판 재일코리안의 정체성과 법적지위" 아카시서점 2005.
金敬得著, 「新版 在日コリアンのアイデンティティと法的地位」明石書店 2005.
일본 출입관리국 웹사이트.
日本出入國管理局ホームページ.
http://www.immi-moj.go.jp/newimmiact/newimmiact.html.

在日コリアンの法的地位の変遷と問題點

林 範 夫(いむぼんぶ、弁護士)

1. 解放後の在日コリアンに対する取扱い

解放後、本来であれば、在日コリアンは、解放民族としての待遇を受けなければならなかった。日本政府の植民地政策、初期は土地調査事業等の経済的強制から始まり、斡旋、強制連行、徴用等によって、在日コリアンは日本への移住を余儀なくされ、日本において苦しい生活を送っていた。とすれば、敗戦国である日本は、自らの植民地政策による被害者である在日コリアンに対し、その被害回復に努めるべきであった。例えば、帰国或いは在留のための法的・財政的援助があるべきだったのである。帰国船の手配や帰国費用の支給、帰国までの生活補助、強固な在留資格の付与、在日コリアンに対する差別・蔑視状況の除去、日本人に対する社会保障以上の特別の公的扶助、民族性の回復・保持のための民族教育に対する援助などがあげられよう。

2. 日本政府のとった立場

日本政府は、在日コリアンをときには日本人、ときには外国人と扱うことで、

被害回復を行わなかった(但し、帰国船は一部実現している)。日本政府は、「国籍の最終決定は、平和会議及びそれに従属する日本と朝鮮間の条約にかかっている」との立場にたった。一見、祖国の意向を尊重するかのように見えるものの、日本政府が実施したことは、だからそれまでは在日コリアンを「日本国籍を有する者」として取扱い、解放民族として受けるべき処遇をなさないということであった。そして、他方で、日本政府は、戸籍法の適用を受けない者、すなわち日本国内にありながらも日本人とは異なり戸籍法でなく朝鮮戸籍令を適用されてきた在日コリアンの選挙権は停止されるものとし、また日本憲法施行の前日に施行された外国人登録令は在日コリアンを「外国人」とみなすことにして、日本国籍であれば受けることのできる処遇さえも在日コリアンに与えなかったのである。詳細は次項以下のとおりである。

3. 在留資格

1) サ條約以後

解放後、在日コリアンは日本国籍のままとされたため、一応、その在留資格は問題にならなかった。しかし、1952年4月28日、サンフランシスコ講和条約(以下「サ条約」という)の発効に伴い、在日コリアンは日本政府から一方的に日本国籍を剥奪される。そして、いわゆる法律第126号(ポツダム宣言の受諾に伴い発する命令に関する件に基づく外務省関係諸命令の措置に関する法律)によって在留資格なしに在留が認められることになった。

法律第126号は、サ条約によって日本国籍を離脱する者で、戦前(1945年9月2日以前)から日本に居住し、引き続き日本に在留する者と、その子女で1952年4月28日までに生まれた者に対し、在留資格なしに在留を認めた。しかし、この在留資格なしの在留は、「別に法律で定めるところにより在留資格在留期間

が決定されるまでの間」認められたものにすぎず、いつどうなるかわからないという不安定なものであった。

そして、法律第126号に該当しない者、例えば法律第126号該当者の子女で1952年4月29日以降に生まれた者に対しては、「特定在留者」という在留資格が与えられた。また、特定在留者の子すなわち法律第126号該当者の孫には、「特別在留者」という在留資格が与えられた。このようにサ条約以後に与えられた在留資格は、細切れに与えられ、また在留期間は3か月から3年と短期であり、更新の許可を必要とするものであった。そして、在留期間の更新を許可するかしないかは法務大臣の自由裁量に委ねられ、また退去強制事由は他の一般の外国人同様に適用されたのであった。

前述のように、在日コリアンが日本に移住したのは、好き好んでというわけではなかった。日本政府の植民地政策により日本への移住を余儀なくされたものである。いわゆる強制連行や徴用・徴兵などの法的強制によってでなくとも、日本に国全体が経済的に収奪されていた祖国では到底生活してゆけなくなり、やむなく日本に職を求めてやってきたものなのである。いわば経済難民として日本にやってきた者も多数いたのであるが、いずれにしても、その原因は日本政府にあった。とするなら、日本国政府は、解放後、在日コリアンに対して、強固な在留資格、すなわち永住権を付与すべきであった。帰国するしないは在日コリアンの決定することであり、帰国しない者には、在留するにあたって最も安心できる法的資格(永住権)を付与すべきであろう。そして、社会の規律を乱す者に対する制裁は、日本人に対するのと同様、刑罰等を以って臨めばよいのであり、既に生活の本拠を日本に置く在日コリアンをむりやり生活基盤のない本国へ送り返す退去強制の制度は、まさに在日コリアンの生存を脅かすものであり、決して被害回復されるべき立場にある在日コリアンに適用されてはならないはずのものであった。また、再入国許可も1ヶ月ないし3ヶ月の期間しか認められず、はなはだ制限されたものであった。

2) 韓日法的地位協定以後

　その後、日本政府は大韓民国(以下「韓国」という)とだけ国交を回復し、1965年にいわゆる韓日法的地位協定を締結する。これによって、韓国籍を有し(つまり外国人登録上の国籍欄に「韓国」と表示され)、その他の要件を満たす者に対しては、「協定永住権」が与えられて永住が認められ、退去強制事由も内乱や外交、麻薬に関する罪のほか、無期又は7年を超える懲役又は禁固に処せられた場合の4つに限られることになった。こうして、韓国籍の在日コリアンの在留資格は格段に安定することとなったが、他方で外国人登録上の記載が韓国となっているか朝鮮となっているかによって、歴史的背景を同じくする在日コリアンであるにもかかわらず、在留資格に格差がもたらされることになった。このとき出された法務省の統一見解では、外国人登録上の国籍欄の「朝鮮」表示は、「かつて日本の領土であった朝鮮半島から来日した朝鮮人を示す用語であって、何らの国籍を表示するものではない」とされている。「在日朝鮮人は、もと朝鮮戸籍に属し、日本国内に居住したまま日本国籍を失い外国人となった特殊事情から旅券またはこれに変わる国籍証明書を所持していないので、便宜上の措置として「朝鮮」という名称を国籍欄に記載した」とのことであるが(法務省 「外国人登録上の国籍欄の「韓国」或いは「朝鮮」の記載について」1965年10月26日)、大変苦しい説明であることは誰の目にも明らかである。当時の冷戦構造の国際状況下で、在日コリアンの法的地位に祖国の分断状況が反映される結果となってしまったのである。

3) 出入国管理及び難民認定法以後

　1982年の難民条約発効に伴って、これまでの出入国管理法が出入国管理及び難民認定法に改正され、このとき協定永住権を有しない在日コリアンに対して「特例永住権」が与えられることになった。これにより、法律第126号該当者、特定在留者、特別在留者などが、永住権を取得したが、協定永住権とは異な

り、退去強制事由は従来のままであった。

4) 入管特例法以後

韓日法的地位協定によっても協定永住権を取得できないものが現れる時期となり、1991年の韓日覚書(韓日法的地位協定に基づく協議の結果に関する覚書)に基づき、入管特例法が制定された。この法律により、在日コリアンの在留資格は「特別永住権」に統一され、全体として一応は安定した在留資格を与えられたことになった。しかし、退去強制事由は前記の4項目が相変わらず残されており、退去強制となったときは生活の本拠を失ってその生存が脅かされる点は変わっていない。また、再入国許可は原則として4年、1年の延長により最長5年が認められるようになったものの、指紋押捺拒否者が再入国許可を得られなかった事件は未だ記憶に新しいし、国際化により海外での勤務・留学が活発化している中で、5年に1度は日本に戻らなければならないというのは、やはり海外渡航の自由が不合理に制限されているといわざるをえない。

4. 不当に課せられた義務

在留資格は、私たちが日本に居住する根本となる法的地位であるから、ここに現れた問題が日本政府の在日コリアンに対する態度を端的に示すものと言ってよいであろう。すなわち、日本政府の態度とは、当初は日本国籍であるから解放民族としての待遇(特典)を認めず、後には外国人だから日本人と同様の権利は認められないとするものであった。そのような日本政府であっても、国際人権潮流や国内の人権意識の高まりを無視できず、いくらか改善された点も認められる。しかし、なお未解決まま重大な問題点がいくつも残されている。

外国人登録については、日本国憲法の施行前日から在日コリアンに課せら

れることになった。問題とされてきたのは、登録原票及び登録証明書への指紋押捺義務、登録証明書の常時携帯義務、同じく登録証明書の提示義務、そしてこれらの違反に対する刑事罰の制裁であった。指紋押捺は外国人(施行された1947年には90%以上が在日コリアン)を犯罪者扱いするものとしてプライバシーや名誉(品位)の点から反対されてきた。1987年に指紋押捺は1回限りとされ、1993年には永住者について廃止され、ついに1999年には全ての外国人について廃止された。しかし、2007年、特別永住権者を除く全ての外国人に対して、入国時に指紋採取を再び義務づけることになり、著しい後退を見せている。登録証明書の常時携帯義務は、2012年の外国人登録法の廃止と特別永住者証明書の新規採用によってようやく特別永住権者については廃止されたが、特別永住権者でないものには、別途、在留カード制度が導入され、在留カードについては常時携帯義務が課されたままである。提示義務は未だに残されたままであり、実際上は特別永住権者も提示のために常時、特別永住者証明書の携帯を余儀なくされるとの批判がある。常時携帯義務違反と提示義務違反については刑事罰が課され、これが単なる行政上の問題でなく、警察による捜査を可能とする取締目的で利用されてきた。常時携帯義務違反については1999年に刑事罰から行政罰に改められたが、在留カード制度の下では再び刑事罰に逆行してしまっている。提示義務違反についても刑事罰のままである。

5. 社会保障

外国人を対象から除外する国籍条項によって、国民健康保険と国民年金への加入、公営・公団・公社住宅への入居、住宅金融公庫の貸付・児童手当法・児童扶養手当法・福祉手当法等の適用から、在日コリアンは除外されてきた。被用者を対象とする健康保険と厚生年金保険には国籍条項が存在しなかったが、差別によって企業に採用されることのなかった在日コリアンにはこれら被用者

保険が適用されることが稀であった。結局、在日コリアンに適用された社会保障は、生活保護くらいしかなかったのである。

　しかし、1982年の難民条約発効に伴い、ほぼ全ての社会保障が在日コリアンにも適用されることになった。難民条約発効によりベトナムなどから難民として日本国内に在留することになった者たちに日本人同様の社会保障を与えることになったものであるが、これらの者に保障しながら、長年にわたって日本で生活を営み定住する在日コリアンには社会保障を認めないというわけにはいかなくなったのである。そもそも社会保障は、労働力の適正な再生産を担保するものである。社会の一員として長らく働き納税も行う者である以上、社会保障を受けるべきは当然のことであり、前述のように在日コリアンが日本の植民地政策の結果として生み出され、日本人以上に社会的・経済的に苦しい生活を余儀なくされたものである以上、その被害回復としては社会保障だけでは足りないというべきである。

6. 公務への就任・参政権

　公務への就任というのは、外国人である在日コリアンには当然認められないとされてきた。しかし、公務にも様々なものが存在する。なるほど在日コリアンも外国人である以上、携わるのが適当でないものもあり得る。例えば、首相、大臣、国会議員、外交官、裁判官、検察官、警察官などがその例としてあげられている。しかし、その職務の性質からして、在日コリアンに認められてもよい公務というものもある。国家意思の形成と執行に直接関わらない非現業の一般職公務員や国公立の教員、医師、看護婦などはそのよい例で、現在、これらの職には一応の門戸が開かれるに至っている。そして、いまでは、その内部でどこまでの職位に上ることが許されるかが問題とされる時代となっているが、最高裁は東京都の管理職登用試験から外国籍者を排除することを合憲と判断し、韓国籍女性の訴えを退けている。しかし、内部での昇格が否定されることにより、

在日コリアン公務員や教員の生涯年収は、日本人と比較した数段低いまま据え置かれることになり、これもまた軽視できない重大な問題といえる。また、司法の分野で韓国籍弁護士を弁護士会が調停委員として推薦しているのに対し、最高裁は、過去には台湾籍の裁判官出身弁護士を調停委員に選任したことがあるにもかかわらず、在日コリアン弁護士の調停委員選考自体を拒否している。

参政権は、国家或いは地方公共団体の意思形成に関わる問題であるから、全く認められないものとされてきたが、1995年、最高裁判所が地方公共団体における参政権は法律で付与することができるとの判決を下してから、にわかに注目されはじめた。2010年の民主党政権時代に、政府案として永住外国人参政権付与法案の上程が検討されたが、結局は実現せず、自民党政権に戻ってからは残念ながらむしろ付与を禁止する方向が強くなっている。

7. 民族教育と日本社会に根強い差別・偏見の除去

長年、日本にありながら、なお民族性を失わずに暮らしてゆく方法を実現してゆくことが必要です。その方法に、民族教育と日本社会に根強い差別・偏見の除去が含まれることには異論がないものと思われる。

1) 民族教育

民族教育についてみると、日本の植民地政策により皇民化教育を押しつけられていた在日コリアンは、解放後、直ちに言葉・文化・歴史を始めとする民族的素養を育むための民族教育を子女に施し始めた。最初、自然発生的であった学習会が、日本での生活してゆくことが選択される見通しの中で、教育機関としての学校の建設へと変わっていった。しかし、冷戦構造の中で、北朝鮮政府

を支持することがないよう、ＧＨＱ並びに日本政府により日本の学校への就学
を強制されるようになり、ついには民族学校の閉鎖が強行されてしまう。以来、
民族学校はかろうじて各種学校扱いを受け、その限りでの助成金を受けて運営
されるか、日本の学校教育法の要件を満たしたうえで言葉・歴史・文化などを学
習指導要綱外で教えるかしかなくなったのである。しかも、このような民族学校
は、近年、生徒数の減少に悩んでいる。近年、「越境人」という理念を掲げる
コリア国際学園という大阪での新しい学校教育の試みが日本国内で評価を受け
ているが、やはり財政難で苦しんでいる。韓国政府に財政援助を求めたとこ
ろ、国旗・国歌の強制、理事の思想調査、越境人という建学精神の放棄を求め
められ、援助の受給を断念している。韓国政府の海外学校政策は、4世代、5
世代にわたって日本に居住する在日コリアン、民主化により海外移住が容易化
され日本に渡ってきて20年以上になって定住化が見込まれるニューカマー、将
来の東アジアを展望する上で韓国とのパートナーシップに重きをおいて子女に教
育を与えたいという日本人学父母の子女などが集まって独自の多文化共生と国
際社会への貢献を目的に教育を行っているコリア国際学園の学校教育を放棄せ
よというものであって、在外公館を通じて維新憲法下であるかのような教育観と
運営が押し付けられている。これでは在日コリアンを含め海外で定住する同胞の
共感は得られないであろう。なお、このような民族教育の努力にもかかわらず、
大多数の在日コリアン子女は日本の学校に通い、かろうじて課外授業で民族の
言葉・歴史・文化を学んでいる程度である。民族教育の機会に恵まれない在日
コリアン子女も相当数に上る。ここへも日本政府の援助の手はさしのべられるべ
きであるし、正しい理解ある韓国政府の責任分担がなされてもよいと思われる。

2) 差別・偏見の除去

　日本社会には在日コリアンに対する根強い差別・偏見が残っている。近年で
はヘイトスピーチの標的とされ、「よい韓国人も悪い韓国人も殺せ」などと1923

年の関東大震災のときに起こった朝鮮人ジェノサイド(日本の一般市民による朝鮮人大量虐殺)を扇動する言動が何らの法的規制も受けることなく、それどころかジェノフォビア(外国人嫌悪)を自民党政権自身が助長するような発言を行っている。そのような社会に取り囲まれて、差別や偏見に負けず、韓国人であることを誇りに思う、しかし決して排他的でない、そのような民族性を育成・保持してゆくためには、前述の民族学校・民族学級のさらなる充実はもちろん、在特会に代表されるようなヘイトスピーチ、ジェノフォビア(外国人嫌悪)を規制してゆく必要がある。現在、在日コリアンが差別・・偏見に取り巻かれているのも、その最大の原因は日本政府の植民地政策と解放後も変わらない同化政策のためである。とすれば、原因を作った日本政府に原因を取り除き、在日コリアンを本来あるべき姿に戻す義務があるのは当然である。ヘイトスピーチに対する法的規制をはじめとして、物心両面の援助を日本政府は惜しむべきではなかろう。もちろん、私たち在日コリアンはそれに甘えていればよいというのではない。私たち自身の問題である以上、自らがより良い方途を見つけ出し、実践してゆく不断の努力が必要であることは言うまでもないことである。

「재일코리안의 법적지위의 변천과 문제점」에 대한 토론문

이 성(한신대)

임 변호사의 발표는 전후 재일코리안의 법적지위의 변천을 정리한 것이다. 특별영주권 부여 등 이전에 비해 상당히 개선된 부분이 있으면서도 여전히 여러 가지 차별대우나 불합리한 처우가 남아 있음을 구체적인 예를 들며 지적하고 있다. 그리고 그러한 상황을 초래한 원인이 식민지 지배에 대한 반성이 결여되어 재일코리안을 일본으로 동화시켜 문제를 해결하려고 해 온 일본정부의 태도에 있다는 것도 지적하고 있다. 전체적으로 잘 정리된 내용으로 특별히 이의를 제기할 부분을 찾아볼 수 없지만 재일코리안의 현황과 장래라는 더 큰 관점에서 몇 개 토론거리를 제공해보고 싶다.

먼저 본국 한국정부의 대응이다. 재일코리안의 법적지위나 생활에 가장 영향을 주는 것은 일본정부의 정책이지만 본국정부의 쟁책으로부터 영향을 받는 것도 사실이다. 1965년 협정영주권도 1991년 특별영주권도 한일간의 협의 끝에 실현된 것이고 이 점에서 한국정부의 노력을 평가해야 할 것이다. 그러나 한국인＝외국인으로 민족성을 유지하며 살고 싶다는 재일코리안의 가장 절실한 염원에 한국정부가 보답해왔는지는 의문이다. 오히려 일본 귀화＝동화를 기대했던 본심이 감지된다. 또 한편으로는 재일코리안을 반공적인 관점에서 감시·이용해 왔다. 2012년 재일코리안은 처음으로 한국의 국정선거에 참여했는데 이 때 "최근 '조선'적에서 위장전향해 '한국' 국적을 취득한 5만 명의 재일교포가 선거참여를 통해 친북정권 수립을 노리고 있다"라는 황당무계한 이야기가 매스컴을 요란하게 하여 모처럼 실현된 국정 참여에 찬물을 끼얹었다. 재일코리안이 색깔론의 표적이 된 셈이지만 이것을 한국정부가 적극적으로 부정했다는 이야기는 들은 적이 없다. 코리아국제학원(오사카)에 대해 한국정부가 사상조사나 '월경인'이라는 건국정신의 포기를 요구한 것도 이와 일맥상통하는 일이다. 임 변호사는 이를 "유신헌법하 같은 교육관과 운영"이라고 비판하며 민족교육에 대해 "올바른 이해가 있는 한국정부의 책임 부담"을 제언하는 등 역시 한국정부의 정책을 비판적으로 바라보고 있는 것 같다. 그래서 재일코리안에 대한 본국정부의 정책이 어떠해야 하는지에 대한 임 변호사의 견해를 듣고 싶다.

다음으로 지금 언급한 한국 국정참정권에 대해서다. 지금까지 재일코리안의 참정권 문제라 하면 오로지 일본 지방참정권만이 주목을 받아 왔지만 '법적지위'를 더 큰 틀로 생각해보면 한국국민인데도 국민의 기본권에서 소외되어 온 재일코리안에게 국정 참여의 길이 열린 것은 획기적인 의미가 있다고 생각한다. 그러나 이 한국 국정참정권에 대해서는 재일코리안 사이에서도 찬반이 갈라진다. 일본 지방참정권 요구에 대한 지장이 된다, 한국 국내의 정치적 대립의 소용돌이에 휘말려 재일코리안 사회에 분열을 가져온다, 분단 국가의 한쪽에 포섭되어 분단 고정화를 도와주는 결과가 된다, 권력의 통치를 실제로 받고 있는 거주국에서의 정치참여라는 민주주의 원칙에 어긋난다 등 소극론이나 반대론의 이유는 여러 가지 있는 것 같다. 상술한 '5만 명 위장전향설'도 본국선거 참여에 대한 의욕을 저해하는 역할을 했을 것이다. 하지만 여러 가지 부작용은 있지만 역시 국민의 기본권인 참정권 회복은 큰 의미가 있고 그것을 유효하게 활용해서 한국정부의 재일코리안 정책에 대해 요구를 제기해나가는 것이 바람직하지 않을까? 그리고 장래 일본 지방참정권이 실현되면 국정(國政)은 한국, 지방(地方)은 일본이라는 새로운 정치참여의 형태 또는 법적지위의 형태가 생길 것이고, 또 그렇게 되면 바로 '월경인'적인 삶이 실현되지 않을까? 나는 이렇게 생각하지만 본국 참정권에 대한 임 변호사의 견해는 어떤 것인지 여쭈고 싶다.

마지막으로 재일코리안 자신의 문제가 있다. 임 변호사는 발표 마지막 부분에서 "재일코리안은 그것에 만족하고 있으면 된다는 것이 아니다. 우리 자신의 문제인 이상 자기자신이 더 나은 방도를 찾아내 실천해나가는 부단한 노력이 필요하다"라고 말하며 바로 재일코리안 자신의 노력을 촉구하고 있는데 완전히 동감이다. 그런 의미에서 전후 법적지위의 변천에 관해서도 재일코리안 자신이 과연 적절하게 대응해 왔는지라는 시각에서 문제를 반성적으로 다시 생각해볼 필요가 있다고 생각한다. 예컨대 1965년 법적지위협정에서는 북한 지지자 중심으로 영주권 신청 거부가 속출한 결과 재일코리안 약 60만 명 가운데 협정영주권 취득자는 약 35만 명에 머물고 재류자격이 분열된 사태를 초래했다. 이것은 영주권 신청 요건으로 한국의 여권이나 한국 국적(등록)증명서 내지 자신이 한국국민임을 인정하는 진술서의 제출을 요구한 것, 즉 한국국민임을 영주권 부여의 조건으로 한 것의 불가피한 결과였다. 그러나 최근 공개된 한일회담 외교문서를 보면 남북한 어느 쪽을 지지하는지와 상관없이 모든 재일코리안에게 일률적으로 또한 일괄적으로 영주권을 주어야 한다는 주장이 일본정부 일각에서 강하게 제기됐던 사실, 나아가서는 한국정부가 교섭 최종단계에서 종래 입장을 바꾸고 그러한 일률부여론을 주장했던 사실을 확인할 수 있다. 다시 말해 여기에는 재류자격의 분열을 회피할 수 있는 일말의 가능성이 존재했던 것이다. 그러나 재일코리안 단체인 민단과 총련은 그러한 일률부여론의 입장을 취하지 못했다. 민단은 영주권을 미끼로 한국 국적자의 수를 늘리는 것, 한일회담을 정면 부정하던 총련은 영주권 신청을 방해하는 것밖에 생각하고 있지 않았다. 냉전과 남북대립이 한창이던 당시 그러한 가능성은 있을 수 없었다는 반론이 나올지도 모르지만 한국정부마저 일률부여론을 주장했다는 사실을 생각할 때 재일코리안이 그러한 방향으로 목소리를 냈더라면 일률/일관 부여의 실현 가능성이 전무했다고는 단정할 수 없다. 재일코리안 자신이 남북으로 갈라져 싸우며 내부의 냉전구조를 때로는 본국정부 이상으로 재일코리안 사회 안에서 재생산하고 증폭시켜 온 것이 법적지위 개선이라는 과제에도 악영향을 미쳐 온 사실을 직시해야 한다고 생각한다. 이것은 발표자에 대한 질문이 아니라 나의 생각이다.

「在日コリアンの法的地位の変遷と問題点」
への討論文

李　誠(韓神大)

　　林弁護士の発表は、戦後日本の在日コリアンの法的地位の変遷を整理した
ものである。特別永住権の付与など以前に比べてかなり改善された部分があり
ながらも、依然としてさまざまな差別待遇や不合理な処遇が残っていることを具
体的な例をあげて指摘している。そしてそのような状況をもたらした原因が、植民
地支配に対する十分な反省を欠き、在日コリアンを日本に同化させて問題を解決
しようとしてきた日本政府の態度にあることも指摘している。全体として手際よく整
理された内容であり、特に異議をさしはさむ部分は見当たらないが、在日コリア
ンの現状と将来というより大きな観点から何点か討論の材料を提供してみたい。

　　まず第一に本国である韓国政府の対応である。在日コリアンの法的地位や
生活に最も影響を与えるのは日本政府の政策だが、本国政府の政策の影響を
受けるのもまた事実である。1965年の協定永住も91年の特別永住も日韓協議
の末に実現したものであり、この点、韓国政府の努力は評価されるべきであろ
う。しかし韓国人＝外国人として民族性を維持したまま生きたいという在日コリアン
の最も切実な思いに韓国政府が応えてきたかとなると疑問である。むしろ日本に
帰化＝同化することを期待してきたふしさえある。その一方では、在日コリアンを
反共の観点から監視・利用してきた。2012年に在日コリアンは初めて韓国の国
政選挙に参加したが、この時、「最近'朝鮮'籍から偽装転向して'韓国'国籍を
取得した5万人の在日僑胞が選挙参加を通じて親北政権樹立をねらっている」と

いう荒唐無稽な話がマスコミを賑わせ、せっかく実現した国政参加に冷や水を浴びせた。在日コリアンがセッカル論の標的になったわけだが、これを韓国政府が積極的に否定したという話は聞かない。コリア国際学園(大阪)に対して韓国政府が思想調査や「越境人」という建学精神の放棄を求めたことなども、これと一脈通じるものである。林弁護士はそれを「維新憲法下であるような教育観と運営」と批判し、民族教育に対して「正しい理解ある韓国政府の責任分担」を提言するなど、やはり韓国政府の政策を批判的にみている。そこで在日コリアンに対する本国政府の政策はどうあるべきかについての見解をうかがいたい。

　次に、今触れた韓国への国政参政権についてである。これまで在日コリアンの参政権問題といえば、もっぱら日本での地方参政権だけが注目されてきたが、「法的地位」をもっと大きな枠組みで考えれば、韓国国民でありながら国民の基本権から疎外されてきた在日コリアンに国政参加の道が開かれたことは、画期的な意味があると思われる。しかしこの韓国国政参政権に関しては、在日コリアンの中で賛否が分かれている。日本の地方参政権要求の支障になる、韓国国内の政治的対立の渦に巻き込まれ在日コリアン社会に分裂をもたらす、分断国家の一方に取り込まれて分断固定化に手を貸す、実際に権力の統治を受けている居住国での政治参加という民主主義の原則に反するなど、消極論や反対論の理由はさまざまあるようだ。上述した「5万人偽装転向説」なども、本国選挙参加への意欲をそぐ役割を果たしたと思われる。しかしさまざまな副作用はあるにしても、やはり国民の基本権である参政権の回復は大きな意味があり、それを有効に活用して韓国政府の在日コリアン政策にも注文をつけていくのが望ましいのではないか。そして将来、日本での地方参政権が実現すれば、国政は韓国で、地方は日本でという新たな政治参加の形、あるいは法的地位の形が生まれ、そうなればまさに、「越境人」的な生が実現するのではないか。私はこのように考えるのだが、林弁護士の本国参政権に対する見解はどのようなものかうかがいたい。

　最後に、在日コリアン自身の問題がある。林弁護士は発表の最後で「在日

コリアンはそれに甘えていればよいというものではない。私たち自身の問題である以上、自らがよりよい方途を見つけだし、実践していく不断の努力が必要であることは言うまでもないことである」と述べられ、まさに在日コリアン自身の努力を促しているが、全く同感である。その意味で、戦後の法的地位の変遷に関しても、在日コリアン自身が果たして適切に対応できたのかという視角から問題を反省的にとらえ直してみことも必要だと考える。たとえば、1965年の法的地位協定では、北朝鮮支持者を中心に永住権申請拒否が続出した結果、在日コリアン約60万人中、協定永住権取得者は約35万人にとどまり、在留資格が分裂する事態をもたらした。これは、永住権申請の要件として韓国旅券や韓国の国籍（登録）証明書、あるいは自分は韓国国民であるとの陳述書の提出を求めたこと、つまり、韓国国民であることを永住権付与の条件としたことの不可避の結果だった。しかし最近公開された日韓会談の外交文書を見ると、南北朝鮮のいずれを支持するかに関係なく、すべての在日コリアンに一律かつ一括して永住権を与えるべきだとの主張が日本政府内の一角から強く提起されていた事実、さらには韓国政府が交渉の最終段階で従来の主張を変え、この一律付与論を主張した事実が確認できる。つまりここには在留資格の分裂を回避できる一縷の可能性が存在していたのである。しかし在日コリアン団体の民団と総連はそのような一律付与の立場をとることができなかった。民団は永住権をえさに韓国国籍者を増やすこと、日韓会談を全否定する総連は永住権申請を妨害することしか考えていなかった。冷戦と南北対立真っ只中の当時にそのような可能性はあり得なかったという反論が提起されるかもしれないが、韓国側交渉団さえ一律付与論を唱えたという事実を考える時、在日コリアンがその方向で声をあげていれば、一律付与の可能性が皆無だったとは言い切れない。在日コリアン自身が南北に分れて争う内なる冷戦構造を、時には本国以上に在日コリアン社会の中で再生産し増幅してきたことが、法的地位の改善という課題にも悪影響を及ぼしてきた事実を直視すべきだと思われる。これは発表者に対する質問というよりも、私自身の考えである。

제1세션 종합토론

사회 – 기미야(木宮)=그럼 종합토론을 시작하도록 하겠습니다.

종합토론의 사회를 맡은 기미야입니다. 저에게 주어진 시간이 총 50분입니다. 종합토론입니다만 주어진 시간이 총 50분으로 상당히 부족합니다. 보통의 경우라면 청중들에게도 의견을 말씀하실 기회를 드려야 합니다만, 시간관계상 어렵지 않을까 생각합니다. 이점 미리 양해 말씀을 드리겠습니다. 그리고 저는 주최 측으로부터 종합토론의 사회 역할을 충실히 하도록 요청받았습니다만, 일부러 일본에서 왔기 때문에 저도 몇 말씀 드릴 시간을 갖도록 하겠습니다.

그래서 저는 5~10분 정도 저의 말씀을 드리고, 다음으로 약정토론자 선생님들의 토론을 약 5분 정도 부탁을 드리도록 하겠습니다. 이 토론자의 발언에 대해 발표자께서는 가능한 한 대답을 한분에 약 3분 정도로 해주시면 감사하겠습니다. 그러면 대충 주어진 50분 안에 마무리를 할 수 있지 않을까 생각합니다.(웃음) 시간을 충분히 드리지 못해 거듭 죄송합니다. 우선, 제가 문제제기라는 형식으로 몇 가지 말씀을 드리도록 하겠습니다.

앞서 김용덕 선생님의 기조강연에서도 말씀이 있었습니다만, 최근의 한일관계, 역사문제에 관한 한일관계에 있어서 양국 간의 문제점이라 할 수 있는 것은, 우선 한국에서는 아무런 역사적 반성을 하지 않으려는 일본, 그러한 일본은 신뢰할 수 없다. 그러한 견해가 널리 퍼져 있는 것 같습니다. 일종의 일본을 포기하는 한국이라 할 수 있습니다. 반대로 일본에서는 일본은 몇 차례나 사죄를 하고 있다, 그럼에도 불구하고 한국 측은 그 점을 전혀 인정해 주지 않는다, 그렇다면 굳이 사죄할 필요가 있겠는가. 더 이상 사죄할 필요가 없지 않은가. 말하자면 한국을 포기한 일본이라고 말할 수 있습니다. 이러한 일본을 포기하는 한국, 한국을 포기하는 일본. 이처럼 한국과 일본 사이에는 역사문제를 이해하는 상호의 이미지가 점차 양국 간에 정착되어 가고 있는 것은 아닌가 하고 생각됩니다.

이는 한일양국에서 실시되고 있는 여론조사를 보면 상당히 명확하게 잘 나타나 있습니다. 그렇게 되면, 좀처럼 역사문제에 대한 접점을 찾기 어렵게 되고 맙니다만, 저는 역시 역사문제에 관한 한일양국 간의 접점이라고 하는 문제의 일종의 시금석은 1965년의 한일국교정상화의 양국의 합의에 이르는 교섭과정을 어떻게 보느냐가 역시 중요하다고 생각합니다. 이 문제에 관해서는, 물론 개별적인 논점에 관해서는 각각 5인의 보고자가 중요한 문제제기를 해 주셨습니다만, 여전히 여러 가지 미해결의 문제가 남아 있다는 점을 확인했습니다. 이점은 한일양국이 공유하고 있다고 생각합니다. 그리고 최근, 한일양국의 일차자료가 이용 가능하게 됨으로써 지금까지 충분히 해명되지 못했던 교섭의 구체적인 양상에 대해서도 어느 정도 해명되고 있다고 생각합니다. 우리들 연구자는 우선 이러한 연구를 더욱 축적해 나가는 일이 무엇보다도 중요한 작업이라고 생각합니다. 다만, 이러한 연구가 축적되면 곧바로 한일 간에 존재하는 오해가 풀려서 한일 간의 상호 이미지가 개선되는가 하면 반드시 그렇게 낙관할 수 있는 것만도 아니라고 생각됩니다.

그 배경에는 현재의 한일관계는 단순히 과거의 어떤 역사적 사건에 대한 관점, 해석의 차이에 수렴되는 것이 아니라, 한일관계 그 자체가 구조적으로 변용되어 있는 점이 크게 관련되어 있기 때문입니다. 나 자신은 이러한 구조 변용을 첫째 수평화, 파워의 상대적 균형화, 두 번째는 균질화. 체제가치관의 공유에 따른 사회의 유사화, 세 번째는 다양화, 다층화. 한일관계의 영역에 있어서의 다양화, 그리고 소위 계층에 있어서의 다층화, 마지막으로 네 번째는 상호효과 한일 간의 정보, 가치, 물건 등의 흐름에 있어서의 상호 효과와 그에 따른 상호 관심의 상대적인 균형화 등으로 규정하고 있습니다. 이러한 구조 변용을 배경으로 한일 간에는 국교정상화 교섭을 둘러싸고 다음과 같은 인식상의 괴리가 현재 존재하고 있다고 생각합니다. 먼저 한국에서는 1965년의 합의는 원래 많은 문제가 산적해 있었음에도 불구하고, 그 당시의 상황 속에서 한국의 박정희 정권이 한국에 유리한 교섭 틀을 구축할 수 없는 상태에서, 본의 아니게 합의를 하지 않을 수 없는 상황에 놓이게 되었다. 이러한 전제가 있는 것입니다. 그러나 현재의 한일관계에는 그 당시의 합의가 성립되었을 때의 전제조건과는 전혀 다른 상황에 놓여 있다. 새로운 전제조건 하에서 한국의 의향이 보다 반영되고, 나아가서는 보편적인 정의도 실현되어야 한다는 요구입니다. 이러한 새로운 합의가 이루어지도록 한국정부, 한국사회는 노력해야 하지 않을까, 이러한 논의가 점차 대두되고 있다고 생각합니다. 적어도 1965년의 합의에서는 미해결 문제가 남아있고, 지금이야말로 그러한 미해결의 문제를 가장 먼저 해결하지 않으면 안 되며, 그 문제해결의 책임은 일본 측에 있다고 하는 것입니다.

다만, 여기서 제가 좀 이상하다고 여기는 점은, 그러한 본의 아닌 조약을 체결한 당사자가 박정희 정권임에도 불구하고, 박정희 대통령에 대해서는 물론 한국 국내에서 여러 가지 평가가 있겠습니다만, 전체적으로 위대한 지도자였다고 하는 높은 평가가 이루어지고 있습니다. 그런 높은 평가를 받는 사람이라고 하더라도 이 한일 국교정성화를 위한 합의에 대해서는 그다지 높은 평가가 이루어지고 있지 않습니다. 바꾸어 말하면, 이 조약을 체결한 박정희 정권, 박정희 대통령의 책임을 그다지 명확하게 문제로 삼고 있는 것은 아니지 않는가 하는 점입니다. 특히 박근혜 대통령의, 박정희 대통령의 딸입니다만, 50년 전의 한일 국교정상화에 대한 역사적 평가에 대한 언급은 전혀 없습니다. 국교정상화의 방식에 문제가 있으며, 그 때문에 일본정부에 문제가 있는 것이라고 한다면, 일본정부를 비판하는 것은 물론 당연합니다만, 또 다른 한쪽의 당사자인 한국정부의 책임에 대한 언급은 전혀 없는 게 아닌가 하는 생각이 듭니다.

다른 한편으로 일본에서 최근 자주 사용되는 말은, '한국이 골대를 움직인다'고 하는 디스코스(담론)이며, 이런 비판이 상당히 설득력을 가지고 일본사회에 침투하고 있습니다. 한국은 일본과의 사이에 존재했던 과거의 합의를 깨고 교섭의 골을 움직이려고 하고 있다, 특히 한일관계의 변용, 한국이 이전에 비해 그 파워가 커졌기 때문에, 그에 따라 골을 움직이려고 한다. 바로 이러한 논의입니다. 물론 이러한 한국의 소위 "무빙 더 골"론은 일본에서는 약속이나 합의를 지키려 하지 않는 한국이라는 의미로 일본사회에서 상당한 영향력을 갖고 있습니다. 그 임프리케이션 함의로서는 역사문제 등에 관해서도 일단 합의나 약속을 한 사항이라 하더라도 한국은 또 다시 보편적 정의를 들고 나와서 그 합의나 약속을 깨버릴지도 모른다는 생각입니다. 그렇다면 어떤 합의나 약속을 한다고 하는 것이 아무런 의미를 갖지 못하게 된다. 그렇기 때문에 역사문제에 대해서 일본 측에서 타협할 필요가 없다. 이렇게 되고 마는 것입니다.

다만 저로서는 '한국=무빙 더 골'론에 관해서는 일본 측에 과연 유리한 논리인가 하는 의문이 듭니다.

각 시대에는 그 시대에 있어서의 가치규범이 존재하고 있으며, 그것이 국제사회의 구조변용, 나가서는 국가 간의 역학관계의 변용에 따라 시대와 함께 가치규범이 변화하는 것은 당연한 일이라고 생각합니다. 그리고 어느 시점의 가치규범이나 역학관계에 의해 성립한 합의나 약속이 그 시대의 가치규범이나 역학관계의 변화와 함께 언젠가는 변용되는 것은 어쩔 수 없는 일입니다. 물론, 너무나도 가치규범이 단기간의 역학관계에 따라 유동화 하는 것은 피하지 않으면 안 되는 일입니다만, 그럼에도 불구하고 역사를 초월한 가치규범이란 존재할 수 없다고 생각합니다.

현재 그러한 관점에서 생각하면, '한국=무빙 더 골'론은 한국에 대한 비판으로 제기된 것입니다만, 한국의 입장을 오히려 정당화 또는 옹호하는 논리로도 작용할 수 있다고 생각합니다. 저는 현대사 연구를 하면서 정치학자로서 현재의 한일관계에 대해서도 연구하고 있습니다만, 결국 한일 국교정상화 교섭에 관한 연구를 축적함으로써 한일 간의 오해가 풀리고, 이를 통해 관계 개선의 계기를 제공하게 되는 것은 좀처럼 어려운 일이 아닐까 생각하고 있습니다.

그러면, 이러한 문제의식을 전제로 하여 이하 3가지 점을 각 보고자 혹은 경우에 따라서는 토론자에게 생각해 주셨으면 하는 바람입니다.

첫째, 앞서 말씀드린 한일양국의 구조변용에 따른 1965년의 국교정상화 합의를 둘러싸고 전개된 논의, 특히 '한국=무빙 더 골'론에 대해 어떻게 생각하고 있는가? 둘째, 물론 이 점은 더욱 논의할 필요가 있겠지만, 일본정부의 대응에 대해서는 논의가 필요하겠지만, 최근의 역사문제에 대해서는 한국정부가 무엇을 어떻게 생각하고 있는가, 명확한 입장이 거의 보이지 않는다고 하는 점입니다. 위안부 문제도 그렇고, 강제징용에 대해서도 한국정부의 입장이 분명하게 보이지 않습니다. 물론 이러한 문제는 사법판단만으로 해결될 문제가 결코 아니며, 정부 간의 교섭에 의하지 않으면 해결할 수 없는 문제입니다만, 그 당사자의 하나인 한국정부의 입장이 명확하지 않으면 일본정부로서도 도저히 어쩔 수 없다는 논의가, 일본정부 내에서도 어떻게 해서라도 이 문제를 해결하지 않으면 안 된다는 입장에 있는 사람들 사이에서 제기되고 있습니다. 한국정부가 무엇을 해야 하는가 하는 점에 대해서도 생각해 보았으면 합니다.

그리고 셋째는, 이 또한 커다란 문제입니다만, 우리들이 문제를 생각하는데 있어서 역시 크게 세 가지로 나누어 생각할 필요가 있다고 생각합니다.

우선 하나는 내셔널리즘의 문제입니다. 저는 안이하게 내셔널리즘은 극복해야만 한다, 내셔널리즘을 넘어선 지(知)의 존재양식의 문제, 지식의 존재양태를 추구해야 한다고 결코 생각하지 않습니다. 그것은 왜냐하면, 동아시아는 한반도도 중국도, 경우에 따라서는 일본도 포함하여 내셔널리즘이 미완성이라는 전제조건이 있기 때문입니다만, 이러한 내셔널리즘과의 관계 속에서 우리들의 지식의 올바른 존재양태를 어떻게 생각하면 좋을까 하는 문제입니다. 두 번째는 앞서 말씀드린 것처럼, 동아시아는 일중의 역전, 한일의 일종의 수평화라는 형태로 파워 시프트에 급격한 변화가 진행되고 있습니다만, 이러한 파워 시프트의 급격한 변화과정 속에서 우리들이 지녀야 할 올바른 지의 양태는 어떠한 것이라야 하는가 하는 점입니다. 마지막으로 세 번째는, 이 점은 물론 동아시아, 한국은 물론입니다만, 경우에 따라서는 중국, 더 나가서는 약간 낙관적인 의미에서 북한도 포함하여 일종의 민주화가 진행되고 있다고 할 수 있는 상황에 있다고 할 수 있습니다. 그러한 민주화의 진행에 동반해 우리들의 지식이 종래의 권력으로부터의 제약에서 상당히 자유롭게 되었다고 할 수 있습니다. 이 점은 충분히 인정할 수 있다고 생각합니다.

그렇지만 역으로 지식 자체가 일종의 포퓰리즘, 대중영합적인 측면을 갖게 된 게 아닐까 생각합니다. 이 점은 중국도 한국도 그렇습니다만, 제가 특히 최근에 상당히 걱정이 되는 것은 일본의 지식의 양태가 바로 그렇게 되고 있다는 점입니다. 이러한 상황 속에서 우리들은 이에 어떻게 대응해야 하는가 하는 것입니다.

상당히 커다란 문제제기가 되고 말았습니다만, 이상 말씀드린 세 가지를 염두에 두시면서 지금부터 토론을 진행해 주셨으면 합니다. 그럼, 이제부터 각각의 발표에 대한 토론입니다만, 먼저 유지아 선생님의 발표에 대해 최종길 선생님의 토론을 부탁드립니다. 토론문이 있습니다만, 토론 시간은 5분입니다. 잘 부탁드립니다.

토론자1(최종길)=네, 방금 소개 받은 최종길입니다. 자료집 43쪽에 실린 제 토론문을 참고해 주시고, 가능한 한 짧게, 간략하게 말씀드리도록 하겠습니다.

우선, 유지아 선생님의 발표 내용은 한일회담 반대운동이 만들어낸 결과물들이 어떤 의미가 있는가를 살펴본 것이라 할 수 있습니다. 특히 이 연구를 향후의 한일관계의 전망과 결부시켜 고찰하고 있다는 점에서 학문의 사회적 기능을 잘 수행한 값진 연구라 할 수 있습니다.

그래서 고찰의 결과로서 3가지 점[한일양국에서 한일회담 반대운동을 진행한 한국과 일본의 운동주체들이 공동의 반대논리를 찾는 데 실패하였다. 둘째 한국경제의 일본 예속과 일본 노동자들의 생존권 위협, 셋째 가해자로서의 자각과 자기부정에 대한 인식이 필요하다는 사실을 지적]을 말씀하셨는데, 그 가운데 제가 조금 말씀을 드리고자 하는 부분은 크게 2가지 점입니다.

결과로 말씀하신 첫 번째 내용은, 한일 간에 공동의 반대논리를 찾지 못했다는 점입니다. 둘째는 한국경제의 일본 예속과 일본 노동자들의 생존권 위협이라는 점을 강조하고 있습니다. 셋째는 가해자로서의 자각과 자기부정에 대한 인식이 필요하다는 시각과 주장이 일본 내부에 등장했다는 점을 말씀하고 계십니다.

제가 질문 드리고 싶은 내용도 이 3가지와 관련해 드리고자 합니다.

첫째, 이 반대운동의 의미가 60~70년대의 한국과 일본의 여러 가지 관계 형성에 구체적으로 어떤 영향을 미쳤느냐, 하는 데 대한 언급이 별로 없는데, 이 부분에 대해 말씀을 좀 해 주셨으면 좋겠다는 생각입니다. 다음으로 두 번째도 발표자께서 말씀하신 내용 가운데에서 사실은 이 한일회담이라는 것은 한미일 3국간의 문제다, 라고 말씀하셨는데, 그에 대해서는 기본적으로 찬성을 합니다. 다만, 그렇다면 반대운동에 대한 분석도 역시 한미일 삼각관계의 시각에서 있었으면 좋겠다, 라는 생각이 듭니다. 이 2가지에 대해서는 보충설명을 좀 부탁드리도록 하겠습니다.

그리고 세 번째에 있는 부분에 대해서는 사실 저는 좀 다르게 생각합니다. 그래서 이 부분은 좀 논의를 할 필요가 있다고 생각합니다. 그래서 말씀드리자면, 일본조선연구소에서 한일협정 반대운동을 하면서 식민지 지배민족으로서의 자각과 반성에 대한 논의가 나왔다, 라고 하셨고, 그리고 그 부분을 크게 강조해서 평가를 하셨는데, 그 부분이 분명한 사실인 것은 사실입니다. 그럼에도 불구하고 사실 한일회담 반대운동, 혹은 그 중심에 섰던 세력은 사실은 학생들을 중심으로 한 사회운동을 주로 했던 운동단체였다고 볼 수 있는데, 그러한 사람들에게 있어서 식민지 지배체제에 대한 자각, 이런 부분이 있었느냐 하면은 거의 없었습니다. 따라서 한일회담 반대운동을 했던 주류의 많은 사람들은 그런 의식이 없었고, 아주 일부분이었던 일본조선연구소에서 그런 주장을 했는데, 과연 그 부분을 얼마만큼 크게 평가할 수 있을지, 특히 80~90년대, 지금 현재까지도 이어지고 있습니다만, 일본의 보수화경향, 이런 것까지 감안해 생각해보면, 물론 최초에 제기된 것은 사실이지만, 즉 식민지 지배민족으로서의 자각이 필요하다는 문제제기는 했지만, 이게 일본사회 내에서 구체화되지 못했던 그런 과정까지 포함해서 생각한다면 과연 어디까지 평가할 수 있을까, 라는 부분에서 저는 유지아 선생님과 의견을 달리합니다. 이에 대한 선생님의 견해를 말씀해 주셨으면 좋겠습니다. 이상입니다.

사회자=네, 감사합니다. 저도 이와 관련해서 한 가지 점만 코멘트 하도록 하겠습니다. 반대운동의 일본 내에서의 논리에 역시 그것을 담당하는 사람들에게 있어서는, 저는 기본적으로는 당시의 조건 아래서, 즉 친북한의 입장에 서있는 사람들이었다고 생각합니다. 따라서 한국 측에서 보자면 가장 거리가 먼 입장에 있는 사람들입니다. 선생님의 논문에서 이 점을 좀 더 강조해도 좋지 않았을까 생각합니다.

다음으로 넘어가겠습니다만, 우선 토론자의 발언을 다 듣고 난 다음에 답변은 추후에 일괄적으로 듣도록 하겠습니다.

다음은 이형식 선생님 토론 부탁드립니다.

토론자2(이형식)=소개받은 고려대(아세아문제연구소) 이형식입니다. 저는 이전에 한일협정관련 일본외교문서를 정리한 적은 있습니다만 한일교섭에 대해서는 문외한에 가깝습니다. 그래서 요시자와 선생님 발표에 대한 적합한 토론자가 아니라는 것을 미리 양해 말씀을 드리면서 장박진 선생님의 연구(『미완의 청산』)와 선생님의 발표문을 읽으면서 느꼈던 의문점과 평소 이 문제에 대해서 가졌던 생각을 제시함으로써 토론자의 책무를 다하고자 합니다.

결론적으로 말씀드리면 오늘 선생님의 발표는 김종필-오히라 합의로 '소멸'된 청구권문제를 생각할 때 한일양국국민 모두에게 국가란 도대체 무엇인가라는 국가의 존재의의에 대해서 다시 한 번 생각하게 하는 귀중한 발표가 아닌가 생각됩니다.

선생님이 발표하신 논점에 맞춰 토론을 진행하고자 합니다.

먼저, 재한일본인재산을 둘러싼 검증과 관련해서는, 일본정부가 귀환자의 재외재산에 대한 보상을 등한시하거나 의도적으로 청구권을 상쇄하기 위한 주장으로 이용했다는 점에서 일본정부의 자국민에 대한 책임은 매우 크다고 할 것입니다. 하지만 여기에서 우리가 놓쳐서는 안 되는 식민지 지배의 역사가 있습니다. 일본 외무성과 대장성이 연합국에 대한 배상에 대비하여 만든 『일본인의 해외활동에 관한 역사적 조사』라는 자료가 있습니다. 이 자료는 일본인의 재외재산의 생성과정은 제국주의적 발전사가 아니고, 일본인의 해외활동은 일본인의 정상적인 經濟行爲, 商行爲, 文化活動의 성과였다고 주장하고 있습니다. 하지만 해외사업전후

대책중앙협의회 의장인 荒川昌三는 해외재산을 조사하는 작업에서 "전쟁에 기여했다든지 해외에서 착취했다든지 일본의 팽창정책에 기여했다고 하는 것은 되도록 피하거나 삭제한다는 취지로 보고해 주었으면 한다. 전쟁 전부터 일본의 평화발전을 위해 해외에서 특히 당시 주민의 민생을 위해 기여했다고 하는 것에 중점을 두었으면 한다"고 하고 당부하고 있습니다. 이처럼 재한일본인재산 가운데 적지 않는 재산이 전시경제, 군수산업을 지탱하고 있었고 반드시 평화적인 활동, 정상적인 경제행위만은 아니었다고 생각합니다. 하여 연합국이 재한일본인재산을 몰수한 것은 타당한 측면이 있다고 생각합니다. 하지만 일본의 재한일본인재산 요구는 결과적으로 한국의 일본에 대한 식민지 지배 피해에 대한 보상 요구를 위축시키지 않았나 생각합니다. 즉 식민지 지배 피해에 대한 보상은 재한일본인재산요구로 상쇄되고 그 나머지를 한국정부가 대일8항목요구라는 형태로 제시하였던 것입니다. 국책에 충실히 부응했던 재한일본인의 사유재산에 대해서 일본정부가 충분히 보상하지 않고 오히려 청구권을 상쇄하기 위한 방편으로 이용했던 책임이 크다고 생각합니다.

두 번째는 조선통치관계자와 한일교섭인데요. 이 부분은 제가 앞으로 연구할 생각입니다. 제가 하겠습니다. 그래서 여기서는 시간 관계상의 문제도 있고 해서 생략하도록 하겠습니다. 다음으로 세 번째 문제로 넘어가도록 하겠습니다.

세 번째는 일본이 지불하려고 한 개인청구권 문제와 관련해서입니다. 한일교섭과정에서 일본외무성은 한국병합 합법론에 의거해 한국 측이 제시한 청구권 8항목 가운데 개인청구권에 대해서는 지불의사를 밝히고 있습니다. 이러한 외무성의 인식은 앞에서 언급한 제가 연구하고 있는 조선통치관계자의 인식과 일치합니다. 하지만 애시 당초 한국 측이 제시한 청구권(8항목)에는 이상덕 배상구상에는 포함되어 있던 관동대지진학살, 3·1운동 피해자, 창씨개명 등과 같은 전쟁책임이나 식민지 지배책임

문제는 누락되어 있고, 전시동원에 한정한 점은 근본적인 한계를 가지고 있었던 것은 아닐까 생각합니다. 한일교섭과정에서 한일양국 모두 식민지 지배문제에 대한 '청산'을 누락시켰던 것은 아닐까 생각합니다.

네 번째, 일본이 '소멸'시키려고 했던 청구권의 내용에 대해서 입니다만, 이에 대해서 장박진 선생은 『미완의 청산』에서 청구권의 내용과 교섭과정을 실증적으로 분석하여 청구권을 '소멸'시킨 한국정부의 책임을 문제 삼고 있습니다. 박정희 정권이 회담이 재개되기도 전에 청구권문제를 각 개별 항목별 토의에 기초한 실무교섭으로서가 아니라 총액방식으로 타결할 것을 결정했고, 1차 정치회담을 계기로 기초 항목과 무관하게 총액을 결정하는 교섭으로 옮아감으로써 사실상 종결되었다고 보고 있습니다. 일본은 개인청구권에 대해서 직접 개인에게 지불하는 방법을 한국정부에게 요청했고 이케다 수상은 청구권+유상원조를 통한 해결의 가능성을 타진했다는 것을 (장박진 선생님은)지적하고 있습니다. 하지만 외무성과 대장성이 이케다 수상의 생각을 기각시켰고 한국이 청구권으로서의 지불을 고집할 경우에는 일본정부로서 지불 대상을 엄격히 한정할 수밖에 없다는 것, 그리고 그 결과 지불 액수가 적어질 수밖에 없다는 것을 통해서 한국정부를 설득했다고 밝히고 있습니다. 한국정부는 이러한 설득에 응해 김종필-오히라 합의를 통해 청구권문제(개인청구권마저)를 '소멸'시켰다고 결론짓고 있습니다. 이러한 장박진 선생님의 견해는 본 발표에서 제기했던 '犬論議(개 논의)'를 부정하는 것으로 보이는데 이에 대해서 선생님은 어떤 입장을 가지고 계신지 궁금합니다. 이상입니다.

사회자=저도 한 가지 질문이 있습니다.

일본정부의 입장이 확실히 처음에 요시자와 선생님이 말씀하신 것처럼, 외교보호권의 포기이지 청구권은 살아 있다, 소멸하지 않았다는 논의는 1990년대, 몇 년인가요, 도중에 입장이 변하고 있지요. 즉 외교보호권만이 아니라 청구권도 사라진 것이라고 일본정부 의견이 변하고 있습니다. 그렇다면 일본도, 일본정부도 '무빙 더 골'을 하고 있는 것입니다만, 그 점에 대해서 어떻게 생각하시는지 궁금합니다. 약간의 보충설명을 부탁드립니다.

그럼, 다음 조윤수 선생님 토론 부탁드립니다.

토론자3(조윤수)=예, 안녕하세요. 동북아역사재단의 조윤수입니다. 한일관계사학회에서 제가 토론이나 발표를 처음 하는 것 같습니다. 귀중한 자리에 불러주셔서 감사합니다. 한일회담 기간 중에서 평화선 문제는 오늘날 일본의 입장에서 보면, 북한의 납치문제 이상으로 어쩌면 지금보다 더 굉장히 험악한 그러한 상황이었다고 생각합니다. 그러한 점에서 기존 문서에만 의존해 분석해 왔던 한계점을 영상자료라는 것을 통해서 살펴 본 것은 오늘날 한일관계사 연구에 있어 그 의미가 상당히 크다고 생각되기 때문에 자료소개만으로도 큰 의의가 있다고 생각합니다.

특히 그동안 우리 한국에서는 한국인 피해자에 대한 이야기가 주로 다루어져 왔는데, 사실은 저도 학교에서 어업협상을 주제로 박사학위를 받았는데요. 저는 그때 어업에 대한 지식이 전혀 없어서 요나가와시와 시오가마라는 곳에서 3개월 정도 체류하면서 당시 어민들과 접촉할 기회를 가졌습니다. 그런데 그 때 당시 시간이 꽤 지났음에도 불구하고, 당시 어민들 가운데에는 나이 드신 분들은 자신들의 경험 때문에 한국에 대한 이미지가 굉장히 나쁘더라고요. 저는 처음에는 그 이유를 잘 몰랐었는데, 야마구치현이나 후쿠오카에서 부산에 나포되어 한국 국내법으로 형을 마쳤음에도 불구하고 돌아오지 못하고, 아버지가 돌아오지 못하면서 가족이 거의 붕괴되는 그런 경우까지도 있었던 것 같습니다.

그래서 사실은 최영호 선생님의 글이 저희에게는 새로운 문제제기라 할 수 있는데, 사실은 그동안 우리가 인권문제, 인도주의적 문제, 일본군 위안부 피해자 문제, 강제징용피해자 문제를 논하고 있었는데, 사실은 어떤 면에서는 일본인 어민들의 인도주의적인 이야기라든지 피해어민들에 대한 그런 문제에 대해서 한국도 다시 한 번 생각해 볼 기회를 갖게 되지 않았나, 그런 시도였다는 점에서 상당히 바람직하다고 생각합니다.

일단, 제가 토론문으로 작성한 부분에 대해서는 최영호 선생님께서 발표 중에 어느 정도 설명을 해주셨기 때문에 저로서는 특별히 질문할 사항은 없습니다.

다만, 이러한 방대한 양의 자료나 문건들이, 구체적으로 종래의 문서나 자료들에 나오지 않았던 부분들이 어떤 식으로 보완이 될 수 있을지, 그 점이 가장 궁금합니다. 그리고 사실은 앞에서 요시자와 선생님께서도 말씀을 하셨지만, 나포어민에 대한 사료가 저희 언론에 크게 보도된 적이 있습니다. 그 보도내용이 뭐냐면, 외교문서에 나오는 일본어민에 대한 구제조치를 일본정부가 검토한 내용입니다. 그것은 후지코시소송에서 법적 근거로 제시된 내용이었는데, 예를 들어 나포어민에 대한 청구권문제였어요. 당시에는 나포어민에 대한 개인청구권문제가 아니라, 일본군 위안부나 강제동원피해자들의 개인청구권 행사가 가능하다는 것이 기사의 요지였기 때문에 크게 보도되었는데, 그 검토된 내용은 나포선에 대한 보상청구권이 일본정부는 포기하지만 그 어선의 선주들이 손해배상을 청구할 때는 한국정부의 법률에 따른다는 것이었습니다. 그래서 결국은 개인청구권이 살아있다는 것을 의미하지 않느냐, 하는 법적근거가 되었는데요. 사실은 이 문제는 일본군 위안부 피해자들에 대한 개인청구권의 문제였는데, 달리 생각하면 이 문제는 굉장히 복잡한 상황이기도 하다는 점을 의미하는 것이기도 했습니다. 이상입니다.

사회자=감사합니다. 확실히 이 문제는 한국과 일본, 북한과 일본의 관계에 있어서는 언제나 일본이 가해자이고 한국과 북한이 피해자라는 도식입니다만, 저도 기본적으로는 그렇다고 생각합니다만, 이 문제, 그리고 역시 납치문제입니다만, 납치문제는 어떤 의미에서는 일본이 피해자, 북한이 가해자가 됩니다. 피해자는 어떤 의미에서는 강합니다만, 왜 일본이 납치문제에 대해서 그렇게 강경한 자세를 취하는가, 일종의 피해자로서의 강함이 아닐까, 라고도 생각합니다만...

그럼, 이어서 류미나 선생님 부탁드립니다.

토론자4(류미나)＝예, 국민대학교의 류미나입니다.

오늘 발표해 주신 선생님들은 요시자와 선생님이나 아리미쓰 선생님은 시민운동에 직접 참여하시면서 한일회담에 관련된 외교문서의 공개에 큰 역할을 해 오신 분들이시고 지금까지도 활동하고 계신 분들이기 때문에 연구자인 저로서는 늘 감사할 따름입니다. 이분들의 활동으로 인해서 저희가 자료를 볼 수 있었고, 다시 한 번 이 문제에 대해서 깊이 생각할 수 있는 하나의 계기가 되었다고 생각하기 때문에 선생님들의 노고에 정말로 감사드립니다.

저는 이 문화재반환 교섭에 대해서 쭉 연구를 해왔습니다. 그래서 간단하게나마 선생님이 발표하신 내용에 대해 저의 의견과 선생님의 의견은 어떠신지, 여쭤보는 형태로 토론을 진행하도록 하겠습니다.

먼저, 저의 토론문이 자료집 162~163쪽에 걸쳐 있습니다만, 이 가운데 우선 3번과 4번에 관한 부분을 우선 말씀드리도록 하겠습니다.

우리가 문화재반환 문제와 관련해, 일본이 왜 이 문화재반환 교섭에 대해서 좀 더 적극적으로 대처하지 못하는가라는 문제를 생각해 볼 때, 이것을 우리는 한일회담이기 때문에 한일관계를 생각하겠지만, 결국은 일본이 한국과의 관계만으로 외교교섭을 해나가는 것이 아니라, 중국도 있고 동남아시아도 있기 때문에 그런 여러 나라들과의 외교를 하는 가운데 있어 이 문화재반환이라고 하는 것 자체가, 만약에 한국에게 문화재를 반환하게 되면 이것이 하나의 전례가 되어 제삼국과의 교섭에서도 문제가 되지 않을까 하는 것이 가장 큰 두려움으로 작용하는 것 같습니다.

실질적으로 작년에 일본 외무성이 극동아시아 과장인 오노 게이이치(小野啓一)라는 과장이 있는데 이 사람이 발언한 진술서이기도 합니다만, 이러한 외교교섭 중에서 한국과의 반환 문제가 성립되면 자신들의 외교에 큰 지장이 있을 수 있다고 하는 것이 가장 큰 이유 중의 하나이고, 그 대상은 중국이 될 수도 있고, 북한일 수도 있고 여러 나라가 될 수 있기 때문에 이런 점 때문에 우려가 많아서 우리하고의 문화재반환 교섭도 굉장히 우려하고 있는 것 또한 사실입니다.

또 하나 일본 국내적인 문제를 생각해 볼 때, 이 문화재반환이라고 하는 것은 국가 간의 문제이기도 하지만, 개인이 소장하고 있는 문화재가 있기 때문에 개인이 소장한 문화재를 반환했을 경우 내는 세금문제가 있습니다. 이것은 일본정부가 요구할 수 있기 때문에 일본 내의 소장자들은 자신의 소장문화재를 많이 은닉하고 있지요. 그래서 이 세금문제가 해결되지 않고서는 일본 내의 개인소장 문화재가 어느 정도인지 파악하는 것 자체도 굉장히 어렵지 않을까 생각됩니다. 그래서 이 문화재반환이라고 하는 것 자체가 단순히 외교적인 문제만이 아니라 굉장히 복잡한 그런 상황에 처해있고, 결코 쉽지 않은 그런 교섭이었고, 지금도 그렇다고 하는 점들을 한 번 생각해 볼 필요가 있다고 봅니다.

그리고 선생님께 여쭈어보고 싶은 것은 이 '합의의사록'에 대해서 말씀하셨는데, 1번에 관한 내용입니다만, 이 합의의사록에 '권장'이라는 말이 있음에도 불구하고 지금까지 제대로 된 권장 행위가 이루어지지 않았다는 점은 1965년 이후 계속적으로 연구자들에 의해 제기되어 온 문제이기도 합니다.

그런데 선생님이 말씀하신 대로 일본이 '권장'의 내용에 대해서 이렇게 나 몰라라 하는 식의 행동을 할 수 있는 근거가 바로 선생님의 발표문에 실려 있는 그 자료입니다만, 다만 이 자료에 대해서 우리가 좀 더 생각해 봐야 할 부분은, 이때에 참가했던 김정태라는 참사관이 이 이야기를 들었고, 그 권장에 대해 극히 형식적인 문제라고 하는 점을 마치 용인한 것처럼 되어 있지만, 문제는 한국 측 자료에는 없다는 것입니다. 한국의 외교문서도 지금 많이 공개가 되었지만, 합의의사록에 나와 있는 김정태 참사관과 하리가이의 대화 가운데 이 합의의사록에 나와 있는 '권장'이라는 것은 어디까지나 형식이고 이것은 실질적으로 이행할 어떤 조치도 일본이 생각하고 있지 않다는 것인데, 한국이 알겠다, 라는 식의 제스처를 취했다고 되어 있지만, 이러한 내용이 한국 측의 기록에는 전혀 없다는 것입니다.

1966년 4월에 한국의 이동원 외교부장관이 이 권장에 대해서 일본이 어떻게 일하고 있는지를 당시의 김동조 주일대사를 통해 조사하도록 지시합니다. 그래서 주일대사관에 이야기를 하고 안광호 공사가 일본 외무성에 그 사정을 문의합니다. 외무성은 오늘 선생님이 말씀하신 그대로 우리는 일하고 있지 않다, 그것은 명문화 된 것 자체가 권장이다, 권장이라는 것을 우리가 명문화 한 것 자체가 권장 행위다, 라는 식으로 궤변을 늘어놓습니다.

그런데 일본의 자료를 보면 그것은 궤변이 아니라 논리에 맞는 이야기겠지요. 그렇다면 한국에 없는 자료는 과연 어떻게 된 것인가. 만약 이것을 한국이 인식하고 있다면, 이동조 장관은 그 내용을 알고 있음에도 불구하고 사람을 시켜서 조사한 것이 됩니다. 그러면 이때에 이동조 장관이 합의의사록을 만들 때 어디에 있었느냐, 제가 알기로는 일본에 있었습니다. 그렇기 때문에 이를 모를 리가 없거든요. 그럼에도 불구하고 각각의 외교 사료에 문제가 있다는 것이지요. 그래서 이 부분은 미완의 문제로 남아있는 중입니다. 그리고 실질적으로 황수영 선생님께서 직접 교섭을 한 분인데, 만약에 이분이 용인했다라는 것을 안다면, 1973년에 간행된, 쓰신 것은 1972년입니다만, 피해자료에 여태까지도 양국이 합의 의사록을-다만, 선생님은 합의의사록이라 하지 않고 오보에가키 즉 '각 서'라는 말을 쓰셨지만-이것을 교환했음에도 불구하고 일본이 이를 이행 하고 있지 않다, 라고 쓴 문헌이 있습니다. 그렇다면 과연 이분은 무슨 생각으로 이런 글을 썼느냐. 그에 대한 사실관계가 아주 명확하지 않다 라는 것이지요. 그래서 이 합의의사록은 굉장히 문제가 아주 많습니다. 양국 모두에게...

분명한 것은 이 합의의사록이 만들어졌음에도 불구하고, 현재까지 딱 2번, 선생님이 소개하신 것처럼 협정을 만든 것은 딱 1번, 나머지는 민간 협정으로 문화재가 반환되고 있다는 것이 문제인 것이지요.

다음으로, 2번으로 넘어가서 간단히 마치도록 하겠습니다.

이 한일회담 당시, 이 문화재 반환 교섭(이에 대해서는 내일 제가 다 른 자리에서 발표할 내용이기도 합니다만)이 가장 문제인 것은 이것이 일본사회에 아무런 영향력을 미치고 있지 않다는 점입니다. 일본사회는 한국에 문화재가 반환되었다는 사실조차 전혀 모르고 있습니다. 1958년 의 경우는요. 나중에 신문보도를 통해 알게 된 것입니다. 그리고 이 신문 보도는 한국에서 보도된 내용을 보고 한 달 뒤에야 이루어진 것이기 때 문에 일본사회에서는 이를 수용할 수가 없었습니다. 한일회담이라고 하 는 것 자체가 식민지청산에 대한 문제를 다룸에도 불구하고 이 청산에 대한 의미가 전혀 일본사회에 각인되지 않았다는 것이지요. 비밀리에 문 화재를 돌려주고, 외무성은 비밀리에 문화재에 관한 협정을 해 온 경우 가 많았기 때문에, 일본사회에서는 왜 우리가 문화재를 한국에 돌려줘야 되는지, 왜 일본 땅에 한국문화재가 와 있는지, 이런 문제에 대한 의식조 차도 전혀 갖고 있지 못했고, 이러한 인식과 관련해 일본사회에 던지는 메시지로서는 아무런 역할도 하지 못했습니다. 그렇기 때문에 문화재반 환 교섭에 대해서 아직까지도, 아니 한일회담 전반에 대한 인식이 아직까지도 일본사회에 자리 잡고 있지 못한 게 아닌가 하는 생각이 듭니다. 이에 대한 선생님의 의견을 듣고 싶습니다.

사회자=감사합니다. 그럼 마지막으로 이성 선생님 부탁드립니다.

토론자5(이성)=이성입니다. 일본어로 말씀드리도록 하겠습니다. 임 선생님의 발표를 듣고 그 내용에 대해서는 전혀 이의가 없습니다. 대체로 동감입니다. 저도 재일교포 2세입니다. 재일교포 3세이신 임 선생님이 고등학교까지 일본이름을 사용했다고 하셨는데, 저도 마찬가지로 고등학교까지 일본이름을 사용했습니다. 거의 같은 경험을 한 게 아닌가 생각합니다. 토론 내용에 대해서도 특히 이론을 제기할 여지가 없습니다만, 다만 토론을 해야 하기 때문에 몇 가지 질문을 드리도록 하겠습니다.

먼저 첫 번째 문제로, 본국 한국정부의 대응입니다. 이와 관련해서는 임 선생님이 발표 중에 언급하셨습니다만, 역시 한일회담도 그렇고, 그 후의 저희들 일본에 살고 있는 재일코리안의 법적지위나 생활에 가장 영향을 주는 요인은 역시 일본정부의 정책이 가장 크지만 본국(한국)정부의 쟁책으로부터 크게 영향을 받는 것도 사실입니다. 그런 의미에서 1965년 협정영주권도 1991년 특별영주권도 한일 간의 협의 끝에 실현된 것이고 이 점에서 한국정부의 노력을 높이 평가해야 할 것입니다. 저는 그렇게 생각합니다. 그러나 그 이외의 문제, 저희들이 민족교육을 활성화시켜 우리들의 아이들에게 민족성을 양성시키고 자부심을 가지고 한국인=외국인으로 민족성을 유지하며 살고 싶다는 재일코리안의 가장 절실한 염원, 희망에 대해 한국정부가 어느 정도 보답해왔는지는 의문입니다.

앞에서 코리아국제학원(오사카)에 대한 이야기가 있었습니다, 저는 사실 이에 대해서는 전혀 알지 못했던 사실이라서 놀랐습니다만, 최근 자이니치(在日)가 국정선거에도 참여하게 되었습니다. 2012년에 대통령

선거, 이어서 국회의원 선거의 투표를 했습니다. 이와 관련해 한국의 매스컴에서는 자이니치(재일동포) 가운데 위장전향을 해서 한국 국적을 얻은 5만 명 정도의 사람들이 친북정권 수립을 노리고 있다는 보도가 있었습니다. 이는 어렵게 실현된 국정선거 참가에 찬물을 끼얹고 말았습니다. 이 경우도 한국국제학교의 이야기와 거의 같다고 생각했습니다.

여전히 재일동포를 북한의 앞잡이와 같은 취급을 하면서 공격하는 것은 참으로 난처한 일이며, 과연 한국정부가 이에 대해 분명하게 부정을 했는지, 오히려 지금까지의 한국정부의 정책에서 그러한 이야기가 나온 것은 아닌지 하는 생각마저 듭니다.

아무튼 한국정부의 정책은 잘못된 점이 있었다고 생각합니다만, 이와 관련해 어떻게 생각하고 계신지 여쭙고 싶습니다. 이점이 첫 번째입니다.

두 번째 문제는, 조금 전에 언급한 한국 국정참정권에 대해서입니다. 우리들이 재일동포의 법적지위 문제라고 하면, 가장 크게 취급하는 문제가 지방참정권 문제입니다. 한국정부도 한국 국민도 대체로 지방참정권에 대해서는 관심을 갖고 있는 경우가 많습니다. 일본정부에 대해 이를 빨리 실현시키라고 항상 요구하고 있습니다. 다만, 우리들이 한국 국적을 갖고 있는 이상 국정참정권은 한국에서 구사하는 것이 베스트라고 저는 개인적으로는 생각하고 있습니다. 그리고 이는 실제로 실현된 사실입니다만, 다만 재일동포 사이에서 이 문제를 둘러싸고는 실은 찬반이 나뉘어 있습니다. 이제와 새삼스럽게 한국의 국정선거에 참여하는 것이 어떤 의미가 있느냐, 우리들의 일본에서의 지방참정권 문제에 장애가 되는 것은 아닌가, 혹은 살고 있는 나라에서 참정권을 구사하는 것이 민주주의의 원칙이기 때문에 한국의 선거에 참여하는 것은 좋지 못하다, 이런 생각도 제기되고 있습니다. 이와 관련해 임 선생님의 의견이 있으시면 듣고 싶습니다. 만약에 앞으로 일본에서의 지방참정권 참여가 실현된다면 국정참정권은 본국(한국)에서, 지방참정권은 일본에서 행사하게 됩니다만, 만약 이렇게 된다면 이야말로 오사카 한국국제학원이 안고 있는 '월경인'으로서의 우리들의 역할도 중요하지 않을까 생각하고 있습니다.

마지막으로 재일코리안 자신의 문제로서, 과연 우리들이 법적지위의 문제도 포함해서 우리들의 지위개선을 위해 문제에 제대로 대응해 왔는가 하는 점입니다. 물론 열심히 해 왔다고 생각하는 분들도 많습니다만... 예를 들면, 한일회담 관련해서 말씀드리면 저는 지금까지 공개된 문서를 읽고 1965년 법적지위협정 문제, 그 과정을 공부하고 있습니다. 이 문제를 살펴보면, 대상을 한국 국민으로 한정하는 것이 아니라 조총련 즉 북한 지지자도 포함해서 전체에게 부여해야만 한다는 의견이 상당히 강하게 제기되고 있었습니다. 이 점을 확인할 수 있습니다. 이러한 주장은 일본정부 내에서도 강하게 제기되고 있었고, 교섭의 최종단계에서는 한국정부도 이점을 말하고 있습니다. 한국의 국적증명서라든가 이런 것을 생략하고 일괄해서 재일동포 전체에게 부여해야 한다고 말하고 있습니다. 각각이 서로 다른 생각들을 하고 있었다고 생각합니다만, 특히 한국의 경우는 한국 국적을 조건으로 삼는다면 조총련을 중심으로 영주권을 신청하지 않는 경우가 생겨 체면을 손상시키는 결과가 되기 때문이라고 생각됩니다만, 일본 내에서는 역시 재일한국인은 공통의 단일의식을 지니고 있어서 만약 남북의 지지여부에 따라 영주권을 부여하거나 부여하지 않는 등의 법적차별을 하는 것은 원칙적으로 좋지 않다는 의견이 제기된 것입니다. 그런 측면을 생각하면, 만에 하나라도 자이니치 단체가 그 당시 일괄부여의 형태로 의견을 통일해 목소리를 내고 있었다면 또 하나의 다른 가능성도 있었지 않을까 하는 생각이 듭니다. 저는 이렇게 생각합니다만, 잘 아시는 바와 같이 그 당시에는 민단도 조총련도 대립을 해서, 지금도 대립을 하고 있습니다만, 민단 측은 영주권을 조건으로 한국 국적을 취하게 했고, 조총련 쪽은 한일회담은 전면반대였기 때문에 어떻게 해서라도 영주권을 신청하지 못하도록 하는 것 외에는 생각하고 있지 않았습니다.

　이러한 사정을 감안해 볼 때, 과연 재일동포들이 적절한 대응을 했다고 할 수 있는지 의문이 듭니다만, 이와 관련해 임 선생님의 의견을 듣고 싶습니다. 이상입니다.

　사회자=네, 실은 제가 모두에 말씀드린 토론시간 총 50분을 이미 사용하고 말았습니다. 사회자로서 매우 곤란한 입장에 처해졌습니다만, 아무튼 시간은 없지만 훌륭한 토론에 대해 순서대로 2분정도의 시간으로 답변을 부탁드리도록 하겠습니다.

　그럼, 유지아 선생님부터 부탁드립니다.

　유지아=예, 저는 정말로 간단히 답변을 드리고 싶습니다. 제가 일단 이 논문을 처음에 작성할 당시의 의도는 여론을 한 번 조사해보자는 것이었습니다. 한일회담 반대운동이 있었던 시기와 그 이후의 시기, 일본에서 또는 한국에서 이러한 일본에 대한 또는 한국에 대한 이미지 변화, 그리고 아까 식민지 문제에 대한 변화, 역사인식에 대한 변화가 있었는가 하는 점, 이 점을 밝혀보자고 하는 게 취지였습니다만, 거기에 충실하지 못함으로 인해서 이러한 질문들이 나온 것 같습니다. 이 논문으로 완결된 것이 아니기 때문에 그런 부분들은 여론을 철저하게 조사를 해서 70년대 이후로 어떻게 변해 가는가, 라고 하는 부분과 그리고 반미운동과 같은 경우에도 어떤 식의 영향을 미치는가 하는 부분을 중심으로 앞으로 더 연구를 진행해 나가도록 하겠습니다. 이상입니다.

　사회자=감사합니다. 그럼 요시자와 선생님 부탁드립니다.

　요시자와=저도 역시 가능한 한 간단히 말씀드리도록 하겠습니다.

우선 첫 번째 질문 내용인 '상쇄'에 대해서 입니다만, 한국 측의 청구권에 대해 일본 측이 청구권으로 대응하려고 했다는 논의에 대해서는 이전부터 있었던 내용입니다만, 발표에서도 말씀드린 것처럼, '상쇄'라는 말을 사용하기도 하고, 장박진 선생님은 '소멸'이라는 말을 사용합니다만, 이 상쇄나 소멸을 문자 그대로 이해하면 한국에서도 일본에서도 보상의 필요성이 대두하게 됩니다. 즉, 잃어버린 권리에 대해서 뭔가 한국에서나 일본에서 진지하게 검토하지 않으면 안 되는 문제입니다만, 지금까지 양국에서 이에 대한 충분한 검토가 이루어지지 못했습니다. 한국은 민주화된 이후로 진상규명위원회가 발족되는 등 과거청산의 움직임이 있기 때문에 한국으로서는 나름의 대응을 하고 있다고 생각됩니다만, 다만 하나의 틀로서 상쇄라든가 소멸이라는 말을 사용할 수 있는가에 대해서는 저는 의문을 품고 있습니다.

그리고 다음으로 전시기의 청구밖에 제기되지 않았다고 하는 문제는, 이는 역시 강화조약의 문제일지도 모르겠습니다. 즉 지금까지 식민지 책임을 다한다고 하는 문제는 외교교섭으로서 행해진 전례가 없다고 하는 점을 전제로 하면 샌프란시스코 강화조약에 한정되어서 전시기 문제로 한정된 것이 아닐까 생각됩니다만, 그 점에 대해서는 더욱 연구가 필요하리라고 생각합니다. 그리고 또 한 가지에 대해서는, 기미야 선생님이 문제제기 하신 부분과 관련해서 말씀드리면 3가지 문제가 제기 되었습니다만, 간단히 한마디로 말하면, 저는 운동이 일한관계를 변화시켰다. 이 점을 전제로 생각해 볼 필요가 있지 않을까 생각합니다. 실은 이점에 대해서는 거의 언급되고 있지 않습니다만, 일한회담이 진행되고 있는 동안에도 일본과 한국의 피해자들이 자신들의 피해에 대해 배상하라, 보상하라는 운동을 전개하고 있었고, 일한국교정상화 이후에도 일본에서도, 특히 한국에서 피해자들은 재산보상을 해라, 전쟁피해 보상을 하라는 운동을 했습니다. 그것이 박정희 정권 때에 일단 민간청구권 보상을 했지만 그것이 극히 불충분한 제한적인 일부에 지나지 않았다. 그것이 민주화 이후 보다 본격적으로 운동으로 전개되었다. 그 결과, 여러 가지로 일본에서도 한국에서도 그에 대응하지 않으면 안 되었습니다. 한일양국에서의 포퓰리즘 문제도 생각하지 않으면 안 됩니다만, 소위 아래로부터 상황을 바꾸어가는 그러한 시점도 이 문제를 생각하는데 있어서는 중요하지 않을까 생각됩니다. 이상입니다.

사회자=감사합니다. 최영호 선생님 부탁합니다.

최영호=간단히 말씀드리겠습니다. 토론자 분이 저를 편하게 하기 위해 별로 질문을 하지 않으셨습니다만, 아무튼 이 논문을 어떻게 좀 더 보완을 할 것인지 요청하신 것으로 이해하고 있습니다. 저의 생각을 말씀드리자면 우선, 제3자에 대한 인식이 필요하다고 생각합니다. 한일양국의 어떤 양극화 된 관점보다는 여기다가 제3자의 복합적인 인식이 필요하지 않은가, 라는 의미에서 이렇게 말씀드릴 수 있고, 제3자의 인식에 있어서는 사회적인 인식, 대중화시키는 것과 정책적인 인식 두 가지가 있다고 생각할 수 있는데, 저는 기미야 선생님의 문제제기와 관련해서는 정책적인 인식에 대해 간단히 한 마디만 말씀 드리겠습니다.

2011년에 한국의 헌법재판소가 일본군 위안부 문제에 관해서 기존의 외교적인 보호권이 없다라고 하는 한일양국의 합의 내용, 이 부분을 결국 깨트렸습니다. 그래서 이를 일본에서는 한국의 골포스트 이동이라고 비판하고 있습니다. 그런데 그때 당시의 헌법재판소에서 3명이 부정적인 의견을 내놓았습니다. 그리고 1명은 보완의견을 제시했습니다. 저는 그 가운데 보완의견에 해당된다고 말씀을 드릴 수 있습니다. 전체 9명 가운데 과반수 이상의 찬성으로 골포스트 이동이 된 것입니다. 그런 가운데 정책적으로 보자면, 우선 한국에서 인도적인 차원에 있어서의 보완에 준하는 조치가 필요하다. 저는 그렇게 생각합니다. 그것이 전제가 된 다음에 골포스트의 이동이 되어야 한다고 생각합니다.

그렇지 않으면 자칫하면 골포스트 이동이 인도적인 차원에서의 이동이 아니라, 일본에 대한 반대만을 위한 골포스트 이동이 되기 때문에 이것은 문제가 된다, 저는 이렇게 생각합니다.

이상입니다.

사회자=아리미쓰 선생님 부탁합니다.

아리미쓰=네. 류미나 선생님이 지적하신 사항은 모두 말씀하신 그대로라고 생각합니다.

우선, 제3국에 대한 파급 문제에 대해서는, 한국만이 아니라 다른 피해국들도 모두 그렇습니다만, 위안부 문제 하나 만이라면 어떻게라도 괜찮지만 다른 문제가 관련되면 매우 복잡해집니다. 2010년의 (문화재반환/한일도서협정)법안도 극히 한정해서 다른 문제로는 절대 파급되지 않았으면 하는 간절한 바람으로 우여곡절을 거쳐 성립되었습니다. 이는 오쿠라집고관(大倉集古館) 문제를 생각할 경우, 중국 실은 오쿠라집고관이 가장 많이 갖고 있는 유물은 한국 게 아니라 중국에서 가져온 것입니다, 그것을 어떻게 처리할 것인가가 문제입니다. 그리고 개인소유의 문제를 어떻게 할 것인가. 이 문제 역시 한일 간의 문제일 뿐만 아니라 세계적 과제라고 생각합니다. 그리고 합의의사록의 검증도 더욱 더 상호간에 함께 하지 않으면 안 된다고 생각합니다. 다만, 지금 현재의 단계에서 1965년의 합의의사록이 좋다, 나쁘다 하는 논의는 이미 건설적인 논의가 아니라고 생각합니다. 저의 입장에서는 발표문의 마지막 부분(5와 6)에 적어 놓았습니다만, 2010년에 간 정권에서 일한도서협정으로 문화재반환을 했을 때, 정부도 되돌려주니까 민간도 되돌려줍시다 하는 요청을 했어야 하지 않았을까, 라고 생각합니다. 그것을 하지 못한 것이 결정적으로 잘못된 것이 아닌가 생각합니다. 그리고 그 후에 일어난 일로서 마지막 부분에 언급되어 있습니다만, 한국인에 의한 쓰시마 불상 도난사건에 관해서 말씀드리면, 이 사건으로 인해 일본 내의 분위기가 완전히 바뀌어 아주 나쁘게 변했습니다. 이후 일본에서 문화재반환과 관련된 거의 모든 사람들의 경우, 문화재반환에 관한 연구나 반환활동을 전개하는데 있어 결정적인 제약으로 작용하고 있습니다. 이 문제를 어떻게 해결해야 하는지가 아주 심각한 문제입니다.

앞으로의 전망에 관한 일입니다만, 발표집(6장)에도 적어두었습니다만, 저는 1965년의 문화재협정에 대신하는 신협정을 만들려는 노력을 해오고 있고 이에 대해 적극적으로 의견을 제시해오고 있습니다.

한일기본조약과 관계4협정 가운데 문화재 및 문화협력에 관한 협정은, 실은 65년의 한일기본조약과 달리 문화재에 관해서는 '완전하고 최종적으로'라는 문언이 들어있지 않습니다. 65년의 협정에서 이 말을 넣지 못한 것으로 생각됩니다. 이 협정으로 문화재 관련 문제가 다 해결될 수 있는 성질의 것이 아니기 때문에 넣을 수 없었던 것입니다. '권장'이라는 말도 역시 민간에 관한 부분을 결코 방치할 수 없었기 때문에 그러한 상황에서 어떻게든 '권장'이라는 말을 넣어 마무리를 지으려 했던 것이 아닐까 생각합니다. 따라서 이를 다음 스텝으로 가지고 갈 수 있습니다. 65년 협정의 개정도 좋습니다만, 저는 신협정이 좋다고 생각합니다만, 지금의 국제수준에 맞춘 새로운 협정체결을 미래지향적으로 제언하고 싶습니다. 이로서 다음 스텝으로 나갈 수 있지 않을까 생각합니다. 그 경우, 앞서 기미야 선생님이 말씀하신 것처럼 내셔널리즘, 포퓰리즘의 문제가 문화재반환 문제와 서로 충돌하기 때문에 이를 어떻게 제어해 나갈 것인지가 문제라고 생각합니다. 문화재반환과 관련해 이를 되돌려주어야 하는지 어떤지, 분쟁이 일어났을 경우, 한일 정부 아래에 일종의 조정 기능을 포함한 위원회, 조정위원회를 만들어 그곳에 맡기는 등 하지 않고 개인들이 제멋대로 하게 된다면 분쟁이 확대될 뿐이므로 이러한 일종의 제어장치를 포함한 기구를 만들지 않으면 안 된다고 생각합니다. 이러한 제안은 역시 한국 측에서도 적극적으로 촉구해 주시길 부탁드립니다.

사회자=그럼 다음으로 임 선생님 부탁드립니다.

임=우선, 한국정부는 나름대로 잘 하고 있는 것이 아닌가 하는 지적입니다만, 저도 성과를 올린 부분에 대해서는 정말로 잘 하고 있다고 평가합니다. 예를 들면, 지방참정권의 문제도 한일 간에는 외교적으로는 상호간에 실현합시다, 라고 논의해 한국에서는 실제로 한국에 정주하고 있는 외국인들에게 지방참정권을 부여하고 있습니다. 그런데 일방적으로 약속을 지키지 않는 쪽은 일본정부입니다. 일본정부는 외국인에 대해서는 참으로 심한 나라입니다. 최근 이슬람국가(IS)가 커다란 문제가 되고 있습니다만, 일본은 악당 이슬람국가와 싸우기 위한 자금은 2억 엔이나 지출하고 있지만, 이슬람국가와의 전쟁에서 비롯된 넘쳐나는 난민은 단지 4명만을 받아들이고 있는 아주 쇄국적인 나라입니다. 그런 쇄국적인 나라 일본에 지금 우리들 재일동포들이 몇 십만 명이나 살고 있는 것입니다만, 싸우고 또 싸워도 일본정부의 벽을 넘기 어렵다. 그런 점에서 한국정부의 분발을 기대합니다. 외압에 의해서가 아니면 정책을 바꾸어 나가지 않는 나라가 일본입니다. 미국이 말하는 것은 잘 듣습니다만, 저희들 외국인의 요구는 들어주지 않습니다. 아무튼 한국정부가 도와주시길 바랍니다. 정말로 나라로부터 버림받은 느낌입니다.

다음으로, 참정권의 문제입니다만, 이 참정권도 실은 헌법재판소가 인정해 준 것입니다. 실제로 헌법재판소에 소송을 제기한 게 바로 재일동포입니다. 결국 실현되었습니다. 그 당시 상당히 여러 논의가 있었습니다만, 이 지방참정권이 실현되고 나서 재일동포들이 정치에 대해 처음으로 진지하게 생각하게 되었습니다. 어떤 문제가 있는지, 어떤 사람들이 있는지, 무슨 말을 하고 있는지 등 여러 가지를 생각하게 되었던 매우 획기적인 일이라 할 수 있습니다. 다만, 비례대표밖에 없는 선거입니다. 전혀 본 적이 없는 입후보자들에 대한 선거이고, 누가 누군지도 알지 못합니다. 재외국민투표인데, 예를 들면 재외투표선거구가 있어서 일본에서 한 사람을 뽑는 등과 같이 재외국민 대표가 한사람도 없으면 전혀 관심을 갖지 못하는 선거가 되고 맙니다. 더욱이 재일동포들은 제대로 한국어를 읽지 못하는 사람들이 대부분이라서, 선거관련 많은 자료들이 인터넷 등을 통해 제공되고 있지만, 저도 열심히 읽어봅니다만, 어떤 사람이 어떤 정책을 내세우고 있는지, 어떤 당이 어떤 정책을 주장하고 있는지, 이해하지 못하는 경우가 대부분입니다. 이러한 점에서 무엇보다도 교육의 중요성을 실감합니다. 여기에 그 출발점이 있지 않을까 생각합니다. 물론 재일동포들이 열심히 하지 않으면 안 됩니다만, 민단도 조총련도 식민지에서 해방된 직후에는 지식인층이 중심이 되어 아주 열심히 노력했습니다. 그런데 그로부터 시대가 70년이나 지나면서 많은 변화가 있습니다. 각각의 본국 상황도 상당히 많은 변화가 있습니다. 그럼에도 민단도 조총련도 전혀 변하지 않고 있습니다. 지방에서 일하고 있는 우리들의 주변에는 아주 좋은 사람들이 많고 열심히 헌신적으로 활동하고 있지만, 중앙으로 올라가면 갈수록 뭔가 이권 때문에 일하고 있는 게 아닐까 의심이 들 정도로 한심한 사람들뿐입니다. 다른 사람의 의견을 전혀 듣지 않습니다. 자기들과 다른 생각을 말하면 민단 중앙에 있는 사람들은 우리들에게 너희들 빨갱이야 라고 말합니다. 한편 조총련 사람들은 우리들에게 민족반역자라고 말합니다. 우리들은(저는) 양쪽 모두로부터 비난을 받습니다. 민단 쪽에서는 우리를 조총련에 가깝다고 말하고, 조총련은 우리를 민단 쪽이라고 간주합니다. 터무니없는 공격입니다. 과거에는 이로써 사회적 생명력을 빼앗겼습니다. 그렇지만 지금은 우리들처럼 진보적 활동, 확고한 지성을 가지고 대처해 나가자고 하는 사람들이 점점 힘을 갖게 되었고, 본국에서도 계속 응원을 해주고 있어서 앞으로 우리 재일동포들도 더욱 열심히 노력하겠습니다. 감사합니다. (박수)

사회자=예, 감사합니다. 주최 측이 요구한 시간이 많이 초과되어 대단히 죄송합니다. 그럼에도 논의해야 할 점들이 너무 많이 남아 있습니다. 다행히도 오후에 있을 제2세션의 논의도 아마도 관련이 있을 것으로 생각되기 때문에 오전의 논의를 더욱 부연하는 형태로 전개되지 않을까 생각됩니다. 그런 기대와 함께 오늘 오전의 제1세션에서 채 논의되지 못한 문제들도 함께 논의해 주시길 주최 측에 부탁드리면서 제1세션의 종합토론을 마치도록 하겠습니다.

마지막으로 오늘 오전의 발표자와 토론자에게 박수를 부탁드리면서 마무리하도록 하겠습니다. 대단히 감사합니다. (박수)

(이상, 종합토론 녹취 : 나행주)

제 1 부 제2분과

한일국교 정상화 50년이 남긴 과제와 그 해결을 위한 노력

일본정부의 식민지 지배와 침략전쟁에 대한 역사인식

와다 하루키(도쿄대 명예교수)

I. 패전 후의 일본정부의 역사인식(1945~1952)

1945년 8월 14일, 일본은 미·영·중·소 4개 연합국의 포츠담선언을 수락하고 항복했다. 이는 청일전쟁 이래 50년 간 지속해 온 전쟁 끝에 다다른 최종적인 파멸이었다. 오키나와는 옥쇄(玉碎)하고, 본토는 초토화되었으며, 사망자는 300만 명에 이르렀고, 전 국토가 외국군대에 점령당하게 되었다. 이때 천황은 종전조서(終戰詔書)를 발표하고 8월 15일에 방송했다. 거기에는 다음과 같은 역사인식이 나타나있다. 일본은 자존과 동아(東亞)의 안정을 위하여 미·영에 선전포고를 하고 전쟁을 해 왔으나, 대만·조선을 포함한 일억민(一億民)의 전쟁 노력도 허무하게 패전의 기색이 농후하게 되었고, 원자폭탄마저 투하되었기 때문에 항복하기로 했다. 이러한 인식을 나타낸 위에서 천황은 「만세를 위하여 태평을 희구한다」, 이제부터는 평화를 추구해 나간다는 결의를 표명했다. 물론 이 역사인식은 지금까지 전쟁을 수행해 왔던 인식이며, 포츠담선언을 수락하고 항복한 이후의 시기에는 유지할 수 없는 것이었다.

9월 2일, 일본정부의 대표자는 미주리 호 함상에서 거행된 항복문서

조인식에 참가하여 포츠담선언의 실행을 서약하는 항복문서에 조인했다. 군국주의자에 오도(誤導)되어 세계정복 전쟁을 했던 무책임한 군국주의의 실천이었다는 포츠담선언의 역사인식은 천황과 일본정부에게 있어 의무사항이 되었다. 천황은 9월 4일에 제국의회의 개회에 즈음하여 칙어(勅語)를 발표하고, 일본이 나아가야 할 길은 「평화국가의 확립」이라고 제안했다. 이 제안의 전제에는 포츠담선언의 역사인식이 있었다. 지금까지의 일본을 「침략국가」, 「전쟁국가」로 보고 있기 때문에야 말로 지금부터는 「평화국가」로 전환한다고 하는 제안이 나온 것이다.

1945년의 가을에서 겨울에 걸쳐 여러 분야의 지식인이 「평화국가」론을 주장했다. 거의 한결같이 일본이 만주사변 이후, 중국에서 전쟁의 길을 걸은 것은 잘못이었다, 군부의 횡포는 부당한 것이었다, 라는 인식을 나타내고, 앞으로의 일본은 무기를 갖지 않는, 전쟁을 하지 않는 평화국가로서 나아가야만 한다고 주장했다. 국민은 공습체험으로부터 전쟁은 싫다, 자신들을 공습으로부터 지켜주지 못하는 그런 군대는 필요 없다, 라고 생각하고 평화국가를 지지했다. 이 복잡한 구조를 지닌 전후 일본의 평화주의가 1946년 초에는 일본의 국론이 되어 일본국헌법 제9조의 기초가 되었던 것이다.

그럼에도 불구하고, 전후 일본의 평화주의는 명확한 역사인식을 나타내는 문서를 갖고 있지 않았다. 중국에 대한 전쟁에 대해 미안한 일을 했다라는 마음은 패전후의 최초의 수상 히가시쿠 니노미야(東久邇宮)에게도 있었으나, 중국에서 일본군이 어떤 일을 했는가에 대한 명확한 인식은 국민에게는 없었다. 더욱이 한국(조선)에 대한 식민지 지배에 대해서는 어떠한 인식도 반성도 없었다. 한국(조선)에서는 만주사변 이후, 과도한 동화주의가 추진된 것은 좋지 못했다 정도의 반성의 변(辯)이 그다지 많지 않은 지식인에게서 나왔을 뿐이었다.

1951년 9월, 일본은 미·영 등 47개국과 샌프란시스코 강화조약을 체결하고 독립했다. 이 조약은 전쟁에 대해서도, 전쟁에 이르는 과정에 대해서도 어떠한 인식도 제시하고 있지 않다. 단지, 일본은 극동국제군사재판소의 재판을 수락한다는 점만 규정되어 있었기 때문에 극동재판의 판결에 나타난 역사인식 - 1928년의 장작림(張作霖) 폭살사건에서 1945년의 패전까지의 일본의 행동은 침략전쟁이었다고 하고, 그 책임은 당시의 일본정부와 군의 지도자에게 있다, 그 과정에서 남경학살사건 등 각종 인도에 반하는 죄를 범했다고 하는 인식이 일본 국가가 받아들여야만 하는 인식이 되었던 것이다. 그러나, 그 인식은 승자의 재단에 의해 일본에 강요되었다고 하는 의식이 일본 정계와 국민의 일부에서 생겨나 사라지지 않았다. 결국, 전후의 일본정부는 종전조서의 인식을 부정한 후, 자신의 문제로서 과거 전쟁의 역사에 대한 역사인식을 확립해서 갖는 일은 없었던 것이다.

중국에서의 전쟁을 반성한다는 마음은 널리 보였지만, 그러나 침략한 사실을 인정하고 사죄한다고 하는 명확한 사고는 생겨나지 않았다. 그 점은 1952년에 행해졌던 대만의 중화민국 정부와의 사이에 있었던 일화(日華)평화조약 교섭에 나타났다. 일본의 가와다 이사오(河田烈) 전권대사는 교섭개시에 즈음하여 일중 간에 「불행한 사건이 발생하여, … 양국민의 진의에 반하여 결국 전쟁상태에까지 빠지게 된 것은 우리들이 참으로 유감으로 생각하는 바입니다.」라고 말하고, 그 인식을 최후까지 고치지 않았다. 그리고 일본국민의 감정이 허용하지 않는다는 이유로 샌프란시스코조약이 규정한 배상의무를 인정하는 것도, 역무(노역)배상의 실행도 거부했던 것이다.

Ⅱ. 한일조약 체결 시의 역사인식(1965)

대한민국과의 교섭은 1951년 10월부터 예비교섭이 시작되어 1952년 2월부터 본 교섭이 시작되었다. 1953년 10월에 시작된 제3차 회담이 10월 15일의 구보타 칸이치로(久保田貫一郎) 전권대사(全權)의 발언으로 인해 결렬되게 되었다. 여기에 일본정부의 역사인식이 매우 선명하게 표명되었던 것이다.

한국 측이 본래대로 하자면 자신들은 36년 간의 일본 지배하에서 한국민족이 입은 피해에 대한 보상을 요구할 권리를 갖고 있는 것이지만, 그것을 요구하는 것을 자제하고 있다고 말하자, 구보타는 일본은 36년 동안에 조선의 민둥산을 푸른 산으로 바꾸었고, 철도를 부설하였으며, 논의 면적을 상당히 늘리는 등 많은 이익을 한국인에게 주었다고 주장하고, 더욱이 자신의 외교사 연구에 의하면 일본이 진출하지 않았다면 한국은 다른 나라에 점령당하여 더욱 비참한 상태에 빠졌을 것이라고 말했다. 한국 측이 그렇다면 왜 카이로선언에는 「한국의 노예상태」라고 언급되어 있는가 하고 반문하자, 구보타는 카이로선언은 「전쟁 중의 흥분상태에서 표현한 것에 지나지 않는다」라고 대꾸했던 것이다.

구보타가 언급한 것은 그 자신의 개인적 입장이 아니라 일본정부의 입장이었다. 일본정부는 식민지 지배는 합의에 의해 체결된 병합조약에 의해 시작된 것이기 때문에 어떠한 사죄도 배상도 필요가 없다고 생각하고 있었던 것이다. 구보타의 발언은 1957년에 철회되어 한일(일한)회담은 4년의 중단을 거쳐 재개되게 되었지만 일본정부의 인식은 변하지 않았다.

패전 후 20년이 되는 1965년에 일본은 대한민국과의 사이에 한일(일한)기본조약, 경제협력청구권협정 등을 체결하고 국교를 수립했다.

기본조약은 병합조약에 이르는 제 협약은 원래 원천적으로 무효라고 보는 한국 측의 역사인식과 이들 제 조약은 양국의 합의에 의해 체결된 것이며 1948년 대한민국의 건국까지 유효했다고 하는 일본 측의 역사인식 사이에 나타난 비화해적인 대립을, 이들 제 협약은 already null and void(이미 무효)라고 하는 제2조의 텍스트를 쌍방이 자신의 이해에 맞춰서 해석하는 형태로 극복함으로써 성립했다.

식민지 지배에 관한 역사인식의 대립은 해소되지 않고, 공통의 역사인식이 없는 이상 한일 양 국민 사이의 정신적인 화해는 진척되지 않았다. 비준국회에서 사토 에이사쿠(佐藤榮作) 수상은 병합조약에 대해 「이것이 여러 가지 오해를 불러일으키고 있는 것 같습니다만, 조약인 한에 있어서 이것은 양자의 완전한 의사, 평등한 입장에서 체결된 것임은 제가 말씀드릴 필요도 없습니다. 따라서 이들 조약은 각각 효력을 발생해 온 것입니다」라고 강조했다.

Ⅲ. 일중 국교정상화 시의 역사인식(1972)과 교과서문제(1982) 이후의 변화

패전 후 27년이 되는 1972년, 일본은 중화인민공화국과 일중공동성명을 발표하고 국교를 수립했다. 이 성명에는 「일본국은 과거에 있어서 일본국이 전쟁을 통해서 중국 국민에게 중대한 손해를 끼친 데 대한 책임을 느끼고 깊이 반성한다」라는 일절이 포함되었다. 이는 일본 국가가 확립한 역사인식에 기초해 사죄를 표명했던 것이며, 일본의 평화주의의 기초에 있던 인식을 명확하게 나타낸 것이라고 볼 수 있다. 이 전진은 패전 후로부터의 일본과 중국에 있어서의 노력, 일중 간의 다양한 접촉, 교류, 협력이 낳은 성과이다.

한국과 일본 사이에서는 한일(일한)조약 아래에서의 경제협력 관계가 진행됨과 함께 양 국민 간의 정신적인 교류도 1970년대에는 시작되어, 80년대에는 더욱 그것이 진전되게 되었다. 그 가운데 한국 국민이 식민지 지배에 대해 어떻게 생각하고 있는가 하는 점이 일본 국민에게 이해되게 되었다.

1975년 베트남전쟁이 미국의 패배로 끝나면서 일본의 패전 후 30년 동안 지속된 신(新)아시아 전쟁이 끝났다. 동아시아의 제 국민이 자신들의 전쟁에서 해방되어 일본의 50년 전쟁에 대해 다 말하지 못한 비판을 말하기 시작하는 때가 왔다. 1982년에 중국과 한국에서 역사 교과서 개악문제가 비판되어 커다란 문제가 되었다. 비판을 받은 일본정부는 중국, 한국정부에 대해 「일중공동성명, 한일공동 코뮤니케(공동선언문)에 담긴 정신에 변함이 없다는 점을 재확인 하는」 것으로 이해를 구하려는 태도를 보였다. 이에 대해 일본 안에서는 틀림없이 일중공동성명에서는 불충분하나마 전쟁이 초래한 손해에 책임을 느끼고 반성한다는 표현이 있는데, 1965년 한일조약 가(假)조인 시의 한일외무장관의 공동 코뮤니케에는 「과거의 어느 기간에 양 국민에게 불행한 관계가 있었다」, 「이러한 과거의 관계는 유감이며 깊이 반성하고 있다」라고 되어있을 뿐으로, 식민지 지배에 대한 인식과 사죄가 없다고 하는 지적이 나왔다. 거기에서 한국 식민지 지배에 대한 반성과 사죄의 정부성명, 국회결의를 낼 필요가 있다는 목소리가 나오기 시작했다.

1987년 한국에서의 민주혁명 성공에 이어 1989년 쇼와(昭和) 천황의 서거 후, 일본에서는 한국 식민지 지배를 반성·사죄하는 국회결의를 요구하는 국민운동이 시작되었다.

그 운동은 일본과 조선민주주의인민공화국 사이의 국교정상화를 촉구한다고 하는 방향성도 지니고 있어서 1990년에는 자민당과 사회당 대표단의 북한 방문이 실현되어, 자민당 전 부총재인 가네마루 신(金丸信)이 평양에서 식민지 지배에 대한 사죄를 명언했다. 이 점은 북한을 방문한 2당이 조선노동당과 낸 공동성명에도 명기되었다. 변화가 시작되었던 것이다.

Ⅳ. 전후 50년의 역사인식(1995)

민주혁명 후의 한국에서 1990년에 여성운동가들이 위안부 문제를 제기하여 1991년 김학순(金學順) 할머니가 피해자로서 자신의 이름을 처음 밝히는 사건이 일어났다. 일본정부는 한국정부의 촉구에 의해 조사를 개시하여 1993년 8월, 조사결과에 입각해 고노(河野洋平) 관방장관 담화를 발표했다. 위안부 문제에 대한 기본적인 인식을 확립하고 사죄하며 어떠한 조치를 취할지를 고려한다고 약속한 담화였다.

패전 후 50년인 1995년에는 자민·사회·신당 사키가케 3당의 연립정권인 무라야마(村山) 내각이 집권하고 있었다. 3당의 정책합의에서는 「과거의 전쟁을 반성하는」 전후 50년 국회결의(國會決議) 채택이 포함되어 있었다. 이에 대해 자민당 내부의 역사수정주의파는 오쿠노 세이스케(奧野誠亮) 회장, 이타가키 타다시(板垣正) 사무국장, 아베 신조(安倍晋三) 등 대리를 중심으로 종전 50주년 국회의원연맹을 결성하여 지난 대전은 자존자위, 아시아해방을 위한 것이며 국회결의(決議)에 반성이나 사죄를 담아서는 안 된다고 주장했다. 이 의원연맹(議連)은 자민당 소속 국회의원 3분의 2를 모으기에 이르렀다. 3당은 결의 내용을 정리하는 데 난항을 거듭했다.

그 결과, 1995년 6월 9일, 중의원 본회의는 여당 3당 공동제안인 전후 50년 국회결의, 「역사를 교훈 삼아 평화에의 결의를 새롭게 하는 결의(歴史を教訓に平和への決意を新たにする決議)」를 찬성 230, 반대 14(공산당), 결석 249(신진당, 자민당 의원연맹 참가자 등)로 채택했다. 결

의는 근대사에 있어서 많은 「식민지 지배와 침략적 행위」가 행해져 일본
도 「이러한 행위」를 하여 「타 국민, 특히 아시아의 제 국민」에게 고통을
준 점에 「깊은 반성의 마음을 표명한다」, 일본국헌법의 「항구평화의 이
념 아래」, 「인류공생의 미래를 개척한다」는 내용이었다. 이 결의의 격조
는 낮은 것으로 받아들여졌는데, 그럼에도 일본이 식민지 지배와 침략적
행위를 하여 아시아 제 국민에게 고통을 준 사실을 인정하고 반성한 것
은 중요한 일보 전진이었다.

　이 결의를 전제로 하여 내각의 책임으로 기초하여 발표되었던 것이
8월 15일의 무라야마 총리 담화였다. 이 담화에서 「우리나라는 멀지 않
은 한 시기 국책(國策)을 잘못하여 전쟁에의 길을 걸어 국민을 존망의
위기에 빠뜨리고, 식민지 지배와 침략에 의해 많은 나라들, 특히 아시아
제국의 사람들에게 다대한 손해와 고통을 안겼습니다」라는 역사인식이
제시되었던 것이다. 여기에는 상세한 설명은 되어 있지 않으나, 문면을
통일적으로 이해한다면 이 「과거의 한 시기」란 청일전쟁에서 1945년 8
월까지의 50년 간을 가리키는 것이며, 청일전쟁의 결과 대만을 식민지로
삼고, 러일전쟁의 결과 조선을 보호국, 나아가 식민지로 삼은 데에서 출
발하여 만주사변 이후의 중국으로의 새로운 전쟁, 그리고 최후는 대동아
전쟁에 이르는 전쟁의 길이 전체로서 반성되고 있는 것으로 여겨진다.
그러한 의미에서 지금까지의 반성이 만주사변 이후의 15년 전쟁에 대한
것이었던 점에 대해, 이를 더욱 거슬러올라가 식민지 지배를 초래한 청
일전쟁, 러일전쟁까지도 포함한 50년 전쟁으로 반성을 확대한 점에 무라
야마 담화의 의의가 있었다. 식민지 지배와 침략이라는 단어를 사용하여
인식을 발전시키고 있는 점, 「국책을 잘못하여」라고 하여 일본의 결단에
책임이 있다고 인정한 점이 중요하다.

　전후 50년에 다양한 노력 끝에 이 총리 담화가 각의(閣議)결정에 의해
결정된 것은 획기적인 전진이었다.

V. 역류의 대두와 2010년 간 담화

국회결의를 저지하지 못해 무라야마 담화가 실현되었고, 위안부를 위한 사죄와 보상(속죄) 사업인 아시아여성기금 활동이 시작되자, 한때는 의기소침해 있던 역사수정주의파는 1997년부터 활동을 재건하여 「일본의 전도와 역사교육을 생각하는 젊은 의원의 모임(日本の前途と歴史教育を考える若手議員の會)」을 발족시켰다. 그 모임의 사무국장에 취임한 사람이 아베 신조였다. 이 모임은 고노 담화와 위안부 문제에 주목을 집중시켜 비판활동을 전개하였다.

그러나 무라야마 수상에 이어 자유민주당에서 총리가 된 하시모토 류타로(橋本龍太郎), 오부치 게이조(小淵惠三), 모리 요시로(森喜朗), 고이즈미 준이치로(小泉純一郎) 씨 등은 무라야마 담화와 고노 담화를 계승하고 아시아여성기금 사업을 추진했다. 무라야마 담화는 일본국가의 공식적인 역사인식을 나타내는 것으로서 국민적인 지지를 얻었다. 아베 씨 등의 젊은 의원들의 활동은 당내 소수의견으로서 당의 주류로부터 배척되었던 것이다. 젊은 의원의 모임은 새로운 역사 교과서를 만드는 모임(新しい歴史教科書をつくる會)과 결합하여 역사인식의 수정을 위한 사회적인 공작활동을 지속했다.

10년 후인 2006년, 아베 씨는 고이즈미 수상으로부터 후계자로 지명되어 총재, 총리가 되었다. 총리가 되기 전부터 논단, 신문, 야당으로부터 총리로서 무라야마 담화, 고노 담화를 지킬 것인가에 대한 압력이 가해졌는데, 아베 수상은 이것들을 지킬 것이라고 국회에서 표명하지 않을 수 없었다. 아베 씨의 지지자는 이러한 태도 표명에 불만을 품고, 고노 담화 만이라도 공식적으로 재검증하는 기구를 정부 산하에 만들려고 하여 아베 수상의 지지를 이끌어냈다. 이에 대해 미국의 신문, 의회가 강하게 반발하고, 『워싱턴·포스트』지는 2007년 3월 24일, "Shinzo Abe's Double

Talk"라는 논설을 실었고, 미국 하원위원회는 위안부 문제에 대한 공식 태도표명을 촉구하는 혼다 의원이 제안한 결의를 채택했다. 아베 수상은 혼란 속에서 신체적 사정으로 사직했다.

역사수정주의의 조류는 그 후에도 남았다. 2009년에 시작된 정권교체에 의한 민주당 정권 아래에서는 2010년 한국병합 100년에 즈음하여 간(菅直人) 총리 담화가 나온 것이 유일한 전진이다. 병합과 병합조약의 불의 부당함을 주장하고, 한일(일한)기본조약 제2조의 해석을 한국 측의 해석으로 통일하는 것을 전제로 한 한일지식인 공동성명의 압력 하에, 8월 10일에 나온 간 총리 담화는 「3·1독립운동 등의 극심한 저항에도 나타나 있는 것처럼, 정치적·군사적 배경 아래 당시의 한국사람들은 그 의사에 반하여 행해진 식민지 지배에 의해 나라와 문화를 빼앗겼고, 민족의 긍지에 크게 상처를 입었습니다.」라고 말했다. 이 담화는 무라야마 담화를 계승 발전시킨 것이었다.

VI. 아베 70년 담화의 위치(2015)

2012년에 정권의 자리를 되찾은 아베 신조 수상은 역사수정주의자로서의 본심에서 자민당 총재선거 중에 고노 담화와 무라야마 담화의 재검증을 목표로 한다는 방침을 표명하고, 수상이 된 2012년 12월 30일에 기자에게 그 방침을 말했다. 그 때문에 곧바로 미국으로부터 비판을 받기에 이르렀고, 한국, 중국으로부터도 비판을 받았다. 아베 씨의 두 번째 도전을 지지하는 국내의 역사수정주의 세력은 특히 한국으로부터의 비판에 대해서는 심하게 반발하고 반(反)한국 캠페인을 조직하여 심각한 상황을 연출했다. 그러나 아베 수상은 자신의 수상의 입장을 지키기 위하여 이번에도 후퇴하지 않을 수 없게 되어 2013년 5월 15일, 참의원에서 무라야마 담화를 전체로서 계승한다고 표명하고, 2014년 3월 14일에는 마찬가지로 참의원에서 고노 담화를 계승한다고 표명하기에 이르렀던 것이다.

　아베 수상은 전후 70년을 맞아 자신의 담화를 내는 것을 원해 왔다. 그러나 내각의 커다란 정치과제가 된 안보법제 법안이 국민의 강한 비판에 직면하게 되어 정치적 위기 상황 속에서 전후 70년의 8월을 맞이하게 되었다. 한국과의 극도로 대립하게 된 관계는 한일조약 50주년 기념일 전후의 관계개선 노력에 의해 가까스로 유지되고 있는데, 위안부 문제에 대한 해결이 없는 한 진정한 관계개선은 바랄 수 없다.

　8월 14일에 발표된 아베 수상의 담화는 이러한 상황 속에서 아베 수상은 그 자신의 브레인인 게이오(慶應)대학 교수 호소야 유이치(細谷雄一)의 저서 『역사인식이란 무엇인가(歷史認識とは何か)』(新潮選書, 2015년 7월), 오오누마 야스아키(大沼保昭) 발기인 대표의 국제법학자, 국제정치학자 성명(2015년 7월17일), 기타오카 신이치(北岡伸一) 부(副)좌장의 21세기구상 간담회 보고서(21世紀構想懇談會報告書)(8월 6일 발표) 등이 일치해서 제언한 바를 받아들여, 만주사변부터 일본은 「나아가야만 할 침로(針路)를 잘못 잡아 전쟁으로의 길로 나아갔다」라는 인식을 나타냈다. 이는 패전 직후의 일본의 일반적인 이해를 재확인한 것을 의미한다. 역사수정주의자이자 전후체제의 타파를 목표로 삼아온 아베 씨가 이렇게 말했다는 사실은 자신의 신념을 수정했다는 것을 의미한다.

　그러한 위에서, 호소야(細谷)의 저서, 오오누마(大沼) 의견서, 기타오카(北岡) 보고서가 한결같이 중국에서의 전쟁을 「침략」이라 부르고 있는 것을 반복하지 않고, 그 취지를 이해하는 것 같은 문체로 표현을 한없이 애매하게 했다. 그렇기 때문에 아베 담화는 문면상 무라야마 담화의 반정도도 계승했다고는 말할 수 없는 것이다.

　다른 한편으로, 만주사변 이후로 한정함으로써 청일전쟁에서 만주사변까지의 35년 간을 반성적 검토의 밖에 두었음을 의미한다. 아베 담화에는 식민지 지배에 대한 인식과 반성이 결여되어 있다. 이러한 의미에서도 아베 담화는 무라야마 담화의 반이 계승되지 않았다고 말하지 않으면 안 된다.

다만, 아베 담화는 「전장의 그늘에서는 깊이 명예와 존엄을 손상 당한 여성들이 있었다」, 「전시 하, 많은 여성들의 존엄이나 명예가 깊이 상처받은 과거」라고 두 차례에 걸쳐 언급하고 「잊어서는 안 된다」, 「이 가슴에 새겨 나가겠습니다」라고 약속하고 있는 점이 무라야마 담화에도 간 담화에도 없는 특징이다.

日本政府の植民地支配と侵略戦争に対する歴史認識

和田春樹(東京大名誉教授)

1. 敗戦後の日本政府の歴史認識(1945~52)

1945年8月14日、日本は、米英中ソ4連合国のポツダム宣言を受諾して、降服した。これは、日清戦争以来50年間つづけてきた戦争の末に立ち至った最終的な破滅であった。沖縄は玉砕し、本土は焦土と化し、死者は三〇〇万人にのぼり、全土が外国軍隊に占領されることになった。このとき天皇は終戦の詔書を発し、8月15日放送した。そこには次のような歴史認識が示された。日本は自存と東亜の安定のために米英に宣戦布告し戦争してきたが、台湾朝鮮をふくめた一億の民の戦争努力も空しく、敗色濃厚となり、原子爆弾まで投下されたので、降服することにした。このような認識を示した上で、天皇は「万世のために太平を求める」、これからは平和をもとめて進んでいくとの決意を示した。もちろんこの歴史認識はここまで戦争を遂行してきた認識で、ポツダム宣言を受諾し、降服したこの時以降は維持することはできないものであった。

9月2日、日本政府の代表者はミズーリ号艦上の降服文書調印式にのぞみ、ポツダム宣言を実行する誓約する降伏文書に調印した。軍国主義者に誤導され、世界征服の戦争をした、無責任なる軍国主義の実践であったというポ

ツダム宣言の歴史認識は天皇と日本政府にとって義務的となった。天皇は9月4日に帝国議会の開会にあたって勅語を出し、日本の進むべき道は「平和国家の確立」だと提案した。この提案の前提には、ポツダム宣言の歴史認識があった。これまでの日本を「侵略国家」、「戦争国家」とみるからこそ、これからは「平和国家」に転換するという提案が出たのである。

1945年の秋から冬にかけて、さまざまな知識人が「平和国家」論を主張した。ほぼ一様に、日本が満州事変以降、中国で戦争の道を進んだのは誤りであった、軍部の横暴は不当なものだったというような認識を示し、これからの日本は武器をもたない、戦争をしない平和国家として進むべきだと主張した。国民は空襲体験から戦争はいやだ、自分たちを空襲から守ってくれないような軍隊はいらないと考えて、平和国家を支持した。この複雑な構造をもつ戦後日本の平和主義が1946年はじめには日本の国論となって、日本国憲法第九条の基礎となったのである。

しかしながら、戦後日本の平和主義は明確な歴史認識をしめす文書をもたなかった。中国に対する戦争について申し訳ないことをしたという気持ちは敗戦後の最初の首相東久迩宮にもあったが、中国で日本軍が何をしたのかについての明確な認識は国民にはなかった。さらに朝鮮に対する植民地支配については、いかなる認識も反省もなかった。朝鮮では満州事変以降、いきすぎた同化主義がとられたことは良くなかったという程度の反省の弁が数少ない識者によって述べられただけであった。

1951年9月日本は米英など47カ国とサンフランシスコ講和条約を結んで、独立した。この条約は戦争についても、戦争にいたる過程についても、いかなる認識を提示していない。ただ日本は極東国際軍事裁判所の裁判を受諾することが定められたので、極東裁判の判決にあらわれた歴史認識——1928年の張作霖爆殺事件から1945年の敗戦までの日本の行動は侵略戦争であったとし、その責任は当時の日本政府と軍の指導者にある、その過程で南京虐殺事件などさまざまな人道に反する罪を犯したという認識が日本の国家が受け入れるべき認

識となったのである。だが、その認識は勝者の裁きによって日本におしつけられたという意識が日本の政界と国民の一部に生まれ、消えなかった。結局、戦後の日本政府は終戦の詔書の認識を否定したあと、自分の問題として、過去の戦争の歴史についての歴史認識を確立してもつことはなかったのである。

　中国での戦争を反省するという気持ちは広くみられたが、しかし、侵略したことを認め謝罪するという明確な考えはうまれなかった。そのことは1952年におこなわれた台湾の中華民国政府とのあいだでの日華平和条約交渉にあらわれた。日本の河田烈全権は、交渉開始にあたり、日中間に「不幸な事件が起こり、…両国民の真意に反してついに戦争状態にまで陥りましたことはわれわれのまことに遺憾とするところであります」と述べ、その認識を最後まで改めなかった。そして、日本国民の感情がゆるさないとして、サンフランシスコ条約が定めた賠償義務をみとめることも、役務賠償の実行も拒否したのである。

2. 日韓条約締結時の歴史認識(1965)

　大韓民国との交渉は、1951年10月より予備交渉がはじまり、52年2月から本交渉がはじまった。1953年10月にはじまった第三次会談が10月15日の久保田貫一郎全権の発言によって決裂することになった。ここに日本政府の歴史認識がきわめて鮮明に表明されたのである。

　韓国側が、本来なら、自分たちは36年間の日本支配のもとで韓国民族が蒙った被害に対する補償を要求する権利をもっているのだが、それを要求するのを差し控えているのだと述べると、久保田は、日本は三六年間に、朝鮮の禿山を緑の山に変え、鉄道を敷設し、米田を非常にふやすなど、多くの利益を韓国人に与えたと主張し、さらに自分の外交史研究によると、日本が進出しなければ、韓国は別の国に占領され、もっとミゼラブルな状態に置かれただろうと述べた。韓国側が、それではどうしてカイロ宣言には「韓国の奴隷状態」が言及され

ているのか、と質問すると、久保田はカイロ宣言は 「戦争中の興奮状態の表現に外ならない」と退けたのである。

　久保田が述べたのは彼個人の立場ではなく、日本政府の立場であった。日本政府は、植民地支配は合意によって結ばれた併合条約によってはじまったものであるから、いかなる謝罪も補償も必要ないと考えていたのである。久保田の発言は1957年に撤回され、日韓会談は4年の中断をへて再開されるのだが、日本政府の認識は変わらなかった。

　敗戦後20年の1965年、日本は大韓民国との間に日韓基本条約、経済協力請求権協定などを締結し、国交を樹立した。基本条約は、併合条約にいたる諸協約は元来、源泉的に無効だとみる韓国側の歴史認識とこれらの諸条約は両国の合意によって締結されたものであり、1948年大韓民国建国まで有効であったという日本側の歴史認識の間の非和解的な対立を、これら諸協約はalready null and void であるとする第二条のテキストを双方が自分の理解に合わせて解釈するという形でのりこえることによって、成立した。植民地支配にかんする歴史認識の対立は解消されず、共通の歴史認識がない以上、日韓両国民の間の精神的な和解はすすまなかった。批准国会で佐藤首相は、併合条約について 「これがいろいろな誤解を受けておるようでありますが、条約であります限りにおいて、これは両者の完全な意思、平等の立場において締結されたことは、私が申し上げるまでもありません。したがいまして、これらの条約はそれぞれ効力を発生してまいったのであります。」と強調した。

3. 日中国交正常化時の歴史認識(1972)と教科書問題(1982) 以後の変化

　敗戦後27年の1972年、日本は中華人民共和国と日中共同声明を出して、国交を樹立した。この声明には、「日本国は、過去において日本国が戦争を通

じて中国国民に重大な損害を与えたことについての責任を感じ、深く反省する」という一節が含まれた。これは日本国家が確立した歴史認識にもとづいて、謝罪を表明したもので、日本の平和主義の基礎にあった認識を明確にしたものとみることができる。この前進は、敗戦後からの日本と中国における努力、日中間のさまざまな接触、交流、協力の生み出した成果である。

韓国と日本の間では、日韓条約下での経済協力関係が進むとともに、両国民間の精神的な交流も1970年代にははじまり、80年代にはさらにそれが進むようになった。その中で、韓国国民が植民地支配についてどのように考えているかということが日本の国民に理解されるようになった。

1975年ベトナム戦争がアメリカの敗北で終わり、日本の敗戦後、30年つづいた新アジア戦争が終わった。東アジアの諸国民が自分たちの戦争から解放されて、日本の50年戦争に対して言い残してきた批判を語り始めるときが来た。1982年に中国と韓国から歴史教科書改悪問題が批判され、大きな問題となった。批判を受けた日本政府は、中国、韓国の政府に対して、「日中共同声明、日韓共同コミュニケに盛られた精神に変わりがないことを再確認する」ことで、理解を求めるという態度を示した。これに対して、日本の中から、たしかに日中共同声明においては不十分ながら戦争がもたらした損害に責任を感じ、反省するという表現があるが、1965年日韓条約仮調印時の日韓外相の共同コミュニケには、「過去のある期間に両国民に不幸な関係があった」、「このような過去の関係は遺憾であって、深く反省している」とあるだけであって、植民地支配に対する認識と謝罪がないという指摘が出された。そこから、朝鮮植民地支配に対する反省謝罪の政府声明、国会決議を出す必要があるという声が上がりはじめた。

1987年韓国における民主革命の成功をうけて、1989年昭和天皇の逝去ののち、日本では朝鮮植民地支配を反省謝罪する国会決議をもとめる国民運動がはじまった。

その運動は日本と朝鮮民主主義人民共和国との国交正常化をうながすという方向性ももち、1990年には自民党と社会党の代表団の訪朝が実現し、自民党

元副総裁金丸信が平壌で、植民地支配に対する謝罪を明言した。このことは
訪朝した二党が朝鮮労働党と出した共同声明にも明記された。変化がはじまった
のである。

4. 戦後50年の歴史認識(1995)

　民主革命後の韓国で1990年に女性運動家たちが慰安婦問題を提起し、19
91年金学順ハルモニが被害者として名乗り出るという事件がおこった。日本政
府は、韓国政府の促しをうけて、調査を開始し、1993年8月、調査結果に立脚
し、河野官房長官談話を発表した。慰安婦問題についての基本的な認識を確
立し、謝罪して、どのような措置をとるかを考えると約束した談話であった。

　敗戦後50年の1995年には自民・社会・新党さきがけの連立政権である村山
内閣が執権していた。三党の政策合意には　「過去の戦争を反省する」戦後50
年国会決議の採択が含められていた。これに対して、自民党の内部の歴史修
正主義派は奥野誠亮会長、板垣正事務局長、安倍晋三同代理を中心に終戦
50周年国会議員連盟を結成し、先の大戦は自存自衛、アジア解放のためのも
のであり、決議に反省や謝罪をもりこんではならないと主張した。この議連は自
民党所属の国会議員の3分の2を集めるにいたった。三党の決議のとりまとめは
難航した。

　その結果、1995年6月9日、衆議院本会議は与党三党共同提案の戦後五
〇年国会決議、「歴史を教訓に平和への決意を新たにする決議」を賛成230、
反対14(共産党)、欠席249(新進党、自民党議連参加者など)で採択した。決
議は近代史において多くの「植民地支配と侵略的行為」がなされ、日本も「こう
した行為」をおこない、「他国民、とりわけアジアの諸国民」に苦痛をあたえたこと
に「深い反省の念を表明する」、日本国憲法の「恒久平和の理念の下」、「人
類共生の未来を切り開く」という内容であった。この決議の格調は低いものと受

け取られたが、それでも日本が植民地支配と侵略的行為をして、アジアの諸国民に苦痛をあたえたことを認めて、反省したことは重要な一歩前進であった。

　この決議を前提にして、内閣の責任で起草され、発表されたのが、八月一五日の村山総理談話であった。ここにおいて「わが国は、遠くない過去の一時期、国策を誤り、戦争への道を歩んで、国民を存亡の危機に陥れ、植民地支配と侵略によって、多くの国々、とりわけアジア諸国の人々に対して多大の損害と苦痛を与えました」という歴史認識が示されたのである。ここには詳細な説明はなされていないが、文面を統一的に理解すれば、この 「過去の一時期」とは、日清戦争から一九四五年八月までの五〇年間をさすのであり、日清戦争の結果、台湾を植民地にし、日露戦争の結果、朝鮮を保護国、さらに植民地にしたところから、満州事変以後の中国への新たな戦争、そして最後は大東亜戦争にいたる戦争への道が全体として反省されているものと考えられる。その意味で、それまでの反省が満州事変以後の一五年戦争に対するものであったのに対して、それをさらにさかのぼらせて、植民地支配をもたらした日清、日露戦争をもふくめた五〇年戦争に反省を拡大したところに、村山談話の意義があった。植民地支配と侵略という言葉を使い、認識を発展させている点、「国策を誤り」として、日本の決断に責任があると認める点が重要である。

　戦後五〇年にさまざまな努力の末に、この総理談話が閣議決定により決定されたことは画期的な前進であった。

5. 逆流の台頭と二〇一〇年菅談話

　国会決議を阻止できず、村山談話を実現され、慰安婦のための謝罪と償い(贖罪)の事業であるアジア女性基金の活動がはじまると、一時は意気消沈していた歴史修正主義派は一九九七年から活動をたてなおし、「日本の前途と歴史教育を考える若手議員の会」を発足させた。その会の事務局長に就任したのが安

倍晋三であった。この会は河野談話と慰安婦問題に注目をむけ、批判の活動を展開した。

しかし、村山首相のあとに自由民主党から総理になった橋本、小渕、森、小泉氏らは村山談話と河野談話を継承し、アジア女性基金の事業を進めた。村山談話は日本国家の公式の歴史認識をしめすものとして国民的な支持をえた。安倍氏らの若手議員の活動は党内少数意見として、党の主流から斥けられたのである。若手議員の会は新しい歴史教科書をつくる会とむすびつき、歴史認識の修正のための社会的な働きかけをつづけた。

一〇年後の二〇〇六年、安倍氏は小泉首相から後継者に指名され、総裁、総理となった。総理になる前から、論壇、新聞、野党から総理として村山談話、河野談話を守るのかという圧力がくわえられ、安倍首相はこれらを守ると国会で表明せざるをえなかった。安倍氏の支持者はこの態度表明に不満で、河野談話だけでも公式に再検証する仕組みを政府のもとにつくろうとして、安倍首相の支持をとりつけた。このことにアメリカの新聞、議会がつよく反発し、『ワシントン・ポスト』紙は、二〇〇七年三月二四日、"Shinzo Abe's Double Talk"という論説をのせ、米下院委員会は慰安婦問題での公式態度表明をもとめるホンダ議員提案の決議を採択した。安倍首相は混乱のうちに身体的事情で辞職した。

歴史修正主義の潮流はその後ものこった。二〇〇九年にはじまった政権交代による民主党政権のもとでは、二〇一〇年、韓国併合一〇〇年にさいして、菅総理談話が出されたことが唯一の前進である。併合と併合条約の不義不当を主張し、日韓基本条約第二条の解釈を韓国側の解釈で統一することを提案した日韓知識人共同声明の圧力の下、八月一〇日、に出された菅総理談話は、「三・一独立運動などの激しい抵抗にも示されたとおり、政治的・軍事的背景の下、当時の韓国の人々は、その意に反して行われた植民地支配によって、国と文化を奪われ、民族の誇りを深く傷つけられました。」と述べた。この談話は村山談話を継承発展させたものであった。

6. 安倍七〇年談話の位置(2015)

　二〇一二年に政権の座に返り咲いた安倍晋三首相は、歴史修正主義者としての本心から総裁選の中で河野談話と村山談話の再検証をめざすとの方針をかかげ、首相になった二〇〇一二年一二月三〇日に記者に対して、その方針を語った。そのためただちに米国から批判を受けるにいたり、韓国、中国からも批判をうけた。安倍氏の再度の挑戦を支持する国内の歴史修正主義勢力はとくに韓国からの批判にはげしく反発し、反韓国キャンペーンを組織し、深刻な状況を現出した。しかし、安倍首相は自らの首相の立場をまもるために、このたびも後退することを余儀なくされ、2013年5月15日、参議院で村山談話を全体として継承すると表明し、2014年3月14日には同じく参議院で河野談話を継承すると表明するに至ったのである。

　安倍首相は戦後70年を迎えて、自らの談話を出すことを願ってきた。しかし、内閣の大きな政策課題となった安保法制の法案が国民の強い批判をあび、政治的危機の状況の中で戦後七〇年の八月を迎えることになった。韓国との極度に対立的になった関係は日韓条約五〇年の記念日前後の関係改善の努力で辛うじて支えられているが、慰安婦問題の解決がないかぎり真の関係改善はのぞめない。

　八月一四日に発表された安倍首相談話は、この状況の中で、安倍首相は氏は彼のブレーンである慶応大学教授細谷雄一の著書　『歴史認識とは何か』(新潮選書、2015年7月)、大沼保昭発起人代表の国際法学者、国際政治学者声明(2015年7月17日)、北岡伸一副座長の21世紀構想懇談会報告書(8月6日発表)などが一致して提言したところを受け入れて、満州事変から日本は　「進むべき針路を誤り、戦争への道を進んだ」という認識を示した。これは、敗戦直後の日本の一般的な了解を再確認したことを意味する。歴史修正主義者であり、戦後体制打破をめざしてきた安倍氏がこのようにしたということは自らの信念を修正したことを意味する。

　その上で、細谷の著書、大沼意見書、北岡報告書がひとしく中国での戦争を「侵略」と呼んでいるのをくりかえさず、その趣旨を理解するというような書きぶりで、表現をかぎりなく曖昧にした。だから、安倍談話は文面上村山談話の半分も継承したといえないのである。

　他方で、満州事変以降に限定することによって、日清戦争から満州事変までの35年間を反省的検討の外に置くことを意味する。安倍談話には植民地支配に対する認識と反省が欠如している。この意味でも、安倍談話は村山談話の半分が継承されていないと言わなければならない。

　ただし、安倍談話は「戦場の陰には、深く名誉と尊厳を傷つけられた女性たちがいた」、「戦時下、多くの女性たちの尊厳や名誉が深く傷つけられた過去」と二度にわたって言及し、「忘れてはならない」、「この胸に刻み続けます」と約束しているところが、村山談話にも、菅談話にもない特徴である。

토론
「일본정부의 식민지 지배와 침략전쟁에
대한 역사인식」

남 상 구(동북아역사재단)

한일 역사문제를 1965년 국교정상화 이후 50년이라는 시간의 흐름을 축으로 해서 보면, 일본정부의 역사인식은 식민지 지배와 침략전쟁에 대해 구체적이고 명확하게 사죄와 반성을 표명하는 방향으로 바뀌어 왔다(자료1 참조). 1995년 무라야마 총리가 담화를 통해 식민지 지배와 침략이라는 용어를 명기하고 사죄와 반성을 표명하기까지는 30년의 세월이 걸렸다. 그리고 2010년에는 간 총리가 식민지 지배의 문제점을 구체적으로 언급하며 사죄와 반성을 표명했다. 그런데 2015년 아베 총리 담화는 역대 내각의 역사인식을 계승하겠다고 표명했음에도 불구하고, 사죄와 반성의 대상을 1931년 이후로 제한하는 등 역사인식의 후퇴를 가져왔다.

아베 담화에 드러난 역사인식은 일본인의 근현대사 인식의 저류를 관통하는 소설가 시바 료타로(1923~1996)의 사관을 반영한 것이라 할 수 있다. '시바 사관'의 핵심은 메이지유신 이후 모범적인 문명국을 건설했던 일본이 1926년 쇼와시대 이후 군부의 잘못에 의해 일탈한 결과 패망에 이르렀다는 것이다. 아베 담화는 이처럼 일본의 침략과 전쟁을 전부

긍정하는 것은 아니고, 1931년 이후 일본이 잘못된 길로 접어들었다는 점을 인정하고 있다는 점에서, 좀 더 세심한 분석과 전략적인 대응이 필요하다고 생각한다.

식민지에 대한 인식이 결여되어있음에도 불구하고 일본 내에서 아베 담화에 대한 지지가 높은 데 그 원인(배경)은 무엇이라고 생각하시는지?

아베 담화에서는 직접 언급하지 않았지만 '21세기 구상 간담회' 보고서를 보면, 일본이 취해야 할 구체적인 정책으로 '역사에 대한 이해를 심화시키기' 위해 근현대사에 대한 교육을 강화할 것과 역사공동연구("20세기의 전쟁, 식민지 지배, 혁명 등에 대해 많은 국가가 참가하는 형태로 역사연구를 실시하는 것을 목표로 해야 한다")를 제안하고 있다. 근현대사에 대한 교육 강화가 오히려 한일, 중일 간 갈등의 불씨가 될 가능성도 있는데, 이를 방지하기 위해서는 역사공동연구가 필요하다고 생각한다. 아베 담화나 간담회 보고서에 나타난 역사인식과 한국의 역사인식과의 괴리를 줄이기 위해서는 무엇이 필하다고 생각하시는지?

담화가 일본군 '위안부' 문제를 간접적으로 언급한 것은 의미가 있으나, 문제를 전시 하 여성 인권의 침해 일반의 문제로 언급하고 일본정부의 책임을 명확하게 밝히지 않았다. 그럼에도 불구하고 아베 담화가 미국을 비롯해 일본 국내외에서 나름의 평가를 받고 있는데, 이로 인해 아베 총리가 일본군 '위안부' 문제 해결을 위해 적극적으로 나서지 않은 것은 아닌지 우려되는데, 이에 대해 어떻게 생각하시는지?

〈자료1〉 역사인식 문제 관련 일본정부 담화·성명

연월일	주체	형식·사안·주요내용
1965.2.20	일본정부/ 한국정부	공동성명 〈식민지 지배〉 ※ 양국 외교부장관 공동성명 양국 간의 긴 역사 중에 불행한 기간이 있었던 것은 매우 유감스런 일이며 깊이 반성
1972.9.29	일본정부/ 중국정부	공동성명 〈침략전쟁〉 일본국이 전쟁으로 중국 국민에게 중대한 손해를 끼친 것에 대해 책임을 통감하고 깊이 반성

1982.8.26	일본정부 관방장관	담화 〈교과서 왜곡〉 한국·중국을 포함한 아시아 여러 나라의 국민에게 많은 고통과 손해를 끼친 점을 깊이 자각
1985.8.14	일본정부 관방장관	담화 〈과거사 전반〉 ※ 총리 야스쿠니신사 참배(8.15) 아시아 여러 나라들을 중심으로 다수의 사람들에게 많은 고통과 손해를 끼친 사실을 자각하고 깊이 반성
1992.7.6	일본정부 관방장관	담화 〈일본군 '위안부'〉 위안소 설치, 운영, 위안부 모집, 업자 감독에 정부가 관여한 사실 인정
1993.8.4	일본정부 관방장관	담화 〈일본군 '위안부'〉 위안소 설치·운영, 위안부 모집이 정부와 군이 직·간접적으로 관여한 사실 및 모집에 관헌이 직접 가담한 사실 인정
1995.8.15	일본정부 총리	담화 〈식민지 지배·침략전쟁〉 ※ 종전 50주년 식민지 지배와 침략에 의해 특히 아시아 여러 나라 사람들에게 다대한 손해와 고통을 끼쳤음을 인정하고 사죄와 반성 표명
1998.10.8	일본정부/ 한국정부	공동성명 〈식민지 지배〉 한국 국민에게 식민지 지배에 의해 다대한 손해와 고통을 끼쳤음을 인정하고 사죄와 반성 표명
2001.8.13	일본정부 총리	담화 〈식민지 지배와 침략전쟁〉 ※ 총리 야스쿠니신사 참배(8.14) 식민지 지배와 침략에 의해 특히 아시아 근린제국 사람들에게 헤아릴 수 없는 慘害와 고통을 강요한 것에 대해 깊이 반성
2002.9.17	일본정부/ 북한정부	공동성명 〈식민지 지배〉 식민지 지배에 의해 조선 사람들에게 다대한 손해와 고통을 끼쳤음을 인정하고 사죄와 반성 표명
2005.8.13	일본정부 총리	담화 〈식민지 지배·침략전쟁〉 ※ 종전 60주년 한국 사람들에게 식민지 지배와 침략행위에 의해 다대한 손해와 고통을 끼쳤음을 인정하고 사죄와 반성 표명 ※ 무라야마 담화의 '국가정책을 그르치고 전쟁에의 길로 나아가' 삭제
2010.8.10	일본정부 총리	담화 〈강제병합·식민지 지배〉 ※ 한국 강제병합 100년 식민지 지배에 의해 다대한 손해와 고통을 끼쳤음을 인정하고 사죄와 반성 표명. 나아가 한국인들의 의사에 반하여 행해진 식민지 지배에 의해 국가의 문화를 빼앗기고 민족의 자긍심에 깊은 상처를 입었음을 명기
2015.8.14	일본정부 총리	담화 〈침략전쟁〉 ※ 종전 70주년 침략, 전쟁으로 많은 손해와 고통을 끼쳤음을 인정. 그러나 그 기준은 1931년 이후로, 지난 대전에 대한 역대 정부의 역사인식을 계승하겠다고 표명. 일본군 '위안부' 문제는 전시 하에서 여성의 존엄과 명예가 훼손된 문제로 일반화

강제동원 피해자 보상문제

한 혜 인(한국여성인권진흥원)

Ⅰ. 머리말

현재 소위 '조선인 강제동원'의 피해보상에 관련한 문제는 한국 행정부의 판단과 한국 사법부의 판단이 일치하지 않는다. 한국정부의 공식적 입장은 일본과의 과거사 문제 중, 일본군 위안부 문제, 사할린 미귀환 문제, 원폭피해 문제는 한일청구권협정에서 해결되지 않은 문제로 파악하고 있다.

그에 비해 소위 '조선인 강제동원' 피해, 즉, 노무자 및 군인, 군속의 강제동원 피해(이하, 강제동원피해로 표기)에 대해서는 한일청구권협정에서 해결된 문제로 인식하고 있다. 현재 「태평양전쟁 전후 국외강제동원희생자 등 지원법」(이하 「지원법」)을 통해 강제동원 피해자를 지원해주고 있다.[1]

---

1) 「지원법」은 "청구권협정을 통하여 일본으로부터 받은 무상 3억불은 개인재산권, 조선총독부의 대일채권 등 한국정부가 국가로서 갖는 청구권, 강제동원 피해보상 문제 해결 성격의 자금 등이 포괄적으로 감안되어 있다고 보아야 할 것이며, 청구권협정은 청구권 각 항목별 금액결정이 아니라 정치협상을 통해 총액결정방식으로 타결되었기 때문에 각 항목별 수령금액을 추정하기 곤란하지만 수령한 무상자금 중 상당 금액을 강제동원 피해자의 구제에 사용하여야 할 도의적 책임이 있으나,

이 「지원법」의 취지를 보면, 현재 강제동원피해에 대한 보상은 한일 청구권협정 및 「대일민간청구권 보상법」에서 미비했던 보상에 대한 지원이라는 점을 밝히고 있다. 따라서 현 「지원법」은 위의 두가지 법적 체계와 밀접한 연속성을 지니고 있는 것이라고 이해해도 무방할 것이다. 그러나 강제동원 피해를 당했음에도 불구하고 이 「지원법」의 구제를 받지 못하는 상황에 처해있는 케이스가 적지 않아, 헌법 소원 등이 끊이지 않고 있다는 문제점이 있다.

또한 한국사법부는 한일청구권협정에서 해결되었다는 논리를 뒤집는 판결을 내렸다. 2012년 5월 24일 한국의 대법원에서 소위 '부산 미쓰비시중공업 강제징용재판'[2]에서 지금까지 강제동원에 관련한 재판 기각의 이유인, 소멸시효의 완성, 제척기관 경과로 소멸했다는 기존 판시를 배척했다. 또한 헌법논리에 비추어 '강제동원의 불법성'과 청구권의 존부에 대해서도 앞선 판시를 배척하였다. 이 판결은 원심파기 환송 판결이므로 아직 그 최종판결을 남겨두고 있기는 하지만, 한국사회에 적지 않은 파장을 불러일으키고 있다. 이 사법부 판단의 근거는 2005년 한일청구권협정 문서공개에 따른 한국정부의 한일청구권협정 해석에 근거한다고 볼 수 있다. 즉, 한국정부는 "한일청구권협정은 기본적으로 일본의 식민지배 배상을 청구하기 위한 것이 아니었고, 샌프란시스코 조약 제4조에 근거하여 한·일 양국 간 재정적, 민사적 채권 채무관계를 해결하기 위한 것이었으며, 일본군 '위안부' 문제, 사할린 동포 문제, 원폭피해자 문제 등 일본정부·군 등 국가권력이 관여한 반인도적 불법행위에 대해서는 청구권협정에 의하여 해결된 것으로 볼 수 없고, 일본정부의 법적

1975년 우리정부의 보상당시 강제동원 부상자를 보상대상에서 제외하는 등 도의적 차원에서 볼 때 피해자 보상이 불충분하였다고 볼 측면이 있다"고 판단하고 재정한 법률이다. 따라서 한일청구권협정과 대일민간청구권보상법의 보완적 성격을 띠고 있다고 볼 수 있다.

2) 대법원, 2009다22549손해배상(기)등

책임이 남아있다"고 보았다.[3]

본 발표에서는 '조선인 강제동원'을 둘러싸고 있는 두 축에 대하여 각각의 문제점을 고찰하고 근본적인 해결하기 위해 무엇이 더 고려되어야 하는지에 대하여 시론하고자 한다. 한국정부가 한일청구권협정 문서공개후, 한일청구권협정에서 해결하지 않은 문제로 지적하고 있는 사할린 한인문제, 원폭문제의 남은 문제가 무엇인지를 언급하고자 한다.

II. 한국의 보상체계 속에서의 강제동원 피해 범주의 문제점

1. 지원법 체계 속에서의 문제

「태평양전쟁 전후 국외강제동원희생자 등 지원법」이 실시된 이후 지원대상에 대하여 적지 않은 헌법소원이 있었다. 그러나 이 논쟁들을 보면, 역사적 사실에 부합하지 않는 방식으로 전개되었다. 한 예로 2011년 2월 24일 국내동원 피해자가 소원한 위헌소송 결과를 둘러싼 문제이다.

국내 강제동원 희생자 박모씨[4]는 현재 국외 강제동원 희생자에게만 지원하는 「태평양전쟁 전후 국외강제동원희생자 등 지원법」(이하 「지원법」)이 위헌이라고 헌법소원을 제기했다. 그러나 2011년 2월 24일 헌법

---

3) 국무조정실, 보도자료 : 한일회담 문서공개 후속대책관련 민관동동위원회 개최. 2005. 8. 16.

4) 일제 강점기 '국내'에서 강제징집돼 군인으로 복역하여, 「대일항쟁기 강제동원 피해조사 및 국회 강제동원 희생자 등 지원 위원회」에서 피해관결을 받은 박모씨는 태평양전쟁 전후 강제동원된 자 중 '국외'로 강제동원된 자에 대해서만 의료지원금을 지급하도록 규정하고 있는 이 법률 조항이 헌법상 보장된 평등권을 침해한다며 2009년 2월 18일 헌법소원을 제기했다.

재판소는 현재 국외강제동원 희생자만 지원하는 「지원법」은 합헌이라고
판단했다. 이 사실이 보도된 후, 관련 시민단체와 연구자들은 "국내동원"
피해자도 강제동원 피해자라고 주장5)하면서 "국내 강제동원자를 배제한
논리는 1965년 한일협정 체결 당시 일본정부가 강제동원 피해자의 규모
를 축소함으로써 자신들의 배상책임을 줄이려는 의도 아래 한반도 내에
서의 동원을 제외해 버린 사실에서 비롯"6)되었다고 주장했다. 헌법재판
소 결정과 연구자 및 시민단체가 대립구도를 이루었고, 여론은 헌법재판
소의 판결을 비난하면서 "국내동원 피해"도 강제동원 피해이기 때문에
당연히 지원해야 한다는 방향으로 여론이 움직였다.

그러나 이 헌법소원의 판결문을 자세히 들여다보면 연구자 및 시민사
회와 헌법재판소의 대립은 이해하기 어려운 현상이 되어버린다. 합헌결
정을 한 다수의견 판사들은 박씨의 헌법소원을 '부진정입법부작위'를 다
투는 헌법소원이라고 전제했다.7) '부진정입법부작위'란 입법자가 어떤
사항에 관하여 입법은 하였으나 그 입법의 내용·범위·절차 등이 해당 사

---

5) 「기고 국내 강제동원도 보상받아야 한다/히구치 유이치(樋口雄一)」, 『한겨레신문』
   2011년 3월 4일; 「일제 강점기, 조선이 강제동원 '국내'서도 이뤄져」, 『매일경제
   뉴스』, 2011년 3월 14일; 「日 정부의 한반도 내 강제동원 인정 문서 첫 확인」, 『경
   향신문』, 2011년 3월 14일.

6) 「세설 일제하 국내 강제동원도 보상해야」, 『중앙일보』, 2011년 3월 11일.

7) 헌법재판소 소수의견 판사들은 이것을 「진정입법부작위」를 다투는 헌법소원으로
   봤다. 즉, "태평양전쟁 전후 국내 강제동원자에 대한 지원에 관하여는 이 법률과
   무관하게 아직까지 전혀 그 입법이 이루어지지 않은 것이므로, 이 사건 심판청구는
   진정입법부작위를 다투는 헌법소원으로 봄이 상당하고, 헌법 전문, 제10조, 제30
   조의 종합적 해석 상 국가는 태평양전쟁 전후 국내 강제동원희생자에 대하여도 그
   지원에 관한 법률을 제정하여야 할 헌법상 의무가 인정된다. 그런데 대한민국 정부
   수립 후 60년이 지났고, 우리나라가 경제대국이 되었음에도 불구하고 이를 위한
   입법조치를 취하지 않고 있는 것은 국가책무의 우선순위나 공평의 관점에서도 입
   법재량의 한계를 넘는 입법의무불이행으로서 헌법에 위반된다"고 주장했다.(헌법
   재판소, 「태평양전쟁 전후 국외 강제동원 희생자 등 지원에 관한 법률 제2조 등
   위헌 확인」(2011. 2. 24. 2009헌마94))

항을 불완전·불충분 또는 불공정하게 규율함으로써 입법행위에 결함이 있는 경우를 말한다.[8] 즉, 다수의견 판사들은 국내동원 희생자를 지원할 수 있는 법이 없는 것이 아니라, 기존의 법이 의료 등을 지원할 수 있는 일제하 강제동원자의 범위를 불완전하게 규율하고 있어서 생기는 문제라고 판단한 것이다. 「지원법」의 이러한 결함에도 불구하고 합헌결정을 내린 이유는 다음과 같다. "대한민국이 사실 상 조선인을 보호해 줄 조국이 없던 상황 하에서 발생한 피해에 대해서 경제적 지원을 해야 하는지 여부 (중략) 등의 문제는 기본적으로 국가의 재정부담 능력이나 전체적인 사회보장 수준 등에 따라 결정하여야 할 광범위한 입법형성의 영역에 속하는 것"[9]으로, 이번 「지원법」이 "국가가 국가의 재정부담 능력 등을 고려하여 일반적으로 강제동원으로 인한 정신적 고통이 더욱 크다고 볼 수 있는 국외 강제동원자 집단을 우선적으로 처우하는 것이 객관적으로 정의와 형평에 반한다거나 자의적인 차별이라고 보기는 어렵다"[10]는 이유였다. 이 판결문에 의하면, 국내동원 피해자를 지원하지 않는 것은 국내동원의 피해가 강제동원의 피해가 아니어서가 아니라, 국가재정 상 국외동원을 우선적으로 처우하는 것이 헌법에 위배되지 않기 때문이라는 이유였다. 결국 관련 시민사회와 연구자들의 생각과 헌법재판소의 판결은 국내동원피해가 강제동원의 피해로 보상의 대상이 되고 있다고 인식

---

8) 부진정입법부작위란, 입법자가 어떤 사항에 관하여 입법은 하였으나 그 입법의 내용·범위·절차 등이 당해 사항을 불완전·불충분 또는 불공정하게 규율함으로써 입법행위에 결함이 있는 경우(즉, 결함이 있는 입법권의 행사)를 말함. (헌재 1996. 11. 28. 95헌마161, 공보 19, 93) 입법은 하였으나 문헌 상 명백히 하지 않고, 반대 해석으로 그 규정의 취의를 알 수 있도록 한 이른바 '부진정입법부작위'의 경우 또는 기본권보장을 위한 법규정이 불완전하여 그 보충을 요하는 경우에는 그 불완전한 법규자체를 대상으로 하여 그것이 헌법위반이라는 적극적인 헌법소원을 제기하여야 한다.(헌재 1993. 3. 11. 89헌마79, 판례집 5-1, 92, 102)

9) 헌법재판소, 「태평양전쟁 전후 국외 강제동원 희생자 등 지원에 관한 법률 제2조 등 위헌 확인」(2011. 2. 24. 2009헌마94).

10) 헌법재판소, 위의 판결문.

하고 있는 것에는 동일했던 것이다.

이것뿐만이 아니라, 오랫동안 지원을 받지 못하다가 "지원을 해주지 않을 이유가 없다"라는 판단의 행정조치로 2011년부터 지원을 받을 수 있는 군사우편저금 피해 등이 그에 해당한다. 군사우편저금의 경우는 한일교섭 시, 한국정부가 군표, 중국은행권 등과 소각된 군표에 대하여 논의했으나, 일본은 소각된 군표에 관한 청구권은 없다고 했다. 이후 대일민간청구권보상법에 있어서는 (4)항과 (8)항으로 일본군표와 일본국이 아닌 군사우편저금은 제외하고 있었다.11)

여기에서 한국정부가 해방 이후부터 어떠한 관점에서 강제동원 피해를 보아왔는가, 그것이 한일협정, 대일민간청구권 보상 등 중요한 굴곡점에서 어떻게 해석되고 이용되었는가에 대해서 살펴보도록 하겠다.

2 _ 조선인 강제동원 피해 보상의 전개

해방직후 군정청은 식민지기 관알선 노동자, 근로보국대 징용 노동자의 원호를 담당했던 조선근로동원원호회를 해산하면서, 노무원호금을 청산했다. 1946년 5월 「법령 제61호 조선노무원호회의 해산, 청산에 관한 건」12)으로 각지의 조선근로동원원호회를 해산하고 그 보유자금으로 원

---

11) (4) 일본국에 본점을 둔 일본국에 소재한 일본국금융기관에 일본국 이외로부터 송금되어 온 해외송금. 이 경우의 금융기관도 위의 (3)에서와 같이 반드시 일본국에 있는 일본국금융기관이어야 하는 동시에 그 금융기관의 본점이 일본국에 있어야 하며 당해 해외송금은 환거래결재분에 국한되고, 일본은행권이 아닌 일본계통화 (예컨대, 대만은행권)와 일본국이 발행한 일본군표는 제외된다.

(8) 일본국정부에 대한 채권 중 일본국에서 예입하거나 납입한 우편저금·진체저금 및 우편위체와 간이생명보험 및 우편연금의 납입금. 이 경우에는 반드시 일본국에서 예입하였거나 납입한 것이어야 하며, 그 채권이 일본국정부에 대한 것이어야 한다. 1971 「대일민간인청구권신고에 관한 건」

12) 조선군정장관 미국육군소장 아처 엘 러취, 「法令 第六十一號 朝鮮勞務援護會의 解散,淸算에 關한 件」 1946년 3월 29일, 『미군정법령집 1945~1948』, 내무부치

호금을 청산했다. 식민지 조선의 원호체계는 1943년 9월 조선에 「국민징용부조규칙」이 정하는 대상, 즉 국민징용령에 의한 피징용자 또는 그의 가족 및 유족의 원호를 하게 되면서 성립되었다. 이 「국민징용부조규칙」이 적용되지 않는 노동자, 즉 관알선 지도에 의한 피동원자(소위 관알선 노동자), 근로보국대 등의 노동자와 그의 가족 및 유족에 대한 원호는 1944년 9월에 설립한 조선근로동원원호회가 맡아서 했다. 조선근로동원원호회는 피동원자(소위 관알선 노동자), 피징용자, 근로보국대를 동원했던 기업을 회원으로 하여 고용된 노동자 1인당 3엔의 회비를 받고, 국고에서 조성을 받아 운영되었다.[13)]

　미군정청은 1946년 5월에 앞선 「법령제 61호」를 근거로 조선근로동원원호회를 해산하여, 조선근로동원원호회가 가지고 있는 "금전 이외의 모든 부동산 및 동산의 목록을 즉시 작성하여 조선정부재산관리과에 보고"하고, 조선정부 보건후생국이 주체가 되어, 현재 가지고 있는 돈과 앞으로 관리하게 될 금액으로 조선인 특별 피징용자 그 가족 또는 부양자에게 원호를 위하여 지불이 명백한 모든 금액을 즉시 지불할 것(2조)과 조선인 특별 피징용자 그 가족 또는 부양자에게 귀속함을 증명하지 못하는 잔여금은 빈궁한 조선인 피징용자 그 가족 또는 부양자를 위한 사회사업에 제공(3조)하도록 지시했다.

　또한 조선인 피징용자를 사용한 사용주에게 조선인 피징용자, 그 가족 또는 부양자에게 귀속할 채권수집 및 채무지불에 대한 필요한 제반업무를 행해야 하며, 수집된 채권 및 채무는 제2조 및 제3조에 따라 분배

안국, 1956년.

13) 조선의 원호체계로 말하면, 근로보국대의 경우는 출동기간이 6개월 미만 피동원자 1인당 20전의 회비를 받았다. 원호회는 그 자금으로 징용에 의한 부양가족과 별거가족에게 매월 15엔(특별보급), 전 직장의 월급과 징용지 월급의 차액 보조(기본보급), 부양가족 1인당 10엔을 가산한 금액을 가정으로 송금했다. 이를 가정송금이라고 한다. 「勤勞援護の完きを望む 朝鮮勤勞援護事業の現狀」, 『大陸東洋經濟』, 1945년 4월 15일.

(제4조)할 것을 명했다.[14] 실제로 서울시는 위의 업무를 처리하기 위해 신문 공고를 통해 징용자에게 다음과 같이 수속을 밟도록 공고했다. "(1) 징용, 징발, 관알선 또는 법령에 의하여 동원되었던 노무자로, 고용주로부터 임금, 예금, 수당 등을 받지 못한 사람은 출신구청에 신고하고, (2) 사망자 및 업무 상의 상해로 인한 취업 불능자는 유가족 혹은 본인이 신고, 단 38선 이북 또는 외지에 출동되었던 자는 사실을 확증할 수 있는 자에 한하여 현주소 관할 구청에 제출"하도록 했다. 그리고 또한 신고된 이들에게 "일본에서 송금되었던 가정송금 보급금"[15] 등 원호자금을 지불하기로 했다.

이와 같이 해방 직후, 미군정의 조선의 전후처리의 일환으로, 조선근로동원원호회 등 조선노무원호회를 해체,정리하면서 징용자의 원호금 피해, 즉 회사가 지불하는 노무자의 알선, 징용 비용, 가족수당, 각종 보급금, 가정송금 등은 일정부분 정리되었다는 것을 알 수 있다.

귀환자 및 유족들이 중심이 된 피해관련 단체, 즉 <태평양동지회>, <중일태평양전쟁유가족동인회>, <태평양전쟁유가족동인회>는 피해보상을 구하기 위해 1948년 10월 18일, 진정서 「대일강제노무자 미제금 채무 이행 요구에 관한 건」을 국회에 제출했다.[16] 국회 외무국방위원회에서 접수하고 심사하여 1948년 11월 27일 제1회 제115차 본회의에서 의결했다. 최윤동 의원은 진정서의 취지를 설명하고 그 내용을 낭독했다. 즉, 피해자 단체는 "징용 및 관알선 노동자의 노무임금 기본보조금, 특별보조금, 가족수당, 가족송금, 복원여비에 대한 수당, 사망에 대한 장재료, 조위금 유가족에 대한 보조금과 기타 보관금, 보험금, 재해급여금과 미귀

---

14) 조선군정장관 미국육군소장 아처 엘 러취, 「法令 第六十一號 朝鮮勞務援護會의 解散, 淸算에 關한 件」 1946년 3월 29일, 『미군정법령집 1945~1948』, 내무부치안국, 1956년.
15) 「徵用갓든 사람은 申告」, 『동아일보』, 1946년 5월 14일.
16) 「일제징병징용자 대일배상요구운동 등장」, 『동아일보』, 1948년 10월 14일.

환자의 유골봉환, 생환자 구호, 직업알선” 등을 해결해 줄 것을 요구했다.

<전국유가족동인회> 대표 김강현씨의 징용, 징병, 지원병 등의 사망에 대한 청원인 「대일청장년 사망배상금 요구에 관한 청원」과 옥영진의 「화태천도재류동포환국운동에 관한 청원」은 단순히 정부의 적절한 시책을 주문한 것이 아니라, “대한민국 정부의 당연한 권리로 인정되므로 정부는 본 청원의 취지에 의하여 대일배상 요구를 위해 신중 조처”를 정부에 주문했다. 이 주문에 대해 노일환 의원, 김명동 의원 등은 “이 문제는 대일배상 문제가 국제적으로 해결되고 있지 않은 지금에 정부에서 해결할 수 없지만, 앞으로 대일배상에 참고자료가 될 것으로 생각되 정부로 회부기로 정했다.[17)]

이와 같이 귀환자 피해자 단체들은 자신들의 피해, 즉 미지급 임금을 비롯한 각종 수당, 사망에 관련한 수당, 유골반환, 미귀환자의 귀환, 그리고 직업알선 등 생활안정책 등을 적극적으로 표명하면서 한국정부에 그 사실을 진정하는 등 피해상태를 구체화하여 배상을 요구했다. 한국정부는 피해자 단체들의 국회에 제출한 진정서, 청원서를 통해 대일 피해배상의 구체적인 사항을 파악해 가고 있었다.

1960년 장면 정권 하에서는 “청구권 8항목”을 정하여 토론했는데, 그 중 인적 피해 청구로는 “(3)피징용자의 미수금, (4)전쟁에 의한 피징용자의 피해에 대한 보상”으로 정하고 피징용자의 미수금은 약 2억 3,700만 엔으로 계산했다. (4)에서 정한 전쟁은 태평양 전쟁으로 국한하고, 한국정부는 피해자의 피해보상을 “최소한 전후 일본이 자국민의 전쟁피해자에게 보상하는 정도의 보상을 요구하는 것은 당연하다”고 주장했다. 이 제안에 대해 일본 측에서는 “원호법을 채용하여 개인 베이스로 지불할 수 있다”고 의사를 표명했지만 한국 측은 한국 국민에 대한 지불은 국내문제이므로 전체금액을 국가가 받아 한국 측에서 개인청구권으로 지불

---

17) 국회사무처, 『제1회 국회속기록 제115호』, 1948년 11월 27일, 국회회의록시스템.

할 것이라고 주장했다. 1961년 6차 회의에서는 보다 구체적인 논의가 진행되었다. 강제동원의 피해청구를 "피징용자의 미수금(임금, 봉급, 수당), 전쟁에 의한 피징용자의 피해에 대한 보상(노동자와 군인·군속으로 강제징용 된 사람들에 대한 보상),으로 상정하고 노무자와 군인·군속 사망자를 제시했다.[18]

한국 측은 노동자 동원에 있어서 일본 측이 한국 측 노동자를 관알선, 징용으로 구분하고 징용노동자 만을 대상으로 하는 것에 대해 "관알선도 징용도 당시 한국인노동자를 일본으로 연행한 방법은 매우 가혹했다"고 주장해, 관알선과 징용을 구분하지 않고 보상대상이라고 규정했다.[19] 결국, 한국과 일본정부 모두 노동자의 경우 식민지기 원호체계에서 규정했던 노동자, 즉 1942년부터 동원된 관알선, 징용 노동자의 범위로 규정했다고 볼 수 있다. 따라서 1939년 7월부터 시작된 집단모집에 노동자는 그 범위에서 제외되었다고 볼 수 있다.[20] 이러한 결과로 보아, 일본 측에서 구상했던 강제동원 보상자의 범위는 식민지 시기 원호체계 속에 포함되는 범주 즉, 군인, 군속, 관알선 노동자, 징용노동자의 범주에서 그 피해규모를 산정했었음을 엿볼 수 있다.

그러나 위와 같은 세부사항을 포함한 8항목에 대해 일본 측은 대부분은 법률관계와 증거관계가 불명하여 변제할 수 없는 것이라고 주장했고, 한국 측 역시 재한 일본재산에 관한 청구권이 어느 정도 소멸, 충족되었는지도 법리론적, 사실적 산출의 범위를 벗어나는 문제에 속하는 것으로 판단하여, 한국정부는 청구권 문제는 일괄 타결하는 해결방법, 즉 정치적 해결이 불가피했다고 판단했다.[21]

---

18) 장박진, 「한일회담 청구권 교섭에서의 세부 항목 변천의 실증분석 : 대일 8항목 요구 제5항의 해부」, 『정신문화연구』 34-1, 2011년. 3, 108쪽.

19) 大田修, 앞의 책クレイ, 2003년, 재인용.

20) 모집노동자에 대한 식민지 지배구조 관하여 한혜인 「강제연행과 강제동원 사이-이중적 역사화 과정 속에서 식민지 조선인의 배제」에서 분석적으로 다루었다.

3. 대일민간청구권 속의 강제동원 피해의 범위

앞서 이야기한 바와 같이 소의원회에서 「독립유공자 피징용자 및 대일민간청구권법」은 「독립유공자법」과 「대일민간청구권법」으로 분리입법으로 하기로 하고, 우선적으로 피해상황을 조사할 수 있게 「대일민간청구권보상 신고에 관한 법」을 제정하기로 했다. 애초 여당 안에서는 피징용자 피해에 관련한 내용은 없었지만, 야당의 안을 받아들여 피징용자 피해에 관련해서도 보상을 하기로 했다.

야당이 계속해서 설득한 논리는, 한일회담 중 한국정부에서 내걸었던 8조항 속에 피징용자 피해보상에 대한 내용이 들어있었을 뿐 아니라, 일본에게 지배 및 전쟁책임을 물을 수 있었던 유일한 요소였다는 것을 강조하는 것이었다. 8항목에서 소위 강제동원 피해라고 볼 수 있는 것은 5항의 (다)피징용 한국인의 미수금 (라) 전쟁에 의한 피징용자의 피해에 대한 보상이다.

피징용자 피해에 관련해서는 지속적으로 보상이 불가능하다는 견해를 보였던 여당은 한일협정의 성격, 즉 정신적, 신체적인 손해배상은 할 수 없다는 원칙을 고수했다. 그러면서도 경제기획원장관인 장기영은 한일협정의 실무관계에 있었기 때문에 한일협정 상에서 피징용자 사망자, 부상자에 대하여 논의한 적은 있었다고 대답했다. 그러면서 정부가 가지고 있는 증거자료를 모두 내놓을 것이고, 소위원회에서 그 자료를 내놓고 실질적 방법을 구하자고 제안했다.[22]

소위원회의 결과 피징용자 피해에 관련해서는 피징용자의 사망자 만을 보상하기로 했다. 다만, 피징용자 사망자 및 부상자에 대한 보상의 구

---

21) 대한민국정부, 『한일회담 합의사항 <가조인 내용 해설>』, 비매품, 1965년 5월 12일, 38쪽.
22) 제57회 16차 재정경제위원회 1966년 7월 11일.

체적인 방법 등은 대통령에게 맡겨 대통령령으로 정해야 한다는 것을 전제로 했다. 야당 역시 그 부분에 대해서는 이견 없이 결정했다.[23]

정부 여당이 주장하던 대일청구권에는 신체적 정신적 보상이 포함되어 있지 않다는 원칙으로 반대하던 사망자, 부상자 보상의 원칙이 사실상 징병, 징용 사망자를 보상하는 것으로 인해 원칙이 무너졌다. 하지만 실질적으로는 식민지 지배의 정신적 육체적 피해보상이 아니라, 일본과의 한일협정 시의 '원호의 범위'라는 측면에서 원호의 대상이 되었던, 근무 중 사상에 대한 원호라는 틀 속에서 해석했다는 점은 예측할 수 있다.

결국 "일본국에 의하여 군인, 군속 또는 노무자로 소집되었거나 징용되었다가 1945년 8월 15일 이전에 사망한 자(이하, "피징용사망자"라 한다)에 대한 보상금으로 정하고 신고권자 등에 관한 사항은 대통령령으로 정하기로 했다. 이후 대통령이 참석한 정무회의를 거쳐, "군인, 군속으로 전투 또는 공무 수행 중 사망 및 실종자, 노무자로 노무에 종사 중 사망 또는 실종자로 정했다.[24] 이후, 호적 상 정리되지 않았더라도 사망통지서 확인서류만으로도 접수하도록 했으며 반대로 사망통지서는 없더라도 호적상 피징용자로 사망이 확인되면 신고접수토록 했다.[25]

기탁금에 관련해서는 피징용자의 재산권에 해당하는 것이기 때문에 이것을 보상하지 않는다는 것은 원래 청구권보상 틀에서도 위반된다는 야당의 강력한 주장에 따라서 피징용자의 기탁금은 철저한 '증거주의'에 입각하여 보상하기로 했다. "1945년 8월 15일부터 1947년 8월 14일까지 일본국으로부터 귀국한 대한민국 국민이 귀국할 때에 일본국 정부기관에 기탁한 기탁금"으로 하여 신고 대상에 넣었다.

민간청구권을 규정하는 틀로써 문제가 되었던 것은 우선 지역적 범위

---

23) 제60회 제5차 재정경제위원회 회의록 1967년 3월 8일
24) 「피징용사망자범위 결정 대일청구권신고시행령」, 『동아일보』, 1971년 4월 2일.
25) 「일부 신고절차 보완 대일민간 청구권」, 『매일경제』, 1971년 5월 25일.

였다. 정부여당은 "속지주의적 원칙"에 따라 보상범위를 한국과 일본에 국한했다. 재무부 장관은, "2차세계대전 당시 점령하고 있던 지역에 대한 한국민의 재산청구권에 대해서는 대일평화조약에 의해 일본이 점령하고 있던 지역에 일본의 모든 재산은 그 지역에 귀속되기 때문에 청구권해결에서 예외"가 되었다고 설명했다. 그러나 이해관계에 따라서 합리적인 방법을 강구하자고 제의했다. 그러나 기본적으로 재산권에 대해서는 속지주의를 견지했다.[26]

따라서 예금 등에 관련되어서는 "일본국에 본점을 둔 일본국에 소재한 일본국 금융기관에 예입된 예금, 일본국에 본점을 둔 일본국에 소재한 일본국 금융기관에서 일본국 이외로부터 송금되어 온 해외 송금, 이 경우의 금융기관도 일본금융기관이어야 하고, 동시에 본점이 일본국에 있어야 하며, 당해 해외송금은 환거래 결재분에 국한되고, 일본은행권이 아닌 일본 계통 통화(예를 들면, 대만은행권)와 일본국이 발행한 일본군표는 제외했다. 우편저금, 우편연금 또한 일본국에서 예입하거나 납입한 것이어야 하며, 그 채권이 일본국정부에 대한 것이어야 한다고 정했다.[27]

따라서 피징용자가 가지고 있는 군표와 우편저금이라고 하더라도 군사우편저금, 즉 야전우편국 또는 해군군용 우편소에 예입한 통상우편저금은 보상대상에서 제외 되었다. 또한 군표 역시 해방직후 즉 1945년 9월에 태평양 및 육군사령부 포고 제2호의 규정에 의해 무효무가치한 것으로 되어 있기 때문에 보상에서 제외했다.[28]

고재필 의원이 "첫째, 사할린 즉, 화태에 가서 지금 있는 동포들한테 어떻게 취급하고 있는지", "피징용자에 대해서 남방에 간 사람, 또 38도선 이북의 피징용자도 있을 것인데, 이 경우에 어떻게 할 것이냐?"라는

---

26) 제57회 제12차 재정경제위원회회의록 1966년 7월 6일.
27) 위의 자료.
28) 위위 자료.

질문에 재무부 차관은 "화태에 거주하는 사람들이 어떻게 되느냐 하는 말씀이 있었는데 이것은 신고의 대상이 지역적으로 제한이 안되어 있습니다. 그래서 친척이나 여기서 신고하더라도 사망자 같으면 구제대상이 될 것입니다. 즉, 피징용자의 경우에 있어서 유족이 대한민국 국적을 가지고 있으면 지역은 어디를 가든지 신고가 가능한 것입니다."라고 대답했다. 즉, 금융권과는 달리, 징용피해의 경우는 징용지가 어디였든지 관계없이 신고자가 한국국적을 보유하고 있으면 신고가 가능하도록 했다.[29]

이와 같이 피징용자 피해에 현재 우리 「지원법」이 규정하고 있는 국내동원이나 국외동원으로 나눈 것은 적어도 이 「대일민간청구권 신고에 관한 법」속에서는 존재하지 않았다는 것을 알 수 있다. 따라서 한일협정 당시 국내동원이 강제동원피해로 취급하지 않았다는 것 또한 근거가 불분명 하다는 사실을 확인할 수 있다.

1971년 1월에 「대일민간청구권보상에 관한 법」을 만들고, 1971년 4월 14일 대통령령 제5596호」로 시행령을 마련하여 1971년 5월 21일부터 1972년 3월 20일 10개월간 신고접수를 받았다. 금융기관 신고분은 총 신고액의 16억 4,600만 엔의 85%인 13억 9,200만 엔이고 그 중 94%가 조선은행, 칙산은행, 금융조합연합회의 재일지점정리에 따른 청산잉여금이었다. 피징용자 피해에 관련해서는 그다지 많은 수가 신고되지 않았던 것이다. 실질적으로 전체 신고건수 142,820건 중 인명관계가 11,787건에 불과했다. 재무부 장관은 피징용자 사망자 등 인명보상은 1인당 30만 원을 지급하기로 결정한다고 보고했다. 그 기준은 "피징용 사망자는 일본의 전쟁수행을 위한 복무이나, 강제징용이었고 사망 후 장기간이 경과된 보상임을 감안하여 국군병사 및 대간첩작전 지원 중 사망한 향토예비군에 준하여 책정했다"고 설명했다.[30]

29) 제75회 제14차 법사위원회 회의록(1970. 12. 23).
30) 제90회 제6차 재무위원회 회의록 1974년 10월 23일.

신고 마감 후 국회 보고회에서 민간청구권에 대한 재산권에 대해 다음과 같이 천명했다. 재무부 장관은 "한일협정에 의한 정치적 타결의 산물로서, 청구권자금은 대한민국과 전체 대한민국 국민에 대한 피해보상의 성격을 가지고 있다 하겠습니다. 즉, 일본이 한반도 및 우리 국민으로부터 수거한 재산적 가치일절과 식민지 통치로 인한 국가적 발전의 낙후와 한민족의 정신적 물질적 피해에 대한 보상인 것입니다. 법률상의 측면에서 보면 대일민간청구권은 본래의 헌법 상의 재산권이 아니고 이번에 제안된 보상법이 제정되어 국가가 보상의무를 짐으로써 비로소 창설되는 재산 상의 권리라는 점"이라고 설명했다.[31] 즉, 민간청구권은 헌법상의 재산권이 아니라, 제한된 대일민간청구권에 관련한 법령에 의해서 생겨난 권리로 이 법령 등이 규정하지 않는 범위의 재산에 대한 청구는 할 수 없다는 것을 분명히 한 것이라고 볼 수 있다. 이것은 「대일민간청구권 신고에 관한 법」을 제정할 당시, "신고대상에서 제외된 민간청구권에 대한 대책이 없다. 즉 일본지역 이외에서 발생된 채권, 선박, 징용 또는 징병, 부상자, 은급, 등록국채, 개인 간의 채권"[32]에 관련해서는 청구의 자격이 없음을 천명한 것이라고 볼 수 있다.

지금까지 살펴본 바와 같이 정부여당은 기본적으로 피징용자 피해에 대한 보상을 되도록 좁은 범위 내에서 하려는 의도를 가지고 정책을 수립해 갔던 것은 사실이다. 결론적으로 해방 직후 강제동원 피해자들이 피해사실로 인식하고 요청했던 것의 극히 일부, 즉 사망과 미불금(기탁금)에 관련한 부분만 정책화되어 해결되었던 것이다. 해방 이후부터 제기되었던 사할린의 미귀환의 문제를 비롯하여, 유골봉환의 문제 등은 정책화되지 못하고 말았다.[33]

---

31) 위의 자료.
32) 제75회 제20회 재정경제위원회 회의록(1970년 12월 16일).
33) 사할린 미귀환의 문제에 관련해서는 한혜인 「사할린 한인 귀환을 둘러싼 배제와 포섭의 정치」(『사학연구』 제102호, 한국사학회, 2011)에서 자세히 언급했다.

이에 대해 1974년 4월 신민당은 다시 제2차 세계대전시 한국인 전사자 유골처리 문제에 대하여 건의서를 국회에 제출했다. 제2차 세계대전 때 일본에 강제 징용당한 사망자자의 유골봉환과 징용, 징병, 정신대 피해에 대하여 국가가 다시 일본에 피해보상을 제안해야 한다는 건의서를 제출했다. 내용은 전사자의 경우는 일본정부가 순수한 인도적인 면에서 별도로 자국의 법과 예에 따라 해결해 주어야할 의무가 있다. 일본은 2차대전 때 일본인 전사자에게는 연금 및 생활비를 지급하고 있는 것과 같이 지급해야 하고, 유골봉환과 더불어 유족보상을 해 주어야 한다는 것이었다. 이에 대해 외무부 장관은 일본과 협의하겠다고 했고, 주한 일본대사관 측은 "전몰 한국인 중에는 북한지역 출신자도 있어 한국정부가 요구하는 일괄 인도요청에 관해서는 일본정부로 응할 수 없다. 보상금이라면 한일 간의 재산 및 청구권에 관한 문제의 해결과 경체협력에 관한 협정으로 해결되있고, 유골 봉환을 할 경우, 1구에 일화 1만 엔씩을 낸 전례가 있다"고 대답했다. 이에 신민당은 한일협정에서 해결된 것은 일부분에 지나지 않고, "일본군인 상대의 위안부로서 강제연행된 한국여성이 5만여 명에 달한다는 사실이 일본공안청 조사로 밝혀지고 있으며 이들 대부분이 희생됐으나 희생된 대부분이 유골조차 찾을 길이 없고 유골수습도 안되고 있다"고 촉구하면서 청구권협정에서 해결되지 못한 부분이 지금도 많이 발견되고 있으니 인도적인 차원에서라도 해결해야 한다고 주장했다.[34]

신고법이 시행 된 이후에 신고대상에서 누락된 피해자들, 유골봉환의 문제를 비롯해, 피폭, 침몰 유족에 대한 요구 등 끊이지 않고 일어났고,[35] 위안부 피해에 대한 조사 및 유골발굴이라는 건의도 한편 있었다

---

34) 「신민서 보상건의안 국회 제출 2차대전 때 일본에 강징 사망한 한인」, 『동아일보』, 1974년 4월 16일.
35) 「피폭 침몰 유족에게도 보상되야」, 『동아일보』, 1974년 4월 27일.

는 것도 주목할 일이다. 그러나 위의 신민당 건의서는 구체적으로 정책
화되지 못한 상황에서 신고기간이 마무리되었다.

4. 「태평양전쟁 전후 국외강제동원희생자 등 지원법의 지원」 의 범위

현재 강제동원 피해를 보상하고 있는 법률로, 2007년 「태평양전쟁 전
후 국외 강제동원 희생자 등 지원에 관한 법률」(2010년 3월 22일 제정한
'대일항쟁기 강제동원피해조사 및 국외강제동원 희생자 등 지원에 관한
특별법(이하, 지원 특별법) 으로 개정)이 제정되어 일정 정도 지원을 행
하고 있다.

이 법에서 말하는 국외강제동원 희생자란 '강제동원 기간과 귀환 중
사망, 행방불명, 대통령령으로 정하는 부상, 장해를 입은 자 군인, 군무
원, 노무자'로 정하고 있다. 또 국외강제동원 생환자는 '강제동원 되었다
가 국내로 돌아온 군인, 군무원 노무자로 희생자에 해당되지 못한 부상
자'로 정하고 있다. 미수금 피해자는 "급료, 여러 가지 수당, 조위금 또
는 부조료 등을 지급받지 못한 사람"을 의미한다.

이 지원특별법에 의한 지원 대상은 '1938년 4월 1일부터 1945년 8월
15일까지 국외 강제동원된 희생자/생환자, 미수금 피해자로 한정하고 있
다. 사할린 피해자의 경우는 국외강제동원 희생자/피해자로, 1990년 9월
30일까지 귀환자체가 불가능했다는 이유로 희생자(즉, 사망자)는 사망시
기가 1990년 9월 30일 이전 희생자로 정하여 지원하고 있다.[36]

이 지원법 자체는 한일청구권협정을 근거로 하여 지불된 것으로, 한

---

36) 대일항쟁기 강제동원피해조사 및 국외강제동원 희생자 등 지원에 관한 특별법, 대일항
쟁기 강제동원피해조사 및 국외강제동원 희생자 등 지원위원회
(http://www.gangje.go.kr/news/news_01_view.asp?idx=763&page=1&str=&search=)

국정부는 청구권협정 자체를 인정하여 그 체제를 수용한 처치였음을 알
수 있다. 즉 국가가 개입한 강제동원의 범위에 대한 논쟁점이 있을 뿐,
식민지기의 합법적 행위였다는 사실에 대해서는 부인하고 있지 않다는
것을 들 수 있다.

조항	한일교섭 논의단계 (1951~1963)	대일민간 청구권보상법 (1974)	태평양전쟁 전후 국외강제동원희생자 등 지원법(2010)	
			희생자	피해자
강제동원 시기	태평양전쟁 전후	지정하지 않음	1938년 4월 1일~ 1945년 8월 15일 (사할린 피해자 1990년 9월 30일)	만주사변- 1945년 8월 15일
인적범위	군인, 군속, 노동자 중 사망자 및 부상자	군인, 군속 노무자 중 사망자	군인, 군무원, 노무자 중 사망자, 부상자, 생환자, 미수금 피해자	군인, 군무원, 노무자, 위안부, 유골
강제성인 정범위	알선, 징용	소집 또는 징용	강제동원 (모집, 알선, 징용)	강제동원 (모집, 알선, 징용)
강제동원 의 지역적 범위	지정하지 않음	없음	국외	국외(일본, 중국, 태평양, 사할린), 국내
강제동원 의 금전적 보상범위	미수금 일본은행권 사망자, 부상자	일본금융기관의 예금, 기탁금, 보험금	미수금 (급료, 수당, 조위금, 또는 부조료)	없음

Ⅲ. 한국대법원 판결의 '불법성' 범주의 문제점

부산 미쓰비시중공업 강제징용소송에서 원고는 자신들에 대한 미쓰
비시중공업의 강제연행과 강제노동 피폭 후의 방치, 안전귀환 의무의 불
이행, 임금 등의 미지불 등이 노예제의 금지「강제노동에 관한 조약(ILO

조약 제29호)」, 인도에 반하는 죄 등에 관한 국제법을 위반한 행위일 뿐 아니라, 한국 민법 상의 불법행위에 해단하는 것이라는 이유로 1인당 1억 백만 원을 지급할 것을 청구한 재판이다.

1심은 1)한국의 법원은 관할권을 가지지 않는다, 2)일본에서 소송이 진행 중이기 때문에 중복제소에 해당한다. 3)원고들의 권리는 청구권협정에 의해 소멸되었다. 4)피고는 과거의 미쓰비시 중공업과는 별개의 회사이다 5)원고들의 권리는 소멸시효의 완성 내지 제척기간의 경과에 의해 소멸되었다고 판시하고 기각했다.[37] 이 기각 이유를 대법원에서는 다음과 같은 이유로 파기 환송했다.

1. 강제동원의 불법성에 대하여

부산 미쓰비시중공업 강제징용소송의 1심 판시, 즉 "일본은 1910년 8월 22일 한국병합에 관한 조약을 체결하여 대한제국을 병합하고 조선반도를 일본의 영토로 하여 그 통치하에 두었다. 원고 등에 대한 징용경위에 대하여 당시 법제 하에서 국민 징용령에 기초한 원고 등의 징용은 그 자체로는 불법행위라 할 수 없고 또한 징용의 절차가 국민징용령에 따라 행하여지는 한 구체적인 지용행위가 당연히 위법이라고 할 수 없다"는 대한민국헌법 이념과 맞지 않는다는 논리로 반박했다.

법원은 한국의 제헌헌법, 현행헌법이 "일제 강점기 일본의 한반도 지

---

37) 2007년 2월 2일 부산지방법원에서 1) 미쓰비시중공업이 수산에 연락사무소를 두고 있어 한국법원에 관할권이 있다. 2) 일본에서의 소송에 관해 최고재판소의 최종 판결이 내려지지 않았고 일본재판소의 판단과 한국법원의 판단이 다를 가능성을 배제할 수 없기 때문에 중복제소 아니고, 3) 구미쓰비시와 법인격의 동일성을 인정하였으나, 판결은 원고가 주장하는 국제법 위반에 관해서는 사인이 그 위반을 이유로 직접 손해배상을 청구할 수 있다고 하는 명문의 규정이나 국제관습법이 없기 때문에 국제법 위반의 손해배상책임을 인정할 수 없다 는 이유와 국내법 위반에 관해서는 이미 시효가 완성되었다고 하여 원고들의 청구를 기각했다.

배는 규범적인 관점에서 불법적인 강점에 지나지 않고, 일본의 불법적인 지배로 인한 법률관계 중 대한민국의 헌법정신과 양립할 수 없는 것은 그 효력이 배제된다고 보아야 한다. 그렇다면 판결이유는 일제강점기의 강제동원 자체를 불법이라고 보고 있는 대한민국 헌법의 핵심적 가치와 정면으로 충돌하는 것이므로 일본 판결을 그대로 승인하는 결과는 그 자체로 대한민국의 선량한 풍속이나 사회질서에 위반 일본판결 승인하여 그 효력을 인정할 수 없다"고 판시했다.

2. 청구권의 존부에 대하여

청구권 협정이 일본 식민지배 배상청구 협상이 아니라는 점, 청구권 협상과정에서 일본정부는 식민지배의 불법성을 인정하지 않은 채 강제동원피해의 법적 배상을 원칙적으로 부인하였다.

한일양국의 정부는 일제의 한반도 지배의 성격에 관하여 합의에 이르지 못하였는데 이러한 상황에서 일본의 국가권력이 관여한 반인도적 불법행위나 식민지배와 직결된 불법행위로 인한 손해배상청구권이 청구권협정의 적용대상에 포함되었다고 보기는 어려운 점 등에 비추어 보면 원고 등의 손해배상청구권에 대하여는 청구권협정으로 개인청구권이 소멸하지 아니하였음은 물론이고 대한민국의 외교적 보호권도 포기되지 아니했다고 보고 있다.

그러나 이 한일청구권협정에서의 청구권 존부에 관해서는 현재 논란이 되고 있는 것은 사실이다. 장박진은 최근 논문에서 일본이 청구권협정 제2조 3항에 "(2항에 의해 인정되는 예외를 제외하고) 일방 체약국 및 그의 국민의 재산, 권리 및 이익으로서 본 협정의 서명의 날에 타방 체약국에 있는 것으로 특별조치의 대상이 된 것 또는 되어야 할 것에 대한 조치와 일방체약국 및 그의 국민의 타방체약국 및 그의 국민에 대한 모든 청구권으로서 동일 이전의 사유에 기인하는 것에 관하여는 여하한 주장도 할 수 없는 것으로 한다"는 내용을 포함시키는 방안을 제의하고 한국 측이 이것을 받아들여 청구권협정에 그대로 반영되면서 개인에게 가해진 폭력피해 등의 청구권이 완전히 그리고 최종적으로 해결된 것으로 되었다고 주장하고 있다.[38] 이에 대해 유의상은 회담 당시에 구체적으로 불법행위에 대한 논의는 없었기 때문에 장박진의 해석은 과잉해석이라고 판단하고 있다.[39]

3. 소멸시효에 대하여

원고가 법률을 행사할 수 없는 경우, 채무자가 소멸시효의 완성을 주장하는 것이 신의성실의 원칙에 반하여 권리남용으로 허용될 수 없다. 1965년 한일협정 이전 국교를 맺지 않았던 것, 문서가 공개되지 않은 상황 속에서 개인청구권이 포괄적으로 해결된 것이라는 견해가 대한민국 내에서 일반적으로 받아들여져 온 상황 일본에서는 청구권협정의 후속 조치로 재산권 조치법을 제정하여 원고 등이 청구권을 일본 국내적으로 소멸시키는 조치를 취하였고, 원고 등이 제기한 일본 소송에서 청구권협정과 재산권조치법이 원고 등의 청구를 기각하는 부가적인 근거로 명시, 개인청구권 특히 일본의 국가권력이 관여한 반인도적 불법행위나 식민지배와 직결된 불법행위로 인한 손해배상청구권은 청구권협정으로 소멸되지 않았다고 판시했다.

일제 강점기 강제동원자체를 불법적 행위라고 볼 수 있는 근거는 총동원법 구상이 A급 전범으로 소급할 수 있는 것인가 하는 문제는 제기할

38) 장박진, 「한일청구권협정 제2조의 형성과정 (1965. 3~6) 분석」, 『동북아역사논총』 48호, 동북아역사재단, 2015.
39) 유의상, 「(가제)한일 청구권협정 교섭에 대한 재평가 - 외교적 성과로서의 한일청구권협정」, 광운대학교 대학원, 박사학위청구논문, 2015.

수 있으나, 식민지 지배 전체를 불법화할 경우, 현실적이고 실질적으로 보상논리까지 이어질 수 있는지에 대해서는 깊이 생각해 보아야 할 문제이다. 또한 강제동원에 관련해서 비인권적 불법적 행위에 대하여 일반화할 수 있는가에 대한 문제도 남아있다.

Ⅳ. 맺음말—식민지 지배 책임으로서의 강제동원

해방 직후부터 사실 상 한국정부는 강제동원 피해의 규모에 관련해서 지속적으로 조사해 왔다. 미군정청에 의한 원호회 해산에서 일단 징용, 징병자의 수와 피해사실이 일부 조사되었고, 1949년 인구총조사에서도 징용, 징병, 미귀환의 피해는 조사가 되었다는 것을 알았다.

한편, 귀환자들 사이에서 스스로 피해사실을 조사하여 국회와 정부에 진정했고, 정부는 그들의 도움을 받아 피해사실을 구체화해 갔다. 이후 한일회담에서 이들의 피해사실을 주요 의제로 하기 위해, 1952년 이승만에 의해 피징용자 사망 및 부상에 대한 조사, 1958년의 피징용자 조사 등 국가 차원에서는 4번의 조사가 이루어졌다는 사실로, 한국정부의 입장에서는 피징용자에 대한 피해에 대하여 대제척으로 파악하고 있었음을 알 수 있다.

한일협정 이후 한국정부는 일본으로 받은 자금을 사용하기 위해 「청구권 자금의 운용 및 관리에 관한 법」을 제정했다. 이 법을 제정하는 과정에서 청구권의 성격과 청구권 자금의 성격에 대하여 국회에서 논의를 했다. 결국, 청구권자금이라는 말을 사용하기로 하고, 청구권 자금의 성격은 일제 식민지 시기 국민이 받은 피해에 대한 보상이라는 것으로 논의를 이끌어 갔다. 따라서 정부는 민간보상을 개별적으로 하지 않고 경제개발로 모든 자금을 사용하려 했으나, 야당의 반발로 민간청구권 보상을 할 수 있도록 하는 조항을 넣어 국회에서 통과되었다.

이 조항을 기반으로 대일민간청구권 보상을 위한 법안을 제정해 갔다. 초기 정부안은 「독립유공자 및 대일민간청구권보상에 관한 법률」로 독립유공자를 보상 대상으로 넣었다. 정부의 독립유공자 발상은 피징용자 피해보상을 대치하여 비용을 줄여보려는 복안을 가지고 있었다. 여기에서 청구권 및 청구권자금에 대한 정의 논쟁이 다시 불거졌다. 청구권자금의 성격은 신체적 정신적 피해보상을 할 수 없다는 것을 정부에서 주장했으나, 그 주장은 정부 스스로 독립유공자를 보상하려고 하는데에서 모순을 드러냈다.

결국 피징용자 사망자와 기탁금을 보상하는 것으로 결정하고 「대일민간청구권 신고에 관한 법」을 제정했다. 여기에서 규정하고 있던 강제동원 피해에 관한 신고는 피징용자 사망자 및 기탁금으로 볼 수 있는데, 여기에서는 '속지주의'를 표방하여 금액권에 관련해서는 일본과 한국지역에 국한하고 있었지만, 징용지역은 사할린, 남양, 북한, 중국 등 지역을 구분하지 않았다. 다만, 신고자가 한국국적을 지녀야 한다는 것을 전제로 했다.

따라서 현 「지원법」이 한일협정 및 1974년의 「대일빈간청구권보상법」을 모법으로 했을 경우, 국내동원을 강제동원 피해로 보지 않았다는 것이나, 보상에서 제외하는 것은 논리적이지 못하다. 다만 헌법재판소의 판결은 보상에서 제외한 것이 강제동원 피해가 아니여서가 아니라, 재정상의 문제로 파악했기 때문에, 사실 상, 국내동원은 재정이 허락하는 한, 보상이 되어야 한다고 생각한다.

그 외 군사우편저금의 경우는 '속지주의'적 원칙에 따라 보상을 하지 않았다. 이에 대해 현제 행정처분에 의해 보상이 되고 있는데, 이 부분에 관해서도 보다 면밀한 논리체계를 형성하지 않으면 안된다고 보인다. 현재 이유는 보상을 하지 않을 이유가 없다는 것이 이유인데, 이럴 경우

군표 역시 보상의 대상이 되어야 할 것이다.

사할린 한인의 문제는 미귀환의 문제와 미불금(우편저금 등)의 문제로 나누어서 생각해야 할 것이다. 사할린 한인의 미불금의 문제는 국적 회복과 동시에 한국정부가 해결해 줘야 할 문제이고, 미귀환의 문제는 1965년 이후 한국정부와 일본정부 간 교섭을 통해 '인도적 차원'에서 귀환문제를 해결해 왔다. 다만, 아직 유골의 문제, 제3세의 국적 문제, 현재 남아있는 사할린 한인 1세, 2세의 복지 문제 등은 해결해야 하는 문제로 남아있다.

남겨진 문제는 한국에서의 강제동원에 관련한 연구이다. 현재 2004년부터 실시해 온 실태조사를 토대로 연구가 진행되어, 강제동원의 범주, 성격 등을 재정비해야 할 것이다.

한혜인, 「'조선인 강제동원' 피해자 보상문제」 토론문

이 신 철(성균관대)

Ⅰ. 한일협정에 대한 한국정부와 법원, 그리고 일본 정부와 법원 간 이견을 어떻게 해소할 것인가?

1. 개인 청구권문제

– 한국정부 : 3대 미해결 과제 + 반인권 범죄, 개인범죄 유효(국가의 보호권 유효), 한일 간 강제동원문제 해결 입장.
　법원 : 식민체제 불법성 인정(2012. 5. 24. 대법) 그러나 국가차원 청구권 해결되었으나 개인 청구권 미해결(2015. 9. 10. 무상원조 3억 달러 국가가 피해자에게 지급할 책임 없음 판결).
　* 결국 일본정부나 기업에게 개인청구권 행사하라는 의미.
– 일본정부 : 모든 과제 해결. 시효 완성.
　법원 : 입장 같이 하면서도 개인청구권 소멸 여부 불분명.

2. 식민청산 문제

한국 : 해결직후 포괄적 해결 완료 입장 – 국회에서 반론 – 미해결(?)
* 행정부와 국회의 의견 차이는 조약체결의 법적체결 구조 상, 또한
  대법원의 판단 상 결국 미해결로 보아야 할 것.
일본 : 모든 문제(식민지 문제도) 한일기본조약(청구권협정)에 포함되
었음을 주장. 그러나 식민지배는 합법이므로 청산 필요 없는 문제로
인식.

→ 결국 식민주의 청산을 어떻게 해야 할 것인가의 문제 남아 있는
  셈. 이 문제를 어떻게 해결해야 할 것인가의 문제를 두고 한일 연
  구자들 간의 연구가 진행될 필요.
→ 한국의 경우에도 헌법의 이상 실현과 실정법의 한계 사이에서 요
  동. 현재의 대법원 판결을 실현시킨다면 한일관계 중단 위기.
※ 한일간에 어떻게 이 문제를 해결할 것인가에 대한 정치적, 역사적
  타협이 필요한 것 아닌가? 발표자의 생각을 듣고 싶다.

Ⅱ. 강제동원 피해에 대한 한국정부의 보상문제

1. 국내 동원 보상문제가 긴급한 과제로 대두

- 헌재의 부진정입법부작위 판단 : 경제력, 국력 등 객관 상황에 의
  한 국내동원 보상문제 해결 책임 존재.

2. 보상의 범위 문제

1) 국적의 문제

- 1974년 「대일 민간청구권 보상법」에서 지역설정 없이 국적 조항만 둔 것 매우 중요한 발견.
- 그렇다면 어디까지 해당되는가? 국적 제한은 헌법 위반 소지(조선민주주의 공민은 국가의 보호권 대상인가 아닌가?), 또 조선적 재일조선인은 어떤 보호권을 가지게 되는가? 향후 이 문제는 어떻게 풀어야 할 것인가?

2) 현행 보상체계의 한계

- 피해자 선정은 하되, 부상자만 보상. 위안부 피해자와의 형평성 문제는 어떻게 해결할 것인가?

일본군 '위안부' 문제 해결에 대한 한일정부의 입장과 문제 해결의 궁극적 지향점* **

윤 명 숙(상하이사범대학 객원연구원)

Ⅰ. 들어가며 ─ 일본군 '위안부' 문제 해결을 포함한 한일양국의 과거사청산을 둘러싼 최근의 입장

드디어 아베 담화가 발표되었습니다. 아베 총리는 일본 '종전' 70주년 인 2015년 8월 14일 각의결정을 거쳐 오후 6시 직접 기자회견을 통해 담화를 발표하였습니다. 아베 담화가 발표되기 직전인 8월 6일, 아베 총 리의 유식자 간담회인 '20세기를 돌아보고 21세기의 세계 질서와 일본의 역할을 구상하기 위한 유식자간담회'(이하, '21세기 구상 간담회')가 그 간의 활동을 정리한 보고서를 제출하였습니다.[1] 이 '21세기 구상 간담

---

* 이 발표문은 2014.4.17. 국가인권위원회에서 개최된 "한일양국정부에 일본군 '위 안부' 문제의 해결을 요구한다"라는 토론회에서 발표한 글을 근간으로 하고 있다. 이번 발표 취지에 맞추어서 수정·보완하였다.

** 필자는 일본군 '위안부' 혹은 군 '위안부', '위안소'라는 용어를 사용한다. 이들 용 어는 역사용어로 사용하며 원칙적으로는 따옴표를 붙여서 글자 그대로의 의미에 동의하지 않는다는 표시를 해야 하지만 본문에서는 꼭 필요한 경우를 제외하고는 편의상 따옴표를 생략한다.

회'는 아베 총리 담화 작성을 위해서 올 2015년 2월 25일 첫 회합을 가진 이후 모두 7차례의 회합을 가졌고 첫 회합 이후 약 6개월만에 보고서를 제출한 것입니다. 아베 총리는 담화 발표를 마치고 가진 질의응답 시간에 담화 내용은 "가능한 한 많은 국민이 공유할 수 있는" 내용이 되도록 하였다고 답하고 있습니다. 담화가 발표되기 전부터도 주목을 받았던 '침략'이라는 단어는 '21세기 구상 간담회' 유식자들이 공유한 수준에서 정리했다는 정도로 설명하고 있는데, 담화내용에서 사용된 맥락에서 보면 침략의 주어가 없이 "사변, 침략, 전쟁, 어떠한 무력의 위협이나 행사도, 국제분쟁을 해결하는 수단으로선 두 번 다시 써서는 안 된다"고 언급한 문장에 들어 있을 뿐입니다.(<별첨자료 1> 참조)

여기서 자세한 내용 분석은 생략하기로 하고 아베 담화가 이전 총리담화와 다른 결정적 특징 하나만 지적하도록 하겠습니다. 그것은 아베담화가 일본이 왜 식민지 전쟁에 뛰어들 수밖에 없었는지에 대해 정당성을 부여한 설명으로 시작되고 있다는 점입니다. 아베 담화가 언급하고 있는 식민지배는 제2차 세계대전기의 전쟁과 서방의 식민지 지배에 대한 일반적인 인식에 대해서입니다. 따라서 제국주의 국가 일본, 그들 자신의 식민지배 책임에 대해서는 전혀 언급하지 않았습니다. 여러 기사에서 보도된 바와 같이 사죄와 반성이라는 표현은 사용되었습니다. 그렇지만 이것 역시 일본과의 전쟁 당사국에 대한 표명이지 일본의 식민지였던 한국이나 대만에 대한 표명은 아니었습니다.

아베 정권이 한국의 식민지 지배에 대해서 어떻게 인식하고 있는지에 대해서 또 앞으로 어떤 한일관계를 맺고 싶은지에 대해서는 아베 담화보다 '21세기 구상 간담회' 보고서가 자세합니다. 이 보고서는 본문 총 38페이지고 이 중에 한국에 대한 부분은 24~27쪽(4페이지)에 걸쳐 정리되

---

1) '21세기 구상 간담회 보고' 전문은 윤명숙 블로그 참조(일문과 영문)
   http://blog.daum.net/darcy/13593684

어 있습니다. 보고서는 한국의 식민지배에 대해서 "1910년부터 35년간의 한국에 대한 일본의 식민지 통치는 1920년대에 일정한 완화도 있었고, 경제성장도 실현되었으나 1930년대 후반부터 가혹화하였다"라고 말하고 있습니다. 지금의 일본의 주류사회가 한국에 대한 과거 식민지배를 어떻게 인식하고 있는지 잘 보여주고 있는 대목입니다.

보고서는 1965년 한일협정에 의해 한일 간 과거사 청산은 "완전히 그리고 최종적으로 해결"되었다는 입장을 다시 한번 확인하고는 1998년 김대중 대통령과 오부치 케이조 수상이 발표한 '일한 파트너십 선언'을 언급합니다. 이 선언에는 한일관계를 미래지향에 기초해 보다 높은 차원의 양국 간 관계를 만들어가자는데 합의했다고 하면서 "식민지 지배에 의해 다대한 손해와 고통주었다는 역사적 사실을 겸허히 받아들이고 이에 대해 통절한 반성과 마음으로부터 사과"한다는 내용이 서술되어 있습니다. 그런데 보고서는 이러한 우호적인 관계가 노무현 정권 때 기조가 바뀌고 이명박 정권 때 대통령의 독도방문이 이후 한일관계를 결정적으로 악화시킨 원인이라고 지적하고 있습니다. 박근혜 정권에서는 박 대통령 취임 당초부터 '심정'[2]을 전면에 내세워서 지금까지 없던 엄격한 대일자세를 유지하였다고 분석하고 있습니다. 이러한 배경으로 "박 대통령의 '위안부' 문제에 대한 개인적인 생각"이나 "정대협과 같은 반일적인 단체의 국내 영향력"을 꼽고 있습니다. 또 한일관계의 악화 배경으로 한국에게 중국의 중요성이 증가한 반면 국제정치 측면에서 일본과의 협력의 중요성이 저하했기 때문이라고 지적합니다.

보고서는 전체적으로 한일관계의 악화 이유를 일본 내부에서 찾지 않

---

2) 이 보고서에서는 한국이 일본에 대응할 때 '이성'과 '심정' 두 가지 태도가 있다고 전제하면서 "1965년 일한국교정상화는 박정희 정권에 의한 이상적인 결단"이라고 평가하였다. '심정'은 반일감정이라고 쓸 때의 '감정'에 해당하는 것으로 이해하면 될 듯하다.

고 밖에서, 즉 한국정부의 태도나 입장에서 그 원인을 찾고 있습니다. 또한 일본은 고노 담화나 무라야마 담화, '여성을 위한 아시아 평화 국민기금'(이하, '국민기금')을 통해 여러 노력을 해왔다고 주장합니다. 이에 따라 한일관계 개선을 위해서 양국간의 경제관계나 아시아지역에서의 안전보장 분야에서 협력하는 것으로 돌파하자고 제안합니다. 이처럼 보고서와 아베 담화 내용을 함께 보면 한일관계에서 과거사청산은 이미 모두 종결되었다는 일본정부 입장은 좀더 명확해집니다.(<별첨자료 2> 참조)

한국에서는 다음날 아베 담화에 대한 외교부의 논평[3]이 발표되었습니다. 외교부는 논평에서 일본의 식민지배와 침략 인식에 대한 직접적인 지적은 회피하였습니다. 그리고 거두절미하고 "정부는 아베 총리가 금번 담화에서 역대 내각의 역사인식이 앞으로도 흔들리지 않을 것이라고 밝힌 점에 대해서는 주목"한다고 평가합니다. 그리고 앞으로 일본정부가 "어떻게 구체적인 행동으로 실천해 나갈 것인지를 지켜보"겠다고 합니다. 또 "일본군 위안부 피해자 문제 등 한·일간 미결 과거사 현안의 조속한 해결을 위해 보다 적극적으로 나설 것을 촉구"합니다. 아베 담화에서 식민지배와 전쟁 등에 대해서 구구절절 일본의 입장을 설명한 것과 대조적으로 한국정부는 매우 간단하게 논평을 마무리합니다. 이러한 한국정부의 태도는 아베 담화가 발표되기 전인 8월 10일 외교부가 발표한 '전후70주년 아베 총리 담화 관련 외교부 대변인 성명'[4] 내용과 연관 있어

---

3) 전후 70주년 아베 일본 총리 담화에 대한 외교부 대변인 논평(외교부 홈페이지 2015.8.15.) <별첨1 참조> http://www.mofa.go.kr/news/pressinformation/index.jsp?mofat=001&menu=m_20_30&sp=/webmodule/htsboard/template/read/korboardread.jsp%3FtypeID=6%26boardid=235%26tableName=TYPE_DATA BOARD%26seqno=355946 (2015.8.21.검색)

4) 전후70주년 아베 총리 담화 관련 외교부 대변인 성명(2015.8.10.) 외교부 홈페이지 (2015.8.21.검색) 보도자료 게시판 글번호 11282
http://www.mofa.go.kr/news/pressinformation/index.jsp?mofat=001&menu=m_20_30

보입니다.(<별첨자료 5> 참조) 성명에서 한국정부가 요구하는 사항은 간단합니다. 이런 저런 수식어를 빼고 나면 일본정부는 "역대 총리 담화의 역사인식을 계승한다는 점을 분명히" 한 것이고, 그렇게 한다면 한국정부는 "과거사 문제를 정리"하는 것으로 하겠다는 입장을 밝힌 것으로 해석됩니다. 이렇게 해석하면 윤병세 외교부장관이 8월 18일 세계일보와의 인터뷰에서 연내에 한일정상회담 가능성을 언급하며,[5] '위안부' 문제와 관련해서 "(아베 담화가) 구체적 행동으로 실천된다는 차원에서 (위안부 문제에서) 구체적 진전이 있기를 기대한다"고 말한 것과 10월 16일에 예정된 한미정상회담을 앞두고 한국정부가 "한·일 관계 개선에 대한 자세를 어필하기 위한 것으로 보인다"는 보도[6]를 함께 보면, 박근혜 정권에서 1965년 일제의 식민지배 책임을 제대로 묻지 못한 한일협정 체결의 잘못을 되풀이하게 될 것 같은 우려가 생깁니다. 외교부의 논평과 달리 아베 담화가 말하고 있는 역대 내각의 역사인식이라는 것이 '과거 전

전문은 이하와 같다.

1. 정부는 현 일본정부가 한·일 국교정상화 이래 양국관계 발전의 근간이 되어 온 무라야마 담화, 고이즈미 담화, 고노 담화 등 역대 내각 담화의 역사인식을 계승할 것임을 누차에 걸쳐 공언해 온 것에 주목하고 있다.

2. 이와 관련, 정부는 일본정부가 전후 70주년을 맞아 조만간 발표할 것으로 예상되는 총리 담화에서 역대 내각 담화의 역사인식을 확실하게 계승한다는 점을 분명히 함으로써, 과거사 문제를 정리하고 한국 등 주변국과의 관계를 새롭게 출발시키고자 하는 성숙한 자세를 보여주기 바란다.

3. 이를 통해 정부는 국교정상화 50주년을 맞은 올해 한·일 관계가 선순환적으로 발전되어 나가기를 희망하며, 일본 스스로도 주변국으로부터 신뢰받고 국제사회에서 책임있는 역할을 하는 국가로 거듭날 것을 기대한다.

5) [단독] 尹외교 "연내 韓·日 정상회담 가능"(세계일보 2015.8.18.)
http://www.segye.com/content/html/2015/08/17/20150817003952.html(2015.8. 21. 검색).

6) "한국정부, 한·중·일 정상회담 10월 개최 타진"...일본 신문 보도(경향신문 2015. 8.20.)
http://news.khan.co.kr/kh_news/khan_art_view.html?artid=201508201139521& code=970203(2015.8.21.검색)

쟁에서 한 일'에 대해 '반성'과 '사죄하는 마음'을 '표시'해 온 것이지 식민지배 책임은 어디에도 언급되지 않기 때문입니다. 이러한 의미에서도 이번 아베 담화는 오히려 역대 담화보다 후퇴하고 있다고 말할 수밖에 없습니다.

아베 담화에 대해서는 새누리당[7]과 새정치민주연합[8]에서도 논평을 냈습니다만 아베 담화 내용을 제대로 이해하고 한 논평인가 하는 의구심이 듭니다. 새누리당의 논평은 "종전 70주년 아베 담화는 과거사에 대해서 반성과 사죄 등의 언급을 했다는 점에서는 의미 있는 담화문"이라고 평가하고 있지만 앞서 얘기한 대로 아베 담화에서는 일본의 식민지배에 대해서는 전혀 언급하고 있지 않으니까요. 또한 새정치민주연합 논평도 핵심을 찌르지는 못했습니다. 아베 담화에서의 '반성과 사죄' 그리고 '무라야마 담화의 4대 키워드인 식민지배, 침략, 사죄, 반성' 중에서 식민지배와 침략 역시 한국이나 대만을 대상으로 한 것도 아니었으며 침략이란 단어 역시 앞에서 얘기한 바와 같습니다. 따라서 "침략과 식민 지배를 불가피한 선택으로 포장"한 것이 아니라 "가해자로서의 책임"을 "사실상 회피"한 것이 대놓고 회피한 것입니다. 이상에서 본 대로 한·일양국의 정치·외교적 측면에서 볼 때 일본군 '위안부' 문제의 해결 주도권은 완벽하게 일본정부가 가져간 것으로 보입니다.

---

7) 아베 담화, 의미 있지만 아쉬운 담화문(새누리당 홈페이지 2015. 8. 14.) <별첨자료 2> 참조.
   http://www.saenuriparty.kr/web/news/briefing/delegateBriefing/readDelegateBriefing View.do?bbsId=SPB_000000000777010 (2015. 8. 21, 검색)
8) 진정어린 반성과 사죄 없는 아베 담화는 매우 실망스럽다(새정치민주연합 홈페이지 2015. 8. 14.) <별첨자료 3> 참조.
   http://npad.kr/npad/?pageid=4&page_id=672&uid=64747&mod=document (2015. 8. 21, 검색)

II. 한일양국의 과거청산 과제로서의 일본군 '위안부' 문제

1. 일본군 위안부 문제 해결에 대한 한국정부의 입장

1) 노태우 정권-박근혜 정권의 입장

결론을 먼저 말하자면 한국정부의 입장은 "일관적이지 않았다"라는 말로 함축할 수 있습니다. 여러분이 다 아다시피, 일본군 위안부 문제는 1990년 5월 노태우 대통령의 방일에 즈음해서 한국의 여성운동 단체들이 일본정부에 "'정신대' 문제에 대한 사죄와 보상을 요구하는 성명서"를 발표하면서 촉발되었습니다. 이후 일본군 위안부 문제가 한일양국의 사회문제에서 일본과 각 피해국·지역 간의 정치·외교 문제, 나아가 전세계여성 인권 문제로까지 인식되어 가는 동안에 한국정부 입장에는 큰 변화가 두 번 있었습니다.

먼저 한국정부의 초기 입장이 무엇인지 확인해보도록 하겠습니다. 일본군 위안부 문제가 수면 위로 떠오른 시기는 노태우 정권 시절입니다. 정대협의 1991년 자료에 의하면 노태우 정권에서는 "1965년 한·일 청구권협정 체결로 양국정부 간에 국제법상의 권리·의무는 일단락된 사항이므로 정부차원에서는 대일 보상제기는 불가하며, 민간차원에 제기한 소송문제에 정부 간 관여할 입장은 아니"라고 밝히고 있습니다.[9]

한국정부가 입장을 공식적으로 공표하게 된 것은 1992년 1월 24일 '정신대문제실무대책반'이 설치되어 조사한 결과가 '중간보고서'로 발표되면서부터입니다. 여기서 정부는 '진상 규명'과 '후속 조치'라는 두 가

---

9) 『정신대 자료집 1』「1991년 10월 17일 공개서한에 답신」, 한국정신대문제대책협의회, 1991, 55쪽.

지 차원에서 입장을 표명합니다. '진상 규명'과 관련해서는 일본정부의 1차 정부 조사가 미흡하다고 지적하며 추가 조사를 요청하고, '후속 조치'로는 역사 교과서 기술과 학교 교육을 언급합니다. 이에 더해 한국정부는 "일본이 사죄의 뜻을 충분히 나타낼 수 있는 성의있는 조치를 취하도록 촉구"할 것이라고 할 뿐, 개인 보상에 대한 입장 표명은 없습니다.

뒤이은 김영삼 정권에서도 노태우 정권 시절의 입장이 그대로 승계됩니다. 오히려 개인 보상에 대해서는 입장이 더 명확해집니다. 김영삼 대통령은 취임 직후인 1993년 3월 13일 수석비서관회의에서 "일본 측의 진상 규명이 무엇보다 중요"하기 때문에 개인 보상 문제는 "내년도부터 정부 예산"으로 처리하라고 지시합니다. 일본정부에 개인 보상을 요구하지 않는다는 입장은 1993년 6월 30일 일본의 무토 가분(武藤嘉文) 외무대신이 방한했을 때 거듭 천명됩니다. 그리고 1993년 11월 6일 김영삼 대통령과 호소카와 모리히로(細川護熙) 일본 총리와의 정상회담에서도 "진상 규명"만이 강조되었을 뿐입니다.

이러한 한국정부의 입장에 대해 1993년 3월 17일 정대협과 대한변호사협회가 항의문을 접수하자 "개인의 청구권은 포함되지 않는다."는 회답을 합니다. 그러나 한국정부가 일본정부에 개인 보상을 요구하지 않는다는 기본 입장이 변하지는 않습니다.

일본군 위안부 문제와 관련해서 한국정부의 입장이 확연히 바뀌는 것은 2005년 1월과 8월에 한일 협정 당시의 문서가 공개된 이후의 일입니다. 한일회담 문서가 공개된 후에 후속 대책으로 만들어진 민관공동위원회가 발표한 검토 내용에 따르면, 한일청구권협정은 기본적으로 양국 간 재정적·민사적 채권·채무 관계를 해결하기 위한 것이었고, 일본군 위안부 문제 등의 반인도적 불법행위에 대해서는 일본정부의 법적 책임이 남아 있다고 하였습니다. 또한 동위원회는 사할린 동포, 원폭 피해자 문제도 한일청구권협정 대상에 포함되지 않았다고 발표합니다.[10]

그러나 일본군 위안부 문제는 한일 협정에 포함되지 않았다는 것을 민관공동위원회가 밝혔음에도 불구하고 노무현 정권(2003~2008)은 아무런 조처를 취하지 않았습니다.

2004년 7월 21일 노무현 대통령은 고이즈미 준이치로(小泉純一郎) 총리와 정상회담을 가진 후에 과거사 문제에 대해 "아직 해결해야 할 과제가 남아 있는 것은 사실이나 해결되기 어려운 문제를 갖고 계속 논쟁하는 것은 양국 국민의 감정만 자극해 도움이 되지 않는다"며 "내 임기 동안에는 정부차원에서 [군위안부 문제를] 공식적인 의제나 쟁점으로 제안하지 않을 생각"이라고 밝힙니다. 또한 "이 문제는 양국 간 활발한 민간 교류를 통해 양국 국민의 인식차가 좁혀지고 해결 방안이 나와서 공감대가 높아져야 한다"고 합니다.[11]

그런데 이듬해 2005년 3월 16일 일본 시마네 현 의회가 '다케시마의 날' 제정 조례안을 가결시킨 사건이 생기고, 그 직후 3월 23일 청와대 홈페이지에 「최근 한일관계와 관련하여 국민 여러분에게 드리는 글」을 통해 "이제는 정부도 일본에 단호히 대응하지 않을 수 없다"며 "침략과 지배의 역사를 정당화하고 또다시 패권주의를 관철하려는 의도를 더 이상 두고볼 수 없다"고 강조합니다. 그렇지만 노무현 정권이 끝날 때까지 일본군 위안부 문제가 한일 협정에서 논의되지 않았다는 발표 이외에 아무런 조치가 취해지지 않았습니다.

뒤이은 이명박 정권(2008~2013)에서는 무척 다이내믹한 상황이 벌어졌습니다. 2008년 1월 17일 이명박 대통령 당선자는 외신 기자회견에서 "새로운 성숙된 한일관계를 위해 [일본에 대해] 사과하라, 반성하라, 라

---

10) 한일협정에 관한 좀더 자세한 사항은 다음 논문 참조. 도시환, 2012, 「한일청구권 협정의 국제법적 문제점에 대한 재검토」, 도시환 외 지음, 『한일 협정 50년사의 재조명: 한일 협정의 국제법적 문제점에 대한 재조명』, 동북아역사재단. 107~108

11) 『동아일보』 2004. 7. 22.(「한일 정상 제주서 회담, 고이즈미 "한국인에 항구적 비자면제 검토"」).

는 말을 하고 싶지 않다"고 밝힙니다.[12] 한편 2011년 8월 헌법재판소는 "한국정부가 개인의 청구권 문제를 일본과 교섭하지 않는 것은 위헌"이라고 결정합니다. 그래도 이명박 정권은 2011년 9월까지 일본과 두 차례 정상회담을 했지만 위안부 문제는 의제에 올리지 않았습니다. 같은 해 12월 17일 이명박 대통령이 방일하여 노다 요시히코(野田佳彦) 총리와 간담회를 할 때만 해도 "과거 역사를 직시하는 가운데 미래지향적이고 성숙한 양국 관계 발전을 위해 노력해" 가자는 데 의견이 일치되는 정도였습니다.[13]

그런데 다음 날 18일 교토 영빈관에서 열린 한일 정상회담에서 이명박 대통령은 회담 내내 위안부 문제의 우선적 해결을 촉구했다고 합니다. 그해 일본 대사관 앞에 세워진 평화비(소녀상)을 철거해달라는 노다 총리의 요구에도 이명박 대통령은 "일본정부가 조금만 관심을 보였다면 [평화비를 세우는 일은] 일어나지 않았을" 것이라며 "성의 있는 조치가 없으면 위안부 할머님들이 돌아가실 때마다 제2, 제3의 동상이 설 것"이라고 답변했다고 합니다. 또한 이명박 대통령은 모두발언 등을 통해서도 "한일양국은 공동번영과 역내 평화·안보를 위해 진정한 파트너가 돼야 하고 걸림돌인 군위안부 문제를 우선적으로 해결하는 데 진정한 용기를 가져야 한다"고 말했다고 합니다.[14] 그래도 일본정부는 기존의 원칙적인 입장을 바꾸지 않았습니다. 그러자 2012년 이명박 대통령은 광복절을 닷새 앞둔 8월 10일 현직 대통령으로서는 처음으로 독도에 상륙합니다. 이

---

12) 『조선일보』 2008. 1. 19. (「사과·반성하란 말 일본에 안 하겠다 성숙된 한일관계 위해 이 당선자 외신 회견」).

13) http://blog.joins.com/media/folderlistslide.aspuid=n127&folder=3&list_id =12487354 (2014. 4. 14 검색)

14) 『연합뉴스』 2011. 12. 18.(「李대통령, 日총리에 위안부 우선해결 요구(종합)」).; 노태운 기자 블로그(이명박 정권 당시 일본군 '위안부' 문제 관련 참조) http://blog.joins.com/media/folderlistslide.asp?uid=n127&folder=3&list_id =12487354

명박 대통령의 독도 깜짝 방문은, 국민 몰래 일본과 '한일정보포괄보호 협정'을 체결하려다가 들통이 난 직후에 이루어졌습니다. 이 대통령의 독도 방문을 계기로 한일관계는 급속하게 냉각하여 악화되었는데, 독도 를 방문한 이유가 교토 정상회담에서 여타 의제까지 제쳐두고 위안부 문 제 해결을 요청했음에도 불구하고 일본정부가 전혀 해결에 나서지 않아 서였다는 설명이 전해집니다. 이명박 정권에서 한국정부가 위안부 문제 해결에 어떠한 전략을 가지고 움직이고 있었는지 전혀 전해지지 않는 상 황에서 이명박 대통령은 임기를 마감합니다.

　박근혜 대통령(2013~)이 취임한 이후에도 한국정부의 입장은 크게 달라지지 않았습니다. 2011년 8월 헌법재판소 판결에 따른 조치는[15] - 이명박 정권 때 두 번의 중재절차 요구를 일본정부에 전달했을 뿐 - 아직 아무런 성과를 얻지 못하고 있으며, 한일 정상회담은 아직 이루어지지 않고 있습니다. 2014년 4월 우선 위안부 문제를 논의하기 위한 국장급 회의가 시작되었습니다. 이는 날로 악화되어가는 한일관계를 보다 못해 오바마 미국 대통령이 자국의 이익에 입각해서 한일관계 '정상화'를 위 해 고군분투한 결과, 방한 및 방일 직전에 취해졌습니다. 현재 국장급회의 는 8차에 걸쳐 진행되었고 9차 회의 일정을 조율 중에 있다고 합니다.[16]

2) '피해자들이 납득할 만한 조치'라는 한국정부 주장

　2015년 우리는 광복 70주년과 한일국교 정상화 50주년의 해를 맞았 습니다. 다시 설명하지 않겠습니다만, 올해 8·15 경축사[17]에서 밝힌 아

---

15) 박근혜 정권에 대해서는 2015년 9월 발표 당시까지로 국한되어 있다.
16) 『MK뉴스』 2015. 7. 23.
　　http://news.mk.co.kr/newsRead.php?no=704897&year=2015 (2015. 8. 10, 검색)
　　; 4. 일본군 위안부 피해자 문제관련 차기 한·일 국장급 협의(외교부 홈페이지 2015. 8. 18)
　　http://www.mofa.go.kr/news/briefing/index.jsp?menu=m_20_10(2015. 8. 21, 검색).

베 담화에 대한 평가는 잘못된 평가입니다. 게다가 앞에서 얘기했듯이 아베 담화 발표와 이에 대한 한국정부의 논평에 의해 일본군 '위안부' 해결의 주도권은 완벽하게 일본정부가 가져가버린 것처럼 보이는 지금, 대통령의 "조속히 합당하게"라는 해결 요구가 앞으로 어떻게 반영될지 염려스럽습니다.

이미 말한 대로 일본군 위안부 문제 해결과 관련해서 한국정부는 당초(김영삼 정권)에는 배상을 요구하지 않겠다고 명확히 밝혔습니다. 이러한 입장이 바뀐 것은 김영삼 정권말기입니다. 1997년 1월 국민기금이 한국인 피해자 7명에게 은밀하게 '지원금'을 전달한 직후부터 되풀이되었는데, 그것은 '피해자들이 납득할 만한 조치'라는 요구입니다. 최근 한일 간 국장급협의에서도 한국 측은 "피해자들이 납득할 수 있는 방향으로 실질적으로 해결되어야 한다"는 입장을 밝혔다고 합니다.[18] "피해자들이 납득할 조치"라는 입장은 생각에 따라서는 좀 어정쩡한 태도입니다. 다만 피해자나 시민단체가 생각하는 '피해자들이 납득할 조치'는 "공식 사죄와 이에 따른 법적 배상"이며 일본정부에 대한 대표적인 요구 사항입니다.[19] 지금까지 '위안부' 피해자 대부분과 관련 시민단체들의 요구도 대체로 "공식 사죄, 법적 책임, 개인 배상"에 집중되어 왔습니다.[20]

---

17) 2015. 8. 15. 경축사 전문. 윤명숙 블러그 http://blog.daum.net/darcy/13593716에 게재한 내용 참조 바람.

18) 『연합뉴스』 2014. 4. 16. (「한일, 군위안부 문제 첫 협의······ 기본 입장 재확인(종합)」).

19) 『세계일보』 2014. 4. 15.(「이상덕 vs 이하라 한일 위안부 협의 "一戰"」).

20) 정신대문제대책협의회 홈페이지(https://www.womenandwar.net/contents/general/general.nx?page_str_menu=0101)에는 일본정부에 대한 요구 사항이 다음의 7가지로 명시되어 있다. 1) 일본군 '위안부' 범죄 인정, 2) 진상 규명, 3) 국회 결의사죄, 4) 법적 배상, 5) 역사 교과서 기록, 6) 위령탑과 사료관 건립, 7) 책임자 처벌. 정대협 초기의 요구 사항은 정대협의 홈페이지가 몇 차례 갱신을 하는 과정에서 이전 기록이 사라지고 없어서 확인이 불가능하였다. 다만 수요 시위 성명서를 통해서 "공식 사죄, 법적 배상"이 원칙적으로 초기부터 꾸준히 요구되어왔음을 확인

2. 일본군 위안부 문제 해결에 대한 일본정부의 입장

1) 1991년 일본 미야자와 내각 이후

앞에서 언급한 대로 일본정부의 입장은 1990년대 초부터 일관적입니다. 일본정부는 군위안소제도에 군이 "관여"했다는 명백한 증거 자료가 발견되자 1992년 1월 12일 가토 고이치(加藤紘一) 관방장관이 군의 "관여"를 공식적으로 인정하는 담화를 발표하고, 그 다음 날에는 사죄의 담화를 발표합니다. 이군 관여 자료가 발견되어 담화를 발표한 직후인 같은 달 16일에 미야자와 기이치(宮澤喜一) 총리가 방한합니다. 미야자와 총리는 노태우 대통령과의 정상회담과 한국 국회에서 공식적으로 "사과와 반성의 뜻"을 표명하게 됩니다. 그러나 보상에 관해서는 김학순 위안부 피해자 외 강제동원 피해자들이 동경지방재판소에 제소한 "재판의 결과를 지켜보면서 사실 조사에 성의 있는 조치를 취하겠다"고 합니다. 그러나 구체적인 방침은 언급하지 않았습니다. 같은 해 7월 6일 일본정부는 정부 조사(제1차) 결과를 공표하고, "정부의 관여가 있었음을 인정하고 사죄하며 보상을 대신하는 모든 조치를 성의껏 검토하겠다는 뜻을 표명"합니다.

미야자와 정권에서 처음 꺼낸 "보상을 대신하는 조치"가 가시화된 것이 우리가 잘 알고 있는 '여성을 위한 아시아 평화 '국민기금' 이하, '국민기금'입니다. 국민기금은 1993년 이른바 '55년 체제'라고 불리는, 자유민주당(이하 자민당)과 사회당의 양당 체제가 무너진 이듬해 6월 29일 자민당, 사회당, 신당사키가케의 3당 연립 정권에서 설립됩니다. 이때 일본은 전후 50주년을 앞두고 있었습니다. 자민당은 사회당 당수인 무라야마 토미이치(村山富一)를 총리로 앞세워 수립된 연립 정권 덕에 정권을

하였다.

되찾게 됩니다. 사회당은 연립 정권에 들어가기 전에는 군위안부 피해자에 대해 공식으로 사죄하고 개인 보상을 해야 한다는 입장이었습니다. 그래서 일본군 위안부 문제 해결을 위해 동분서주하던 국내외 시민단체들도 무라야마 정권에 기대하는 바가 컸습니다.

그런데 결론부터 말하면 무라야마 연립 정권이 내놓은 해결책은 시민단체들의 기대에 못 미치는 방식으로 흘러갔습니다. 먼저 일본은 일본군 위안부 피해자에 대해 법적 의무가 전혀 없다는 입장이었고, 국제인도법 위반에 대한 책임도 없다고 주장하였습니다. 그리고 설령 국제법상 책임이 있다 해도 그 책임은 보상·청구권의 처리를 다룬 샌프란시스코강화조약 및 그 밖의 양국 간 평화조약·국제 협정으로 마무리되었다고 주장하였습니다. 그래서 한국인 군위안부 피해자에 대한 국가의 법적 책임에 따른 보상에 대해서도 일본정부는 1965년의 '한일청구권 및 경제협력협정'에 의해 "완전하고도 최종적으로" 해결되었다고 주장하였습니다. 그렇기 때문에 새로운 개인 보상은 할 수 없다고 하였습니다. 그렇지만 군위안부 문제가 중대한 인권침해라는 사실을 감안하여 도의적 입장에서 "보상을 대신하는 소정의 조치"라는 것을 내놓았고, 그것이 '국민기금'이었습니다. 그러나 생각해보면 이 "보상을 대신하는 소정의 조치"라는 것은 1991년 미야자와 내각 당시부터 표명하던 일본정부의 일관된 입장이었으니 사회당 연립 정권이라고 해서 달라진 것은 아무것도 없었던 셈입니다.

2) 일본정부의 진상규명 추진 및 고노담화에 대해서

위에서 본 바와 같이 일본군 위안부 문제가 "국가에 의한 성폭력" 문제로 한일양국에서 문제 제기가 된 이후에 일본정부는 어떤 조치를 취했을까요? 일단 일본정부는 미야자와 총리 방한 후에 두 차례 정부 조사를 하고 결과를 발표합니다. 1992년과 1993년입니다. 조사 결과와 함께 관방장관의 담화를 발표했습니다.

이보다 앞서 요시미 요시아키(吉見義明) 주오(中央)대학 교수가 방위청방위연구소 도서관에서 찾은 군 관여 자료가 보도(1992. 1. 11)된 직후, 앞서 언급한 대로 가토 관방장관의 담화가 언급됩니다. 즉, 12일에 군의 "관여"를 공식적으로 인정하고 13일에는 사죄의 뜻을 발표합니다. 이 발표는 한국에 그다지 알려져 있지 않은 듯합니다. 두번째 가토 담화는 1992년 7월 6일, 첫 번째 정부 조사 결과와 함께 발표됩니다. 「조선 반도 출신자의 이른바 종군 위안부 문제에 관한 가토 내각관방장관 발표」(일본 외무성)라는 이름으로 가토 내각관방장관이 담화를 발표합니다. 이 1차 정부 조사 결과에 대해 노태우 정권에서 '중간보고서'를 통해 일본정부의 진상 조사가 미흡하다고 추가 조사를 요구했다는 것은 이미 앞에서 언급한 대로입니다. 이에 따라 일본정부는 약 1년 후에 2차 조사 결과를 발표합니다. 이때 발표된 담화가 고노 담화입니다.

두 개의 담화를 비교해보면, 고노 담화는 가토 담화를 기본 골격으로 좀 더 구체적으로 살을 붙였다고 말할 수 있습니다.(<별첨자료7, 8> 참조) 일본의 우익 세력들은 고노 담화가 마치 한국인 위안부 피해자 16명의 구술에만 의존해서 작성된 것처럼 말하지만 이 두 담화를 단순 비교해보아도 우익들의 발언이 사실이 아님을 알 수 있습니다. 여기서 상세한 비교는 생략합니다만, 고노 담화에는 지금 우리가 놓치고 있는 것들이 있습니다. 고노 담화의 내용을 꼼꼼히 읽어보면, 승계 여부를 따지는 것에 머무를 것이 아니라 수정 보완해야 할 사항들이 있습니다. 고노 담화는 한국정부와의 관계에서 작성되었는데 1993년 고노 담화 발표 이후 나온 많은 연구 성과가 반영되지 않았습니다. 2014년 동경에서 개최된 아시아연대회의에서는 고노 담화 이후 발견된 자료 529점을 일본정부 측에 제출하기도 했습니다. 또한 특히 역사의 교훈, 역사연구, 역사교육

등과 같은 후속 조치에 관한 내용은 일본정부에게 제대로 시행하도록 요구해야 합니다.

Ⅲ. 현재시점에서 바라보는 역사적 사건·사회적 사건으로서의 일본군 '위안부' 문제

1. 과거사 문제에는 위안부 피해만 있는 것이 아니다

더욱이 위안부 문제를 논의하기 위한 한일 국장급 회의나 작금의 논의는 자칫 잘못하면 한일 간의 과거사 문제를 배상 문제로만 수렴하고 나머지를 모두 봉합시켜버릴 위험성이 있습니다. 일본군 위안부 문제가 여성 문제로만 그치는 것이 아니라 제국주의 국가 일본의 식민지배 책임을 묻는 실마리라는 점에 동의한다면, 미국에 등 떠밀려서 서둘러 해결하려는 좁은 시각에서 벗어나야 합니다. 왜냐하면 지금 진행되는 한일 간의 과거사 문제 논의는 마치 한일 간의 과거사 논쟁이 일본군 위안부 문제에만 남아 있는 듯한 착각이 들게 하기 때문입니다. 과거사 문제는 위안부 문제 이외에도 귀환 문제(사할린, 우키시마호 사건을 비롯한 귀국 도중 선박 침몰 사건 등), 피폭 피해, 최근 들어 부상하기 시작한 3·1 운동 피해나 간토대지진 피해 등 아직 논의조차 제대로 되지 못한 피해들이 너무나 많습니다. 또한 현재 시점에서 이 문제가 우리에게 주는 역사의 교훈이 무엇인가를 생각해야 합니다.

미국은 일본의 패전 직후 열린 도쿄재판에서 위안부 문제를 알고 있었음에도 일본을 처벌하지 않은 책임을 져야 합니다. 즉 미국은 결코 한일 과거사 문제 해결을 위한 중개자가 아니라 책임의 또다른 한 축을 이루고 있는 당사자인 것입니다. 그래서 우리는 최근의 '위안부' 문제 해결을 둘러싼 여러 상황을 걱정스럽게 지켜볼 수밖에 없습니다.

더욱이 제국주의 국가에 의한 식민 지배 책임을 물을 수 있도록 포문을 열어준 위안부 문제가 이것으로 "봉합"될 조짐이 있다면 더욱 그렇습니다.

2. 역사 연구 심화 - 정부의 역할과 학자의 역할

다시 초심으로 돌아가서 일본군 위안부 문제의 해결에 대해 생각해보도록 하겠습니다. 그 전에 일본군 위안부 문제가 어떤 문제인지 다시 한번 확인해보겠습니다. 먼저 일본군 위안부 문제는 제국주의 국가 일본(군)에 의한 성폭력 문제입니다. 이는 전쟁범죄이고 인도에 반한 죄에 해당합니다. 특히 식민지 출신 피해 여성에게는 제국주의 국가 일본의 식민 지배 책임까지 물어야 하는 문제입니다. 우리는 국가의 성폭력 문제로 일본군 위안부 피해에만 주목하고 있지만 일본군에 의한 성폭력 유형은 위안부 피해에 한정되지 않고 매우 다양합니다. 물론 피해자 개인에 주목하면 이 문제는 인권침해 문제이고 명예 회복이 되어야 하는 사건입니다.

또한 일본군 위안부들의 피해는 일본군 위안소제도 등의 성폭력 자체에만 한정되지 않았습니다. 전체 규모도 알 수 없는 피해 여성들이 귀환하지 못하거나 사망하거나 죽음을 당했습니다. 귀국했더라도 고향에 가지 못한 이들도 많습니다. 특히 한국 여성의 경우는 위안부 피해에 그치는 것이 아니라 해방 이후 미군 주둔과 한국전쟁을 통해 성적 피해가 가중되었을 가능성이 큽니다.

위에서 언급한 두 개의 담화는 일본정부가 일본군위안소제도를 조직적으로 만들고 관리·감독, 운영했다는 사실을 알려줍니다. 피해 여성들이 얼마나 참혹한 생활을 견뎌야 했는지도 알 수 있습니다. 역사 연구를 건축으로 비유하자면 두 담화는 국가책임이라는 골조를 보여주는 것이라고 할 수 있습니다. 그리고 여기에 지금까지의 선행 연구 성과를 더하면 군위안소제도가 어떤 것인지 충분히 알아볼 수 있는, 건축물로 치자면 어느 정도 틀을 잡은 건물이라고 할 수 있겠습니다.

그렇지만 제국주의 국가 일본에 의한 성폭력이라는 사건은 아직도 밝혀야 할 부분이 많습니다. 중국인 위안부 피해에 대해서도, 아직 많은 부분이 밝혀져야 합니다. 국내에 관련 자료가 거의 남아 있지 않은 상황에서는 더욱 국외 자료 수집이 필수적입니다. 중국에는 아직 발굴되지 않고 정리 중인 자료도 많이 있습니다. 일본, 미국이나 영국, 네덜란드 등지에도 조선인 피해라는 시각에서 검토해야 할 자료도 많으며, 일본의 점령지였고 포로수용소가 있던 싱가포르, 인도네시아, 태국 등에 소장되어 있을 자료들, 또 일일이 다 열거할 수 없지만 일본 국내나 식민지에 존재한 '군위안소'나 '기업위안소'라는 것의 실태는 연구가 미미한 상황입니다. 앞으로 연구가 보강되어야 할 것입니다. 또한 일본군위안소제도를 연구할 때 일본군'위안소' 자체에 한정된 연구가 아니라 이 제도를 지탱한 일본의 식민지 지배의 전반적인 실태 규명이 필요합니다. 일례로 아다시피 위안소제도는 군과 밀접한 연관이 있습니다. 그런데 국내의 조선군(식민지기 조선 주둔 일본군)의 구체적인 실태 연구는 미미합니다. 폭넓은 시각에서 다각적인 주제와 연구가 필요하다 하겠습니다.

어떤 주제도 그러하겠지만 연구자 개인이 감당하기 어려운 분야가 있습니다. 연구자의 양성도 그러하고 연구 환경도 그렇습니다. 예를 들면 꾸준히 국내 외의 자료를 수집하고, 수집한 자료를 번역이나 해제 등을 붙여 체계적으로 정리, 즉각적으로 연구자들에게 제공할 수 있는 시스템을 갖추도록 하는 일입니다. 또 일본군위안소제도와 관련된 자료를 수집할 때 민간 연구자 개인의 노력만으로는 접근이 어려운 경우도 있습니다.

일본정부는 2차 정부 조사까지 진행하고 그 이상의 후속 작업을 하지 않고 있습니다. 그런데 최근까지도 민간 연구자에 의해 일본 국내에서 자료가 발굴되고 있습니다. 이는 철저한 자료 조사를 하지 않았거나 해당 기관에서 자료를 찾을 능력이 없기 때문일 것입니다. 만일 후자라면 자료를 철저히 조사하도록 요청하는 것은 한국정부의 몫입니다.

북한의 일본군 위안부 피해자 및 위안소에 관한 연구는 해외 연구자에 의해 진행된 것이 있습니다만 남북한 연구자들의 공동연구가 가능하도록 추진하는 것도 필요할 것입니다.

한국정부 역시 1992년 '중간보고서'를 내고 후속 작업을 하지 않고 있습니다. 중간보고서 발표 후 20년 이상 지났습니다. 한국정부는 정부 보고서 발간을 통해서 먼저 일본군 위안부 문제 해결과 관련한 한국 입장을 정리해야 합니다. 한일 간 과거사 청산에 관한 큰 그림을 그려야 합니다. 또한 2005년 대법원 판결에서 지적한, 한일협정에 포함되지 않은 과거사 청산 문제는 위안소제도 이외에 사할린 문제, 피폭자 문제가 더 있습니다. 그리고 과거사 청산의 궁극적 목적이 무엇인가를 명시해야 할 것입니다. 역사학자로서 제가 생각하는 궁극적 목적은, 추상적인 표현이긴 하지만 대전제로 말해야 하는 것은, 한국사회를 더 나은 사회로 만들기 위하는 것이어야 한다고 생각합니다.

Ⅵ. 나가면서 ─ 다시 일본군 위안부 문제 해결에 대해서

2014년 4월 16일에 위안부 문제를 논의하기 위해 가진 한일 국장급 첫 회의 결과가 보도되었습니다. 한일양국의 입장 차이가 확연하게 드러났습니다. 일본 측은 법적 책임은 인정할 수 없으므로 배상은 안 된다는 입장이고, 한국 측은 범죄 인정, 공적 사죄, 개인 배상을 하라는 정반대의 입장입니다. 다만 일본 측은 인도적 차원의 조치가 가능한데, 구체적으로는 '사사에(佐々江)안'21)이 지속적으로 보도되고 있습니다. 해결 기한도 일본 측은 매우 적극적이어서 연내까지 해결하자고 통보했다는 내용도 있었습니다.

그런데 여기서 주의를 환기해야 할 사항이 있습니다. 한일 간의 과거사 문제가 군위안부 문제 해결만으로 또 "배상"의 문제로만 수렴되는 건 바람직하지 않습니다. 보도 내용을 찬찬히 살펴보면, 위안부 문제 해결이 금전적인 차원에서 집중적으로 보도되고 논의되고 있다는 느낌입니다. 물론 위안부 생존자의 개인 배상 실현은 중요합니다. 그러나 이미 국민기금이라는 방식을 한번 겪은 위안부 피해자들에게 앞으로 개인 배상이 실현된다면 그것은 법적 책임에 따른 개인 배상이어야 하지 않을까요?

덧붙이자면 위안부 피해자들의 유족의 트라우마 문제도 심각합니다.22) 유족들의 트라우마는 한국사회의 트라우마이기도 합니다. 일본군 위안부피해자들에 대한 트라우마 치료는 적절한 타이밍을 놓쳤지만 유족들에 대한 트라우마 치료는 타이밍을 놓쳐서는 안됩니다.

이 문제와 관련해서 지금 논의해야 하는 것은, 일본정부가 범죄 인정을 하지 않고 법적 배상도 아닌 인도적 차원의 "지원금"으로 해결하려 할 때 어떻게 하는 것이 최선인가 하는 점일 것입니다. 일본군 위안부 피해자들에게 진정 "명예" 회복이 되는 길은 어떤 것일까요? 또 일본군

---

21) 사사에 겐이치로(佐佐江賢一郎) 일본 외무성 사무차관이 2012년 3월 방한 당시 제시한 것으로 주한 일본 대사가 일본정부 대표로 위안부 피해자들에게 사죄하고, 노다 총리가 이명박 대통령과의 한일 정상회담을 통해 인도적 지원 조치를 설명하며, 보상금 등 인도적 지원금은 100% 일본정부 자금으로 충당한다는 내용을 골자로 하고 있다.(문화일보, http://www.munhwa.com/news/view.html?no=201404 1601070523256002)이를 표본 삼아 거론되는 2015년의 사사에 안은, 일본 대사의 직접 사과, 아베 신조 총리 편지, 인도적 지원금을 위한 정부 지원을 담고 있다.(단 비뉴스, 사사에 안(案) http://www.danbinews.com/news/articleView.html?idxno=5465)

22) 이 문제를 다룬 다큐로 [SBS 스페셜] 최후의 심판 1부 엄마여서 미안해(http://blog. daum. net/darcy/13593724)와 2부 위안부로 죽고 싶지 않다(http://blog.daum.net/ darcy/13593729) 참조.

위안부 문제를 논의할 때 염두에 두어야 할 점은 이 해결 문제 피해자 개인의 문제로만 끝나는 게 아니라 한국사회의 역사적 사건이라는 측면에서 바라볼 때 어떤 방향으로 나아가도록 하는 것이 바람직한가 하는 문제입니다.

하시모토 오사카 시장의 발언이나 아베 총리, 일본의 정치가 혹은 관료들, 그리고 재특회(在特會 재일의 특권을 허락하지 않는 시민모임) 와 같은 일반 시민들의 민족(인종) 차별 발언이나 위안부 피해자들에게 쏟아지는 2차 언어폭력은 어떻게 할 것인가?

2007년 아베 내각(제1차) 이후에 심화된 민족 차별이나 위안부 피해자들에게 쏟아지는 2차 언어폭력은 점점 심해지고 있습니다. 현재 일본에는 이들을 처벌할 법률이 없습니다. 독일의 경우 '홀로코스트 부인 금지법Gesetz gegen Holocaustleugnung'이 있어서 홀로코스트 등 나치의 과거사를 부정하는 발언을 하면 위법이 된다고 합니다. 다수의 유럽 국가에서도 마찬가지라고 합니다.[23]

피해자의 "명예" 회복 방법은 개인 배상 하나에만 있지 않다고 생각합니다.

가토 담화나 고노 담화, 무라야마 담화(〈별첨자료 6, 7, 8〉 참조)에서 명시한 '사과와 반성'이 진성성 있는 "사과와 반성"이 되려면 '사과와 반성'이 지속적으로 유지되어야 합니다. 일본정부가 2차 언어폭력을 하는 사람들을, 그들이 관료든 정치인이든 일반인이든, 처벌할 수 있는 법률 제정이나 최소한 각의 결정을 해야 할 것입니다. 이것이 재발방지를 약속한 일본정부가 "동일한 과오를 절대로 반복하지 않겠다"는 고노 담화를 지키는 방식이어야 하며, 한국정부도 두 번 다시 "명예"를 훼손시키지 않겠다는 약속을 요구해야 합니다.

상호 신뢰, 상호 존중 의식을 키우는 것이야말로 미래지향적인 해결

---

23) 『오마이뉴스』 2014. 3. 16(「독일 정치인들이 일본처럼 '망언'하지 않는 이유」).

의 밑거름이라고 생각합니다. 고노 담화에서 언급한 "역사교육"과 관련해서, 일본의 역사 교과서에 위안부 문제를 기술하여 제대로 가르치도록 하고, 1982년 역사 교과서 파동을 계기로 신설한 "근린 제국(近隣諸國) 조항"이 지켜지도록 하는 것이 반드시 전제되어야 할 문제 해결의 길이며 미래지향적인 한일관계를 만드는 데 일조한다고 생각합니다. 두 번 다시 전쟁을 되풀이해서는 안 된다는 피해자의 목소리에 귀 기울여야 한다고 생각합니다.

〈별첨자료 1〉 아베 신조 일본 총리 전후 70주년 담화(전문)

종전 70년을 맞아 지난 (세계)대전으로 향한 길과 전후 우리가 걸어온 길, 20세기라는 시대를 우리는 조용히 되새기며, 그 역사의 교훈 속에서 미래에 대한 지혜를 배워야 한다고 생각한다.

100년 이상 전의 세계에는 서양 각국을 중심으로 한 나라들의 광대한 식민지가 확대되고 있었다. 압도적인 기술 우위를 배경으로, 식민지 지배의 물결은 19세기 아시아에도 밀려왔다. 그 위기감이 일본에는 근대화의 원동력이 된 건 틀림 없다. 아시아에서 최초로 입헌정치를 수립하고, 독립을 지켜냈다. 러·일전쟁은 식민지 지배 하에 있던 아시아와 아프리카 사람들에게 용기를 주었다.

세계를 휩쓸어간 제1차 세계대전을 거쳐 민족 자결의 기운이 퍼지면서 그간의 식민지화에 제동이 걸렸다. 그 전쟁은 1,000만 명의 전사자를 낸 비참한 전쟁이었다. 사람들은 '평화'를 강렬히 원해 국제연맹을 창설하고 부전(不戰)조약을 만들었다. 전쟁 자체를 불법화하는 새로운 국제사회의 조류가 생겨났다.

애초는 일본도 이러한 조류에 보조를 맞췄다. 그러나 세계 공황이 발생하고, 구미 각국이 식민지 경제를 끌어들여 경제 블록화를 추진하면서 일본 경제는 많은 타격을 입었다. 그런 와중에 일본은 고립감을 심히 느끼게 됐고 일본 경제는 큰 타격을 받았다. 그중에서도 일본은 고립감이 깊어지자 외교적, 경제적인 난국을 힘을 통해 해결하려는 시도를 했다. 국내 정치 시스템은 그것을 막을 수 없었다. 그래서 일본은 세계의 대국을 보는 감각을 잃어버렸다.

만주사변, 그리고 국제연맹 탈퇴. 일본은 차제에 국제사회가 장렬한 희생 위에 구축하려 한 '새로운 국제질서'에 대한 '도전자'로 변했다. 가야 할 진로가 잘못되면서 전쟁으로 가는 길로 가버렸다. 그리고 70년 전. 일본은 패전했다.

전후 70년을 맞아 국내외에서 스러진 모든 사람의 생명 앞에 깊이 머리를 숙이고, 통석(痛惜)의 염(念)을 표시하는 한편 영겁의 애도를 진심으로 바친다.

앞선 대전에선 300만여 동포의 목숨을 잃었다. 조국의 장래를 염려하고, 가족의 행복을 바라면서, 각지의 전장터로 흩어진 이들. 종전 후 혹한 또는 태양이 작렬하는 먼 이국 땅에서 굶주림과 병에 시달리면서 죽어간 이들. 히로시마(廣島)와 나가사키(長崎)에의 원폭 투하, 도쿄를 비롯한 각 도시의 폭격, 오키나와의 지상전 등으로 많은 거리의 사람들이 비참하게 희생당했다.

서로 전쟁을 벌인 나라에서도 장래가 밝은 젊은이의 목숨이 수도 없이 사라졌다. 중국, 동남아시아, 태평양의 섬들 등 전장터로 변한 지역에서는 전투뿐만 아니라 식량난 등으로 많은 무고한 민초들이 고통을 받고 희생됐다. 전쟁의 그늘에는 명예와 존엄에 깊은 상처를 입은 여성들이 있다는 것도 잊어서는 안 된다.

아무런 죄도 없는 여러 사람에게, 헤아릴 수 없는 피해와 고통을 우리가 줬다는 사실. 역사란 실로 되돌릴 수 없는 가혹한 것이다. 한 사람 한 사람에는 각자의 인생이 있고, 꿈이 있으며, 사랑하는 가족이 있었다.

이처럼 당연한 사실을 되짚어 볼 땐 지금도 할 말을 잃고 다만 단장의 심정을 금할 수 없다.

이토록 많은 고귀한 희생 위에 지금의 평화가 있는 것이다. 이는 전후 일본의 원점이다.

다시는 전쟁의 참화를 반복해서는 안 된다.

사변, 침략, 전쟁, 어떠한 무력의 위협이나 행사도, 국제분쟁을 해결하는 수단으로선 두 번 다시 써서는 안 된다. 식민지 지배로부터 영원히 결별하고, 모든 민족의 자결권리가 존중받는 세계가 돼야 한다.

지난 대전에 대한 깊은 후회와 더불어 우리나라는 그렇게 맹세를 했다. 자유롭고 민주적인 나라를 세워, 법의 지배를 중시하며, 오로지 전쟁을 하지 않겠다는 맹세를 견지해 왔다. 70년 간에 걸친 평화국가로서 걸어온 길에 우리는 마음 속으로 긍지를 느끼면서, 이 변치 않는 방침을 앞으로도 관철해 나갈 것이다.

우리나라는 과거 전쟁에서 한 일에 대해 반복해서 통절한 반성과 진심으로 사죄하는 마음을 표시해 왔다. 그런 생각을 실제 행동으로 보이려고 인도네시아와 필리핀을 비롯한 동남아 국가, 대만, 한국, 중국 등 이웃 아시아 사람들이 걸었던 고난의 역사를 마음에 새기면서 전후 일관해서 그 평화와 번영을 위해 진력을 다했다.

이 같은 역대 내각의 입장은 앞으로도 흔들림이 없을 것이다.

다만 우리가 어떠한 노력을 기울여도 가족을 잃은 이들의 아픔과, 전화로 도탄에 빠져 고통을 맛본 사람들의 쓰라린 기억은 앞으로도 결코 치유되지 않을 것이다.

그래서 우리는 유념해야 한다.

전후 600만 명 넘는 귀환자가 아시아 태평양 각지에서 무사히 돌아와 일본 재건의 원동력이 된 사실을. 중국에 두고온 3,000명 가까운 일본인의 자녀가 무탈히 성장해 재차 조국의 땅을 밟은 사실을. 미국과 영국,

네덜란드, 호주 등의 옛 포로 여러분이 장기간에 걸쳐 일본을 찾아 상대편 전사자를 위해 영령을 계속 위로해준 사실을.

전쟁의 고통을 겪은 중국인 여러분과 일본군에 견디기 어려운 고통을 당한 옛 포로 여러분이 그만큼 관용을 베풀기 위해서 얼만큼 마음의 갈등을 빚고 어떻게 노력했을지.

그 점에 대해 우리는 깊이 고민해야 할 것이다.

관용의 마음 덕분에 일본은 전후 국제사회에 복귀할 수 있었다. 전후 70년을 맞아 우리나라는 화해를 위해 애쓴 모든 나라, 모든 이들에 진심으로 감사의 뜻을 표시하고 싶다.

일본에선 전후 태어난 세대가 바야흐로 인구의 80%를 넘었다. 전쟁과는 아무런 관련이 없는 우리의 자손 그리고 그 뒷세대의 자손에 사죄를 계속하는 숙명을 지우게 해선 안 된다.

그럼에도 불구하고, 우리 일본인은 세대를 넘어 과거의 역사를 정면으로 마주하지 않으면 안 된다. 겸허한 마음으로 과거를 계승하고 미래로 인도해야 할 책임이 있다.

우리의 부모, 또 그 부모 세대가 전후의 불탄 들판 위에서, 가난의 수렁 속에서 목숨을 이어왔다. 그리고 현재 우리 세대 또한 다음 세대로 미래를 이어나갈 수 있다. 그것은 선인들의 끊임없는 노력과 함께 적으로 치열하게 싸웠던, 미국 호주 유럽 국가를 비롯해 정말 많은 국가들로부터 은원을 넘어 선의와 지원의 손길을 받았기 때문에 가능했다.

그것을 우리는 앞으로도 계속 이야기해주지 않으면 안 된다. 역사의 교훈을 깊이 가슴에 새기고 더 나은 미래를 개척해 나가는, 아시아, 그리고 세계 평화와 번영을 위해 힘을 다 할 것이며 그러한 큰 책임이 있다.

우리는 막다른 골목에 몰린 궁지를 스스로의 힘으로 타개하려고 했던 과거를 가슴 깊이 새겨야 한다. 그러므로 일본은 어떤 분쟁도 일으키지 않고 법의 지배를 존중하고, 힘의 행사가 아니라 평화적·외교적으로 분쟁을 해결해야 한다. 이 원칙을 앞으로도 굳게 지키고 세계 각국에 촉구할 것이다. 유일한 전쟁 피폭국으로서 핵무기의 비확산과 궁극적인 폐기를 목표로 국제 사회에서의 책임을 이행할 것이다.

우리는 지난 20세기 전시 하의 많은 여성들의 존엄과 명예가 깊은 상처를 입은 과거를 가슴 깊이 계속 새기고 일본이 이러한 여성들이 마음으로 의지할 수 있는 나라가 되어야 한다. 21세기는 여성의 인권이 손상되지 않는 세기가 되도록 세계를 선도해야 한다.

우리는 또 경제의 블록화가 분쟁의 싹을 키운 과거를 가슴 깊이 새겨야 한다. 그래서 일본은 어떤 나라의 자의에 좌우되지 않는 자유롭고 공정하고 열린 국제경제 체제를 발전시켜 개발도상국 지원을 강화하고 세계의 번영을 이끌어왔다. 번영이야말로 평화의 기초이다. 폭력의 온상이 되는 빈곤에 맞서 세계의 모든 사람들에게 의료와 교육, 자립의 기회를 제공하기 위해 더욱 힘을 다 할 것이다.

우리는 국제 질서에 도전자가 됐던 과거를 가슴 깊이 새겨야 한다. 그래서 우리나라는 자유, 민주주의, 인권 등 기본적 가치를 확고히 견지하고 그 가치를 공유하는 국가들과 손 잡고 '적극적 평화주의'의 기치를 높이 들고 세계 평화와 번영에 어느 때보다 기여할 것이다.

종전 80년과 90년, 나아가 100년을 향해 그런 일본을 국민 여러분과 함께 만들어나갈 것을 결의한다.

헤세이(平成) 27년(2015년) 8월 14일 내각 총리대신 아베 신조

〈별첨자료 2〉 전후 70주년 아베 일본 총리 담화에 대한 외교부 대변인 논평(2015. 8. 15.)

1. 어제 아베 일본 총리가 발표한 전후 70주년 담화는 지금의 일본정부가 식민지배와 침략의 과거를 어떠한 역사관으로 바라보고 있는

지를 국제사회에 여실히 드러내는 계기가 되었다.

2. 그럼에도 불구하고, 정부는 아베 총리가 금번 담화에서 역대 내각의 역사 인식이 앞으로도 흔들리지 않을 것이라고 밝힌 점에 대해서는 주목하며, 과연 일본정부가 이러한 입장을 어떻게 구체적인 행동으로 실천해 나갈 것인지를 지켜보고자 한다. 이와 관련, 일본정부가 일본군 위안부 피해자 문제 등 한·일간 미결 과거사 현안의 조속한 해결을 위해 보다 적극적으로 나설 것을 촉구한다.

3. 앞으로도 정부는 역사 문제에 대해서는 원칙에 따라 분명하게 대응하되, 북핵·경제·사회문화 등 호혜적 분야에서의 협력과 동북아에서의 평화와 번영을 위한 역내 협력은 지속적으로 강화해 나간다는 기조를 견지해 나갈 것이다. 또한 정부는 일본정부가 이웃 국가로서 올바른 역사 인식을 토대로 새로운 미래로 나아가는 여정에 동참하기를 기대한다.

〈별첨자료 3〉 아베 담화, 의미 있지만 아쉬운 담화문
(2015. 8. 14. 새누리당 공보실)

김영우 수석대변인은 8월 14일 현안관련 브리핑에서 다음과 같이 밝혔다.

• 아베 담화, 의미 있지만 아쉬운 담화문

오늘 있었던 종전 70주년 아베 담화는 과거사에 대해서 반성과 사죄 등의 언급을 했다는 점에서는 의미 있는 담화문이라고 본다. 또한 죄 없는 사람들에게 일본이 끼친 손해와 고통의 과거사를 언급하면서 단장의 념을 금할 수 없다는 표현까지 한 것을 보면 과거사에 대한 아베의 복잡하고 애통한 마음을 읽을 수 있다.

하지만 아쉬움도 있다. 오늘 담화는 일본의 침략사에 대한 반성과 사죄를 직접적으로 언급하기보다는 과거형으로 에둘러 표현했다. 다시 말해 일본은 통절한 반성과 마음으로부터의 사죄의 기분을 표명해 왔다는 식으로 언급했다. 또한 위안부에 대해서도 여성들의 명예와 존엄이 상처 받았다는 식으로 간접적으로 언급한 것은 아쉬움으로 남는다.

새누리당은 아베 담화에 담긴 다소 장황하고 모호한 표현에 집착하기보다는 앞으로 일본이 과거사에 대해 진정성 있는 반성과 평화를 위한 실천적 노력을 보여주기를 지속적으로 촉구해나갈 것이다.

〈별첨자료 4〉 진정어린 반성과 사죄 없는 아베 담화는 매우 실망스럽다(2015. 8. 14. 새정치민주연합 공보실)

아베 총리가 발표한 일본정부의 전후 70년 담화는 진정어린 반성과 사죄가 없다는 점에서 매우 실망스럽다. 전후 50년 무라야마 담화의 4대 키워드인 식민지배, 침략, 사죄, 반성은 모두 표현했지만 교묘한 방식으로 책임을 피해갔다. 침략과 식민 지배를 불가피한 선택으로 포장하며 가해자로서의 책임은 사실상 회피했다. 특히 위안부 문제에 대해서 '존엄을 상처받은 여성'이라는 표현으로 피해간 것은 매우 유감이다. 한마디로 침략과 식민지배에 대한 진정한 사죄와 반성 대신 외교적 수사로 책임회피에만 골몰한 담화로 평가할 수밖에 없다. 아베 총리는 역대 내각의 입장은 앞으로도 변함없을 것이라고 했지만 무라야마 담화에서 크게 후퇴한 담화로 이미 상당히 변질되고 말았다. 또 전쟁은 안 된다고 강조했지만 집단적 자위권을 반영한 안보법안을 추진하는 이중적 태도를 보이고 있다는 점을 지적하지 않을 수 없다. 과거사의 책임을 회피하기만 하려는 태도로는 일본이 결코 미래지향적 국가로 나아갈 수 없다는 점을 분명히 밝혀둔다.

〈별첨자료 5〉 전후 70주년 아베 총리 담화 관련 외교부 대변인 성명(2015. 8. 10.)

1. 정부는 현 일본정부가 한·일 국교정상화 이래 양국관계 발전의 근간이 되어 온 무라야마 담화, 고이즈미 담화, 고노 담화 등 역대 내각 담화의 역사인식을 계승할 것임을 누차에 걸쳐 공언해 온 것에 주목하고 있다.

2. 이와 관련, 정부는 일본정부가 전후 70주년을 맞아 조만간 발표할 것으로 예상되는 총리 담화에서 역대 내각 담화의 역사 인식을 확실하게 계승한다는 점을 분명히 함으로써, 과거사 문제를 정리하고 한국 등 주변국과의 관계를 새롭게 출발시키고자 하는 성숙한 자세를 보여주기 바란다.

3. 이를 통해 정부는 국교정상화 50주년을 맞은 올해 한·일관계가 선순환적으로 발전되어 나가기를 희망하며, 일본 스스로도 주변국으로부터 신뢰받고 국제사회에서 책임있는 역할을 하는 국가로 거듭날 것을 기대한다.

〈별첨자료 6〉 가토담화

조선반도 출신자의 이른바 종군 위안부 문제에 관한 가토 내각관방장관 발표(1992. 7. 6)

조선반도 출신의 이른바 종군 위안부 문제에 대해서는 작년 12월부터 관계 자료가 보관되어 있을 가능성이 있는 성청(省廳)에서 정부가 이 문제에 관여했는지 어떤지에 대해 조사를 해왔는데, 이번에 그 조사 결과가 정리되어 발표하게 되었다. 조사결과에 대해서는 배포한 대로인데, 제가 요점을 간단히 말씀드리자면 위안소의 설치, 위안부를 모집한 자에 대한 단속, 위안 시설의 축조(築造) 및 증강(增强), 위안소 경영 및 감독, 위안소 및 위안부의 위생 관리, 위안소 관계자에게 신분증명서 발급 등과 관련해서 정부의 관여가 있었다는 것을 인정한다는 것이다. 조사의 구체적 내용에 대해서는 보고서에 각 자료의 개요를 정리해두었으니 그것을 읽어주시기 바란다. 또한 상세한 것은 나중에 내각외정심의실에서 설명할 것이기 때문에 내용에 대해 문의 사항이 있다면 그때 물어보시기 바란다.

정부로서는 국적, 출신지와 상관없이, 이른바 종군 위안부로서 필설로 다할 수 없는 신고를 겪은 모든 분에게 다시 한번 충심으로 사과와 반성의 뜻을 말씀드리고자 한다. 또한 이러한 잘못을 결코 되풀이해서는 안 된다는 깊은 반성과 결의에서 평화 국가로서의 입장을 견지함과 동시에 미래를 향해서 새로운 일한 관계 및 기타 아시아 여러 나라, 지역과의 관계를 구축하도록 노력하고자 한다.

이 문제에 대해서는 여러 다양한 분의 얘기를 들을수록 성심으로 마음이 아프다는 생각이 든다. 이와 같은 신산을 경험한 분들에 대해서 우리의 마음을 어떻게 표현할 수 있을지 각 방면의 의견을 들으면서 성의를 다해 검토해 나가고자 생각하고 있다.

〈별첨자료 7〉 고노 담화

위안부 관계 조사 결과 발표에 관한 고노 내각관방장관 담화
(1993년 8월 4일)

이른바 '종군 위안부' 문제에 대해서 정부는 재작년 12월부터 조사를 진행하여왔는데 이번에 그 결과가 정리되어 발표하게 되었다.

이번 조사 결과, 장기적이고도 광범위한 지역에 위안소가 설치되어 수많은 위안부가 존재했던 것이 인정되었다. 위안소는 당시의 군 당국의

요청에 의해 건물이나 설비를 미리 준비한 것으로 위안소의 설치, 관리 및 위안부의 이송에 관해서는 구일본군이 직접 또는 간접적으로 이에 관여했다. 위안부의 모집에 관해서는 군의 요청을 받은 업자가 주로 이를 맡았지만 이 경우에도 감언, 강압에 의하는 등 본인의 의사에 반하여 모집되어진 사례가 많았고, 더욱이 관헌 등이 직접 이에 가담했던 일도 있었던 것이 밝혀졌다. 또한 위안소에서의 생활은 강제적인 상황하에서 참혹한 것이었다.

또한 전지(戰地)에 이송된 위안부의 출신지에 관해서는 일본을 별도로 한다면, 조선반도가 큰 비중을 차지하고 있었는데 당시의 조선반도는 우리나라의 통치 하에 있어서, 모집, 이송, 관리 등도 감언, 강압에 의하는 등 총체적으로 본인의 의사에 반해서 행해졌다.

어쨌든 간에 본건은 당시의 군의 관여 하에, 다수 여성의 명예와 존엄에 깊은 상처를 남긴 문제이다. 정부는 이번 기회에, 다시 한번 그 출신지가 어디든 관계없이 이른바 '종군 위안부'로 수많은 고통을 경험하고, 심신에 치유되기 어려운 상처를 입은 모든 분에 대하여 마음으로부터 사과와 반성의 마음을 전해 올린다. 또한 이러한 마음을 우리나라로서 어떻게 표할까 하는 것에 대해서는 식자층의 의견 등도 모아 앞으로 진지하게 검토해야 하는 문제라고 생각한다.

우리는 이러한 역사의 진실을 회피하지 않고, 오히려 이것을 역사의 교훈으로서 직시하고 싶다. 우리는 역사 연구, 역사교육을 통해 이러한 문제를 오랫동안 기억하여 동일한 과오를 절대로 반복하지 않겠다는 굳은 결의를 다시 표명한다.

덧붙여 이 문제에 대해서는 국내에서 소송이 제기되어 진행 중이고, 또 국제적으로도 관심을 받고 있어서 정부도 앞으로 민간 연구를 포함하여, 충분한 관심을 기울여 가고자 한다.

〈별첨자료 8〉 무라야마 담화

내각총리대신 담화

1995년 8월 15일 발표, 2005년 6월 10일 게재

지난 대전이 종말을 고한지 50년의 세월이 흘렀습니다. 다시금 그 전쟁으로 인하여 희생되신 내외의 많은 분들을 상기하면 만감에 가슴이 저미는 바입니다.

패전 후 일본은 불타버린 폐허 속에서 수많은 어려움을 극복하면서 오늘날의 평화와 번영을 구축해 왔습니다. 그것은 우리들의 자랑이며 그것을 위하여 기울인 국민 여러분 한 분 한 분의 영지(英知)와 꾸준한 노력에 대하여 저는 진심으로 경의의 뜻을 표하는 바입니다. 여기에 이르기까지 미국을 비롯한 세계 여러 나라에서 보내진 지원과 협력에 대하여 다시 한번 심심한 사의를 표합니다. 또 아시아·태평양 근린제국, 미국, 구주제국과의 사이에 오늘날과 같은 우호관계를 구축하게 된 것을 진심으로 기쁘게 생각합니다.

오늘날 일본은 평화롭고 풍요로워졌지만 우리는 자칫하면 이 평화의 존귀함과 고마움을 잊어버리기 쉽습니다. 우리는 과거의 잘못을 두 번 다시 되풀이하지 않도록 전쟁의 비참함을 젊은 세대에 전하지 않으면 안됩니다. 특히 근린제국의 국민들과 협조하여 아시아·태평양 지역 더 나아가 세계평화를 확고히 해 나가기 위해서는 무엇보다도 이들 여러 나라와의 사이에 깊은 이해와 신뢰를 바탕으로 하는 관계를 키워나가는 것이 불가결하다고 생각합니다. 정부는 이러한 생각을 바탕으로 하여 특히 근현대에 있어서 일본과 근린 아시아제국과의 관계에 관한 역사 연구를 지원하고 각 국과의 교류를 비약적으로 확대시키기 위하여 이 두 가지를 축으로 하는 평화우호교류사업을 전개하고 있습니다. 또 현재 힘을 기울이고 있는 전후 처리문제에 대하여도 일본과 이들 나라와의 신뢰관계를

한층 강화하기 위하여 저는 앞으로도 성실히 대응해 나가겠습니다.

지금 전후 50주년이라는 길목에 이르러 우리가 명심해야 할 것은 지나온 세월을 되돌아보면서 역사의 교훈을 배우고 미래를 바라다보며 인류사회의 평화와 번영에의 길을 그르치지 않게 하는 것입니다.

우리나라는 멀지 않은 과거의 한 시기, 국가정책을 그르치고 전쟁에의 길로 나아가 국민을 존망의 위기에 빠뜨렸으며 식민지 지배와 침략으로 많은 나라들 특히 아시아 제국의 여러분들에게 다대한 손해와 고통을 주었습니다.

저는 미래에 잘못이 없도록 하기 위하여 의심할 여지도 없는 이와 같은 역사의 사실을 겸허하게 받아들이고 여기서 다시 한번 통절한 반성의 뜻을 표하며 진심으로 사죄의 마음을 표명합니다. 또 이 역사로 인한 내외의 모든 희생자 여러분에게 깊은 애도의 뜻을 바칩니다.

패전의 날로부터 50주년을 맞이한 오늘, 우리나라는 깊은 반성에 입각하여 독선적인 내셔널리즘을 배척하고 책임있는 국제사회의 일원으로서 국제협조를 촉진하고 그것을 통하여 평화의 이념과 민주주의를 널리 확산시켜 나가야 합니다. 동시에 우리나라는 유일한 피폭국이라는 체험을 바탕으로 해서 핵무기의 궁극적인 폐기를 지향하여 핵확산금지체제의 강화 등 국제적인 군축을 적극적으로 추진해 나가는 것이 중요합니다. 이것이야말로 과거에 대한 속죄이며 희생되신 분들의 영혼을 달래는 길이 되리라고 저는 확신합니다.

「의지하는 데는 신의보다 더한 것이 없다」고 합니다. 이 기념할 만한 때에 즈음하여 신의를 시책의 근간으로 삼을 것을 내외에 표명하며 저의 다짐의 말씀에 대신하고자 합니다.

1995년 8월 15일

내각총리대신 村山富市

일본군 '위안부' 문제 해결에 대한 한일정부의 입장과 문제 해결의 궁극적 지향점(윤명숙 발표)에 대한 토론문

서 현 주(동북아역사재단)

I.

발표자께서는 아베 담화가 이전 총리 담화와 다른 결정적 특징 하나는 일본이 왜 식민지 전쟁에 뛰어들 수밖에 없었는지에 대해 정당성을 부여하는 설명으로 시작되고 있다는 점(발표문 1쪽)으로, 침략과 식민지배에 대한 가해자로서의 책임을 대놓고 회피한 것이라고 지적. 따라서 한·일양국의 정치·외교적 측면에서 볼 때 일본군 '위안부' 문제 해결의 주도권은 완벽하게 일본정부가 가져간 것으로 보인다고 평가(발표문 3쪽)

이러한 평가가 어떠한 맥락에서 나왔는지를 좀 더 구체적으로 설명해 주시면 고맙겠습니다.

한국이 식민지화된 본격적인 계기라고 할 수 있는 러일전쟁이 식민지 지배하에 있던 아시아와 아프리카 사람들에게 용기를 주었다고 말한 부분도 일본 역사 교과서 서술의 지침이라고 할 수 있는 학습지도요령해설서에 포함되어 일본의 중고등학교 교과서는 이미 이 같은 내용의 서술을 하고 있습니다.

따라서 아베 담화로 인해 '위안부' 문제 해결의 주도권이 일본정부에게 넘어갔다고 보기보다는, 이미 알려진 것처럼 이전 정부보다 더 보수적인 아베정권을 상대로 '위안부' 문제 해결을 도모함에 있어서 보다 적절한 방법이 무엇인지를 전략적으로 고민하는 쪽으로 집중할 필요가 있는 것은 아닐는지요?

Ⅱ. 과거사 문제에는 '위안부' 피해만 있는 것은 아니다는 주장에 대해

지금까지 진행되는 한·일간의 과거사 문제 논의는 마치 한일 간의 과거사 논쟁이 일본군 '위안부' 문제만 남아 있는 듯 한 착각이 들게 한다고 지적과(발표문 8쪽) 한·일간 과거사 문제에는 '위안부' 피해만 있는 것은 아니다는 주장에 대해 전적으로 공감.

하지만 이 문제의 해결이 특히 배상 여부가 나머지를 모두 봉합시켜버릴 위험성이 있다는 지적에 대해서는 조금 달리 생각해볼 여지가 있다고 봄.

일본정부가 유엔인권기구와 네덜란드 의회 등의 배상 권고에도 불구하고 '위안부' 피해자에 대한 배상을 한사코 거부하는 배경에는 이로 인해 여타 국가의 '위안부' 피해자는 물론 기타 과거사 관련 문제에 대한 배상 요구가 잇따를 것을 우려하고 있기 때문이라고 생각.

따라서 '위안부' 피해자에 대한 배상 실현은 다른 과거사 문제를 모두 봉합시켜버릴 위험성도 있는 반면, 나머지 문제 해결의 실마리가 될 수 있을 것으로 봄.

시민단체들에 의한 문제 해결 노력과 한·일정부 간 외교적 협상이 후자의 방향으로 진전되도록 문제의식을 갖고 노력하는 것이 필요하다고 봄.

Ⅲ. '위안부' 문제의 해결 방안에 대해

발표자께서는 '위안부' 피해자들에게 개인 배상이 실현된다면 법적 책임에 따른 개인 배상이어야 되는데, 일본정부가 범죄 인정을 하지 않고 법적 배상도 아닌 인도적 차원의 '지원금'으로 해결하려 할 때는 어떻게 하는 것이 최선인가, 일본군 '위안부' 피해자들에게 진정으로 명예회복이 되는 길은 어떤 것인가? 하는 점 등을 지금 논의해야 한다고 말씀하심(10쪽).

이에 대해 '위안부' 피해자 유족들을 대상으로 한 트라우마 치료, '위안부' 피해자에 대한 2차 언어 폭력을 저지르는 사람들을 처벌할 수 있는 제도적 장치(법률 제정 혹은 각의 결정)의 마련, 일본의 역사 교과서에 '위안부' 문제를 기술하여 제대로 가르치는 것 등을 제기하셨습니다.

이 가운데는 우리 정부나 사회가 할 일도 있고 일본정부에서 해 줘야 할 것들도 있습니다.

일본정부에서 해야 할 두 가지 과제 - '위안부' 피해 사실 부정에 대한 반박과 관련 역사 교육 - 는 지난 해 도쿄에서 열린 제12차 '위안부' 문제 해결을 위한 아시아연대회의에서 일본정부에 요구했던 4가지 사항에도 들어있습니다. 그런데 이러한 것들이 '위안부' 문제에 대한 일본정부의 책임을 인정하고 사죄하지 않고도 가능할 지에 대해서는 회의적입니다. 일본정부와 일본군이 군 시설로 '위안소'를 입안·설치하고 관리·통제했으며, 여성들이 본인의 의사에 반해 '위안부'(성노예)가 되어 '위안소' 등에서 강제적인 상황에 놓였다는 사실과 그에 대한 책임을 일본정부가 인정하는 것이 우선되어야 된다고 생각합니다. 그렇기 때문에 연구자들도 중국 등지에서 새로 발굴되는 자료를 적극 활용하고 피해자 증언과 문헌 등 기존 자료를 꼼꼼히 재해석함으로써 위의 사실을 더욱 명확히 하는 데 노력을 경주해야 한다고 봅니다.

역사대화와 역사문제 해결 가능성

Kristine Dennehy

(캘리포니아 주립대학교 풀러턴 캠퍼스
(California State University, Fullerton) 역사학과 교수

"역사에 대한 소통 및 한일관계사에 존재하는 역사적 문제들의 극복
가능성: 미국의 입장에서 바라보기"

2015년 9월 5일, 캘리포니아 오렌지 카운티(Orange County California)
의 지역단체인 풀러턴 박물관 센터(Fullerton Museum Center)에서는 "잊
혀진 얼굴들: 제2차 세계대전 당시의 위안부 여성들(Forgotten Faces: The
Comfort Women Ⅱ"이라는 이름의 전시회가 열릴 예정입니다. 전시회
개최 준비를 하며 저는 도슨트(전시회 설명 담당 직원) 열두 명의 교육을
맡게 되었는데, 그 과정에서 다음과 같은 사항들을 부탁받았습니다. 첫
째는 전시회의 주제와 관련된 역사적 배경지식을 전달할 것, 둘째는 전
시회 관람객들로부터 받을 수 있는, 소위 "분쟁을 일으킬 만한" 질문에
대해 도슨트들에게 충분히 숙지를 시킬 것입니다. 대략 1년 전인 2014년
9월 9일에 제가 했던 강연에 참여한 박물관의 직원 한 명을 알게 된 것
을 계기로 저는 이 일을 부탁받았습니다. 저는 그 당시에 풀러턴 공립도
서관의 시민과 대학 연합 시리즈(Fullerton Public Library's Town & Gown

Series)의 일환으로 "미국의 입장에서 바라본 점령기 이후의 일본(Post-Occupation Japan Through American Eyes)"이라는 주제로 강연한 바 있습니다. 현재 진행 중인 프로젝트들 중 하나인, 1950년대 후반 일본 고베에 살았던 적이 있는 풀러턴의 주민 부부와 주고받은 편지를 바탕으로 한 연구를 해당 강연에서 발표하였습니다.

그 강연에서 일본의 제국주의나 해방이후의 한일갈등과 관련된 주제를 다루지는 않았습니다. 그러나 근대 일본과 한국의 역사에 대한 저의 전문지식과 캘리포니아주립대(California State University)의 근대 한일역사 지역 전문가로[1]서의 제 지위로 인해 질의응답 시간에 "위안부 여성들"에 대한 몇 가지 질문을 받게 되었습니다. 사실상, 한때 일본에 살았던 이 부부(부인은 고베여자대학(Kobe Women's College)의 영어학과 교수이고 남편은 뱅크 오브 아메리카에서 근무하는)에 관한 얘기와 냉전이 한창이던 때에 전후 일본의 경제적 사회적 변화가 무엇이었는지에 대한 설명을 한 시간 가량 하고 난 후에 처음 저에게 질문을 한 사람은 CSUF 물리학과 명예 교수님이었습니다. 교수님은 저에게 다음과 같은 질문을 하셨습니다. "풀러턴에 위안부를 기리는 동상을 세우는 것을 지지하십니까?"

남부 캘리포니아 지역에서 위안부 문제에 대해 이토록 관심이 높은 이유는 이전 달인 2014년 8월 19일에 풀러턴 시의회(Fullerton City Council)에서 열린 투표가 찬성 3 반대 2로 종결되어 미 하원 결의안 121번을 지지하기로 한 것과 연관이 있습니다. 미 하원 결의안 121번은 일

---

1) 이와 더불어 저는 멕시코의 모렐리아(Morelia), 일본의 후쿠이(Fukui), 한국의 용인 등과 자매 결연을 맺고 있는 풀러턴 자매 도시 위원회(Fullerton Sister City Association)를 비롯한 지역 사회조직에 활동적으로 임하고 있습니다. 또한 2015년 1월 풀러턴 시의원들과 제니퍼 피츠제럴드(Jennifer Fitzgerald) 임시주지사에 의해 풀러턴 공립도서관 평의원(Fullerton Public Library Board of Trustees)으로 임명된 바 있습니다.

본정부가 "1930년대부터 제2차 세계대전이 끝날 때까지 아시아 지역 및 태평양 연안의 섬들을 식민지화하고 점령하는 동안 무장제국군을 동원해 젊은 여성들을 강제적으로 성노예로 만든 행위, 즉 전 세계에 '위안부'로 알려진 행위에 대한 역사적인 책임을 분명하고 명백한 태도로 인정하고 사과하며 받아들일 것"[2]을 촉구하고 있습니다. 이에 더해서 풀러턴 시의회는 위와 같은 2014년 8월 회의에서 "풀러턴박물관 센터 협회(Fullerton Museum Center Association) 측에서 하원 결의안으로 인해 떠오른 위안부 문제와 관련된 평화 기념비 전시를 염두에 두고 있기 때문"에 해당 협회를 지지하기로 결정하였습니다. 이 회의에서 공적으로 자신의 의견을 피력할 수 있는 시간이 오자 하원 결의안을 지지하는 사람들과 반대하는 사람들 모두 열성적으로 각각의 견해를 내놓았으며 시의원들의 지지를 호소했습니다.

위안부 문제에 대해서 풀러턴 내외부의 수많은 시민들이 보여준 격렬한 반응은 최근 몇 년간 캘리포니아 남부와 미국 내의 타 지역에서 일어나고 있는 여러 가지 사회적이고 정치적인 현상들과 같이 보다 더 큰 맥락에서 살펴봐야 합니다. 예를 들어, 가주한미포럼(Korean American Forum of California)[3]과 같은 시민단체들은 이웃 도시인 글렌데일(Glendale)을 강력히 지지하고 있습니다. 글렌데일에서는 2012년 7월 30일 "위안부의 날"을 선언하고 서울에 설치되어 있는 청동상을 본뜬 위안부 소녀상[4]을 2013년 7월 30일에 중앙공원에 세웠습니다. 그 이후, 연방 법원과 LA 지방법원은 해당 동상을 반대하는 사람들이 글렌데일 시에 맞서서 제출한 고소장을 기각해오고 있습니다.[5] 풀러턴박물관 측이 저에게 도슨트

---

2) 결의안 전문은 부록2를 참고
3) 회의록에 따르면 필리스 김(Phyllis Kim) 가주한미포럼 사무총장은 풀러턴에서 미하원 결의안을 지지한 여섯 명 중 한 명이었다.
4) 소녀상에 새겨진 글귀는 부록2를 참고
5) 2015년 8월 9일 *Glendale News-Press*의 아린 미카일린(Arin Mikailin) 기자는 LA건

들로 하여금 "잊혀진 얼굴들" 전시회 관람 중에 받을 수도 있는 "곤란한" 질문들을 잘 해결할 수 있게 해달라고 부탁한 것이 암시하는 바는, 글렌데일 위안부상과 같은 것들을 반대하거나 "반옹호운동가(anti-apologist activists)"[6]로 알려진 사람들과 비슷한 역사적 시각을 가지고 있는 방문객들이 질문을 하거나 의견을 피력할 수도 있다는 것을 예상하기 때문입니다. 달리 말하면, 박물관 측에서는 일본정부가 여성들의 강제동원이나 위안소 운영을 공식적으로 지시했다는 주장에 반박하여 일본은 보상 및 사과 책임이 없다고 선언하는 사람들에 충분히 대비하고 싶었던 것입니다.

위안부 문제와 관련 주제들로 인해 지역적으로는 소송이 일어나고 국제적인 긴장관계가 생긴 가운데 2015년 7월 26일 가주한미포럼은 글렌데일에서 미 하원 결의안 121번(이하 HR 121)의 채택 8주년과 글렌데일 평화의 소녀상(Glendale Peace Monument) 설립 2주년을 기념하기 위한 만찬행사를 열었습니다. 이 행사에서 미 하원의원이자 HR 121의 공동후원자이며 풀러턴이 포함된 캘리포니아 제39지구 대표 에드 로이스(Ed Royce) 미 하원 외교위원장은 "한미관계를 돈독히 하는 이 행사에 연관된 모든 분들에게 감사의 말씀을 드린다"며 노고를 치하했습니다. 그는 또 "시민들의 참여를 이끌어내어 한국사회에 많은 영감을 주었다"며 이런 일들은 사회의 지도자들에게 충분한 교육을 시킴으로서 가능했고 이는 곧 한국계 미국인 공동체의 자산으로 기능하게 될 것이라고 말했습니

에 대해 "글렌데일 주민 미치코 시오타 진저리(Michiko Shiota Gingery)와 비영리 재단인 역사적 진실을 위한 국제 연대(Global Alliance for Historical Truth)에서 고소장을 제출했다"며 다른 비슷한 사건에서 "계류 중인 연방판결에 대해 고소인들이 항소를 제기했다"라고 보도했다.

6) Suzanne O'Brien, Translator's Introduction to Yoshimi Yoshiaki, *Comfort Women: Sexual Slavery in the Japanese Military During World War II*," (New York: Columbia University Press, 2000), p.8.

다. 더불어 이 행사에 글렌데일 시의원 두 명이 참여하여 청중들에게 다음과 같은 말을 했습니다. 한 의원은 본인이 아르메니아 출신임을 언급하며 1915년에 일어났던 아르메니아 대학살 사건의 희생자들과 위안부 여성들이 겪어야 했던 고통에는 유사점이 있다고 말했습니다. 또 다른 의원은 제2차 세계대전의 홀로코스트가 다시는 반복되지 않아야 한다는 외침을 상기시키는 "두 번 다시 이런 일이 있어서는 안 된다"라는 표현을 사용했습니다.[7]

제가 2002년에 CSUF의 사학과 교수직을 맡기 위해 풀러턴으로 이사를 오고 난 후 지금까지, 인구수와 더불어 풀러턴의 경제, 정치, 그리고 문화적인 면 전반에 이르는 영향력에서의 한국계 미국인들의 존재감은 대단히 커졌습니다. 고용되었을 때 저의 임무는 이미 존재하고 있던 전근대 및 근대 일본사에 관한 수업들을 지속해나가는 것과 한국사에 관한 수업을 하나 개발하는 것이었습니다. 저는 이 수업을 2009년부터 세 번 가르쳐왔습니다. 풀러턴 시의원들과 2008년에 풀러턴 상공회의소장이었던 제니퍼 피츠제럴드(Jennifer Fitzgerald) 임시주지사의 목표 중 하나는 한국계 미국인들의 존재감과 리더십을 키우는 것이었습니다. 풀러턴에 위치한, 규모와 영향력이 아주 큰 교회인 은혜한인교회(Grace Ministries International)의 테드 김(Ted Kim)씨는 현재 이사회의 일원입니다. 최근

---

7) 버락 오바마 대통령이 "대학살"이라는 용어를 사용하기를 거부한 일은 격렬한 논란을 불러일으켰다. 아르메니아 대학살 추모일인 2014년 4월 24일, 오바마 대통령은 "150만 명의 아르메니아 인들이 학살당하거나 죽음에 가까워졌던"일을 기억하면서 "공포"라는 표현을 사용했다. 더 많은 정보를 보려면 https://www.whitehouse.gov/the-press-office/2014/04/24/statement-president-armenian-remembrance-day를 참고. 2015년 4월 21일에 Los Angeles Times에 실린, 이 문제에 대한 기사에는 노아 비어만(Noah Bierman)기자가 오바마 대통령의 발언을 다음과 같이 인용하고 있다. "'아르메니아 대학살 사건은 어떠한 혐의나 개인적인 의견, 혹은 하나의 견해가 아니라 엄청난 양의 역사적인 증거들이 뒷받침하는 널리 기록된 사실이다'라고 2008년에 오바마 대통령이 말했다. '이것은 결코 부정할 수 없는 사실이다. 외교관들로 하여금 역사적인 진실을 왜곡하게 하는 정책은 옹호될 수 없는 정책이다.'"

에는 에드 로이스(Ed Royce) 미 하원 외교위원장의 전 보좌관이었던 영 김(Young Kim)씨는 샤론 쿼크-실바(Sharon Quirk-Silva) 전 풀러턴 시의원을 제치고 풀러턴을 중심으로 하는 캘리포니아 주 의회(California State Assembly) 제65지구를 대표하게 되었습니다.

여러 해 동안 저는 마이크 오츠(Mike Oates)씨가 회장을 맡고 있는 풀러턴 자매 도시위원회에서 활동해 왔습니다. 마이크 오츠(Mike Oates) 위원회장은 테드 김(Ted Kim)씨를 비롯한 다른 로터리 클럽(Rotary Club)의 회원들과 함께 다양한 인종으로 이루어진 풀러턴 주민들[8] 간의 사회적이고 문화적인 교류를 성공적으로 이루어내기 위해 힘쓰고 있습니다. 용인시와 자매 결연을 맺은 이유 중 하나는 한국계 미국인들을 보다 큰 공동체로 편입시키기 위해서였습니다. 과거에 저는 둘씩 짝지어서 일본 가정에 홈스테이를 하게 될 풀러턴 중학교 학생들을 대상으로 오리엔테이션을 진행한 적이 있습니다. 저는 그 학생들에게 간단한 일본어 문장들을 가르쳤고 일본식 목욕을 하는 방법이나 화장실에서만 쓰도록 되어있는 슬리퍼를 사용하는 방법 등을 지도했습니다. 또한 저는 지원 에세이와 교사 추천서, 그리고 면접을 통해 일본 혹은 한국으로 가게 될 학생을 선발하는 위원회의 일원으로도 활동했습니다.

2002년 처음으로 풀러턴에 온 이후 해왔던 이런 수많은 발전들과 활동들은 저로 하여금 "잊혀진 얼굴들" 전시회에 참여하고 싶다는 생각을 하게 했습니다. 이것이 저의 개인적이고 직업적인 경험들과 전문지식들을 우리 지역사회의 일원들과 나눌 수 있는 방법이라고 생각했기 때문입니다. 2014년 풀러턴 공립도서관에서의 강연 후 받은 위안부상 질문에 대해서 저는 우선 "그 문제는 굉장히 복잡한 문제입니다"라는 말로 답변

---

8) 총 140,000명의 풀러턴 주민들 중 대략 54%는 본인이 백인이라고 답했고 34%는 히스패닉, 24%는 아시아인이었습니다. 일부 주민들이 본인의 인종을 중복 선택했기 때문에 총합은 100%를 넘습니다.

을 시작했습니다. 이렇게 말한 이유는 위안부 문제에는 굉장히 많은 이해 당사자가 얽혀 있다는 것을 인식하고 있었기 때문이고, 또 이 문제가 특정 지역의 문제인지 아니면 국제적인 문제인지, 또는 어느 정도까지 역사학자들이 다룰 학술적인 주제인지를 분명히 하는 것이 매우 중요하기 때문입니다. 지역 차원에서 보자면, 더그 채피(Doug Chaffee) 풀러턴 시의원은 2014년 8월 결의안(HR 121)을 지지하는 이유가 이 문제가 기본적이고 보편적인 인권에 관한 문제이고, 오늘날 이루어지고 있는 인신매매9)를 근절시키기 위한 노력의 일환이기 때문이라고 강조했습니다. 2014년 9월 저의 강연에서 이루어진 질의응답 시간에 저는 풀러턴이나 버겐 카운티(Bergen County) 혹은 뉴저지같이 한국계 미국인들이 인구의 상당수를 차지하는 지역의 정치인들이 종종 위안부상을 세우는 것과 같은 지지활동을 하는 이유는 한국계 미국인 유권자들의 환심을 사려는 목적으로 보인다고 답했습니다.

부분적으로는 2014년 9월에 제가 했던 강연이 미소냉전이 극에 달했을 시기에 초점을 맞추고 있었기 때문에 저는 미국이 전후 동아시아권의 정치에서 맡은 중요한 역할을 잊지 않는 것이 대단히 중대한 일이라고 강조했습니다. 이러한 미국의 역할은 1945년 한반도의 국토 분단부터 시작하여 더글러스 맥아더(Douglas MacArthur) 연합군 최고사령관의 지휘하에 독도/다케시마의 경계선을 지정한 것10)까지에 이릅니다. 저는 또한 극동국제군사재판(도쿄재판)(International Military Tribunal for the Far East or Tokyo Trials) 당시에 가해진 미국의 영향력, 즉 천황을 모든 전시 책임으로부터 면제하고 평화롭고 진정된 동맹의 상징으로 매끄럽게 변

---

9) 그는 2014년 11월 시의원 재선 전에 풀러턴 공립도서관에서 열린 시의회 및 교육위원회 후보자들을 위한 만남의 자리 행사에서 저에게 이러한 입장을 밝혔습니다.

10) Kimie Hara, "50 Years from San Francisco: Re-Examining the Peace Treaty and Japan's Territorial Problems," *Pacific Affairs*, Vol. 74, No. 3(Autumn 2001), pp.361~382.

환시키기도 했던 영향력을 강조했습니다.[11] 일본의 항복에 뒤이어 즉시 결정된 이러한 사항들은 1945년에는 대부분 상상도 할 수 없었던 복잡한 결과들을 낳게 되었습니다. 70년이 지난 지금, 그들이 보여준 희생과 애국심으로 미국인들이 "가장 위대한 세대"라고 부르는 일부 지도자[12]들이 맡은 역할 역시도 역사적 책임과 영토 구분에 대한 해방 이후의 심판을 할 때 반드시 고려해봐야 할 것입니다.

풀러턴 내외부의 주민들과 전시와 전후의 역사에 대해 격식 있게 때로는 편안하게 의견교류를 할 때에 저는 종종 연합군 점령 하의 일본 (Allied Occupation of Japan)에서 군사정보부(Military Intelligence Service)에 복무했던 일본계 미국인 퇴역 군인들을 상대로 구술 역사 자료를 집필했던 경험을 이야기 합니다. 가장 기억에 남는 동시에 어려웠던 인터뷰는 위안소의 새로운 형태인 특별위안소협회(Recreation and Amusement Association)를 위해 전원 지역의 일본 여성들을 모집했던 일에 가담한 남자와의 인터뷰였습니다. 그 당시로부터 수십 년이 지난 후 이 남성은 그가 모집했던 "못생긴 여자들"에 대해 실컷 농담을 하며 "점령군을 위로하는 중대한 임무에 참여하게 했다"[13]고 말했습니다. 중국 동북부 지방에서 행해진 생체실험이나 전시 및 전후 회복중의 참담한 상황에서 젊은

---

11) 그 외에 주목할 만한 기소면제 경우는 731부대의 지휘자들로, 미국군이 이들의 자료가 유용하다고 간주했기 때문에 사면 받았다. 게다가 A급 전범의 혐의를 받던 사람들 중 키시 노부스케(Kishi Nobusuke)는 심지어 단 한 번도 기소되지 않았고 1950년대 말부터 1960년 초까지 수상으로 권세를 누렸으며 미국의 냉전시대의 충실한 동맹임을 입증했다.

12) 이러한 개념에 대한 비평을 보려면 Kenneth D. Rose, *Myth and the Greatest Generation: A Social History of Americans in World War II*. New York: Routledge, 2008를 참고 바람.

13) John W. Dower, *Embracing Defeat: Japan in the Wake of World War II*(New York: W.W. Norton, 1999), p.127. Yuki Tanaka, *Japan's Comfort Women: Sexual slavery and prostitution during World War II and the US Occupation* (New York: Routledge, 2002)도 참고 바람.

여성들에게 자행된 성폭력과 같은 주제들은 아무리 약하게 표현해도 불쾌한 것들입니다. 그러나 저는 이런 문제들에 대해 자유로운 토론이 이루어지는 것은 매우 중요한 일이라고 생각합니다. 왜냐하면 이러한 문제들은 비단 한국과 일본의 고유한 역사에만 관련된 것이 아니라, 미국의 힘이 지역적으로 혹은 더 나아가 세계의 역사에 넓게 작용한 역사적인 과정이며 추세이기 때문입니다.

풀러턴박물관에서 열리는 전시회에 관해서 중요하게 알아둬야 할 것은, "풀러턴박물관 센터의 주요 목적은 대화를 유도하고 비판적이며 창의적인 생각을 장려하며 우리와 우리가 살고 있는 세계를 알 수 있는 수단으로써도 기능하는 전시회와 활동들을 대중들에게 공개하는 것이다"[14]라는 것입니다. 지역 신문인 Fullerton Observer 2015년 8월호에 실린 "잊혀진 얼굴들"에 대한 시사평에서, 재닛 부잔(Janet Buzan) 박물관 협회장은 다음과 같이 썼습니다.

가장 중요한 점은 이 전시회가 미술전시회라는 것입니다. 미술은 언어로 전달할 수 없는 이야기, 특히 그 소재가 이 전시회의 주제와 같이 고통스럽고 논란이 많은 것일 때에도 이야기를 할 수 있습니다. 이 여성들은 한 국가나 한 지역에서만 온 것이 아닙니다. 이들의 초상과 이야기가 그 사실을 대변해줍니다. 전쟁으로 인해 얼마나 많은 사람들이 희생되는지 이 여성들은 여실히 보여주고 있습니다. 이 전시회는 특정 국가의 고충에 관한 것은 아닙니다. 지도와 역사적인 사진, 그리고 글귀들을 통해 역사적인 맥락을 제공할 것이지만 이 전시회는 미술 그 자체와 관람객들이 그 미술품을 각자 어떻게 받아들이는지에 초점을 맞추고 있습니다.

해당 전시회에서는 스티븐 카바요(Steven Cavallo)의 그림, 이창진의 디지털 아트와 영상, 그리고 잰 배닝(Jan Banning)이 찍은 위안부 할머니

---

14) https://www.cityoffullerton.com/gov/departments/museum/default.asp

들의 현대 사진을 볼 수 있습니다. 전시회 자체가 역사적인 맥락과 배경을 강조하지는 않지만, 도슨트들은 왜 그러한 체제가 생겼는지, 그리고 그로 인한 역사적인 결과가 왜 이토록 문제가 많은지에 대한 대답을 할 준비가 되어있어야 합니다. CSUF에서 맡은 강의들과 한일 사이의 역사적인 논란에 대해 도슨트들과 토론할 준비를 하는 과정에서 제가 강조하는 점은 독도/다케시마를 비롯한 영유권 분쟁과 전반적인 식민지 시대의 본질과 의의에 대한 다양한 해석들은 모두 19세기 중반 국제질서의 변화로부터 시작하는 근대 시기의 유산이라는 것입니다. 이런 맥락에서, 이러한 변화들이 본래 1905년에는 "보호국"의 형태로 그러나 1910년에는 식민지로 한국을 점령한 일본의 제국주의 팽창을 위해 어떻게 길을 터놓았는지를 미국인들이 보다 더 장기적인 시각으로 바라보도록 촉구하는 것이 중요하다고 저는 생각합니다.

19세기와 20세기의 국제질서 변화를 설명할 때, 저는 일본이 한국을 식민지화한 것이 한국인들에게 특히 더 굴욕적인 이유는 19세기 이전의 조선은 유교적 배움을 매우 중요시했기 때문이라는 것을 강조하고, 일본의 사무라이 군대 전통과 조선의 양반계층(학자이자 관료)의 대조적인 차이를 설명합니다. 더 나아가, 1930년대 말에 생겨난 위안부 체제의 역사적인 배경을 이해하려면, 일본 제국주의 팽창의 기본적인 진행경로와 이것이 아시아 국제관계에 있어서 지정학적 측면뿐만이 아니라 이념적 측면에서도 얼마나 큰 변화를 가져왔는지를 알아야 합니다. 예를 들어 "문명과 계몽"과 같은 메이지 시대의 구호들은 민족통합, 교육, 산업화 그리고 근대적인 군대를 만드는 것의 본보기를 서양으로 삼자는 뜻이었습니다. 또한 일본의 통치자들은 아시아에서의 일본의 지배적 위치를 확고히 할 수단으로 "적자생존"이라는 사고방식을 고취시키기 위해 사회 다원주의의 개념을 채택했습니다.

도슨트 교육에 주어진 시간이 한정되어 있기 때문에 아주 세세한 토

론은 진행할 수 없겠지만, 저는 이토 히로부미 같은 메이지 시대의 지도
자들이 일본과 한국에서 각각 얼마나 다르게 평가되는지를 얘기하고 싶
습니다. 일본에서 이토 히로부미는 과거 사무라이였던 다른 젊은이들과
함께 막부를 전복시키고, 서양 함선에 맞서 일본의 자주권을 지켜냈으며,
서양식의 헌법을 제정하는 등의 개혁을 일으킨 사람입니다. 제가 진행한
일본사 연구에서 저는 이토 히로부미를 미국의 토마스 제퍼슨(Thomas
Jefferson)에 비유하여 근대 일본의 창시자로 칭했습니다. 그러나 이와는
반대로 한국에서 이토 히로부미는 1905년부터 1909년까지 통감으로 매
우 악명이 높았고 1909년에 안중근 의사에 의해 하얼빈에서 암살당했습
니다. 한국에서 안중근 의사는 일본 제국주의에 대한 저항의 상징이며
국가의 영웅으로 추앙되고 있고 서울에는 그를 기리기 위한 박물관이,
하얼빈에는 동상이 세워져 있습니다. 저는 제 학생들에게 출처가 다른
두 가지 표제항을 주었는데, 하나는 재닛 헌터(Janet Hunte)의 일본사 사
전으로 이토 히로부미를 "생의 마지막 날까지 일본 정치의 거물 중 하나
였다"[15]라고 묘사하고 있습니다. 다른 하나는 키이스 프랫(Keith Pratt)과
리차드 러트(Richard Rutt)의 Korea: A Historical and Cultural Dictionary
로 의병(ŭibyŏng)이자 과거 동학의 지도자였던 안중근 의사의 역할을 강
조하고 있고 이토 히로부미의 미국인 조력자 중 한 명인 더햄 스티븐스
(Durham Stevens)의 이름도 언급하고 있습니다. 이 책에서는 스티븐스가
1908년에 "이토 히로부미에 의해 미국으로 가서 일본의 한국 보호정치
를 옹호했으나 3월 23일 두 명의 한국인 기독교도인 전명운(1884년 출
생)과 장인환(1877~1930)에 의해 오클랜드역에서 저격·사살되었다"[16]
라고 설명하고 있습니다. 그러나 지금 스티븐스는 상대적으로 잊힌 인물
이지만 이토 히로부미와 안중근 의사는 오늘날 역사를 이야기 하는 데

15) *Concise Dictionary of Modern Japanese History* (UC Press, 1984), p.75.
16) Pratt and Rutt, p.447.

있어 매우 중요한 인물들입니다. 두 사람 모두 강력한 국가적 자부심의 상징이지만 그 이유는 상이합니다.

도슨트들에게 역사적 기억에 존재하는 차이들과 그 역사적 기억이 한국과 일본에서 어느 정도까지 거슬러 올라가는지를 설명하는 것도 중요합니다. 저에게 있어 이상적인 시나리오는 학생들이 가을에 제 전근대 일본사 수업을 듣게 하고 봄에 근대 일본사 연구를 듣게 하는 것입니다. 이렇게 한다면 도요토미 히데요시 시대부터의 한일관계를 망라할 수 있고, 어떻게 도요토미 히데요시가 이토 히로부미처럼 한국과 일본에서 다른 평판을 갖고 있는지를 설명할 수 있을 것입니다. 일본에서 도요토미는 미천한 신분에도 불구하고 일본을 통일한 세 인물 중 한 명이지만, 한국에서 그는 악랄하고 잔인한 살육을 일삼은 악의 화신이자 근대 시기의 일본 팽창주의의 선도자로 묘사되고 있습니다. 저는 일본과 한국 역사 수업 둘 다에서 학생들에게 근대시기를 가르칠 때, 16세기에 도요토미 히데요시에 맞서 싸웠던 "의병"과 19~20세기에 이들을 계승한 안중근 의사를 비롯한 저항군들과 1919년 3·1 독립운동 당시 일본에 저항해 들고 일어났던 이들 간의 역사적인 연속성을 설명하곤 합니다.

제가 처음으로 한국을 방문했을 때, 한일관계사를 연구하고 있다고 말하자 도요토미 히데요시에 대해 아주 상세히 얘기한 한국인 택시 운전사에 대한 일화도 덧붙이고 싶습니다. 그는 평범한 노동자처럼 보였으나 16세기 역사에 굉장히 조예가 깊었고 도요토미 히데요시 침략과 관련된 한국의 장소들을 방문하라고 아주 자세한 설명을 해 주었습니다. 이 모든 것들이 1930~1940년대의 위안부 여성들과는 멀리 동떨어진 것처럼 보일지 몰라도, 이토 히로부미나 도요토미 히데요시 같은 역사적 인물들이 어떻게 아주 다르게 기억될 수 있는지를 보다 더 보편적인 측면에서 보여주고 있습니다.

이번 전시회 자체에는 역사적 기억의 문제와 더불어 "누구"의 역사가 이야기되고 사실로 증명될 수 있는지에 대한 논란, 그리고 그것들이 현대의 사회적, 정치적, 경제적 상황에 어떻게 연결되는지에 대한 논의도 있을 예정입니다. 제 역사적 개관에서 저는 1965년을 일본과 대한민국이 외교적 차원에서의 관계를 정상화하고, 그 점에 있어서 식민지 시대의 배상 문제를 마무리 지은 전환점이라는 것을 강조할 것입니다. 그러나 우리가 반드시 알아야 할 것은 정부 관계자들이 이러한 협정을 맺었다 할지라도 이것은 국민이 동의한 것이 아닌, 특히 한국에서 식민지 기간에 대한 추가적인 심판 없이 나아가도 된다는 동의가 없이 이루어진 일이라는 것입니다. 1965년 이후의 수십 년을 다룰 때 저는 1970년부터 성행한 일본의 성매매 관광을 강력히 비판하고 있는 마츠이 야요리 같은 활동가들의 역할을 논의 주제로 가져오면서 "한국의" 관점과 "일본의" 관점의 이분법적인 차이에 대한 질문을 던지고 싶습니다. 여러 면에 있어서 마츠이 야요리를 비롯한 활동가들은 과거 위안부로 있었던 여성들이 1990년대에 들어서 본인들의 트라우마를 공개적으로 밝힐 수 있게 하는 환경을 조성했습니다.

도슨트 교육의 일부로 저는 추가 자료로서 전문가들이 쓴 참고문헌을 준비했습니다. 이들은 특별히 논쟁이 되는 문제들, 예를 들어 위안부로 동원된 여성들의 수, 위안소의 환경, 위안부 여성들의 전후의 삶, 배상을 위한 운동, 그리고 1990년대부터의 일본정부와 대중들의 반응[17]들을 거론합니다. 이 모든 쟁점에 대한 자세한 논의를 하기에는 시간이 부족하지만, 도슨트들은 관련 주제에 대한 대략적인 윤곽을 잡을 때 필요한 기본적인 정보는 알게 될 것입니다. 서울에서 이 논문이 발표될 즈음에는 제가 도슨트들과 만나고 9월 5일에 열리는 전시회 개최 행사를 참여한 다음일 것입니다. 또한 8월 15일에 아베 신조 일본 총리가 담화를 발표한 직후일 것이고, 이 담화는 지금도 이어지고 있는 논란과 관련이 있을

---

17) 부록 3 참고.

것입니다.

8월 24일에 시작하는 가을 학기에 저는 사학과 전공자들을 위한 역사적인 생각(Historical Thinking)이라는 강의를 진행할 예정입니다. 이 강의는 역사적인 방법론과 역사학의 특성들에 관련된 쟁점들에 집중할 것입니다. 최근에 저는 이 강의 안에 대중의 역사(Public History)라는 팀을 만들었고 풀러틴박물관 전시회와 관련된 문제들을 제 학생들과 함께 논의할 예정입니다. 교수로서 지금 이 시기는 저에게 이상적인 "가르침의 순간"인데, 학부생들에게 우리가 과거를 재구성할 때 신뢰하게 되는 역사적인 증거와 관련된 쟁점들과 역사의 복잡함을 심사숙고하도록 제가 일깨운다는 점에서 그렇습니다. 그러나 보다 더 중요한 것은, 지금이 바로 우리가 훨씬 더 많은 대중들, 즉 근대 아시아의 제국주의와 식민지 독립 이후의 결과 같은 복잡하고 논란이 많은 자세한 사항은 차치하고서라도 아시아의 역사적 지리에 관해 아주 기본적인 사실조차 모르고 있는 대중들에게 역사를 좀 더 관련 있고 의미 있는 존재로 만들 수 있는 방법에 대해 검토해 볼 수 있는 기회라는 것입니다. 마지막으로 이것은 시민의 자격에 관한 가르침으로써 강의실 안에서와 마찬가지로 강의실 밖에서도 이런 문제들에 대한 논의에 참여하고 장려하는 것이 우리의 책임임을 다시 한 번 생각하는 기회가 될 것입니다.

부록 1

미 하원 결의안 121조 (2007년 7월 30일)

일본정부는 1930년대로부터 2차 세계대전 기간에 있었던 아시아 국가들과 태평양 제도의 식민 및 전시 지배 동안에 '위안부'로 알려진 젊은 여성들을 일본제국의 군대를 위한 성적인 서비스를 목적의 동원을 공식적으로 위임했다.

일본정부에 의한 강제 매춘 제도인 '위안부'는 집단 강간과 강제 유산, 수치감, 그리고 신체 훼손과 사망 및 궁극적인 자살을 초래한 성폭행으로 잔학성과 규모면에서 전례 없는 20세기 최대 규모의 인신매매 가운데 하나이다.

일본 학교에서 사용되는 일부 새로운 교과서들은 위안부의 비극과 다른 2차 대전 중 일본의 전쟁 범죄를 축소하려하고 있다.

일본의 공공 및 민간 관계자들은 최근 위안부의 고통에 대한 정부의 진지한 사과를 담은 지난 1993년 고노 요헤이 관방장관의 위안부 관련 담화를 희석하거나 철회하려는 의도를 나타내고 있다.

일본정부는 1921년 여성과 아동의 인신매매금지협약에 서명하고 2000년 무력분쟁이 여성에 미치는 영향에 관한 여성, 평화, 안보에 관한 유엔 안전보장이사회결의 1325호도 지지한 바 있다.

하원은 인간의 안전과 인권, 민주적 가치, 법의 통치 및 안보리 결의 1325호에 대한 지지 등 일본의 노력을 치하한다.

미·일 동맹은 아시아와 태평양 지역에서 미국의 안보이익에 초석이며 지역안정과 번영의 근본이다.

냉전 이후 전략적 환경의 변화에도 불구하고 미·일 동맹은 아시아 태평양 지역에서 정치 및 경제적 자유와 인권과 민주적 제도에 대한 지지, 양국국민과 국제사회의 번영 확보 등을 포함한 공동의 핵심이익과 가치에 기반하고 있다.

하원은 일본 관리들과 민간인들의 노력으로 1995년 민간차원의 아시아여성기금이 설립된 것을 치하한다.

아시아 여성기금은 위안부 여성들에 대한 일본인들의 속죄를 위한 방안으로 570만 달러를 모았다.

위안부여성들에 대한 학대와 고통을 속죄하기 위한 프로그램과 프로젝트 진행을 목적으로 정부의 주도 하에 정부 기금을 중심으로 운영된 민간조직인 아시아 여성기금의 권한과 활동은 2007년 3월 31일에 종료했다.

이에 따라 다음은 미 하원의 공통된 의견을 밝힌다.

(1) 일본정부는 1930년대부터 제2차 세계대전 종전에 이르기까지 아시아 국가들과 태평양 제도를 식민지화하거나 전시에 점령하는 과정에서 일본 제국주의 군대가 강제로 젊은 여성들을 '위안부'로 알려진 성의 노예로 만든 사실을 확실하고 분명한 태도로 공식적으로 인정하면서 사과하고 역사적인 책임을 져야 한다.

(2) 일본정부는 일본 총리가 공식 성명을 통해 사과를 표명한다면 종전에 발표한 성명의 진실성과 중요성에 대해 되풀이되는 의혹을 해소하는 데 도움을 줄 수 있을 것이다.

(3) 일본정부는 일본군들이 위안부를 성의 노예로 삼고 인신매매를 한 사실이 결코 없다는 어떠한 주장에 대해서도 분명하고 공개적으로 반박해야 한다.

(4) 일본정부는 국제사회가 제시한 위안부 권고를 따라 현 세대와 미래세대를 대상으로 끔찍한 범죄에 대한 교육해야 한다.

부록 2

(글렌데일에 위치한) 위안부 소녀상에 있는
두 개의 비문에 있는 내용

「나는 일본군의 성 노예였습니다.」

* 거칠게 잘린 머리카락은 일본 제국군에 의해서 집으로부터 억지로 끌려간 소녀를 상징하고 있습니다.
* 굳게 쥔 주먹은 정의의 회복을 위한 군건한 결의를 나타내고 있습니다.
* 맨발이고 불안정한 발은 차갑고 매정한 세계에 의해서 버림받고 있는 현실을 나타내고 있습니다.
* 소녀의 어깨에 있는 새는 우리와 죽은 희생자와의 유대감을 상징하고 있습니다.
* 비어 있는 의자는 정의를 아직도 증언하고 있지 않는 고령에 죽음을 맞이하고 있는 생존자를 상징하고 있습니다.
* 소녀의 그림자는 그 소녀와 연로한 할머니로서 침묵한 채 보내야 했던 시간의 흐름을 상징하고 있습니다.
* 그림자 안의 나비는 희생자가 있는 날 그들의 사죄를 받아 되살아 날지도 모른다고 하는 희망을 표현하고 있습니다.

평화 기념비

1932년부터 1945년 동안에 일본 제국의 군대에 의해 본국에서 이송되어 강제적으로 성노예가 된 한국과 중국, 대만, 일본, 필리핀, 태국, 베트남, 말레이시아, 동티모르, 인도네시아 출신의 200,000명 이상의 아시아와 네덜란드의 여성을 애도함.

그리고, 일본정부가 이러한 범죄의 역사적 책임을 받아들이는 것을 권고하는, 2007년 7월 30일 미합중국 하원에서 결의된 결의안 121호의 통과와 2012년 7월 30일의 글렌데일 시에 서 제정한 「위안부의 날」 선언을 축하하며.

우리의 진정한 소원은 이러한 부당한 인권침해가 결코 다시 일어나지 않은 것입니다.

2013년 7월 30일

부록 3

위안부 관련 영문 출판물 목록

Beasley, W.G. *Japanese Imperialism, 1894~1945*. Oxford: Clarendon Press, 1987.

Enloe, Cynthia. *The Morning After: Sexual Politics at the End of the Cold War*. Berkeley, CA: University of California Press, 1993.

Graaff, Nell van den. *We Survived: A Mother's Story of Japanese Captivity*. Brisbane: Queensland Press, 1989.

Henson, Maria Rosa. *Comfort Women: A Filipina's Story of Prostitution and Slavery Under the Japanese Military*. Lanham, MD: Rowman & Littlefield, 1999.

Hicks, George. *The Comfort Women*. New York, NY: W. W. Norton & Company, 1994. 조지힉스 저(성은애, 전경자 역), 『위안부: 일본 군대의 성노예로 끌려간 여성들』, 창비, 1995.

Howard, Keith, ed. *True Story of the Korean Comfort Women*. London: Cassell, 1995.

Indai L. Sajour, ed. *Common Grounds: Violence Against Women in War and Armed* Conflict Situations. Quezon: Asian Centre for Women's Human Rights, 1998.

Moon, Katherine. *Sex Among Allies: Military Prostitution in U.S.-Korea Relations*. New York: Columbia University Press, 1997. 캐서린 문 (이정주 역) 『동맹 속의 섹스』, 삼인, 2002.

Qui, Peipei, Zhilang Su and Lifei Chen. *Chinese comfort women: testimonies from Imperial Japan's sex slaves*. Vancouver: UBC Press, 2013.

Report of a Study of Dutch Government Documents on the Forced Prostitution of Dutch Women in the Dutch East Indies during the Japanese Occupation. Amsterdam: 1994.

Ruff-O'Herne, Jan. *50 Years of Silence*. Sydney: Edition Tom Thompson, 1994.

Soh, Chunghee Sarah. *The Comfort women: sexual violence and postcolonial memory in Korea and Japan*. Chicago: University of Chicago Press, 2008.

Tanaka, Yuki. *Japan's Comfort Women: Sexual Slavery and Prostitution During World War II and the US Occupation*. New York, NY: Routledge, 2002.

Warren, Jim. *Ah Ku and Karayuki-san: Prostitution in Singapore* 1870~1940. Singapore: Oxford University Press, 1993.

Yamazaki, Tomoko. *Sandakan Brothel No. 8: An Episode in the History of Lower-class Japanese Women*. Armonk, NY: M. E. Sharpe, 1999.

Yoshiaki, Yoshimi. *Comfort Women: Sexual Slavery in the Japanese Military During World War II*. Trans. Suzanne O'Brien. New York, NY: Columbia University Press, 1995.

Special issue of the journal *Positions*, 5:1 (Spring 1997), "The Comfort Women: Colonialism, War, and sex" (Duke University Press)

A number of articles can also be found on the website **japanfocus.org** including the following:

Morris-Suzuki, Tessa. "You Don't Want to Know about the Girls? The 'Comfort Women', the Japanese Military and Allied Forces in the Asia-Pacific War," *The Asia-Pacific Journal*, Vol. 13, Issue 31, No. 2, August 3, 2015.

History Dialogues and the Possibility of Over coming Historical Issues between Korea and Japan: American Perspectives at the Local Level

Kristine Dennehy(Professor, Dept. of History, California State University, Fullerton)

"History Dialogues and the Possibility of Over coming Historical Issues between Korea and Japan: American Perspectives at the Local Level"

On September 5, 2015 a local institution in Orange County California, the Fullerton Museum Center will open an exhibit called "Forgotten Faces: The Comfort Women of World War II." In preparation for the opening, I was asked to train a group of twelve docents by doing the following: 1.) give them the historical background of this issue, and 2.) address any potential "troubleshooting" issues that the docents might run into from museum patrons. This request for my involvement came about after I became acquainted with one of the museum staff members approximately one year earlier when she attended a talk I gave on September 9, 2014 as part of the Fullerton Public Library's Town & Gown Series, entitled

"Post-Occupation Japan Through American Eyes." At that event I spoke about one of my current research projects based on the personal correspondence of a local couple from Fullerton who had lived in Kobe in the late 1950s.

Even though that talk did not touch on issues related to Japanese imperialism or postcolonial controversies between Japan and Korea, during the Q&A session I got several questions related to the so-called "comfort women" based on my expertise in modern Japanese and Korean history and my position at California State University as a local authority on the history of that region and time period. Infact, after speaking for about an hour about the experience about the experience soft hisex-patcouple, a Professor of English at Kobe Women's College and her husband, a Bank of America employee in Osaka, and the context of Japanese postwar economic and social changes during the height of the Cold War, the first question I got was from a CSUF Physics Department Professor Emeritus who asked "Do you support having as tatue dedicated to the comfort women in Fullerton?"

The reason for the high degree of local interest in this issue in Southern California was related to a 3-2 vote of approval by the Fullerton City Council the previous month, on August 19, 2014 to support U.S. House Resolution No. 121 which called for the Government of Japan to "formally acknowledge, apologize, and accept historical responsibility in a clear and unequivocal manner for its Imperial Armed Forces' coercion of young women into sexual slavery, known to the world as 'comfort women,' during its colonial and wartime occupation of Asia and the Pacific Islands from the 1930s through the duration of World War II." In addition, at that same August 2014 meeting, the Fullerton City Council approved to "support the

Fullerton Museum Center Association as they consider options for the display of a Peace Monument" related to the issues raised in that House Resolution. During the time for public comments at that August city council meeting, supporter sand opponent soft here solution were equally passionate in expressing their views and appealing to the city council members to support their respective position.

The strong public reaction and mobilization of so many members of the public, including Fullerton residents and others from outside of Fullerton, over this issue of the comfort women must be seen in the broader context of a number of social and political trends that have developed in Southern California and other regions of the United States in recent years. For instance, citizen groups like the Korean American Forum of California(KAFC) have been strong supporters of the nearby city of Glendale which issued a proclamation of "Comfort Women Day" on July 30, 2012 and unveiled a comfort woman statue in its Central Park on July 30, 2013, modeled after the bronze statue located in Seoul. Since then, Federal and Los Angeles County court shaved ismissed law suits against the City of Glendale filed by plaintiffs whooppose the statue.When the Fullerton Museum asked meto prepare docents to "troubleshoot" during tour soft he "Forgotten Faces" exhibit, the implication was that they were anticipating questions and comments from visitors whoopposed things like the comfort woman statue in Glendale and others whose historical perspective is more in line with the views of those know has "anti-apologist activists." That is to say, the museum wanted to be prepared for encounters with those who challenged claims that the Japanese government played an official role in the forced recruitment of women and running of comfort stations, thereby absolving them of claims to compensation or anapology.

It is against this backdrop of local lawsuits and international tensions over the comfort women and related issues that on July 26, 2015, the KAFC hosted a dinner and program of events in Glendale to commemorate the 8th anniversary of House Resolution 121(HR121) and the 2nd anniversary of what is officially called the Glendale Peace Monument. In the event program, U.S. House Represent ative and Chairman of the House Foreign Affairs Committee EdRoyce, an original co-sponsor of HR 121 whose 39th district in cludes Fullerton, wrote to "thank everyone involved with this event for strengthening Korean-American relations" and applauded the organizers forinspiring" the Korean community by promoting civic participation. This has been done through educating community leaders and serving as are source to the Korean-American community." Also attheevent, two members of the Glendale City Council addressed the audience, with one not inghis own Armenian backgroundand drawing parallels between the struggle soft he comfort women and the victims of the Armenian genocide of 1915, and the the rinvoking the phrase "never again" echoing calls never to repeat the Holocaust of World WarII.

Since I moved to Fullerton in 2002 to take up my position in the History Department at Cal State Fullerton, the Korean American presence has grown substantially, both in terms of population as well as influence in the economic, political, social and cultural life of the community. When I was hired, my job description called for me to teach existing classes in premodern and modern Japanese history and develop a course in Korean history which I have now taught three times since 2009. One of the goals of Fullerton City Council member and Mayor Pro Tem Jennifer Fitzgerald when she was President of the Fullerton Chamber of Commerce in 2008 was to increase the presence and leadership of Korean Americans. Ted Kim of Grace Ministries International, a very large, influential Korean church in Fullerton, now sits on the Board of Directors. Most recently, one of Ed Royce's former staffers, Young Kim defeated former Fullerton City Council member Sharon Quirk-Silva to represent the 65th District, with Fullerton as its center, in the California State Assembly.

For many years now, I have been involved in the Fullerton Sister City Association under the leadership of the organization's president, Mike Oates who works closely with other Rotary Club members like Ted Kim to foster very successful social and cultural exchanges among the diverse residents of Fullerton. One of the reasons for establishing Yongin as a sister city was to integrate the Korean Americans more closely into the larger community. In the past I have conducted orientation sessions for Fullerton junior high school students before they go to Japan where they are placed inpairs with local host families. It each them simple Japanese phrases and give them tips on things like taking a Japanese bath and using slippers specifically designated for the toilet. I have also been part of the committee that selected students to go to Japan or Korea based on an application essay, teacher recommendations and interview.

All of these developments and activities since my arrival as a newcomer to Fullerton in 2002 made me want to get involved with the "Forgotten Faces" exhibit as a way for me to share both my personal and professional experiences and expertise with fellow community members. In response to the question about the comfort woman statue after my talk at the public library in 2014, I began by saying "It's a very complicated issue." I said that because I wanted to recognize that there are many stakeholders in this discussion and it is important to be clear to what extent it is an issue of local or international politics, and to what extent it is an issue of academic discussion among historians. At the local level, some politicians like Fullerton City Council member Doug Chaffee emphasize that his support of the August 2014 resolution was based on this being an issue about basic, universal human rights and reflect his support of efforts to end current day human traffic king. In my Q&A response in September 2014, I said that it seemed to me that American politicians incities like Fullerton and other locales with significant Korean American populations such as Bergen County, New Jersey were often times using their support of movements like efforts to erect comfort women statues in the United States as a way to curry favor with Korean American voters.

Partly because my talk in September 2014 was focused on the U.S.-Japan Cold War context, I also emphasized that it was crucial to keep in mind the important role the United States has played in postwar East Asian politics, going back to the division of the Korean peninsula in 1945 and the drawing of boundaries around places like Dokdo/Takeshima under the command of General Douglas MacArthur. I also stressed the power exerted by the United States during the International Military Tribunal for the Far East(or Tokyo Trials) that exempted the Emperor fro many wartime responsibility,while ensuring his smooth transition into a symbol of a pacified and peacefulally. These decisions made in the immediate wake of Japan's surrender have had complex legacies, many of which could never have been foreseen in 1945. Seventy years later no win 2015, the postcolonial reckoning of historical responsibility and territorial demarcations must take into account the role played by leaders who are part of what Americans often call the greatest generation" because of their sacrifices and patriotism.

In both formal and informal exchanges with Fullerton residents and others about wartime and postwar history, I often tell them about my experiences conducting oral histories of Japanese American veterans who served in the Military Intelligence Service during the Allied Occupation of Japan. One of the most memorable and difficult interviews for me was with a man who had been involved in recruiting Japanese women from the countryside for the Recreation and Amusement Association, a postwar incarnation of the comfort stations. Decades later he joked heartily about the "ugly girls" who were recruited "to participate in the great task of comforting the occupation force." While it is often unpleasant, to say the least, to consider topics such as the human experimentation that took place in Northeast China or the sexual violence perpetrated against young women under the dire conditions of wartime and postwar recovery, I think it is important to have open discussions about these issues, not just in the context simply of Korea or Japan's own national history, but rather as a phenomenon of historical processes and trends that include the power of the United States situated more broadly in regional and even world history.

In the case of the museum exhibit, it is important to keep in mind that "the main goals of the Fullerton Museum Center are to present exhibitions and activities and activities which stimulate dialogue, promote critical and creative thinking, and serve as vehicles to learn about ourselves and our world."Inapreviewofthe"ForgottenFaces"exhibitintheAugust2015issueoftheloc alpa[er]theFullerton Observer, Museum Association President Janet Buzan stated:

> This is first and foremost an art exhibit... Art can tell a story when
> words fail, particularly when the subject matter is as painful and
> controversial as this... The women were not from just one country or
> region. The portraits and narratives show that. They really speak to the
> human cost of war... This exhibit is not about one country's or another's
> grievances. Historical context will be provided through maps, historic
> photographs, and text. But the focus is on the art and how visitors will
> personally respond to that art.

The exhibit will include paintings by Steven Cavallo, digital art and
video by Chang-Jin Lee, and contemporary photographs of the elderly
former comfort women by Jan Banning. While the exhibit itself does not
highlight the historical context and background, the docents do need to be
prepared to answer questions about how such a system was set up and why
its historical legacy has proven to be so problematic. In my classes at CSUF
and in preparation for my discussions of historical controversies between
Korea and Japan with the docents, I stress that disputed claims over
territories like Dokdo/Takeshima and varying interpretations over the nature
and significance of the colonial period in general are all part of the legacy
of the modern period going back to mid-19th century changes in the
international order. In this sense, I think it is important to foster among
Americans an appreciation for taking a long-term perspective in examining
how these changes paved the way for Japanese imperial expansion in Asia,
including taking control of Korea, first as a "protectorate" in 1905 and
then as a colony in 1910.

In explaining shifts in the 19th and 20th century world order, I make a point of emphasizing how Japan's colonization of Korea was particularly humiliating for Koreans because of the pre-19th century history of Korea as a model of Confucian learning and explain the contrast of Japanese samurai military traditions with Korean yangban elite (scholar-bureaucrats). Furthermore, in order to understand the historical background of the comfort women system that was set up in the late 1930s, one has to understand the basic trajectory of Japanese imperial expansion and what a huge shift that produced in Asian international relations, not just in terms of geopolitics but also ideology. For example, Meiji era slogans like "civilization and enlightenment" meant looking to the West as a model for national unification, education, industrialization and building up a modern military. Japanese leaders also adopted notions of Social Darwinism to promote a "survival of the fittest" mentality to assert a position of dominance in Asia.

While the time limitations on docent training may not allow for such a detailed discussion, I like to use the example of how Meiji leaders like Ito Hirobumi are viewed so differently in Japan and Korea. In Japan, he is associated with other young, former samurai who overthrew the Shogunate, maintained Japanese sovereignty in the face of Western gunboats, and instituted reforms like a Western-style constitution. In my Japanese history survey, I liken him to Thomas Jefferson, a kind of Founding Father of modern Japan, in contrast to his reputation in Korea as the reviled Resident General from 1905~1909 when he was assassinated in Harbin by An Chung-gun, now hailed a national hero and symbol of resistance to Japanese imperialism, with a museum dedicated to him in

Seoul and a statue erected in Harbin. I give my students dictionary entries on Ito from two sources, Janet Hunter's Japanese history dictionary where Ito is described as "one of the leading figures in Japanese politics until his death" and compare that to Keith Pratt and Richard Rutt's Korea: A Historical and Cultural Dictionary which highlights An's role as a member of the righteous army (ŭibyŏng) and ex-Tonghak leader, and also mentions the name of one of Ito's American advisor's Durham Stevens. They explain how in 1908 Stevens "was sent to the United States by Ito Hirobumi to defend Japanese policy in Korea, but on 23 March he was shot and killed at Oakland railway station by two Korean Christians, Chŏn Myŏngun (b. 1884) and Chang Inhwan (1877~1930)." But while Stevens has faded into relative historical obscurity, both Ito and An are key figures in current narratives of this period. Both are symbols of a powerful national sentiment of pride but for different reasons.

It is also important to explain to the docents the differences in historical memory and how far back historical memory goes in Korea and Japan. For me, the ideal scenario is to have students who take my premodern Japan class in the Fall and then take the modern survey in the Spring. In this case, I can cover relations between Japan and Korea going back to the time of Hideyoshi Toyotomi and explain how, like Ito, Hideyoshi has a very different reputation in Japan and Korea. In Japan, he was one of the three unifiers who rose from the lowly rank of sandal holder, while in Korea he is often portrayed as the personification of evil and vicious slaughter, and a precursor to Japanese expansionism of the modern era. When I cover the modern period with my students, in both my Japanese and Korean history classes, I make a point of drawing the historical continuities between the "righteous armies" that fought against Hideyoshi in the 16th century, with the 19th and 20th century incarnations of these militant resisters like An Chung-gun and those who rose up against the Japanese in the March 1st 1919 national independence movement.

I also like to relay the anecdote of the Korean cab driver I met during one of my first visits to Korea who talked at length about Hideyoshi when I told him I was studying relations between Japan and Korea. He seemed like an ordinary working class man, but was extremely well versed in the history of the 16th century and gave me detailed explanations of historical sites I should visit in Korea related to Hideyoshi's invasions. While all this may seem far removed from the particular issue of the comfort women in the 1930s and 1940s, it illustrates more generally how one historical figure like Ito or Hideyoshi can be remembered so differently.

For the exhibit itself, there is also the issue of historical memory and the debates over whose version of history can be told and authenticated, and how they relate to contemporary social, political, and economic conditions. In my historical overview, I will highlight 1965 as a turning point when Japan and the Republic of Korea normalized relations at the diplomatic level and in that respect, settled claims over colonial reparations. However, we must recognize that even though government officials signed such an agreement, there was not a popular consensus, especially in Korea, that it was okay to move on without a further reckoning over the colonial period. In covering the decades after 1965, I like to prompt a questioning of the dichotomy between "Korean" and "Japanese" points of view by bringing into the discussion the role of activists like Matsui Yayori, a vocal critic of Japanese sex tours from the 1970s. In many ways, Matsui and others like her paved the way for former comfort women to speak out about their personal trauma in the 1990s.

As part of the docent training, I have prepared a bibliography for further reading by specialists who address issues that have become particularly controversial, such as the number of comfort women recruited, the conditions of the comfort stations, the postwar lives of comfort women, and the movements for redress, as well as the reactions by the Japanese government and public since the 1990s. While time restrictions prohibit a detailed discussion of all of these issues, docents will have the basic information they need to get an overview of the relevant topics. By the time this paper is being presented in Seoul I will have met with the docents and attended the opening reception on September 5. This will also be in the wake of August 15 and any comments made by Japanese Prime Minister Shinzo Abe that may be connected with these ongoing controversies.

I will also be underway in the Fall semester which begins on August 24, teaching two sections of a class for History majors called Historical Thinking that focuses on various issues related to historical methodology and the specifics of the discipline of history. Lately I have developed a unit on Public History in that class and will discuss these issues related to the Fullerton Museum exhibit with my students. As a professor, this is an ideal "teaching moment" where I can prod undergraduate students to consider the complexities of history and issues like the kinds of historical evidence that we rely on to reconstruct the past. But even more importantly it is a chance to examine the ways that we can make history relevant to a greater public audience who may not even know the basic facts about Asian geography, never mind the intricate and controversial details of imperialism in modern Asia and its postcolonial legacies. Finally, it is a lesson in citizenship, where one of our responsibilities is to engage in and foster a discussion of issues both inside and outside the classroom.

Appendix 1

US House Resolution 121 (7/30/2007)

Whereas the Government of Japan, during its colonial and wartime occupation of Asia and the Pacific Islands from the 1930s through the duration of World War II, officially commissioned the acquisition of young women for the sole purpose of sexual servitude to its Imperial Armed Forces, who became known to the world as ianfu or "comfort women";

Whereas the "comfort women" system of forced military prostitution by the Government of Japan, considered unprecedented in its cruelty and magnitude, included gang rape, forced abortions, humiliation, and sexual violence resulting in mutilation, death, or eventual suicide in one of the largest cases of human trafficking in the 20th century;

Whereas some new textbooks used in Japanese schools seek to downplay the "comfort women" tragedy and other Japanese war crimes during World War II;

Whereas Japanese public and private officials have recently expressed a desire to dilute or rescind the 1993 statement by Chief Cabinet Secretary Yohei Kono on the "comfort women", which expressed the Government's sincere apologies and remorse for their ordeal;

Whereas the Government of Japan did sign the 1921 International

Convention for the Suppression of the Traffic in Women and Children and supported the 2000 United Nations Security Council Resolution 1325 on Women, Peace, and Security which recognized the unique impact on women of armed conflict;

Whereas the House of Representatives commends Japan's efforts to promote human security, human rights, democratic values, and rule of law, as well as for being a supporter of Security Council Resolution 1325;

Whereas the United States-Japan alliance is the cornerstone of United States security interests in Asia and the Pacific and is fundamental to regional stability and prosperity;

Whereas, despite the changes in the post-cold war strategic landscape, the United States-Japan alliance continues to be based on shared vital interests and values in the Asia-Pacific region, including the preservation and promotion of political and economic freedoms, support for human rights and democratic institutions, and the securing of prosperity for the people of both countries and the international community;

Whereas the House of Representatives commends those Japanese officials and private citizens whose hard work and compassion resulted in the establishment in 1995 of Japan's private Asian Women's Fund;

Whereas the Asian Women's Fund has raised $5,700,000 to extend "atonement" from the Japanese people to the comfort women; and

Whereas the mandate of the Asian Women's Fund, a government-initiated and largely government-funded private foundation whose purpose was the carrying out of programs and projects with the aim of atonement for the maltreatment and suffering of the "comfort women", came to an end on March 31, 2007, and the Fund has been disbanded as of that date:

Now, therefore, be it

Resolved, That it is the sense of the House of Representatives that the Government of Japan —

(1) should formally acknowledge, apologize, and accept historical responsibility in a clear and unequivocal manner for its Imperial Armed Forces' coercion of young women into sexual slavery, known to the world as "comfort women", during its colonial and wartime occupation of Asia and the Pacific Islands from the 1930s through the duration of World War II;

(2) would help to resolve recurring questions about the sincerity and status of prior statements if the Prime Minister of Japan were to make such an apology as a public statement in his official capacity;

(3) should clearly and publicly refute any claims that the sexual enslavement and trafficking of the "comfort women" for the Japanese Imperial Armed Forces never occurred; and

(4) should educate current and future generations about this horrible crime while following the recommendations of the international community with respect to the "comfort women".

Appendix 2

The two plaques next to the statue read as follows:

"I was a sex slave of Japanese military"

* Torn hair symbolizes the girl being snatched from her home by the Imperial Japanese Army.

* Tight fists represent the girl's firm resolve for a deliverance of justice.

* Bare and unsettled feet represent having been abandoned by the cold and unsympathetic world.

* Bird on the girl's shoulder symbolizes a bond between us and the deceased victims.

* Empty chair symbolizes survivors who are dying of old age without having yet witnessed justice.

* Shadow of the girl is that of an old grandma, symbolizing passage of time spent in silence.

* Butterfly in shadow represents hope that victims may resurrect one day to receive their apology.

Peace Monument

In memory of more than 200,000 Asian and Dutch women who were removed from their homes in Korea, China, Taiwan, Japan, the Philippines, Thailand, Vietnam, Malaysia, East Timor and Indonesia, to be coerced into sexual slavery by the Imperial Armed Forces of Japan between 1932 and 1945.

And in celebration of proclamation of "Comfort Women Day" by the City of Glendale on July 30, 2012, and of passing of House Resolution 121 by the United States Congress on July 30, 2007, urging the Japanese Government to accept historical responsibility for these crimes.

It is our sincere hope that these unconscionable violations of human rights shall never recur.

July 30, 2013

Appendix 3

Bibliography for further reading on the "comfort women" and related issues

Beasley, W.G. *Japanese Imperialism, 1894~1945*. Oxford: Clarendon Press, 1987.

Enloe, Cynthia. *The Morning After: Sexual Politics at the End of the Cold War*. Berkeley, CA: University of California Press, 1993.

Graaff, Nell *van den*. *We Survived: A Mother's Story of Japanese Captivity*. Brisbane: Queensland Press, 1989.

Henson, Maria Rosa. *Comfort Women: A Filipina's Story of Prostitution and Slavery Under the Japanese Military*. Lanham, MD: Rowman & Littlefield, 1999.

Hicks, George. *The Comfort Women*. New York, NY: W. W. Norton & Company, 1994.

Howard, Keith, ed. *True Story of the Korean Comfort Women*. London: Cassell, 1995.

Indai L. Sajour, ed. *Common Grounds: Violence Against Women in War and Armed Conflict Situations*. Quezon: Asian Centre for Women's Human Rights, 1998.

Moon, Katherine. *Sex Among Allies: Military Prostitution in U.S.-Korea Relations*. New York: Columbia University Press, 1997.

Qui, Peipei, *Zhilang Su and Lifei Chen*. *Chinese comfort women: testimonies from Imperial Japan's sex slaves*. Vancouver: UBC Press, 2013.

Report of a Study of Dutch Government Documents on the Forced Prostitution of Dutch Women in the Dutch East Indies during the Japanese Occupation. Amsterdam: 1994.

Ruff-O'Herne, Jan. *50 Years of Silence*. *Sydney*: Edition Tom Thompson, 1994.

Soh, Chunghee Sarah. *The Comfort women: sexual violence and postcolonial memory in Korea and Japan*. Chicago: University of Chicago Press, 2008.

Tanaka, Yuki. *Japan's Comfort Women: Sexual Slavery and Prostitution During World War II and the US Occupation*. New York, NY: Routledge, 2002.

Warren, Jim. *Ah Ku and Karayuki-san: Prostitution in Singapore 1870~1940*. Singapore: Oxford University Press, 1993.

Yamazaki, Tomoko. *Sandakan Brothel No. 8: An Episode in the History of Lower-class Japanese Women*. Armonk, NY: M. E. Sharpe, 1999.

Yoshiaki, Yoshimi. *Comfort Women: Sexual Slavery in the Japanese Military During World War II*. Trans. Suzanne O'Brien. New York, NY: Columbia University Press, 1995.

Special issue of the journal *Positions*, 5:1 (Spring 1997), "The Comfort Women: Colonialism, War, and sex" (Duke University Press)

A number of articles can also be found on the website japanfocus.org including the following:

Morris-Suzuki, Tessa. "You Don't Want to Know about the Girls? The 'Comfort Women', the Japanese Military and Allied Forces in the Asia-Pacific War," *The Asia-Pacific Journal*, Vol. 13, Issue 31, No. 2, August 3, 2015.

In addition I am active in local community organizations such as the Fullerton Sister City Association which has sister cities in Morelia Mexico, Fukui Japan and Yongin South Korea. In January 2015 I was appointed by City Council member and Mayor ProTem Jennifer Fitzgerald to the Fullerton Public Library Board of Trustees.

See Appendix 1 for the full resolution.

According to the meeting minutes KAFC Executive Director Phyllis Kim was one of six supporters who spoke in favor of the resolution in Fullerton.

See Appendix 2 for the plaque engraving.

On August 9, 2015, Arin Mikailian of the *Glendale News-Press* reported on the Los Angeles case "filed by Glendale resident Michiko Shiota Gingery and the nonprofit Global Alliance for Historical Truth" and noted that in a similar case "the plaintiffs have filed an appeal against the federal ruling that is still pending."

Suzanne O'Brien, Translator's Introduction to Yoshimi Yoshiaki, *Comfort Women: Sexual Slavery in the Japanese Military During World War II*," (New York: Columbia University Press, 2000), p. 8.

The refusal by President Barack Obama to use the word "genocide" has been extremely controversial. In 2014, on Armenian Remembrance Day on April 24, he used the words "horror" in recalling "when 1.5 million Armenians were massacred or marched to their deaths." See https://www.whitehouse.gov/the-press-office/2014/04/24/statement-president-armenian-remembrance-day. In an April 21, 2015 article on this issue in the *Los Angeles Times*, Noah Bierman quoted Obama as follows: "'Armenian genocide is not an allegation, a personal opinion, or a point of view, but rather a widely documented fact supported by an overwhelming body of historical evidence,' Obama said in 2008. 'The facts are undeniable. An official policy that calls on diplomats to distort the historical facts is an untenable policy.'"

Out of a population of 140,000 approximately 54% of Fullerton residents identify their race as White, 34% Hispanic and 24% Asian. The total is more than 100% due to some respondents checking more than one category.

He expressed this stance to me at a meet-and-greet event for candidates for City Council and the School Board held at the Fullerton Public Library before his re-election to the City Council in November 2014.

Kimie Hara, "50 Years from San Francisco: Re-Examining the Peace Treaty and Japan's Territorial Problems," *Pacific Affairs*, Vol. 74, No. 3 (Autumn 2001), pp.361~382.

Other noteworthy exemptions from prosecution were leaders of Unit 731 who were given immunity because their data was deemed useful by the American military. Furthermore, even some of those suspected of Class A War Crimes like Kishi Nobusuke were never prosecuted and in his case, rose to power as Prime Minister in the late 1950s and early 1960 and proved to be a staunch Cold War ally of the United States.

For a critique of this notion, see Kenneth D. Rose, *Myth and the Greatest Generation: A Social History of Americans in World War II*. New York: Routledge, 2008.

John W. Dower, *Embracing Defeat: Japan in the Wake of World War II* (New York: W.W. Norton, 1999), p. 127. See also Yuki Tanaka, *Japan's Comfort Women: Sexual slavery and prostitution during World War II and the US Occupation* (New York: Routledge, 2002).

https://www.cityoffullerton.com/gov/departments/museum/default.asp

Concise Dictionary of Modern Japanese History (UC Press, 1984), p. 75.

Pratt and Rutt, p. 447.

See Appendix 3.

크리스틴 데네히, "역사에 대한 소통 및 한일관계사에 존재하는 역사적 문제들의 극복 가능성 : 미국의 입장에서 바라보기" 토론문

박 중 현(잠일고등학교)

크리스틴 교수는 2015년에 전시되는 일본군 '위안부' 관련 전시회에서 도슨트에 대한 교육을 요청받았습니다. 그 중 동아시아의 역사적 배경 지식, 또 다른 하나는 이 문제에 대한 확연히 다른 사람들로부터 질문을 받았을 때(주로 일본정부 견해에 동조하는) 이에 대처할 수 있도록 교육해달라는 것이었습니다. 이 문제에서 출발하여 미국이 보는 한일 간의 역사 대화, 소통, 화해에 대한 이야기를 풀었습니다. 풀러턴이라는 지역사회와 연결하여 이 문제를 미국이라는 지점에서 이해하고자 하였습니다.

발표자는 위안부 문제를 이야기하면서 1945년 미군정 당시의 GHQ의 특별위안소협회를 언급하였습니다. 위안부 문제는 비단 일본만의 문제가 아니라는 것입니다. 그렇다고 일본의 책임이 희석화되는 것은 물론 아닙니다. 많은 나라와 시민들, 특히 미국의 여러 곳에서 평화비가 세워지고, 이를 기억하는 것은 제 생각에는 자신들도 이런 일이 다시 되풀이되지 않아야 한다는 다짐이라 믿습니다. 과거에 대한 반성과 다짐의 노력은 우리에게도 결코 예외는 아닙니다.

일본의 잘못을 지적하고 사죄와 반성을 요구하는 것은 그것을 요구하는 자신에게도 그러한 다짐이 된다는 것입니다. 더욱이 그것이 피해를 입은 상대가 있는 경우 더욱 철저해야 한다는 것입니다.

발표자의 지적처럼 한국인들이 도요토미 히데요시, 이토 히로부미, 스티븐스와 장인환 등에 대해 너무나 선명한 기억들을 갖고 있습니다. 가해자는 쉽게 잊고 잊어버릴 수 있지만 피해자는 영원한 상처로 남기 때문입니다. '국교정상화'를 이룬 한일기본조약 체결 50주년을 맞는 오늘에도 그 기억은 생생하게 남아 있습니다.

그렇기 때문에 한일 간의 역사대화에는 고민할 지점들이 많기 때문에 이러한 것을 염두에 두고 역사 대화를 이루어 갈지에 대해 발표하였습니다. (제 학위논문이 한일 간의 역사화해 가능성의 모색, 이런 주제였습니다. 그래서 아마 저에게 이런 토론을 맡기신 것 같습니다만) 두 가지 간단한 질문을 드리고자 합니다.

첫째, 전시회가 9월 5일 개관을 한다고 하였으니 현재는 오픈되었을 것인데, 이 행사에 참여한 분들의 감상은 어떤 것이고, 두 번째 교육 요청과 관련한 곤란한 일들이 발생하였는지 간단히 소개 부탁드립니다.

둘째, 토론자는 기본적으로 한일 간 역사대화나 소통이 필요하고, 중요하다는 사람입니다. 역사화해가 가능하냐는 질문에 저는 가능하다고 말하곤 합니다. 물론 그것은 믿음이지 그렇게 될 수 있는지 어떤 지는 확신이 없습니다. 일본군 '위안부' 문제를 한국에서는 일본 식민지배와 함께 현재의 인권 문제로 이해를 하고 있습니다. 일반인의 시각은 식민지배와 관련한 것이고, 때론 과도한 민족주의라는 비판을 받기도 합니다. 반면 일본에서는 과거 문제는 이미 청산이 다 되었는데 자꾸 반성과 사죄라는 반복된 요구를 한다는 볼멘소리도 있습니다. 이처럼 한국과 일본이 느끼는 인식의 차이가 있고, 제3자가 보는 인식의 차이가 있을 수 있습니다. 교수께서는 제3자의 시선에서 어떤 생각을 미국인들이 갖고 있다고 생각을 하시는지요.

마지막으로 교수께서는 한·일 간 역사 화해가 가능하다고 생각하시는지. 그 방법과 순서를 어떻게 해야 되는지 말씀 부탁드립니다.

발표자는 학생들에게 이를 이해시키고자 할 때 동아시아 역사에 대해 많이 알지 못한다고 하였습니다. 이럴 때 저는 한중일 또는 한일 공동교재를 참고한다면 도슨트는 물론 일반 시민들도 이 문제에 대해 보다 확실하고, 의미있는 공부와 관람이 되리라 믿습니다. 이를 통해 동아시아의 많은 사람들이 평화를 지향하고 있고, 아울러 평화를 향한 동아시아인들의 노력도 이해할 수 있을 것이라 생각합니다.

미국의 각지를 비롯한 많은 곳에 평화비가 세워지는 것은 일본이 과거 저지른 과오에 대한 비판이 아니라 그것을 통해 다시는 그러한 일이 발생하지 않겠다는 다짐임을 우리가 다시 되새겨야 합니다. 그러한 운동에 동참한다는 것은 미래의 평화선을 향해 함께 나아가는 것을 의미합니다. 그것은 과거의 기억을 통해 미래를 도모하는 것입니다.

역사는 기억인데 그 기억에 한국과 일본의 사건과 인물에 대한 이해는 많은 차이가 있습니다. 발표자는 이토오의 예를 들고 있습니다. 그럼에도 우리가 '위안부' 문제를 통한 역사를 배우고 가르치는 이유는 지역과 국가를 넘어 보편적 인간의 문제로, 평화와 인권의 문제로 이것을 바라볼 수 있도록 하는 것입니다. 또한 엄연한 역사적 사실을 숨기려는 언동보다 진정 사죄하는 모습을 보임으로써 일본이 품격있는 나라이고, 도덕적인 나라가 될 수 있다는 것을 인식시키기 위함이기도 합니다. 그런 위에서 함께 미래를 볼 수 있다고 생각합니다. 이러한 노력이 더욱 광범하게 전개될 때에 우리가 살고 이 사회가 좀 더 아름답게, 평화로우며, 그런 모습을 미래 세대에 남겨줄 수 있으리라 생각합니다.

미국에서도 교수님의 연구와 활동이 더욱 확산되기를 기대하면서 토론을 마치겠습니다.

감사합니다.

역사대화와 역사문제 해결 가능성
교과서 개정: 경험과 과제

Eckhardt Fuchs(게오르그-에케르트 국제교과서연구소)

교과서는 한 나라의 민족성 및 문화 정체성을 형성하는 중심된 매개체이다. 또한 교과서는 사회의 전 영역에서 공식적이고 규범적인 구조를 전파하고, 국가의 교육과정을 통해 사회 통합을 실현하며, 문화적 전통을 다음 세대에 전달하고, 정치적 정당성을 확립하는 것과 같은 상징적인 가치와 사상이 반영된다. 이 때문에 교과서는 언제나 깊은 인종적, 정치적, 문화적 혹은 종교적인 갈등이나 사회적 위기를 촉발하거나 그 대상이 되는 정치적인 문제이자 이와 같은 상황을 예방하거나 극복하는 데 의미있는 기여를 하기도 한다.

지난 30년간 교과서와 교재는 세계화와 새로운 전자통신 수단, 전 세계적인 이민에 의한 인구이동과 같은 도전으로 새로운 지위에 서게 되었다. 새로운 내전과 폭력, 사회내부에 갈등의 존재와 초국가적 정체성을 구성하려는 시도, 다국적이고 다민족적인 교실의 현실은 교육 현장에서 지속적으로 증가하는 복잡성과 관련된 사람들의 다양성, 이에 따른 교과서 개정에 관련된 새로운 과제를 준다. 하지만, 이는 국제적인 교과서 개정이 더 이상 불필요하다는 것을 의미하지 않는다. 오히려 포괄적인 정체성(국제적인 인식을 가진 정체성, comprehensive identities)이 제한된 정체성(특정 국가에 국한된 정체성, constricted identities)을 대신하면서 이상주의(idealism)가 아닌 실용적인 사고(pragmatism)를 필요로 한다는 것을 의미한다.

본고에서 교과서 개정의 일부 주요한 활동을 역사적인 관점에서 유럽의 사례를 중심으로 정리할 것이다. 20세기 초 이후 국제사회에서는 교과서 개정을 위해 많은 조직들이 구성되었고, 그들의 활동들이 활발하게 진행되었으며 여전히 진화하고 있다. 교과서 개정에 관계된 조직들의 주요한 활동의 방향은 언제나 평화교육의 교과서와 교재에 대한 것으로 교육이 국제적인 이해를 바탕으로 나아가야 한다는 것이다. 그 대표적인 조직들은 국제연맹(League of Nations)과 유네스코(교육, 과학, 문화기구; UNESCO), 유럽평의회(European Council)와 같은 다국적 기구라고 할 수 있고, 동아시아의 경우에는 각국의 정부가 가장 큰 조직이고, 이와 더불어 시민사회 차원에서 구성된 양국 혹은 삼국의 공동역사편찬위원회이다. 이에 대한 내용을 일부 다루려고 한다.

그리고 이 논문의 후반부에는 유럽인들이 공유하고 있는 기억과 정체성의 발상이 직면하고 있는 몇 가지 과제에 대해 간단히 언급할 것이다. 그리고 짧은 맺음말에는 동아시아지역의 관점에서 미래 교과서 개정을 위한 몇 가지 제안을 할 것이다.

1. 경험

"교과서 개정"이라는 용어는 즉시 특정한 이미지를 연상하게 한다. 일반적으로 교과서의 내용을 둘러싼 갈등을 떠올리게 하는데, 국내적으로는 교과서 내용에 관한 대중적 논의과정 속에 있는 갈등과 국제적으로는 국가 간의 갈등에 대한 것이다. 교과서 문제는 역사와 지리, 사회학,

종교학, 생물학과 관련을 가지고 있다. 교과서 개정의 목적은 일반적으로 교과서에서 잘못된 내용이나 왜곡된 해석을 바로잡기 위한 활동이다. 그리고 여기에 포함된 두 가지 관점은 "교육의 질을 높이기 위한 목적으로 시행되는 교과서 개정"과 "교과목의 지식과 관계된 일반적인 기준"을 제시하는 것이다. 이 때문에 역사과목과 사회과목의 교재는 평화 및 인권교육에 중요한 기여를 할 수 있다.[1]

현재 교과서 개정의 역사와 현재의 진행사항에 대해서는 두 가지 관점이 있다.

첫 번째, 대부분의 교과서 문제는 소위 "역사전쟁"의 산물이라는 사실이다. 그리고 이로 인한 갈등은 국가적인 차원의 것이다.[2] 교과서 문제는 한 국가의 민족적 전통의 발전과 국가의 정당성의 유지, 정체성의 구성에 관한 의견의 차이로 인해 발생한다. 역사전쟁은 역사적 사실에 관한 이견이라기보다는 역사적 사실을 의미화하는 과정에서 발생한다. 대개 이런 류의 논쟁은 특정 집단에 국한되지 않고, 일반 대중들도 직접 적극적으로 참여할 수 있게 되기 때문에 종종 격렬한 논쟁의 대상이 된다. 교과서 문제에 관한 가장 초기의 논쟁은 미국에서 찾을 수 있다. 미국에서 1994년에 역사교육을 위한 국가의 교육과정에 관한 기준을 설정하는 것을 둘러싼 첫 번째 논쟁이 있었다. 이런 새로운 기준들은 미국 민족사의 전통적인 지배 담론의 파괴를 전제한다. 그 파괴는 학문적으로 정당화된 것으로 문화해방운동의 요구를 반영한 것이다. 하지만 그들이 제시한 기준들은 미국의 민족의 역사를 "다문화의 하수구에 버렸다"고

---

1) 참고 Lässig, Simone and Karina Korostelina, History Education and Post-Conflict Reconciliation: Reconsidering Joint Textbook Projects (London: Routledge, 2013); Eckhardt Fuchs and Tatsuky Yoshioka, *Contextualizing School Textbook Revision* (=JEMMS 2:2 [2010])

2) 참고 Antonis Liakos, "History Wars – Notes from the Field," *Jahrbuch der Internationalen Gesellschaft für Geschichtsdidaktik* 2008/2009: 57~74.

주장하는 신보수주의 비평가들의 즉각적인 공격을 받았다.[3] 지난 수십 년간 전 세계가 공통적으로 역사적인 사건에 대한 해석이 이러한 다양한 사회적인 논란을 촉발시키는 것을 목격했고 종종 특정 사건이 역사서에 포함되어야 한다는 것 또한 계속적으로 문제 제기가 되었다.[4] 일반적으로 이런 논쟁은 역사를 국가라는 이데올로기에서 분리할 때 가능하다고도 할 수 있다.

한편 우리는 세계화된 세계와 사회에서 아무도 귀 기울이지 않는 종교적 혹은 인종적인 약자들의 목소리에 귀를 기울이고 그들의 역사가 또한 인정되고 고려되어야 한다는 계속되는 요구에 기반한다는 경험을 가지고 있다. 이런 사실은 민족적 담론에 의문을 제기하고 역사적 맥락 속에서 민족사를 파악하거나 전적으로 민족사를 포기하게 하는 원인이 된다. 다인종 교실의 도전과 초국가적인 정체성 형성의 시도는 유럽 국가

---

3) 참고 Gary Nash, Charlotte Crabtree and Ross E. Dunn, *History on Trial. Cultural Wars and the Teaching of the Past* (New York: A. A. Knopf, 1997), 5. 그리고 Thomas Bender, "Can National History Be De-Provincialized? US History Textbook Controversies in the 1940s and 1990s," *Journal for Educational Media, Memory and Society* 1, no. 1 (2009): 25~38.

4) Maria Repoussi, "Common Trends in Contemporary Debates on Historical Education," *Jahrbuch der Internationalen Gesellschaft für Geschichtsdidaktik* 2008/2009: 75-90; Susanne Popp, "National Textbook Controversies in a Globalizing World," *Jahrbuch der Internationalen Gesellschaft für Geschichtsdidaktik* 2008/2009: 109-122. 특정국가에 관해서는 다음의 자료를 보라. 그리스: Maria Repoussi, "Politics Questions History Education. Debates on Greek History Textbooks," *Jahrbuch der Internationalen Gesellschaft für Geschichtsdidaktik* 2006/2007: 99-110; 호주: Stuart McIntyre and Anna Clark, *The History Wars* (Carlton: Melbourne University Press, 2003); 미국: Edward Linenthal and Thom Engelhardt (eds.), *History Wars: The Enola Gay and Other Battles for the American Past* (New York: Metropolitan Books, 1996); 일본: Sven Saaler, *Politics, Memory, and Public Opinion. The History Textbook Controversy and Japanese Society* (Munich: Iudicum, 2005); Steffi Richter (ed.), *Contested Views of a Common Past: Revisions of History in Contemporary East Asia* (Frankfurt am Main: Campus, 2008).

나 동아시아국가들에게 민족적 담론의 제한을 강조할 수밖에 없다. 그리고 서유럽국가들과 중국, 일본에서 민족사에 대한 새로운 관점에 관한 논쟁은, 세계사에 기반을 두고, 유럽이나 세계적 관점이 그것의 전통적인 기본적인 민족적 담론을 대신하기 위해 민족 역사의 규범을 확장하는 방향으로 나아가는 경향을 반영한다.5) 반면, 신보수주의적인 경향은 특정 국가가 전통적인 국사(國史)를 보존하고 자국의 가치를 유지하기 위해 정체성을 구성하는 데 미치는 영향을 탐구하는 것이다. 이는 한 정부와 유럽연합(EU)과 같은 조직이 시도하는 법률에 의한 역사적 해석에 관계된다.6) 예컨대, 프랑스의 국회에서 프랑스의 식민지 건설에 대한 역사를 교과서에 긍정적으로 다루도록 요구하는 법안이 2005년 2월에 통과된 사례와 같다.7) 우리는 또한 터키정부가 아르메니아인들의 집단학살과 같은 사건을 교과서에서 금지한 것을 기억한다.

두 번째, 교과서 개정에서 비롯된 논쟁은 한 사회나 국가의 문제일뿐 아니라 국제사회에서 국가 간에 문제라고 할 수 있다. 이에 대한 두 가지의 관점이 있다. 첫 번째 관점은 유럽뿐 아니라 아시아에서 초국가적인 정체성(supranational identities: 역주-유럽연합과 같이 단일 국가를 초월한 초국가적인 연합체의 정체성)을 형성하려는 시도이다. 유럽에서 현재 진행되는 논쟁의 핵심은 다음과 같다. 유럽 통합으로의 진전이 유럽에서 합의된 역사인식과 역사적 기억을 기반으로 한 통일된 유럽 정체성의 형성을 바탕에 두고 있는가? 만일 그렇다면, 유럽 공통의 역사 교과

---

5) 참고 Eckhardt Fuchs, "Geschichtsunterricht jenseits von Nationalgeschichte: Probleme der Curriculum- und Schulbuchrevision," *Informationen für den Geschichts- und Gemeinschaftskundelehrer* no. 69 (2005): 17-26.

6) 참고 Luigi Cajani, "Historians between Memory Wars and Criminal Laws: The Case of the European Union," Jahrbuch der Internationalen Gesellschaft für Geschichtsdidaktik 2008/2009: 39~55.

7) 참고 Chris Bickerton, "France's History Wars," *Le Monde Diplomatique*, February 2006 (http://mondediplo.com/2006/02/14postcolonial).

서는 이러한 정체성의 발달을 가능하게 하는 적절한 수단인가? 지금까지 유럽에서 논의된 논쟁에서는 두 개의 상반되는 진영의 의례적인 적대감이 관찰되었다. 상반된 진영의 질문에 긍정적으로 답하려는 이들은 현재의 과제는 초국가적인 기관들에 의해 유럽의 정체성을 만들기 위한 전략적인 목적을 선택하기 위함이고 그 전략은 유럽 공동역사 교과서라는 것이 제기된 것임을 지적한다. 반면 회의론자들은 우려로 반응한다. 그들은 인공적으로 유럽의 통일된 이미지를 위로부터 강요하려는 유혹을 경계하며 지금까지 유일하게 출판된 유럽의 역사 교과서는 이에 대한 두려움을 정확히 보여준다고 주장했다. 유럽이 공통적으로 계승한 본질적인 요소로 서구 라틴 기독교와 계몽주의를 강조하는 사고에 따르면, 유럽은 헤게모니적(패권적)인 함정에 빠질 수밖에 없다. 또한 유럽중심적인 사고는 암묵적으로 유럽의 유산을 공유하지 않는 다른 국가나 사회를 배제하는 결과를 낳게 되는데, 이것은 본질주의적(essentialist; 역주-문화유산을 존중하고 교사의 역할을 중시하는 보수주의적인 교육사상) 사상과 서구 중심의 용어에 의해 정의된다.[8] 아시아에서 이런 류의 논쟁은 아직 시작조차 되지 않았다. 하지만 한·중·일 삼국이 공동의 교과서를 편찬할 때 유럽이 직면했던 문제들에 대한 유사한 다음과 같은 질문들이 제기될 것이다. 예컨대, 아시아 국가들 간의 더 긴밀한 협력의 정치적 과정은 아시아 공동의 전통과 가치의 집합으로 구성된 지역(아시아)의 정체성을 증진할 수 있는가? 그리고 유럽에서 행해진 교과서 관련 논쟁이 어떻게 긍정적으로나 부정적인 방식으로 참고가 될 수 있는가?

두 번째 관점은 국제적인 교과서 개정의 가장 근본적인 목적과 관계된다. 이는 화해와 평화를 증진하기 위해 특별히 분쟁이 있었거나 분쟁이후의 사회 속에서 민족주의적이고 편파주의적인 교과서를 자유롭게

---

8) 참고 Eckhardt Fuchs and Simone Lässig, "Europa im Schulbuch," *Geschichte für heute. Zeitschrift für historisch-politische Bildung* 1, no. 2 (2009): 60-66.

하기 위한 목적이다. 독일과 프랑스 그리고 독일과 폴란드의 교과서 위원회는 일반적으로 성공적인 국제교과서 개정의 모델로 인식되지만, 그 과정에서 발생한 사건들에 대해서는 상대적으로 덜 알려져 있다. 이에 대한 역사를 살펴보면 다음과 같다. 학교 교육과 교과서의 개정은 19세기 말 이후부터 국가간 교육 네트워크의 맥락 속에서 논의되었고 제1차 세계대전 이후부터는 다자간 교육이 필수적인 요소로 대두되었다. 1차 세계대전과 2차 세계대전 사이의 휴전 기간에 국제연맹(League of Nations)의 교과서 개정 위원회는 교육 분야에 종사하는 많은 수의 국가들 간의 조직들을 밀접하게 연결하는 네트워크를 구성했다. 이들의 관계는 역사 교과서와 역사 교육에 관한 국제적인 담론의 출현에 지대한 역할을 했다. 국가의 교육 정책과 활동 범위가 전문가의 의견과 선언문 및 정부 문서 등에 기초하여 제한적으로 남아 있었지만, 그 활동 범위는 초기 국가 간 시민 사회에 영속적인 영향을 주었다. 이는 특별히 학교 교과서와 교육에 관계되어 있다. 국제연맹이 교과서 개정을 처음 제안한 것은 소위 1925년의 카자레스 결의안(Casares Resolution-역주: 이 결의안을 제출한 스페인 대표 카자레스의 이름을 빌려 명명했다)으로 시작된다. 이 결의안의 국제적으로 표준화된 교육 방법과 교재를 마련하려는 초기의 계획이 폐기 되었음에도 국가의 교육과정 개정을 감독하는 역할을 방법을 모색하는 성과를 내었다.[9] 결과적으로 이 결의안은 거의 효과를 거두지 못했지만, 국제연맹은 1932년에 역사와 지리, 시민 도덕 교육과목의 각국 교과서 상황에 관한 중요한 보고서를 출간할 수 있었다.[10] 같은 해에 네덜란드의 헤이그(Hague)에서 열린 역사교육 관련 국제학술대회에서도 각국의 여러 단체들이 독자적으로 추진하던 역사교육과정의 개

---

9) Kolasa, Jan, *International Intellectual Cooperation (The League Experience and the Beginnings of UNESCO)* (Wroclaw: Zakład Narodowy im. Ossolińskich, 1962): 68 f.

10) *School Text-Book Revision and International Understanding* (Paris: International Institute of Intellectual Cooperation, 1933).

정을 놓고 다양한 논의를 진행했다.[11] 하지만 이 회의에서 다시금 확인된 것은 각국의 교육과정에 기반한 개정을 원하는 역사학자들과 역사교사들은 언제나 국제적으로 유효한 문화사 교과서를 지지하는 평화주의자들 집단보다 우세하다는 사실이다.

1930년대에 카자레스 결의안과 그 이외의 다양한 계획에 의해 거둔 대단찮은 성공은 학교 교과서 개정의 가장 중요한 딜레마를 드러냈다. 그 딜레마는 국제연맹이 어떤 구속력 있는 규칙을 도입할 수 없고, 특별한 법적인 정당성 없는 국제연맹의 모든 노력은 결국 제한된 성공을 기대할 수밖에 없었다는 사실이다. 이런 어려움에도 불구하고 역사교육에 관한 국제적인 선언은 1937년에 채택되었다. 이 선언에서 교과서와 공공지침(가이드라인)을 이행하기 위해 설립된 민족교사위원회가 교과서에 다른 국가의 역사에 대한 서술에 가능한 많은 분량을 할애하고, 다른 나라에 대한 부당한 편견을 자제할 것을 요구한다. 1939년에 15개국이 이 선언에 서명했다.

하지만, 교과서 개정분야에서 국제연맹이 다양한 활동을 조직하는 데 한계가 있다는 사실이 명백하게 드러났다. 이미 국제연맹과 비정부기구(NGO, Non-Governmental Organization)와 같은 조직의 협업은 존재했지만, 그 속에서 교과서 개정에 관련한 내용과 목표의 수정과 같은 직접적인 조정은 거의 이루어지지 않았다. 교과서 개정 작업은 국가의 가치와 학술적인 다양성의 보존과 교사와 학자, 초·중등학교 교사와 같이 다양한 이익집단간의 경쟁에 의해 지연되었다. 영국인(앵글로 색슨인)과 유럽인(유럽대륙)의 주도권 경쟁 또한 교과서 개정에 저해 요소였다. 민주주의의 정치 모델로서 교과서 개정과 평화 교육이 목표인 미국과 정치적 모델과는 상관없이 훨씬 더 확장된 범위의 전쟁 경험이 교과서 개정의

---

11) 참고 Conférence Internationale pour l'Enseignement de l'Histoire – Réunion préparatoire des 1er et 2 février 1932 (Paris: Presse Univ. de France, 1932).

동기인 유럽의 목표는 상호 대조적이다.

위에서 상술(上述)한 국제연맹의 활동의 제약으로 인해, 프랑스와 독일, 스칸디나비아 국가들(역주: 북유럽의 스웨덴, 노르웨이, 핀란드)은 1935년에[12] 교과서 개정을 위해 다양한 양자간 그리고 지역간 협정을 추진했다. 이 교과서 개정운동은 1930년도에 유럽에서 남미로 확산되었다. 1933년 몬테비데오(남미 우루과이의 수도)에서 열린 제7차 범미주 (Pan-American)회의에서 양자간 협정에 이어 교과서 개정에 관한 결의안이 채택되었다. 그리고 비록 이미 시행되고 있던 1937년의 협정이 전쟁의 발발을 막지는 못했으나 그 방안은 1945년 이후에도 계속되었다.[13]

제2차 세계대전 이후에 직접적이고 국제적인 개입으로 교과서를 개정하는 노력은 세 가지 방향에서 지속적으로 이루어졌다. (1)독일과 일본을 점령한 연합국의 재교육정책에 바탕한 개정과 (2)유럽에서 전쟁 이후에 전쟁을 한 당사국들 사이에서 화해를 위해 양방향적인 방향으로의 개정, 그리고 (3)유네스코(UNESCO)의 아젠다와 유럽평의회 안에서 진행된 개정이다. 전쟁 이후에 연합국의 조정위원회는 이미 교과서 개정을 다음 세대 독일 젊은이들에게 진행할 이념적 재교육을 위한 중요한 도구로 생각했다. 하지만, 냉전이 시작되면서 독일 교육과정과 교과서 개정을 담당한 연합군 조정위원회의 미국과 소련의 교육담당 대표자들의 사이에서 이견으로 인한 논란으로 어려움을 겪게 된다.[14] 소련 점령군은 독일

---

12) On the role of school textbooks in shaping France and Germany's image of each other following 1918, 참고 Rainer Bendick, "Die Schulbücher der Feinde. Wahrnehmung und Wirkung in Deutschland und Frankreich vor und nach 1918," *Internationale Schulbuchforschung* 22, no. 3 (2000): 301~314.

13) Falk Pingel, *UNESCO Guidebook on Textbook Research and Textbook Revision* (2nd revised and updated edition) (Paris: Unesco; Braunschweig: Georg-Eckert-Institut, 2010); Fuchs, *Internationale Schulbuch- und Curriculumrevision.*

14) Gregory Wegner, "Germany's Past Contested: The Soviet-American Conflict in Berlin over History Curriculum Reform, 1945~48," *History of Education Quarterly*

역사를 마르크스적인 관점에서 해석하는 역사교육을 주장하는 반면, 서구 열강들은 독일역사의 민주주의와 자유주의 전통에 대한 지식을 민주교육의 일부로 간주하여 포괄하는 사회과(Social Studies) 과정에 역사 수업에 통합하는 것을 제창했다. 교과서와 학제의 문제는 학교구조의 근본적인 개혁에 관한 1947/48년 논쟁에서 제외되었다. 베를린에 모두 4개의 구획에서 표준화된 역사 교과서의 출판 관련 제안은 실현되지 않았고 1947년 말에 나뉘어진 교과서가 동서독의 서로 다른 점령지역에서만 출간되기 시작했다. 베를린 봉쇄는 동서독의 공동교과서에 대한 공통적 열망에 종지부를 찍게 했고, 적절한 교과서와 교육 과정의 분리는 마침내 두 개의 독일 정부의 성립과 함께 마침내 시행되었다. 역사교육과 교과서의 개정을 위한 소련의 지침이 동독(GDR, German Democratic Republic)에서 채택되는 동안 서구열강에 의한 서쪽 점령지역의 교육개혁의 계획은 단지 부분적으로만 실현되었다.

1945년부터 1952년 동안 점령된 일본에서도 역사 교과서의 개정은 일본 초·중등학교 교육에서 비무장주의와 민주주의를 보급하기 위한 목적으로 시작되었다. 특별히 이는 교육부의 교과서 분과의 관할 하에서 극단적인 민족주의적인 관점에서 서술된 1945년까지 출판된 역사 교과서를 교체하는 문제로 귀결되었다. 연합군 최고사령부의 민간정보 교육부는 교과서개정에 관해서 일본 교육 당국자들뿐 아니라 학자들과도 긴밀하게 함께 작업을 했고, 1946년에 초안의 준비를 마쳤다. 1년 후 새로운 학교제도와 교육과정이 설립되었고 교과서와 교육과정의 문제는 분권화되었다. 하지만, 이후 1948년 냉전의 맥락에서 연합군의 점령 정책의 변화는 학교 개혁의 폐기와 전통적인 구조의 재도입이라는 형태로 나타났다. 새로운 반군국주의적이며 탈민족주의적인 교과서는 보수적인 단체의 거센 비판을 받았다. 특별히 최근의 일본에서 볼 수 있는, 민족주의

---

30 (1995): 1~16, here: 8 ff.

적 해석으로 기울어진 교과서로의 점진적인 변화는 중국이나 한국과 같은 국가들로부터 계속적인 비판을 받는다.15)

한편, 서독에서 직접적이며 국제적인 관점에서의 교과서 개정은 다자적인 수준에서 보다 독일과 프랑스 혹은 독일과 폴란드와 같이 양자(bilateral)적인 수준에서 진행되는 경향이 있었다. 1950년대 초기에 교과서 내용은 서독(FRG, Federal Republic of Germany)과 다양한 다른 국가들 사이에서 조정되기 시작했다. 1949년과 1957년 동안에 수없는 학술대회가 영국과 독일의 역사학자들 간에 개최되었고 1952년 이후에 독일과 프랑스 역사 교사들은 격년으로 정기적인 모임을 가졌다. 이들 회의에서 역사 교과서는 집중적인 논의의 대상이 되었고, 프랑스와 독일 사이에 체결한 1954년 문화협정의 13번 조항에서 명백하게 언급되기까지 했다.16) 독일-프랑스 교과서위원회의 설립은 역사해석에 관한 어떤 다른 의견의 논의를 위한 효과적인 수단임을 입증했고, 이는 2006년 프랑스와 독일이 첫 번째 공동 역사책을 간행하는 성과를 내었다.17) 이 위원회는 결과적으로 교과서 개정의 문제에 관해서 독일과 유럽 내외에서 좋은 모델이 되었다. 이런 양자간 협력과 다자간 협력에 관한 교과서 논의는 여전히 교과서 개정의 논쟁을 중재하고 해결할 수 있는 가장 좋은 수단으로 여겨진다.

이런 양자 간 회담을 통한 교과서 개정문제의 진흥 이외에도 유네스코(United Nations Educational, Scientific and Cultural Organization,

15) Yoko Thakur, "History Textbook Reform in Allied Occupied Japan, 1945~52," *History of Education Quarterly* 35 (1995): 261~278.

16) Otto-Ernst Schüddekopf, *Zwanzig Jahre Westeuropäischer Schulgeschichtsbuchrevision 1945~1965. Tatsachen und Probleme* (Braunschweig: Limbach, 1966): 18 f., 25 ff., 56 ff.

17) Vol 3: *Histoire/‐EuropaunddieWeltseit1945*(Leipzig: Ernst Klett, 2006); Vol. 2: *Histoire/‐EuropaunddieWeltvomWienerKongressbis1945* (Leipzig: Ernst Klett, 2008). Vol. 1: *Histoire/‐EuropaunddieWeltvonderAntikebis1815*(Leipzig: Ernst Klett, 2011).

UNESCO)와 유럽평의회는 국제화의 진흥과 촉진에 직접적으로 개입하는 국제적인 행위자로 성장했다. 1946년에 첫번째 총회에서 교과서와 다른 교재의 개정에 관한 유네스코는 9가지 프로그램을 승인했다. 삼 년후에는 관련 국제 협약에 대한 표준 계약을 담은 "국가 간 이해 증진과 교과서 및 보조교재 개선을 위한 안내서(Handbook for the Improvement of Textbooks and Teaching Materials)"를 출간했다. 유네스코(UNESCO)는 교과서와 역사 교과서의 내용에 관한 정기모임과 세미나를 개최했는데 유럽중심의 역사관을 시정하는 것에 초점이 있었고, 이에 따른 모본 학제를 승인했다.[18] 1957년 유네스코는 세계의 고등학교와 대학과정의 학생들이 사용할 수 있는 12권이 넘는 분량으로 구성된 "인류의 문화와 과학적 발전의 역사 (A History of the Cultural and Scientific Development of Mankind)"의 출판을 시작했다. 이런 방식으로 국제적 역사 교과서의 방안이 되살아났고 교과서의 국가 지향성이 세계적인 접근방식으로 대체되었다. 이러한 계획은 비록 교과서의 초점이 유럽보다는 아랍세계에 맞추어져 있지만, 오늘날에도 계속되고 있다.

유네스코의 활동은 유럽평의회의 유사한 노력과 일치했다. 유럽 통합의 과정은 유럽과 그 교과서와 교훈의 대표성이라는 대륙에 대한 논의를 이끌었다. 유럽 평의회(Council of Europe)는 1953년부터 1983년 동안 역사 교과서들과 역사 교육에 관한 학회를 총 12회 개최했다.[19] 이 교과서 개정 회의의 한가지 중요한 성과는 1964년에 모든 유럽의 사람들이 사

---

18) Faure, Romain, *Netzwerke der Kulturdiplomatie: Die internationale Schulbuchrevision in Europa 1919~1989* (Berlin: de Gruyter, 2015).

19) 참고. *Against Bias and Prejudice: The Council of Europe's Work on History Teaching and History Textbooks. Recommendations on History Teaching and History Textbooks Adopted at Council of Europe Conferences and Symposia 1953~1983* (Strasbourg: Council for Cultural Co-operation, 1986); Maitland Stobart, "Fifty Years of European Co-operation on History Textbooks: The Role and Contribution of the Council of Europe," *Internationale Schulbuchforschung* 21 (1999): 147~161.

용할 수 있는 역사적인 개념의 용어를 확립하려는 시도였다(기본적 용어,
1964). 1969년에 브라운 슈바이크(Braunschweig, 독일 중부의 도시)와
1971년에 스트라스 부르(Strasbourg, 프랑스 북동부에 있는 도시)에서의
모임에서 유럽의 역사는 세계적인 관점에서 보아야 한다는 목표로 유럽
사와 세계사를 학제과정에 포함시키는 것을 권고했다.[20] 또한 1992년 유
럽평의회는 유럽의 교과서 통합을 촉구했다. 하지만, 유럽평의회와 유럽
의 교육부장관들 모두는 일선 학교에서 교육하는 유럽역사의 표준화라
는 발상을 거부했다. 이와 관련된 몇몇의 시도는 결국 모두 동일한 방향
으로 이루어졌다. 예컨대, 첫번째 공통의 유럽의 역사는 12명의 유럽의
역사가들에 의해 공동으로 작성되었고, 1992년에 출간되었다. 이런 방식
으로 규격화되어 엮인 역사 교과서는 1997년 크리스찬산(Kristiansand,
노르웨이 남부도시)에서 열린 유럽 교육장관 회의[21]에서는 채택되지 않
았으나 현재 이에 대한 논쟁이 거듭되고 있다. 이 문제가 다시 대중의
관심을 받게 되는 계기가 마련되었다. 하지만 학계에서는 정치적으로 진
행된 계획을 회의적으로 받아들였다. 유럽의 개념은 다양한 기억의 파편
들에 의해 형성되기 때문에 단일화된 역사적 담론의 형성을 거부할 것이
고, 이는 여러 유럽국가에서 학습의 문화와 교훈적 원칙 사이에 깊은 차
이를 나타내기 때문이다. 그래서 유럽의 개념에 대한 질문은 초국가적인
역사적인 지배 담론의 구성에 대한 질문이 아니라 자라나는 학생들이 역
사를 통해 기억의 부요함을 가진 유럽과 이웃 나라에 대한 이해를 통해
사고의 틀을 확장하기 위한 것이다.

이에 대한 간략한 역사적인 개요는 1920년도의 국제적인 이해와 유
네스코의 맥락에서 제2차 세계대전 이후, 유럽통합의 과정에서 유럽의

---

20) *Against Bias*, 1986, 7 and 36.
21) Delouche, Frédéric, *Europäisches Geschichtsbuch* (Stuttgart: Ernst Klett, 1992);
  Stobart 1999, 151.

의식, 마지막으로 최근 세계화에 대한 대응으로 세계사에 대한 것으로 교과서 개정에 대한 국제적인 논란은 사회 현상에 대한 대응이라는 사실이 명확해졌다. 유럽연합이 속한 지역에서는 적어도 수 십년 간의 교과서 개정작업을 통해 역사 교과서에서 상당부분 민족주의적 시각을 넘어서서 유럽적 관점의 통합이 증대되는 결과를 얻었다고 할 수 있다. 이는 국제적으로 구성된 위원회의 합의와 권고의 결과 (양자 간 조약을 금지하는)이다. 결과적으로 선언을 뛰어넘어 실행에 옮기는 효과적인 개정은 국제 연맹이든 유럽연합이건 간에 정부와 국제적인 기관에 의해 실현된다고 할 수 있다.

2. 과제

교과서 개정과 역사의 화해와 관련해 상술(上述)한 모든 활동에도 해결되지 않은 두 가지 과제를 유럽의 맥락에서 간략하게 정리하려고 한다. 첫 번째, 역사화해와 관련해서 유럽 연합 내에서 일어나는 일은 유럽 전체에 적용할 수 없다는 사실이다. 예컨대, 1990년대 이후에 유럽의 남동지방(SEE, 남동유럽)과 같은 혼란 상태에 있는 지역의 경우는 예외가 될 수 있다. 구(舊)유고슬라비아의 정치적 해체에 따라 남동유럽의 국가들은 어려운 갈등에 시달리며 종종 폭력적인 정치적인 과도기를 경험했다. (외부의) 개입은 전쟁과 폭력을 종식과 이 지역의 국가의 정치, 경제, 사회적 재건에 상당히 중요했다. 교육은 과다한 주체들이 각기 다른 영역에서 다양한 접근방법으로 갈등에 시달리거나 전후 사회들의 내부와 사이에서 평화 정착과 사회적 결속을 촉진하는 것을 추구하는 외부의 개입의 영역들 중 하나였다. 역사교육의 분야에서의 통합이라는 계획은 지난 20여년 동안 추진된 교육개혁 중의 가장 어려운 영역이었다는 것이 명확해졌다. 남동유럽에서는 민감하고, 논란이 되며 정치화된 과거가 보통 상호이해와 평화적 공존을 촉진과 분리와 긴장을 극복의 과제이자 열쇠로 여겨지기도 한다. 하지만, 1995년의 발칸전쟁이 종결되고 20년이 지난 이후에 남동유럽의 화해과정은 성공적으로 진행되지 못했다고 할 수밖에 없다.

두 번째 과제는 유럽의 통합 교과서가 유럽연합(EU)을 이외의 지역에서도 지역의 정체성과 역사화해를 도울 수 있을 것인가 하는 것이다. 이러한 문제는 역사학자나 교육학자들을 포함한 일반 대중의 동의와 거센 비난에 직면한다. 이런 회의론에는 다음과 같은 몇 가지 이유가 있다.

첫 번째, 유럽의 기억의 파편들과 유럽의 이미지의 다양성 모두 일반적으로 유효한 역사적 담론과 본질적으로 양립할 수 없다는 것이다. 국가수준에서 유럽통합의 진전은 유럽에 널리 퍼진 회의주의와 급증하는 반통합 과정과 대조(對照)를 이룬다. 유럽은 기억의 부요함과 직면했다. 거기에는 과거의 동맹이나 상대편(敵), 가해자나 희생자가 있다. 하지만 어느 그룹에 누가 속했는지 판단하기는 언제나 쉽지 않다. 현재 유럽역사에는 유럽의 국가들 숫자만큼이나 다양한 해석이 있다. 이 때문에 역사의 정렬된 이미지와 단일적으로 공유된 역사문화의 출현을 규제하는 것은 불가능하고 실로 바람직하지 않은 것처럼 보인다. 역사적 현상의 다른 해석, 다양한 정치적 이해관계, 그리고 적어도 경제적인 사안은 위로부터의 하향식 구조의 체계의 방식을 가로 막고 있고, 기존의 양자 혹은 다자간 교과서 활동의 경험에 관해 유럽 공동 교과서로 발전시키기 위한 목적도 유럽의 교과서 위원회를 구성이라는 실현 가능한 형태로 나타나지 않았다.

두 번째, 유럽 국가들의 학습문화와 교과서가 따라야 하는 교육적인 원칙에는 극적인 차이점이 있다.[22] 교실에서 교재로 역사를 전달하기 위한 학습 문화와 특별히 정책들은 유럽 안에서도 여전히 현저한 차이가 있다. 비교적 많은 공통의 영역을 가진 프랑스와 독일과 같은 두 나라조차 '순전하게' 양국의 역사 교과서에 관한 작업이 어려운 사실은 역사 교과서의 개정에서 공동의 접근법을 찾는 일이 얼마나 어려운 것인가를 보여준다.[23] 만일 유럽전체로 확대해서 본다면 그 간극은 더욱 넓어진다. 스칸디나비아나 독일과 같은 일부 국가에서는 교훈적인 정책들은 역사, 논란, 다양한 관점에 개방적인 관점과 그에 따른 자료의 성격을 지향했다. 하지만, 터키나 그리스와 같은 많은 동유럽에 다른 국가들은 논쟁적인 독서나 학생들이 자기 자신의 해석의 개발을 거의 허용하지 않는, 더 일반적으로 유효한 구술과 사실을 지향하는 교재를 선호했다. 특별히 상반되는 내러티브 내용(공식적인 내용이 아니라고 해도)의 차이에 균형을 잡고 공동의 역사 교과서의 무게를 견인할 수 있는 교훈적인 공통분모를 찾는 일은 아주 어렵고 현재도 거의 불가능하다고 할 수 있다.

세 번째, 교과서 수용의 배경과 민족 정체성의 구성과정, 젊은이들의 역사의식의 발전을 고려할 때 여전히 대답할 수 없는 수 많은 질문들이 있다. 교과서에서 유럽은 수 없이 많은 연구의 주제이자 과학적 해석의 대상이 되고, 이는 유럽 구성원들이 유럽을 인식하는 주요한 기재가 교과서라는 사실을 상정하는 것에 근간을 두고 있다.[24] 하지만, 지금까지

---

22) Elisabeth Erdmann /Robert Maier/Susanne Popp (eds.), Geschichtsunterricht international. Studien zur Internationalen Schulbuchforschung [Schriftenreihe des Georg-Eckert-Instituts] (Hanover 2006).

23) Joachim Rohlfes, Doppelte Perspektiven. Ein deutsch-französisches Geschichtsbuch, in: Geschichte in Wissenschaft und Unterricht 58:1 (2007), 53~57 Reiner Marcowitz/ Ulrich Pfeil, Europäische Geschichte à la franco- allemande? Das Geschichtsbuch in der Analyse - eine Einleitung, in: Dokumente. Zeitschrift für den deutsch-französischen Dialog 62:5 (2006), 53~56.

24) 참고 Falk Pingel (ed.), Macht Europa Schule? Die Darstellung Europas in Schulbüchern der Europäischen Gemeinschaft (Frankfurt am Main 1995); Joachim Rohlfes, Europa im Geschichtsunterricht, in: GWU 54 (2003), 245~259.

교과서를 통해 학교에서 학생들에게 가르치기를 원하는 방향의 내용과 개념이 학습자인 젊은이들에게 어떻게 수용되고 학습 혹은 거부되는가에 관한 신뢰할 만한 조사 자료가 없다. 교과서에서 접한 지식은 종종 다양한 다른 기재와 참여자들에 의해 왜곡되거나 강화되고 변환되거나 평범하게 된다. 역사적 지향성이나 초국가 정체성의 개념에 관해 미래의 교과서 연구에서 다루어야만 하는 질문은 "어떻게 교과서와 다른 교육 매체가 상호작용할 수 있는가 하는 것이다."[25] 이는 단일한 담론뿐 아니라 다수의 담론, 학습 문화의 상이성과 공통성, 실제 교실에서 교과서의 내용과 수용의 세 가지 점을 고려해서 교육과 학습, 유럽에 대한 이해가 유럽인의 정체성을 고취하는 방식으로 이루어지고, 정치, 경제, 문화적인 지역의 인식을 형성하는 것이 어떻게 우리가 유럽 역사의 다양한 담론들과 유럽의 기억문화의 다양성을 제공할 수 있는 기회를 제공하는지에 관한 물음에 기반을 둔다. 이러한 물음을 해결하는 데 필수적 요건은 다음과 같다.

(1) 목적론적이고 논쟁적이거나 유럽의 긍정적인 이미지를 함의하고 있지 않으며 유럽중심의 발전이라는 인식체계(paradigm)에 걸맞지 않은 내용도 수용할 것
(2) 유럽이 공유하는 현재의 인식은 협의와 번역이라는 복잡한 과정의 결과물이며, 이는 역사뿐 아니라 현재의 상호인식에 대한 모순점을 수용하고, 상대편의 입장도 포용하는 다양성에서 시작된다는 것을 인식할 것
(3) 역사는 언제나 해석과 구성의 문제이기 때문에 유럽의 역사가 유럽뿐 아니라 세계에서 공통적으로 유효한 개념이 된다는 것은 완전히 불가능한 일임을 기억할 것

---

25) 참고 Magne Angvik/Bodo von Borries (eds.), Youth and History. A Comparative European Survey on Historical Consciousness and Political Attitudes among Adolescents (Hamburg 1997).

(4) 역사적 판단과 역사적 사건의 경중에 따른 이해는 수세기 동안
의 역사적 변화를 고려하여 국가간, 지역간의 상호연결과 소통
의 구조, 역사적 관계, 통합과정을 면밀하게 조사할 것

교과서 집필자들과 교사, 교육정책 관련 종사자들이 직면한 무거운
과제는 초국가적인 역사적 지배담론을 구성하게 하는 것이 아니다. 오히
려 그들은 유럽 안에 기억의 다양성에 대해 민감하게 반응하는가 하는
부분과 왜 동일한 사건을 상이하게 평가하고, 다른 역사적 체제의 해석
으로 분류되는지를 학생들이 재발견하게 하는 과업을 가진다. 만일 배움
에 열린 마음을 가지고 상이한 역사적인 해석을 적절한 지점에서 가까운
그리고 더 먼 이웃의 해석들을 이해하기를 배울 때만이 공유된 가치와
지향의 원리를 발견하고 선별하는 것이 가능하게 한다.

에필로그: 동아시아의 예

유럽지역은 2차 세계대전에 의해 파괴되고 냉전기 동안 분열되었던
대륙을 세계에서 가장 효과적이고 활동적인 지역사회로 스스로를 변화
시키는 데 성공했다. 비록 유럽은 지역 개발을 강화하는 과정에서 여러
도전들에 직면했고, 그 도전을 해결하는 과정에서 진일보한 지역발전을
강화를 위한 협력의 정치 구조를 만들었다.

대조적으로 동아시아는 평화와 안보의 심각한 위기에 놓여있다. 동북
아시아는 중요한 단층선인 분단된 한반도를 중심으로 북한의 핵 보유능
력에 대한 질문과 최근 남북간에 긴장이 고조시켰고, 냉전 라인을 따라
나뉘어진 채로 여전히 남아있다. 양안간 문제(cross-straits issue)는 또한
중요한 구조적인 문제이다. 이러한 특별한 문제들 근간에 있는 일본 제
국주의 시대와 2차 세계대전 이후의 진정한 화해 결여의 결과는 지역에
서 관계의 일반적인 마비(무력감)을 가져왔다. 역사적 인식의 문제와 씨

름하는 데 동아시아 지역의 실패는 일본의 역할이 특별히 문제가 되는 것과 동시에 일반 대중을 포함한 모든 수준에서의 대화에 걸림돌이 되고 있다.

이는 지난 20여년 동안 동아시아에서 발생한 교과서 개정과 역사 인식에 관한 다양한 양자간(bilateral) 그리고 삼자간(trilateral)의 활동을 간략하게나마 설명하기 위한 것은 아니다. 오히려 유럽의 예에서 보는 것처럼 지역 개발과 정체성 확립이 동아시아에도 화해의 장기적인 과정에 근간이 된다는 것을 보여주기 위함이다. 지역 공동의 비전은 역사 인식에 의해 확인되고 지역 간 다중 이해관계자의 협력이 지원되는 공동의 목표에 토대를 두고 있다. 고조되는 정치적 긴장을 저해하기 위해 동아시아 지역의 중요하고 긴급한 필요는 적어도 대화와 신뢰의 구축을 위한 기제를 발전시키는 것이다. 이 지역은 한반도가 나뉘어져 있는 것과 함께 세계에서 가장 위험한 화약고들이 모여있는 지역 중 하나로 남아 있다. 또한 풀리지 않는 영토분쟁을 포함한 여러 잠재적인 갈등의 요인들은 여전히 남아있다. 역사적인 인식의 문제를 다루기 위해 동북아와 유럽연합에 존재하는 기재들을 기반하거나 연결해서 유럽의 경험을 바탕으로 사람들은 독립적인 교육자와 교육부, 언론, 비정부기구 등으로 구성된 여러 관계자들의 모임의 결성을 구상할 수 있다. 그러한 전문가위원회는 양자 간 그리고 혹은 저명한 원로모임(EPG)의 단계에서 화해를 조성하기 위한 구조를 형성하는 데 도움을 줄 수 있다. 타 지역의 성공적인 경험과 배울 수 있는 교훈에 관해 아시아와 유럽은 서로 정보를 나누며, 이를 바탕으로 유럽연합과 동아시아 관계자들은 역사적 인식과 화해의 논의에 가능한 방안을 탐구해야 한다. 그래서 동아시아 화해의 향후 발전을 위한 과정을 위해 먼저 삼자 역사포럼(Trilateral History Forum)과 같은 이미 존재하는 협력의 방식과 상호간 정보 교환을 계속적으로 강화해야 한다. 둘째로, 양자 간 역사 위원회의 설립을 촉진이다. 셋째는 지역에서 저명한 원로 모임의 설립이다.

국제학교 교과서 개정은 그 중요성을 잃지 않았다. 실로 세계의 많은 지역에서는 추모의 민족문화의 일부로 여겨 다양한 해석을 허용하는 방식으로 과거 사실을 드러내는 것이 역사의 해석의 갈등을 완화시키는 효과적인 방법으로 생각한다. 증가하는 정당의 숫자와 다양성과 역사적인 "사이버문화"의 출현[26]은 기억과 정체성에 관련된 논쟁을 진행하는 방식에 변화를 가지고 올 것이다. 그러나, 궁극적으로 현재와 미래에 교과서 개정의 문제는 집단기억이 국내와 국제적인 합의에 도달하도록 어떻게 구성할 수 있는가라는 질문에 달려있다.

---

26) Liakos, 2008/09, 68.

Textbook Revision: Experiences and Challenges

Eckhardt Fuchs(Georg Eckert Institute for International Textbook Research)

School textbooks are central media of construction for national and cultural identities. They transport official normative structures into all areas of society and, through their adherence to state curricula, reflect the symbolic values and ideas with which societies attempt to inspire social cohesion, to convey cultural traditions, and to establish political legitimacy. Textbooks are, therefore, always a political issue that can both trigger or become the subject of deep ethnic, political, cultural or religious conflicts or social crises and yet also significantly contribute to preventing or overcoming such situations. In the last three decades the role of school textbooks and teaching materials has achieved a new status with the challenge of globalization and the associated new electronic means of communication and worldwide migration. The existence of new civil wars and violent intrasocietal conflicts, the attempts to construct supranational identities, and the reality of multinational and multi-ethnic classrooms all pose new challenges for school textbook revision with regard to the increasing complexity of textbook revision and the diversity both of its objectives and of the people involved. This does not, however render international textbook revision obsolete. But the replacement of constricted identities with comprehensive identities calls for pragmatism, not idealism.

In my presentation I will outline some of the major activities of textbook revision from a historical perspective focusing on Europe. Since the beginning of the 20th century, numerous organizations and activities with the aim of international textbook revision have evolved and are still evolving. These activities have always acknowledged the central role played by textbooks and teaching materials in peace education and work towards international understanding. The main actors have been multilateral organizations (e.g. League of Nations, UNESCO, European Council) and bilateral or - in the East Asian case - trilateral committees on the governmental and/or civil society level.

In the second part of my presentation I will sketch a few challenges the idea of a shared European memory and identity face. In the short Epilogue I will suggest some recommendation for future textbook revision from an East Asian regional perspective.

1. Experiences

The words "textbook revision" immediately conjure up certain images. We generally think of conflicts surrounding the contents of textbooks, conflicts which are debated in public and mostly have an international dimension. It usually relates to books on history, geography and social studies, occasionally also religion or biology. Textbook revision generally refers to those activities aimed at correcting false or distorted interpretations in school textbooks. Two further aspects are involved here; that of improving the quality of teaching with revised textbooks, and of conveying universal norms in addition to knowledge of the subject. History and social studies teaching can thus make an important contribution to peace and human rights education.

The history and current practice of textbook revision would suggest that we distinguish between the following two levels.

First, there are a large number of textbook conflicts resulting from what are known as "history wars." These conflicts take place within a society at the national level. They are essentially differences of opinion about the development of national traditions, the maintenance of legitimation and the construction of identity. History wars are not about facts but about the meaning of historical phenomena. Debates of this kind are typically not confined to their specialist field. They meet with broad public resonance and are often the subject of vehement debate. An early example of this is the USA, where the first controversies surrounding the introduction of national curricula and standards for history teaching broke out in 1994. These new standards constituted a break with the traditional master narrative of American national history, a break that was academically legitimized and addressed the demands of cultural emancipation movements. They were immediately attacked by neo-conservative critics, who called for the standards to "be flushed down the sewer of multiculturalism." The past decade has seen an increase globally in this kind of public controversy about the interpretation of historical events, frequently raising the question as to which of them should be included in history books. Generally speaking, we can say that these debates are prompted by an increasing dissociation of history from the nation. On the one hand, we have the experience of a globalized world and the fact that the "unheard voices" of socially, religiously or ethnically disadvantaged groups are increasingly demanding that their history be acknowledged and taken into account. These factors are causing national narratives to be questioned and national history to be contextualized or even abandoned entirely. The challenges of multi-ethnic classrooms, as well as attempts to construct supranational identities (whether European or East Asian), highlight the limits of purely national narratives. And in many countries (particularly Western Europe, China and Japan) the debate about a new perspective on national history, one anchored in world history, reflects a trend toward an expansion of the canon of national history to replace its traditional basic national narrative with a European or global perspective. On the other hand, there is an undeniable neo-conservative trend that seeks to maintain traditional national history and dictate how identity is to be constructed in order to preserve specific national values. This is related to the attempt of national governments, and even the EU, to have certain interpretations of history prescribed by law. One example of this is the law passed in February 2005 by the National Assembly in Paris requiring that French colonialism be portrayed positively in schoolbooks. We might also recall the ban imposed by the Turkish government on describing the Armenian genocide as such.

The second level, and this is the level from which school textbook revision originates, is that of international relations – controversies pertaining not only to intrasocietal or national issues, but concerning two or more states. Two aspects are involved here. First, attempts to construct supranational identities – in Europe as well as in Asia. In Europe, this question is at the core of the current debate: Does the further progress of European integration depend on the emergence or even intentionally encouraged construction of a common European identity firmly embedded in a consensual concept of European history and memory? And if so, would a common European history textbook be the right medium in which to allow such an identity to evolve? Up until now, within the European debate, one can observe a ritualized antagonism between two opposing camps. Those who would answer both questions positively point to current challenges posed by the strengthening of supranational institutions opting for a strategy aiming at the invention of a European identity, a strategy involving a common European history textbook. Sceptics respond with concern. They warn of the temptation to impose from above an artificially homogenized image of Europe, arguing that the only European history textbook that has been produced up until now confirms precisely these fears. Based on a notion of Europe which stresses Western Latin Christianity and the Enlightenment as essential elements of an allegedly unifying common inheritance, it clearly falls into the hegemonic trap. Moreover, it implicitly excludes all those societies from a Europe defined in these essentialist and Western-dominated terms which do not share in that heritage. Such debates have not yet begun in Asia; however, attempts to create common history textbooks, such as between Japan, Korea and China, have led to similar questions. Can the political process of closer cooperation among Asian countries be promoted by a regional (Asian) identity consisting of a certain set of common traditions and values? And in what way can the European debate serve as a point of reference in both a positive as well as a negative manner?

The second aspect concerns the most fundamental objective of international textbook revision. This is to free textbooks of nationalistic and one-sided interpretations and, particularly in conflict and post-conflict societies, to promote reconciliation and peace. While the bilateral German-French and German-Polish school textbook commissions are generally regarded as models of successful international textbook revision, the history of textbook revision is much less well known. And yet reforms in school teaching and textbooks have been discussed in the context of transnational education networks since the end of the nineteenth century, and they have been an integral part of the emerging system of multilateral education since the end of World War I. In the period between the two world wars, the textbook revision committees of the League of Nations formed a close network with a large number of newly established transnational organizations working in the field of education. These relationships played a large part in the emergence of an international discourse on history books and history teaching. While there was little direct influence on national education policies and scope for action remained limited to indirect governance on the basis of factors such as expert opinions, declarations and documentation, this early transnational civil society produced lasting effects.

This has particularly been the case with school textbooks and teaching. The League of Nations responded to the initial suggestions for textbook revision with the adoption in 1925 of the so-called "Casares Resolution."

This abandoned the original idea of internationally standardized teaching methods and materials, but provided for an international mechanism to supervise national curriculum revisions. However, the resolution had little effect, and in 1932 the League of Nations published a critical report on the state of school textbooks in the subjects history, geography, and civic and moral education. The International Conference on History Teaching in The Hague that year sought to discuss the many different initiatives for the revision of history teaching that were being pursued independently by numerous transnational organizations. The historians and history teachers calling for a revision based on the respective national curricula clearly prevailed here over the largely pacifist parties advocating an internationally binding cultural history textbook.

The modest success achieved by this as well as diverse other initiatives in the 1930s revealed the dilemma at the heart of school textbook revision; the League of Nations was unable to impose any binding conditions, but all efforts without a certain legitimacy conferred by the League of Nations could only expect very limited success.

Despite the difficulties involved, an international declaration on history teaching was adopted in 1937. This document called for textbooks to devote as much space as possible to the history of other nations and to prevent unjustified prejudices against other countries, and for national teachers' committees to be established in order to implement these guidelines. By 1939 it had been signed by fifteen countries.

Overall, however, the League of Nations proved to have only limited ability to coordinate the many and varied activities in the field of textbook revision. While there existed network-like relationships between the League

408 _ 한일수교 50년, 상호 이해와 협력을 위한 역사적 재검토 1

of Nations and non-governmental organizations, there was seldom any direct coordination of content and objectives. Work was hampered by reservations from national and academic perspectives, and by competition between various interest groups – for instance between teachers and academics, or between elementary and secondary school teachers. The discrepancy between the Anglo-Saxon and the European initiatives also proved a hindrance. The Americans' goal of combining textbook revision and peace education with the political model of democracy ran contrary to the aims of European organizations, whose motivation for textbook revision was derived to a much greater extent from wartime experiences and had little to do with political models.

For all these problems, the activities of the League of Nations formed the point of departure for numerous bilateral and regional agreements on school textbook revision, for instance between France and Germany in 1935 and in Scandinavia. The revision movement spread to South America in the 1930s. In 1933 the seventh Pan-American Congress in Montevideo adopted a resolution on textbook revision, which was followed by a large number of bilateral agreements. And although the outbreak of war prevented the 1937 agreement from being implemented, the ideas it expressed were taken up again after 1945.

Following World War II, efforts to revise school textbooks with direct international intervention were resumed on three levels: in the context of the re-education policy of the occupying powers in Germany and in Japan; at a bilateral level in particular between the formerly warring nations in Europe; and within the agenda of UNESCO and the Council of Europe. Not long after the war ended, the Allied Control Commission was already considering the revision of history books as a key tool for the ideological re-education of the young generation of Germans. With the outbreak of the Cold War, however, the establishment in Berlin of new history curricula and textbooks soon led to conflicts between the American and Soviet representatives of the Allied Control Commission's education commission. Instead of the Marxist view of history favored by the Soviet occupation forces, the Western powers advocated the incorporation of history lessons into the subject of social studies, where knowledge of the democratic and liberal tradition of German history was considered part of a comprehensive democratic education. Textbook and curriculum issues were marginalized by the 1947/48 debates on a fundamental reform of school structure. Suggestions concerning the publication of a standardized history book for all four sectors of Berlin were unable to be realized, and in late 1947 separate textbooks began to be published in the two occupied zones. The blockade of Berlin put an end to any common aspirations, and separate curricula with the appropriate textbooks were finally implemented with the foundation of the two German states. While Soviet guidelines for history teaching and textbooks were adopted as far as possible in the GDR, plans for educational reform in the Western occupied zones could only partially be realized.

History textbook revision in occupied Japan between 1945 and 1952 also pursued the objective of demilitarizing and democratizing Japanese primary and secondary school education. In particular, it was a matter of replacing the extremely nationalistic history books which had been produced until 1945 under the umbrella of the textbook division of the minister of education. The Civil Information and Education Section of the Supreme

Commander for the Allied Powers worked closely together with Japanese authorities and academics on the revised textbooks, and in spring 1946 initial drafts were ready for submission. One year later the new school system and curricula were established and textbook and curriculum matters decentralized. However, the shift in Allied occupation policy following 1948 in the context of the Cold War saw the school reform abandoned and a reintroduction of traditional structures. The new antimilitaristic and less nationalistic textbooks were heavily criticized by conservative groups. Their gradual replacement with textbooks leaning towards nationalistic interpretations, especially in Japan in recent years, continues to arouse international criticism from China and Korea in particular.

In West Germany, meanwhile, direct international influence tended to be exerted on a bilateral level. In the early 1950s, textbook content began to be coordinated between the Federal Republic of Germany and various other states. Between 1949 and 1957, a number of British-German conferences of historians were held, and from 1952 onwards German and French history teachers met regularly every two years. History books were the subject of intensive discussion at these meetings and were even mentioned explicitly in article 13 of the 1954 cultural agreement between France and Germany. The establishment of the Franco-German textbook commission proved an effective means of discussing and clearing up any differences of opinion concerning interpretations of history, a development which resulted in 2006 in the publication of the first volume of a joint Franco-German history book. The commission consequently spawned many imitators, between Germany and other states as well as within and without Europe. These bilateral and multilateral textbook discussions are still considered the best means of mediating and solving textbook conflicts.

Aside from facilitating these bilateral dialogues, UNESCO and the Council of Europe grew to be the international actors most directly involved in the promotion and acceleration of internationalization. At its very first session in 1946, UNESCO approved a nine-point program on the revision of textbooks and other teaching materials. Three years later it produced a *Handbook for the Improvement of Textbooks and Teaching Materials* containing a standard contract for relevant international agreements. UNESCO held regular meetings and seminars on textbook work and on the content of history books – the focus here was on redressing a eurocentric view of history – and approved sample curricula. In 1957 UNESCO began publication of a *History of the Cultural and Scientific Development of Mankind* comprising more than twenty volumes, for use by high school and college students around the world. In this way, then, the idea of an international history textbook was revived and the national orientation of textbooks replaced by a global approach. These initiatives continue today, although the main focus of textbook work is now the Arab world rather than Europe.

UNESCO's activities coincided with similar efforts on the part of the Council of Europe. The process of European unification led to discussions on the continent about the representation of Europe and its history in school textbooks and lessons. The Council of Europe held twelve conferences about history books and history teaching between 1953 and 1983 alone. Effectively continuing the work of the League of Nations, they examined almost 1000 textbooks from seventeen countries. One key outcome of the conferences on revising these textbooks was the attempt, in 1964, to establish a terminology for historical concepts that could be used by all Europeans (*Basic Terminology*, 1964). At the meetings in Braunschweig in 1969 and in Strasbourg in 1971, it was recommended that European and global history be included in the curriculum, with the objective that "the history of Europe should be viewed in a world perspective." And in 1992, the Council of Europe called for Europe to be incorporated into the textbooks. However, both the Council of Europe and the European ministers of education rejected the idea of a standardized version of European history to be taught in schools. Some attempts were made in this direction all the same. One example was the first *European History Book*, written by twelve European historians and published in 1992 – an endeavor, however, which was met with general criticism. The idea of a standardized and binding history book of this kind was rejected at the 1997 conference of European ministers of education in Kristiansand, but the current debate indicates that the matter has again become one of public interest. However, the project, instigated primarily at a political level, is encountering scepticism from the academic community. The fragmented multitude of conceptions of Europe would appear to defy any single binding historical narrative, and there exist profound differences between the cultures of learning and didactic principles in the various European countries. Therefore, it is argued, it is a question not of constructing a supranational, historical master narrative but of developing schoolchildren's awareness of the wealth of memories in Europe and the interpretative schemes of their neighbors.

This brief historical outline makes it clear that international debates on textbook revision were a response to social phenomena: international understanding in the 1920s and following World War II in the context of UNESCO, awareness of Europe in the process of European unification, and finally, in recent years, global history as a response to globalization. For the geographical region of the European Union at least, it can be said that the decades-long work on textbook revision has resulted in nationalistic views of history largely disappearing from the history books, and an increasing integration of European perspectives. This is the result (barring bilateral treaties) of agreements and recommendations by international committees. Consequently, effective revisions that go beyond declarations and translate into practice could only be realized by government and international authorities, whether the League of Nations or the EU.

2. Challenges

Despite all these activities regarding the revision of textbook and history reconciliation I would like to outline two challenges for the European context. First, what happened within the European Union with regard to history reconciliation cannot be applied to all Europe. To give you one example. Since the 1990s, South Eastern Europe (SEE) has been a region in turmoil. Following the political disintegration of former Yugoslavia, countries in SEE experienced difficult, conflict-ridden and often violent political transitions. (External) intervention became critical to the termination of wars and violence, and to the political, economic and social reconstruction of countries in the region. Education has been one of the many areas of external intervention through which a plethora of actors, working at different levels and with different approaches, have sought to promote peace building and social cohesion both within and between conflict-ridden and post-war societies. Initiatives in the field of history education have proven to be among the most challenging areas of educational reform that have been sponsored in the last two decades. In SEE, dealing with a sensitive, controversial and politicised past is often seen both as a challenge and a key to surmounting division and tension and to promoting mutual understanding and peaceful co-existence. After twenty years since the end of the Balkan War in 1995 one has to state that the reconciliation process in Southeastern Europe has not been successfully finished.

A second challenge is the question of whether there should be a common European history textbook that would foster regional identity and history reconciliation beyond the European Union. Such suggestion has met with wide public acceptance as well as with fierce criticism, particularly from historians and educationists. There are several reasons for this scepticism:

Firstly, there is the fragmentation of 'a' European memory and the diversity of the 'Euro-imagination', which are both inherently incompatible with a generally valid historical narrative. The progress made in European integration at state level stands in contrast with a widespread scepticism towards Europe and processes of increasing de-integration. Europe is confronted by a wealth of memories. There are former allies and enemies, perpetrators and victims, and it is not always easy to decide who belongs to which group. There are currently just as many interpretations of European history as there are European states. With this in mind, it seems impossible and indeed undesirable to regulate aligned images of history and the emergence of a single 'shared memory culture.' With regard to the experience of the existing bi- and multilateral textbook activities it would not appear feasible to arrange a European Textbook Commission aiming to develop a European Common Textbook either, since the different interpretations of historical phenomena, various political interests, and not least financial issues would probably stand in the way of a top-down structural framework.

Secondly, there are dramatic differences between the learning cultures of European countries and the didactic principles that textbooks are – or should be – obliged to follow. Learning cultures, and especially policies for conveying history in the classroom and in educational media, still differ dramatically within Europe. Work on a 'merely' bilateral history textbook for two states such as France and Germany, which still reveal relatively large areas of overlap, has demonstrated how difficult it is to find a common approach. If we extend our view to the whole of Europe, the gap widens even further. In some countries, such as in Scandinavia or Germany, didactic policies aim for an open view of history, controversy and multiperspectivity, and thus for the character of a workbook. In other countries, however, such as in many Eastern European countries, Turkey or Greece, preference is given to more generally valid narratives and fact-orientated learning books that hardly allow for controversial readings or for the pupil to develop his/her own interpretation. For particularly contradictory narratives it appears extremely difficult – and at present almost impossible – to find didactic common denominators that might balance out the (by no means only formal) differences and which could carry the weight of a common history textbook.

Thirdly, there are still many unanswered questions regarding the context of textbook reception, processes of identity construction and the development of historical consciousness amongst young people. The numerous studies and scientific analyses of the portrayal of Europe in textbooks are based – with differing degrees of clarity – on the assumption that textbooks are, or could be, key media for the construction of a European consciousness. Up until now, however, there have been hardly any reliable findings with which to explain how pupils accept, process or reject such concepts of orientation offered by the school, and which traces these concepts leave on the developing consciousness of young people. Textbook knowledge is frequently broken up and reinforced, recoded or levelled out by various other media and actors. How and with which results the textbook and other educational media interact when it comes to historical orientation or supra-national identity concepts is one of the questions that must be addressed by textbook research in the future.

Considering these three points – single vs. multiple narratives, differences vs. commonalities of learning cultures, and contents vs. reception of textbooks in classroom reality – the idea of teaching, learning, and understanding 'Europe' in such a way as to promote the European identity-building process and foster the awareness of Europe as a political, economic, and cultural region is based on the question as to how we can provide access to multiple narratives of European history and thus a variety of European memory cultures. This would require:

1. Moving away from a teleological, conflict-free and to a large extent positively connoted image of Europe, and an openness to developments that

do not fit into the European progress paradigm;

2. Realising that perceptions of Europe are the result of complex processes of negotiation and translation; that they are dependent on history, possess contradictory tendencies, and also that they often emerge from rival positions;

3. Remembering that history is always a matter of interpretation and construction, and that a generally valid concept of European history is therefore a sheer impossibility;

4. Closely examining the transnational and trans-regional networks, communication structures, historical relations and processes of integration that allow for the historical measurement and identification of peripheries and centres and how they have shifted over the centuries.

The huge challenge faced by textbook authors, teachers and those working in education policy is not, therefore, the construction of a supra-national historical master narrative. Rather, these stakeholders have the task of sensitising pupils to the diversity of memories within Europe and discovering, together with them, why the same events are evaluated differently and categorised into different historical systems of interpretation. Finding and sifting out shared values and principles of orientation is only possible if we are open to, get to know and, where appropriate, learn to understand the interpretations of both close and more distant neighbours.

3. Epilogue: The Case of East Asia

The European region has managed to transform itself from a continent destroyed by World War II and divided during the Cold War to arguably the world's most effective and active regional community. Although Europe is also facing a variety of challenges it has created political structures of cooperation that serve to tackle these challenges and to enhance further regional development.

In contrast, East Asia is in the midst of a serious crisis of peace and security. Northeast Asia remains fractured along Cold War lines, with the divided Korean peninsula a critical fault-line, exacerbated by the question of North Korean nuclear capabilities and the recently-elevated tensions between North and South. The Cross-Straits issue is also a serious structural concern. Underlying these specific issues is the general paralysis of relations in the region; the result of a lack of true reconciliation following the Japanese imperial period and World War II. The failure of the region to tackle issues of historical recognition, with Japan's role being particularly problematic, hampers dialogue at every level from the grassroots up.

This is not the place to outline the numerous bi- and trilateral activities for textbook revision and history recognition that have taken place in East Asia for the past two decades or so. But as the European example shows regional development and identity building find its ground in a long-term process of reconciliation. A common regional vision is founded on common goals, affirmed by historical recognition, and supported by trans-regional and multi-stakeholder cooperation. There is a critical and urgent need for East Asia to develop a mechanism for, at minimum, dialogue and confidence-building in order to guard against growing political tension. The region remains divided, with the Korean peninsula divide one of the most dangerous flashpoints in the world. There remain many other points of potential conflict, including unresolved territorial disputes. Based on the European experience one could envision the creation of an independent, multi-stakeholder grouping (comprising educators, education ministries, media and NGOs) to address issues of historical recognition based on or connected to existing mechanisms in Northeast Asia and the European Union. Such an expert committee could help to build up structures to foster reconciliation on two levels: on the bilateral and/or Eminent Person Group (EPG) level. For that possibilities for Asia-Europe information exchange on lessons learned in historical recognition and reconciliation should be explored to facilitate EU and East Asia stakeholders to discuss recognition/ reconciliation issues drawing on successful experience elsewhere. So, future steps of further developing the reconciliation process in East Asia could be first, to continue with and intensify the already existing modes of cooperation and mutual information, e.g. via the Trilateral History Forum; second, to promote the founding of bilateral history commissions and, third, - on the regional basis - the creation of an EPG group.

International school textbook revision has lost nothing of its importance. Indeed, in many regions of the world it is still regarded as an effective means, as part of the national culture of remembrance, of helping to alleviate conflicts over the interpretation of the past, or to present them in such a way as to allow of multiple interpretations. The increase in number and diversity of the parties involved and the emergence of a "historical cyberculture" will lead to a change in the way in which the debates surrounding memory and identity are conducted. Ultimately, however, both now and in the future, it will hinge on the question of how collective memory, on which national and international consensus may be reached, can be constructed.

Cf. Lässig, Simone and Karina Korostelina, History Education and Post-Conflict Reconciliation: Reconsidering Joint Textbook Projects (London: Routledge, 2013); Eckhardt Fuchs and Tatsuky Yoshioka, *Contextualizing School Textbook Revision* (=JEMMS 2:2 [2010])

Cf. Antonis Liakos, "History Wars – Notes from the Field," *Jahrbuch der Internationalen Gesellschaft für Geschichtsdidaktik* 2008/2009: 57~74.

Cf. Gary Nash, Charlotte Crabtree and Ross E. Dunn, *History on Trial. Cultural Wars and the Teaching of the Past* (New York: A. A. Knopf, 1997), 5. See also Thomas Bender, "Can National History Be De-Provincialized? US History Textbook Controversies in the 1940s and 1990s," *Journal for Educational Media, Memory and Society* 1, no. 1 (2009): 25~38.

Maria Repoussi, "Common Trends in Contemporary Debates on Historical Education," *Jahrbuch der Internationalen Gesellschaft für Geschichtsdidaktik* 2008/2009: 75~90; Susanne Popp, "National Textbook Controversies in a Globalizing World," *Jahrbuch der Internationalen Gesellschaft für Geschichtsdidaktik* 2008/2009: 109~122. For specific countries, see for Greece, Maria Repoussi, "Politics Questions History Education. Debates on Greek History Textbooks," *Jahrbuch der Internationalen Gesellschaft für Geschichtsdidaktik* 2006/2007: 99~110; for Australia, Stuart McIntyre and Anna Clark, The History Wars (Carlton: Melbourne University Press, 2003); for USA, Edward Linenthal and Thom Engelhardt (eds.), *History Wars: The Enola Gay and Other Battles for the American Past* (New York: Metropolitan Books, 1996); for Japan, Sven Saaler, *Politics, Memory, and Public Opinion. The History Textbook Controversy and Japanese Society* (Munich: Iudicum, 2005); Steffi Richter (ed.), *Contested Views of a Common Past: Revisions of History in Contemporary East Asia* (Frankfurt am Main: Campus, 2008).

Cf. Eckhardt Fuchs, "Geschichtsunterricht jenseits von Nationalgeschichte: Probleme der Curriculum- und Schulbuchrevision," *Informationen für den Geschichts- und Gemeinschaftskundelehrer* no. 69 (2005): 17~26.

Cf. Luigi Cajani, "Historians between Memory Wars and Criminal Laws: The Case of the European Union," *Jahrbuch der Internationalen Gesellschaft für Geschichtsdidaktik* 2008/2009: 39~55.

Cf. Chris Bickerton, "France's History Wars," *Le Monde Diplomatique, February* 2006 (http://mondediplo.com/2006/02/14postcolonial).

Cf. Eckhardt Fuchs and Simone Lässig, "Europa im Schulbuch," *Geschichte für heute. Zeitschrift für historisch-politische Bildung* 1, no. 2 (2009): 60~66.

Kolasa, Jan, *International Intellectual Cooperation (The League Experience and the Beginnings of UNESCO)* (Wroclaw: Zakład Narodowy im. Ossolińskich, 1962): 68 f.

School Text-Book Revision and International Understanding (Paris: International Institute of Intellectual Cooperation, 1933).

Cf. *Conférence Internationale pour l'Enseignement de l'Histoire - Réunion préparatoire des 1er et 2 février 1932* (Paris: Presse Univ. de France, 1932).

On the role of school textbooks in shaping France and Germany's image of each other following 1918, cf. Rainer Bendick, "Die Schulbücher der Feinde. Wahrnehmung und Wirkung in Deutschland und Frankreich vor und nach 1918," *Internationale Schulbuchforschung* 22, no. 3 (2000): 301~314.

Falk Pingel, *UNESCO Guidebook on Textbook Research and Textbook Revision* (2nd revised and updated edition) (Paris: Unesco; Braunschweig: Georg-Eckert-Institut, 2010); Fuchs, Internationale Schulbuch- und Curriculumrevision.

Gregory Wegner, "Germany's Past Contested: The Soviet-American Conflict in Berlin over History Curriculum Reform, 1945~48," *History of Education Quarterly* 30 (1995): 1~16, here: 8 ff.

Yoko Thakur, "History Textbook Reform in Allied Occupied Japan, 1945~52," *History of Education Quarterly* 35 (1995): 261~278.

Otto-Ernst Schüddekopf, Zwanzig Jahre Westeuropäischer Schulgeschichtsbuchrevision 1945~1965. Tatsachen und Probleme (Braunschweig: Limbach, 1966): 18 f., 25 ff., 56 ff.

Vol 3: *Histoire* / *- Europa und die Weltse it 1945*(Leipzig: Ernst Klett, 2006); Vol. 2: Histoire/ - Europa und die Weltvom Wiener Kongress bis1945 (Leipzig: Ernst Klett, 2008). Vol. 1: Histoire/ - Europaund die Weltvonder Antikebis 1815(Leipzig: Ernst Klett, 2011).

Faure, Romain, *Netzwerke der Kulturdiplomatie: Die internationale Schulbuchrevision in Europa 1919~1989* (Berlin: de Gruyter, 2015).

Cf. *Against Bias and Prejudice: The Council of Europe's Work on History Teaching and History Textbooks. Recommendations on History Teaching and History Textbooks Adopted at Council of Europe Conferences and Symposia 1953~1983* (Strasbourg: Council for Cultural Co-operation, 1986); Maitland Stobart, "Fifty Years of European Co-operation on History Textbooks: The Role and Contribution of the Council of Europe," *Internationale Schulbuchforschung* 21 (1999): 147~161.

Against Bias, 1986, 7 and 36.

Delouche, Frédéric, *Europäisches Geschichtsbuch* (Stuttgart: Ernst Klett, 1992); Stobart 1999, 151.

Elisabeth Erdmann /Robert Maier/Susanne Popp (eds.), Geschichtsunterricht international. Studien zur Internationalen Schulbuchforschung [Schriftenreihe des Georg-Eckert-Instituts] (Hanover 2006).

Joachim Rohlfes, Doppelte Perspektiven. Ein deutsch-französisches Geschichtsbuch, in: Geschichte in Wissenschaft und Unterricht 58:1 (2007), 53~57 Reiner Marcowitz/Ulrich Pfeil, Europäische Geschichte à la franco-allemande? Das Geschichtsbuch in der Analyse - eine Einleitung, in: Dokumente. Zeitschrift für den deutsch-französischen Dialog 62:5 (2006), 53~56.

Cf. Falk Pingel (ed.), Macht Europa Schule? Die Darstellung Europas in Schulbüchern der Europäischen Gemeinschaft (Frankfurt am Main 1995); Joachim Rohlfes, Europa im Geschichtsunterricht, in: GWU 54 (2003), 245~259.

Cf. Magne Angvik/Bodo von Borries (eds.), Youth and History. A Comparative European Survey on Historical Consciousness and Political Attitudes among Adolescents (Hamburg 1997).

Liakos, 2008/09, 68.

에카르트 푹스의
「교과서 개정 – 경험과 과제」 토론문

김 은 숙(한국교원대학교)

교과서는 국민과 문화의 정체성을 형성하는 데 중심이 되는 수단입니다. 그러므로 많은 나라들이 교육과정을 마련하여 교과서의 내용을 제한하고 있습니다.

특히 역사 교과서는 현재적 관점에서 과거를 재구성한 것으로 국민의 정체성의 형성에 직접적인 영향을 끼칩니다. 이 때문에 역사 교과서 개정에는 이해관계를 달리하는 정치 집단이나 사회 집단, 국가 간에 격렬한 논쟁이 벌어집니다.

에카르트 푹스 선생님의 이번 발표에서는 역사 전쟁이 인류에게 보편적인 현상이라는 점을 우리들에게 보여주고 있습니다. 현재 동아시아와 한국의 역사 교과서 문제에도 많은 시사점을 주는 발표라고 생각됩니다. 선생님의 발표와 관련하여 좀 더 자세한 설명을 듣고 싶어 질문을 드리겠습니다.

1. 이 논문의 2장에서 2005년 2월에 프랑스의 국회에서 프랑스의 식민지 건설을 교과서에서 긍정적으로 그리도록 요구하는 법안이 통과되었다고 하셨습니다. 이 법안이 그 후 프랑스 역사 교과서의 개

정에 어떤 영향을 끼쳤는지요?

2. 유럽에서 유럽인으로서의 정체성을 만들기 위해 추진하여 발행된 유럽공통의 역사 교과서의 문제점에 대해 말씀하셨는데, 이 교과서에 대한 유럽 각국의 역사교사들의 반응은 어떠하였는지요?

3. 분쟁국이었던 국가들의 화해와 평화를 증진하기 위한 역사 교과서 개정의 성공적인 모델로 독일과 프랑스, 독일과 폴란드의 사례를 제시하셨습니다. 이 과정을 통해 간행된 공동역사 교과서는 이들 국가의 다른 역사 교과서에 어떤 영향을 끼쳤는지요?

4. 본 논문의 3장에서는 유럽에서 추진된 유럽공통 또는 이국 공동의 역사 교과서가 가지는 한계점에 대해 말씀하셨습니다. 이들 교과서는 초국가적인 역사 서술을 목표로 하였지만, 교육현장에서는 그 보다 더 중요한 것이 있다는 점을 지적하셨습니다. 교과서 집필자들과 교사, 교육정책 관련 종사자들이 직면한 과제는 학생들이 유럽 안에 기억의 다양성이 있다는 점과 같은 사건이 다르게 평가될 수 있다는 것을 확인하도록 하는 것이라고 주장하였습니다. 먼 이웃들의 해석을 이해하는 것을 배울 때에만 비로소 공유할 수 있는 가치와 저항의 원리를 발견하고 선별할 수 있게 된다고 하셨습니다.

한국, 중국, 일본에서도 공동교과서를 만들기 위한 협력 작업이 추진되어 현재 그 성과의 일부가 나왔습니다만 동시아의 역사교육에도 많은 참고가 되는 의견이라고 생각됩니다.

독일에서는 역사교육 현장에서는 다양한 기억이 있다는 점을 강조한 교육이 이루어지고 있다고 하는데, 역사 교과서에서는 이를 어떤 식으로 제시하고 있는지요?

5. 본 논문의 에필로그에서도 분쟁지역인 동아시아의 역사 교과서 개정에 대해 유럽의 선례를 참고로 중요한 제언을 하셨습니다. 역사 인식의 문제를 다루기 위해 교육자와 정부, 언론, 비정부기구 등으로 구성된 여러 관계자들의 모임을 결성하고, 국가 간에 역사위원회를 결정하고, 다양한 해석을 허용한 동아시아 공동 역사 교과서를 개발하도록 하라는 것입니다.

　동아시아에서 한국과 중국정부는 1980년대 이후 최근까지 일본의 역사 교과서에 대해 많은 지적을 하였습니다. 19세기 후반 이후 일본 근대 국가가 수행한 아시아 침략전쟁에 대해 확실히 서술하지 않는다는 것이 한국이나 중국의 주장이었습니다. 1980년대 초 일본의 교과서 편찬 작업에 참여한 학자와 출판사 편집자가 이것이 일본 문부성의 간섭에 의한 것이라고 밝힌 이후 한국과 중국 정부에서 이를 문제시하여 국제문제가 되자 일본정부는 근린제국조항을 만들어 역사 교과서 편찬에서 주변국의 의사를 반영하게 된 것입니다. 그러나 1990년대 이후 일본사회의 우경화와 함께 일본의 역사 교과서에 대한 한국과 중국정부의 간섭에 대해 반발하는 움직임이 일본에서 일어났습니다.

　이러한 움직임 속에서도 한국과 중국, 일본의 역사교육자들이 협력하여 삼국 공통, 또는 한일 공동의 역사 교과서의 간행을 추진해 온 점은 매우 바람직하다고 할 수 있습니다. 간행된 교과서에 대해서는 당연히 불만족스러운 부분도 있습니다만 이러한 노력을 계속 추진해야 한다는 점을 푹스 선생님의 발표를 통해 다시 확인하게 되었습니다.

제2세선 종합토론

사회자(김광열)=그럼 지금부터 제2세선의 종합토론을 시작하도록 하겠습니다. 제2세선의 종합토론 사회를 맡은 광운대학교의 김광열입니다. 모두 다섯 분의 발표를 들었습니다. 제2세선의 경우는 약간 시간적인 여유가 있어서 1세선보다는 발표자와 토론자의 말씀을 조금 더 들을 수 있도록 진행하겠습니다. 다섯 분의 발표를 들었습니다만, 우선 발표 내용에 대해 개괄적으로 언급한 다음 토론자의 토론을 듣도록 하겠습니다. 우선, 첫 번째 발표를 해주신 와다 하루키 선생님께서는 일본정부의 식민지 지배와 침략전쟁에 대한 역사인식을 일본의 패전 즉 종전 무렵부터 중요한 시기를 거쳐서 최근에 이르는 아베 담화까지를 분석해 주셨습니다. 나름대로의 시각으로 잘 정리해 주셔서 이해가 잘 되었다고 생각합니다.

다음으로 두 번째 발표는 강제동원피해자 보상문제에 대해서 한국여성인권진흥원의 한혜인 선생님께서 발표를 해 주셨습니다. 주로 한국에서의 강제동원 피해자들의 보상문제를 발표해 주셨습니다. 강제동원에 관련된 법제를 검토해 주셨고, 그래서 주로 강제동원을 둘러싸고 있는 두 축이라는 형태로 정리해 주셨습니다.

그리고 세 번째 발표는 일본군위안부 문제 해결에 대한 한일양국 정부의 입장과 궁극적 지향점, 제목이 좀 깁니다만, 일본군위안부 문제에 대한 현재적인 상황에 대해서 종합적으로 검토해 주셨습니다.

충남대 윤명숙 선생님이 해주신 이번 발표는 최근에 있었던 아베 담화를 구체적으로 언급하시면서 한국정부와 일본정부의 1990년대 이후의 일본군위안부 문제에 대한 대응을 쭉 정리하고 향후의 과제에 대해서도 정리를 해 주셨습니다.

네 번째 발표는 역사대화와 역사문제 해결 가능성에 대해서 풀러턴 대학의 데니히 교수님께서 해 주셨습니다. 남캘리포니아에 있는 풀러턴 시에서의 사례를 일본군위안부 문제에 관련된 시의회의 동향이라든지, 동아시아 특히 한국과 일본의 근대사와 관련해서 미국 쪽에서 어떻게 보고 있는지 등에 대해서 역사교육자로서 정리해 주신 것으로 생각됩니다. 선생님께서는 동아시아의 특히 한국과 일본의 역사에 대해서 미국인의 이해가 어떻게 되어야 하는가에 대해 말씀하신 것 같습니다. 역사교육 현장에서의 노력에 대해서도 언급해 주셨습니다.

마지막으로 푹스 선생님이 역사 교과서에 관련해 유럽의 사례를 상당히 구체적으로 검토해 주셨는데, 20세기 초 이후에 국제적으로 교과서 개정을 위해 유럽에서 많은 조직과 활동들이 있었다는 점을 잘 정리해 주셨습니다. 국제연맹이라든지, 유네스코라든지, 그리고 유럽이사회 같은 기구들이 어떠한 활동을 했는지 구체적으로 소개해 주시고, 그러한 과정에서의 유럽인들의 역사 기억에 대해 정체성, 발상 등에 관해 말씀해 주셨습니다. 마지막으로 동아시아의 관점에서 교과서 개정에 대해 어떻게 하면 좋을지 제언을 해 주셨습니다.

이상과 같은 각각의 발표에 대해서 다섯 분의 토론자 선생님들이 나와 계십니다. 동북아역사재단의 남상구 선생님, 성균관대학의 이신철 선생님, 그리고 세 번째 발표에 대한 토론자로 동북아역사재단의 서현주 선생님, 그리고 잠일고등학교의 박중현 선생님, 한국교원대학교의 김은숙 선생님이 나와 계십니다.

모두에 약간 시간적인 여유가 있다고 말씀드렸습니다만, 그래서 토론자 선생님들께 토론 시간을 좀 더 드릴 수 있도록 진행을 하겠습니다.

토론시간을 8분 정도로 하시고, 토론에 대한 발표자들의 답변을 약 4분 정도로 해주시면 고맙겠습니다. 그리고 발표자 선생님들의 발언에 대해 토론자 선생님들의 의견이 있으시면 1분 정도 추가 시간을 드리도록 하겠습니다.

그럼 먼저 와다 하루키 선생님의 일본정부의 식민지 지배와 침략전쟁에 대한 역사인식이라는 발표에 대한 토론으로 남상구 선생님의 말씀을 듣도록 하겠습니다.

토론1(남상구)=안녕하세요. 동북아역사재단의 남상구입니다.

와다 선생님의 발표를 듣고 많은 공부가 되었습니다. 그래서 선생님의 발표내용에 대해 제가 구체적으로 특별히 코멘트를 할 내용은 없는 것 같습니다.

와다 선생님의 발표를 들으셔서 아시겠지만, 한일 간의 역사문제를 1965년 국교정상화 이후 50년이라는 시간의 흐름을 축으로 해서 보면 제 발표문 자료(266~264쪽 <자료1>)에 있습니다만, 자료를 보시면 일본정부의 역사인식은 적어도 식민지 지배와 침략전쟁에 대해 구체적이고 명확하게 사죄와 반성을 표명하는 방향으로 흘러왔다고 생각이 듭니다. 1995년 무라야마 총리가 담화를 통해 식민지 지배와 침략이라는 용어를 명기하고 사죄와 반성을 표명하기까지는 65년에서 30년의 세월이 걸렸습니다. 그리고 다시 15년이 흐른 후에 2010년에는 간 총리가 식민지 지배의 문제점을 식민지 지배는 조선인의 의지에 반하여 이루어졌다, 3·1운동 등을 구체적으로 언급하며 사죄와 반성을 표명했습니다. 그런데 2010년에서 5년이 지난 2015년 아베 총리 담화는 오히려 앞으로 나아갔다기보다도 이러한 흐름을 뒤로 돌려놓는 것이었다고 생각을 합니다. 역대 내각의 역사인식을 계승하겠다고 표명했음에도 불구하고, 오히려 앞으로 나아가기보다는 사죄와 반성의 대상을 와다 선생님이 말씀하신 것처럼 1931년 이후로 제한하는 등 결국 한국 입장에서 보자면 역사인식의 후퇴를 가져왔고 봅니다. 즉 아베는 식민지 지배 자체는 부당하지 않았다고 보고 있는 것으로 판단하지 않을 수 없는 것입니다.

그리고 아베 담화를 만드는 데 그 기초가 되었던 간담회 보고서를 봐도 식민지 지배에 대해서 31년 이후, 30년대 후반에는 혹독한 점도 있었다라고 말하고 있습니다. 즉 식민지 지배 자체는 정당했으나 30년 이후가 문제라는 역사인식을 하고 있습니다. 이런 인식이 담겨 있다고 생각합니다. 아베 담화는 한국 입장에서는 명백하게 문제이지만, 사실 이에 대응을 하는 데 있어서는 조금 복잡한 부분이 있다고 생각합니다. 일본에서 말하는 소위 시바 료타로의 사관이 반영되어 있다는 점입니다. 즉 메이지유신까지의 일본이라는 것은 모범적인 문명국가였다, 그런데 1920년대 쇼와시대 이후에 군부의 잘못에 의해 일탈한 결과 패망에 이르렀다는 것입니다. 시바는, 종래 일본 우익이 이야기 하듯이 31년 이후의 일본의 전쟁이 일본의 자위, 독립을 위한 전쟁이었다고 주장하는 것이 아니라, 그것은 분명히 잘못된 것이다, 라고 주장하는 것입니다. 그런 점에서 이제는 한국에서는 아베 담화가 참 잘못됐습니다, 라고 이야기 했을 때 모두가 그렇다고 이야기 할 수 있지만, 31년 이후에 침략을 당했던 나라들, 그리고 제국주의였던 나라들 미국이랄지, 프랑스, 영국이라든가 이런 나라들이 보았을 때, 이 담화는 어느 정도 납득할 수 있는 부분도 있었다는 생각이 듭니다. 그리고 일본국민들이 봤을 때도, 모든 일본의 잘못을 긍정하는 것이 아니라 시바사관에서 말하는 것처럼 31년 이후의 잘못을 말한다는 점에서 일본국민들도 수긍되는 측면이 있다고 봅니다. 그래서 앞으로 아베 담화를 대응해 나가는 데 있어서는 보다 세심한 주의가 필요하다고 봅니다.

즉 한국 측의 아베 담화에 대한 대응에는 보다 세심한 분석과 전략이 필요하다고 생각됩니다만, 그런 점에서 와다 선생님께서는 식민지 지배에 대한 평가는 95년 이전으로 돌아갔음에도 불구하고 아베 담화에 대한 평가를 보면 일본 내에서 긍정적인 평가가 40%, 부정적인 평가가 30% 정도인 것 같습니다. 왜 이처럼 식민지 지배에 대한 인식이 결여된 것임에도 불구하고 일본 내에서 아베 담화에 대한 긍정적인 평가가 많은데, 그 원인은 무엇이라 생각하시는지 선생님의 의견을 듣고 싶습니다.

또 한 가지는 결국은 아베 총리의 담화를 통해서 한국과 일본의 역사인식이 다르다는 면은 부각이 되었습니다. 그렇다면 이러한 인식의 괴리를 어떻게 메울 것인가를 생각했을 때에, 담화에는 직접 언급되지 않았지만, '21세기 구상 간담회'를 보면 두 가지를 제안합니다. 역사에 대한 이해를 심화시키기 위해서 일본 내에서는 근현대사에 대한 교육을 강화해야 한다는 것, 그리고 역사공동연구가 필요하다는 것입니다. 만약에 아베 총리의 담화를 반영한 근현대사 교육이 강화된다고 한다면 그것은 오히려 한국과 일본이 더 멀어지는 결과를 초래한다는 생각이 듭니다. 즉 한국과 일본에서는 역사인식의 괴리가 점점 더 커질 것 같은데, 그나마 그 차이를 해결할 수 있는 것이, 제가 봤을 때에는 그 방법 중의 하나가 역사공동연구가 아닌가 싶습니다. 많은 이야기가 나오는 것처럼, 2002년부터 제1기, 제2기 한일역사 공동연구위원회를 통해서 역사 공동연구가 이루어졌는데, 이러한 역사인식의 괴리를 메꾸기 위해서라도 제3기 역사공동연구위원회의 발족의 필요성을 보다 적극적으로 제기할 필요가 있지 않을까 생각합니다.

마지막으로, 일본군위안부 문제를 아베 총리 담화가 처음으로 언급한 것은 나름대로 의미가 있다고 생각이 듭니다. 그런데 아베 담화에서는 명백하게 일본군위안부 문제를 언급하지 않고 이를 전시 하 여성의 인권침해 문제로 일반화 시켜 언급하고 있다는 생각이 듭니다. 따라서 경우에 따라서는 일본만이 아니라, 다른 나라에 있어서도 전쟁 시에 여성 인권 침해의 문제가 있지 않았느냐, 그래서 같이 해결해 나가야 한다는 식으로 받아들여질 소지가 있습니다. 물론 이 부분은 중요하다고 생각됩니다. 단지 일본군만이 전시 하 여성 인권침해가 있었는가, 하는 문제에 있어서는 그렇지 않은 부분도 있습니다. 그런데 지금 한일 간에 가장 먼저 해결해야 할 현안으로 일본군 위안부 문제가 제기되고 있는데, 이런 식으로 전시 하 여성인권 침해 일반의 문제로 제기하고 이것이 나름대로 일본의 역사인식을 견제해 왔던 미국에서도 받아들이고 있다는 점에서는 좀 우려가 됩니다. 특히 일본의 아베 담화가 발표되었을 때 제일 먼저 환영한다는 메시지를 낸 것이 미국인데, 과연 미국에서 보았을 때 일본군 위안부 문제에 대한 언급을 어디까지 개입할 수 있을 것으로 보시는지, 그리고 또 하나는 아베 담화에서 거론되었다는 점에서는 충분히 활용할 가치도 있는 것 같습니다. 이렇게 언급했을 때, 앞서 윤명숙 선생님께서는 한국정부의 대응에 대해 신랄하게 비판을 하셨는데, 나름대로 한국정부가 전략적으로 대응한 것은 일본은 전시 하 여성의 보편적 인권의 문제로 이야기 했지만 한국은 이를 명확하게 일본군 위안부 문제로 제기를 한 것입니다. 그럼으로써 아베 총리에게 압박을 가했는데 우리가 앞으로 일본군 위안부 문제를 해결해 나가는 데 있어서 아베 담화를 어떻게 한국이 전략적으로 이용해 나갈 수 있는지, 무엇이 필요한지 와다 선생님의 고견을 듣고 싶습니다. 이상입니다.

사회자=네. 크게 3가지 문제에 대한 질문을 해 주셨습니다. 이에 대해 와다 선생님 답변 부탁드립니다.

와다=네, 감사합니다. 먼저 첫 번째는 시바사관의 문제입니다. 즉 31년부터 45년까지의 15년 전쟁을 비판하는 것은 결국은 시바사관이 아닌가 하는 점입니다만, 이에 대해서는 저는 조금 다르게 문제를 생각합니다. 왜냐하면 소위 시바사관은 60년대 말에 나온 것으로 전후의 논의와는 조금 다릅니다. 시바(司馬)사관은 메이지유신을 단행한 근대 일본의 노력과 힘을 평가하자는 생각이 기본에 있습니다. 즉 31년부터 이후의

15년 전쟁을 반성한다는 전후의 풍조에 대해서 전후 일본의 좌익적인 역사가들은 근대일본은 청일전쟁 이후부터 쭉 침략전쟁을 해 왔다, 아시아에 대해 침략적이었다고 비판해 왔습니다. 그리고 이러한 역사인식이 전후의 대부분의 역사학자들의 공통 이해였습니다. 이러한 이해는 교과서에도 반영되어 있습니다. 이에 대해, 그렇다면 과연 메이지유신은 무엇이었는가, 메이지유신은 높이 평가하지 않으면 안 되는 것이 아닌가, 역시 메이지유신을 긍정적으로 평가하려는 기분이 있었습니다. 이러한 인식이 구체적으로 나타난 것이 바로 시바사관이라 할 수 있습니다. 시바사관은 메이지유신을 긍정적으로 평가하는 입장에 서 있습니다만, 그 위에서 러일전쟁까지의 일본이 러시아를 상대로 전쟁에 이기기 위해 노력한 부분을 긍정적으로 평가하고 있습니다.

다만 시바사관의 본질이 무엇인가 하면, 러일전쟁의 승리로 인해 일본은 결국 동요를 일으켜 거기에서 전락하고 말았다는 것입니다. 결과적으로 러일전쟁의 승리는 일본에게 있어서는 암흑이 되고 말았다고 평가합니다. 이러한 사고 위에 서 있습니다. 러일전쟁의 승리로 일본은 오만하게 되어 결국 전락하게 되었고, 아시아를 침략하는 길로 나가게 되었다는 논의입니다. 그런데 이러한 이해는 시바만이 아니라 전후의 일본인에게도 있었습니다. 전후 수상이 된 스즈키 간타로-러일전쟁에 참가한-와 같은 해군 지휘관의 생각이기도 했습니다. 그렇기 때문에 이러한 사고는 상당히 있었다고 할 수 있습니다. 메이지유신부터 러일전쟁으로 러시아와의 싸움에 이긴 것은 좋았지만, 그 후에 추락하게 되었다. 이러한 인식이 배경에 있으면서, 확실히 나타나진 않지만 그 앞부분의 역사적 사항으로서 식민지 지배 문제가 있지 않을까 생각됩니다. 다만, 시바사관을 어떻게 볼 것인가의 문제에 대해서는 일본에서도 서로 다른 견해가 있습니다. 메이지시대는 좋았지만 쇼와시대는 좋지 못했다는 논의도 시바사관을 둘러싼 논의의 하나입니다. 저는 시바 씨의 사관을 그렇게 이해하고 있습니다. 역시 시바사관의 문제로서는 러일전쟁이 아닌 청일전쟁으로까지 거슬러 올라가야 한다고 생각됩니다만, 아무튼 시바사관의 이해를 둘러싸고는 다양한 논의가 필요하다고 생각합니다.

다음으로, 두 번째로 지적하신 점은 요컨대 아베 수상의 생각에 관한 부분입니다만, 한 가지는 아베 수상의 여성문제에 관한 논의, 언급이 있었습니다. 즉 소위 위안부 문제를 애매하게 만들어 전시성폭력이라는 식으로 문제의 본질을 회피하고 있다고 비판하는 견해도 있습니다만, 저는 이점에 대해서는 오히려 아베 씨가 그렇게 이해하고 있다는 점을 보다 적극적으로 봐야 하지 않을까 생각합니다. 즉 종군 위안부 문제만이 문제가 아니라는 점, 앞서 윤명숙 선생님의 발표에서도 언급이 있었지만, 여성의 성을 전쟁을 위해, 군인을 위해 사용하는 경우는 상당히 널리 있어 왔고, 미국에서도, 한국에서도 그랬습니다. 그런 것 전체가 문제입니다. 따라서 그런 의미에서 말하자면, 아베 수상이 담화에서 여성의 성폭력에 대해 문제점을 언급하고 있으며, 유엔 연설에서도 말한 것처럼 유엔 관련기구에 많은 기금도 제공하고 있는 등 나름의 노력을 하고 있다고 한다면, 그렇다면 여성 성폭력 문제에 있어서 가장 우선적으로 해결해야 할 일본군 위안부 문제에 대해서도 적절한 조치를 취하는 등 아베 씨에게 성의를 보여 달라는 식으로 압박을 가해나가면 좋지 않을까 생각합니다. 문제의 본질을 애매하게 만들어 회피하고 있다고 비판하기보다는 이렇게 가장 먼저 위안부 문제를 해결하도록 압박수단으로 적극적으로 이용하는 게 좋지 않을까 하는 생각입니다.

그리고 역사문제에 관한 아베 씨의 논의가 애매하게 되어 있다는 점에 대해서, 한일 간의 역사인식의 괴리를 해결하기 위한 특단의 방책으로서 한일역사공동연구, 제3기의 공동연구를 시작할 필요성에 언급하셨는데, 저도 기본적으로는 그러한 생각을 한 적이 있습니다만, 솔직히 말씀을 드리자면, 아베 정권의 사람을 쓰는 방식, 인선 방식에 신뢰를 할 수가 없습니다. 그렇기 때문에 아베 정권에 그러한 기구를 만들어달라고 요청하는 것은 문제가 없습니다만, 사실 '21세기구상 간담회'에는 상당히 국제주의적인, 리버럴한 성격의 사람들이 인선되었습니다. 그럼에도 불구하고 그 책임자는 기타오카 씨이기 때문에 한계가 있습니다. 그러한 의미에서 말하면 저는 물론 말씀하신 점은 중요하다고 생각하지만, 좀 더 넓게 사회적인 형태로 다양한 움직임을 고조시켜 나가면서 해결 방도를 모색해 나가야 하지 않을까. 그보다는 우선적으로 당면한 문제로서 한국에서 논의가 되고 있는 위안부 문제의 백서발간에 기대를 하고 있습니다.

사회자=예 감사합니다. 남상구 선생님 혹시 덧붙일 말씀 안 계신가요. …네 알겠습니다. 다행입니다. 세 가지 질문에 대해 와다 선생님께서 적절한 대답을 해주셨다고 생각합니다. 그럼, 다음 토론으로 넘어가겠습니다만, 실은 와다 선생님의 발표와 내용상으로 가장 가까운 발표가 세 번째로 해주신 윤명숙 선생님의 발표가 아닌가 생각합니다. 그래서 먼저 윤 선생님의 발표에 대한 토론을 먼저 듣도록 하겠습니다. 양해를 부탁합니다. 그럼 서현주 선생님 부탁드립니다.

토론(서현주)=동북아역사재단의 서현주입니다. 여러분들도 다 잘 아시겠지만 발표자 윤명숙 선생님께서는 90년대 초부터 위안부 문제에 관한 많은 연구와 활동을 하고 계십니다. 그리고 그 결과를 일본문으로 출판해 주셨고, 최근에는 일본에서 이전에 출판하신 위안부 관련 책을 다시 한국어로 출판하기도 하셨습니다. 오랫동안 위안부 문제와 관련해 연구와 활동에 종사하신 선생님의 발표 잘 들었습니다.

발표문의 전체적인 논지와 관련해서 저는 큰 이견은 없습니다. 대체로 공감을 합니다. 다만, 토론자로서의 의무를 다하기 위해서 3가지 정도의 발표문 전체에 대한 세부적인 의문이랄까 질문을 드리도록 하겠습니다.

첫 번째는 아베 담화에 관련된 선생님의 평가에 대한 것입니다.

선생님께서는 아베 담화가 이전 총리 담화와 다른 결정적 특징 하나는 일본이 왜 식민지 전쟁에 뛰어들 수밖에 없었는지에 대해 정당성을 부여하는 설명으로 시작되고 있다는 점이라고 지적하고 계십니다. 마찬가지로 침략과 식민지배에 대한 가해자로서의 책임을 대놓고 회피한 것이라고 지적하고 계십니다. 따라서 아베 담화를 한·일양국의 정치·외교적 측면에서 볼 때 일본군 '위안부' 문제 해결의 주도권은 완벽하게 일본정부가 가져간 것으로 보인다고 발표문 3쪽에서 평가하고 계십니다. 토론자로서 저는 이러한 평가가 어떠한 맥락에서 나왔는지, 즉 아베 담화로 인해서 위안부 문제 해결의 주도권이 완전히 일본으로 넘어갔다라고 말씀하신 데 대해 그 근거가 무엇인지 좀 더 구체적으로 설명해 주시면 고맙겠습니다.

아베 담화에서 보이는 19세기말부터 20세기 전반의 역사에 대한 인식이 무라야마 간 담화보다 후퇴한 것은 분명하다고 생각합니다. 하지만, 일본정부와 '위안부' 문제 해결을 논의하고 있는 한국정부나 문제해결을 요구하고 있는 각국의 관련 시민단체들에게 담화내용은 새삼스러운 것은 아니라고 생각합니다. 즉, 아베 담화의 내용이 모두가 그러할 것이다 라고 예상했던 범위를 넘어선 것이 결코 아니라고 하는 것입니다.

그리고 식민지문제에 대해서도 한국이 식민지화된 본격적인 계기라고 할 수 있는 러일전쟁이 식민지 지배하에 있던 아시아와 아프리카 사람들에게 용기를 주었다고 말한 부분도 이미 일본 역사 교과서 서술의 지침이라고 할 수 있는 학습지도요령 해설서에 포함되어 있고, 따라서 일본의 중고등학교 교과서는 이미 이 같은 내용의 서술을 하고 있고 그래서 그 내용을 학생들이 학습하고 있습니다.

그렇기 때문에 이 아베 담화로 인해 '위안부' 문제 해결의 주도권이 일본정부에게 넘어갔다고 하신 것이 어떤 맥락에서 나온 것인지 부가적인 설명이 있었으면 좋겠습니다.

두 번째는 과거사 문제에는 '위안부' 피해만 있는 것은 아니다는 주장에 대해서입니다. 발표문 8쪽에서 지금까지 진행되고 있는 한·일 간의 과거사 문제 논의는 마치 한일 간의 과거사 논쟁이 일본군 '위안부' 문제만 남아 있는 듯 한 착각이 들게 한다고 지적을 하셨습니다. 그러면서 한·일간 과거사 문제에는 '위안부' 피해만 있는 것은 아니다는 주장을 하셨는데, 그에 대해서는 전적으로 공감을 합니다. 그러나 이 문제의 해결이 특히 위안부 문제 배상 여부가 나머지 과거사 문제를 모두 봉합시켜버릴 위험성이 있다는 지적에 대해서는 조금 달리 생각해볼 여지가 있다고 봅니다.

일본정부가 유엔인권기구와 네덜란드 의회 등의 배상 권고에도 불구하고 '위안부' 피해자에 대한 배상을 한사코 거부하는 배경에는 이로 인해 여타 국가의 '위안부' 피해자는 물론 기타 과거사 관련 문제에 대한 배상 요구가 잇따를 것을 우려하고 있기 때문이 아니가, 라고 생각이 듭니다.

따라서 '위안부' 피해자에 대한 배상 실현은 다른 과거사 문제를 모두 봉합시켜버릴 위험성도 있는 반면, 나머지 문제 해결의 실마리가 될 수 있을 것으로 봅니다. 그래서 시민단체들에 의한 위안부 문제 해결 노력과 한·일정부 간 외교적 협상이 후자의 방향, 즉 실마리가 되어 문제해결이 진전되도록 문제의식을 갖고 노력하는 것이 필요하지 않나 생각이 됩니다.

세 번째는 '위안부' 문제의 해결 방안에 대해서입니다.

선생님께서는 발표문 10쪽에서 '위안부' 피해자들에게 개인 배상이 실현된다면 법적 책임에 따른 개인 배상이어야 되는데, 일본정부가 범죄 인정을 하지 않고 법적 배상도 아닌 인도적 차원의 '지원금'으로 해결하려 할 때는 어떻게 하는 것이 최선인가, 라는 문제제기를 하셨습니다. 또한 일본군 '위안부' 피해자들에게 진정으로 명예회복이 되는 길은 어떤 것인가? 하는 점 등을 지금 논의해야 한다고 말씀하셨습니다.

이에 대해 '위안부' 피해자 유족들을 대상으로 한 트라우마 치료, '위안부' 피해자에 대한 2차 언어폭력을 저지르는 사람들을 처벌할 수 있는 제도적 장치(예를 들어 법률 제정 혹은 각의 결정에 의한)의 마련, 일본의 역사 교과서에 '위안부' 문제를 기술하여 제대로 가르치는 것 등을 제기하셨습니다.

이 가운데는 우리정부나 사회가 할 일도 있고 일본정부에서 해 줘야 할 것들도 있습니다.

일본정부에서 해야 할 두 가지 과제, 즉 '위안부' 피해 사실 부정에 대한 반박과 관련 역사교육은 지난 해 도쿄에서 열린 제12차 '위안부' 문제 해결을 위한 아시아연대회의에서 일본정부에 요구했던 4가지 사항에도 들어있습니다. 그리고 2007년에 통과되었던 미국 하원의 위안부 결의안에서도 권고된 사항입니다. 그런데 이러한 것들이 '위안부' 문제에 대한 일본정부의 책임을 인정하고 사죄하지 않고도 가능할 지에 대해서는 회의적입니다. 일본정부와 일본군이 군 시설로 '위안소'를 입안·설치하고 관리·통제했으며, 여성들이 본인의 의사에 반해 '위안부'(성노예)가 되어 '위안소' 등에서 강제적인 상황에 놓였다는 사실과 그에 대한 책임을 일본정부가 인정하는 것이 우선되어야 하지 않을까 생각합니다. 그렇기 때문에 연구자들도 중국 등지에서 새로 발굴되는 자료를 적극 활용하고 피해자 증언과 문헌 등 기존 자료를 꼼꼼히 재해석함으로써 위의 사실을 더욱 명확히 하는 데 노력을 경주해야 한다고 봅니다. 이에 대한 선생님의 의견은 어떠신지 듣고 싶습니다.

사회자=네 감사합니다. 윤 선생님 답변 부탁드립니다. 4분 정도로 부탁합니다.

발표자(윤명숙) 답변=우선, 첫 번째는, 아베 담화 및 21세기 구상 간담회만이 아니고 또 양국정부의 대응에 대한 평가, 이번 발표문에는 다 언급되어 있지 않은 부분도 포함해 한국정부가 대응했던 것들, 일본정부가 대응했던 것들, 이 모든 것들을 종합해서 말씀드린 것입니다. 그래서 어떤 근거 하나만이 아니라 모든 대응을 종합적으로 보고 평가한 것입니다.

그리고 최근에 최종적으로 아베 담화가 있었고, 이에 대해 한국 측에서는 여전히 지켜보겠다고만 얘기를 하고 있는 상황을 볼 때, 물론 물밑에서 양쪽이 어떻게 무엇을 하고 있는지 알 수 없습니다. 그래서 그것까지 포함시킬 수는 없지만. 지금까지 해왔던 것을 보았을 때, 결국은 주도권을 일본정부 쪽에서 잡고 있다고 보입니다. 예를 들면 한국의 사법부가 재판에서 개인청구권은 끝나지 않았다 라든지, 이런 판단을 했지만 이것을 한국정부가 가져와서 실질적으로 협의에서 활용하고 있는 것처럼은 보이지 않고, 대통령 역시도 늘 지금까지 일본에 대해서 적절한 조치를 취하는 것이 먼저라는 말만 계속하고 있는 상황 속에서, 한미일 정세를 보고 판단을 한 것입니다. 답변이 적절했는지 모르겠지만, 아무튼 지금까지의 전체적인 상황을 감안해 말씀드린 것입니다.

다음으로 두 번째는 말씀하신 우선 해결 노력이 필요하다는 점에 대해서는 동의합니다. 아베정권의 대응을, 문제를 풀어나갈 실마리로 삼아야한다는 부분도 당연합니다만, 현실적으로 그렇지 못하다는 점에서 드린 말씀입니다. 한일 간에 이명박 정권 때부터 사사에 안(案)이랄지, 이러한 이야기가 구체적으로 거론되어 왔을 때도, 아니면 국민기금의 경험을 말씀드리자면 이렇습니다. 국민기금 초기에 설립은 되었지만 가동되지 못하고 정체되어 있었습니다. 이때 일본의 시민단체가 국민기금에 합류

하면서 본격적으로 활동이 시작되었는데요. 그때 합류했던 일본의 시민
단체가 주장했던 것이 바로 그런 것이었죠. 즉 위안부 문제가 해결이 되
면 줄줄이 마치 고구마 줄기가 함께 딸려오듯이, 그간 해결되지 못했던
BC급 전범이나 강제징용 문제, 과거사 피해 등 여러 가지 문제가 다 해
결이 될 것이라고요. 그렇지만, 실제로 뚜껑을 열어보니까 전혀 그렇지
않았습니다. 그래서 그런 경험을 통해서 지금까지 일본정부가 어떤 방식
으로 해왔는지를 보면 역시 우려가 더 크다는 것이고, 한국정부가 외교
를 굉장히 잘하고 있다는 믿음을 준다면 또 우려를 하지 않겠지만 그렇
지 못해서 그렇지 못해서 저로서는 우려를 한다는 쪽에 더 무게를 두고
있습니다.

　세 번째는 질문을 하신 것이라기보다는 앞에서의 말씀과 거의 비슷한
내용으로 부연을 하신 것으로 생각합니다만, 진정한 "명예 회복"이 무엇
인가 라는.

　시민단체가 어떤 식으로 현실적으로 어떤 전략을 가지고 이 문제를
해결해 나가려 하는가 하는 문제와도 연관시켜 생각해야 하는 문제인 것
같습니다. 이를테면 배상문제로 모두 수렴하는 형태로 추진하는 것에 우
려를 하는 이유는, 이렇게 말씀드리면 오해를 받을 수도 있을지 모르겠
지만 그럼에도 불구하고 말씀드리면, 한국의 일제 강점기 강제동원 피해
자들 중에서 위안부 피해자가 정부지원을 가장 안정적으로 받고 있습니
다. 그럼에도 불구하고 지금까지의 과정 속에서 위안부 문제만이 마치
한일관계가 악화된 요인이어서 그것이 풀리면, 그것을 해결하지 않으면,
한일관계의 개선이 안 되는 것처럼 일반적으로 보도되고 그렇게 말해지
는 것에 대해 우려를 한 것입니다.

　그런 의미에서는 역사교육이라든가, 결국 이 문제를 해결하는 것은
사람이 기본이 되어야 하는 문제라고 생각을 합니다. 어떤 것을 가르치
느냐에 따라서 역사에 대한 인식이 달라지고, 물론 이것이 1, 2년이라는

단기간에 금방 해결될 문제가 아니라는 것은 지금까지의 경험을 통해서
알 수 있습니다. 또 일반론이지만, 제가 말씀드리고자 했던 것은 역사교
육의 입장에서, 운동 차원이 아닌 역사학자로서의 교육적인 점에 중점을
두고 드린 말씀이었습니다.

사회자=네, 감사합니다.

윤 선생님은 역사학자로서의 입장에서 그 연장선에서의 말씀이었다
고 생각합니다. 정부의 역할과 역사학자로서의 역할에 공통점이 있기도
하고 다른 점도 있습니다. 그러면 순서가 바뀌었습니다만, 두 번째 발표
에 대한 토론으로 넘어가도록 하겠습니다. 한혜인 선생님의 발표에 대한
성균관대학교 이신철 선생님의 토론입니다. 그럼 부탁드리겠습니다. 시
간은 8분 정도입니다.

토론자=예, 방금 소개 받은 이신철입니다. 우선 한 선생님이 발표해
주셔서 많은 점이 정리가 되고 공부가 되었습니다.

기본적으로 한 선생님이 가지고 계신 문제의식에 동의합니다. 특히
공부를 열심히 해서 개념부터 재정립하자는 말씀에 큰 울림이 있었습니
다. 다만 한 선생님이 이 방면의 최고 전문가이시니까 더욱 열심히 해
주시라는 말씀을 되돌려드려야 하지 않을까(웃음) 생각합니다.

아무튼 한일 간에 해야 할 일이 대단히 많은 것 같습니다만, 우선 그
런 말씀을 드리고 제가 질문 드리고 싶은 것은 크게 두 가지 문제입니다.

첫 번째는 한일기본협정에 대한 한국정부와 법원, 그리고 일본정부와
법원 양자 간 이견을 어떻게 해소할 것인가 하는 문제입니다.

한 선생님께서는 발표에서 한국정부와 법원의 입장이 상당히 다른 부
분에 대해 말씀해 주셨는데요, 저는 잘 모르겠습니다. 왜냐하면 이게 다
른 것인지, 같은 것인지 아주 애매한 부분이 되게 많이 있기 때문입니다.

예를 들면, 개인 청구권문제인데요. 한국정부의 문장을 자세히 보면, 반인도적 불법행위는 미해결이다. 이게 기본원칙입니다. 불법행위가 미해결인데, 그 대표적인 미해결 과제 3가지는 위안부 문제, 원폭 문제, 사할린 문제로 제기되어 있습니다. 이 부분에 대한 해석이 좀 필요한 것 같습니다. 다음으로 개인청구권 문제는 여전히 유효하다, 국가의 보호권도 여전히 유효하다, 라는 입장을 가지고 있는 것 같고요. 그렇지만 실제로 하는 행위를 보면 한일 간에 강제동원 문제는 해결되었다 라는 입장을 견지하고 있는 것 같습니다. 문서에서는 그 강제동원이 소집과 징용입니다. 그러니까 강제동원이나 강제연행의 불법행위는 해결되었는지, 안 되었는지 문서상으로는 없어서 명확하지 않습니다. 그런데 하는 행위를 보면 그것이 다 해결된 것처럼 보상행위를 하고 있는 것이지요. 그러니까 예를 들면, 현재 진행 중인 강제동원관련위원회에서 강제연행이든 동원이든 징병, 징용이든 모집이든 전부가 다 피해자로 인정만 되면 보상을 해주고 있습니다. 아무튼 그런 점들이 있기 때문에 아직 한국정부의 입장이 아주 명확한 것은 아니다, 라는 생각이 들고요.

다음으로 또 하나 법원 문제인데요. 법원이 2012년 5월 24일에 식민체제 자체를 불법화 하면서 한일양국에 엄청난 파문을 불러일으켰습니다. 그런데 어제(9월 11일) 중앙지법에서 판결이 하나 나왔는데요. 한일기본조약으로 인해서 무상으로 받은 3억 달러를 피해자들에게 돌려달라는 소송에 대해 법원은 국가가 피해자에게 지급할 책임이 없다는 판결을 내렸습니다. 이게 무슨 말씀인가 하면 한국정부는 개인청구권을 다 인정했다고 하는데 법원에서는 그건 아니다, 라고 하고 있는 것이지요. 결국, 재판소에서 식민지 자체는 불법이지만, 그것을 누가 보상해야 하느냐 하는 문제에 있어서는 아주 애매한 태도를 취하고 있는 것입니다. 달리 말씀을 드리자면, 일본정부나 기업에게 개인청구권이 살아 있으니까 일본정부나 기업에게 그 책임을 물어라, 그런데 한국에서 소송을 제기하면

승소를 할 수는 있다. 이런 태도인 것 같습니다. 도대체 이를 어떻게 이해해야 하는지, 매우 현실적인 문제에 부딪혔기 때문에 나온 문제로, 실제적으로 일본의 식민지 체제를 다 불법화 해 버리면 한일관계가 완전히 파탄이 나버리고, 한국정부가 감당할 수 없는 지경에 이르게 되는 것이고, 일본정부도 이를 해결할 수 없기 때문에 법원이 아주 애매한 입장을 취하고 있는 것 같습니다.

이러한 사정 때문에 한국정부와 법원의 입장이 어디까지 같고 어떻게 다른지 아주 애매한 상황에 놓여있다고 생각이 듭니다. 그런데 마찬가지로 일본도 모든 과제가 해결됐다, 이런 이야기를 하지만, 일본 법원은 그러면 개인청구권이 없다 라고 명확히 이야기하고 있느냐, 그것도 아주 애매합니다. 일본의 경우도 일치하는 것 같기도 하고 그렇지 않은 것 같기도 합니다. 개인청구권이 살아 있다는 취지로 들릴 수도 있습니다. 왜냐하면, 우리가 흔히 하는 이야기로 일본사람들이 미국이나 다른 어떤 전쟁 상대국에 대해서 개인청구권을 행사할 수도 있지 않느냐, 라는 문제제기를 가끔 합니다만, 아무튼 그런 부분과 연결해서 이게 명확하느냐 하면 아주 불분명한 부분이 있다는 것이지요. 그래서 이런 애매한 부분을 어떻게 해결할 것이지는 여전히 과제로 남아 있다고 생각됩니다.

두 번째로는, 한일기본협정과 관련해서 두 번째입니다만, 식민청산 문제는 어떻게 해결해야 할 것인가. 한국은 한일기본조약이 맺어진 직후에, 아까 한혜인 선생님이 말씀해 주신 것처럼, 정부입장은 이게 해결되었다는 입장을 견지하고 있고, 그래서 독립유공자도 보상을 하고 했는데, 그 조약을 비준하는 국회에 가서 문제가 된 것이지요. 아니다, 식민지 문제는 전혀 청산된 바 없다, 라고 이야기를 했기 때문에 결국은 이 문제는 한국의 입장이 통일이 되지 못했고, 법적으로 보자면 이 식민지청산 문제는 해결이 안 된 것으로 보아야 하지 않을까 생각합니다. 왜냐하면 일본정부가 여전히 그런 입장을 취하고 있는 것이지요. 일본정부는 식민지 지배가 합법이었기 때문에 배상할 이유가 전혀 없다, 이런 기본입장을 가지고 있기 때문에 법적으로는 해결된 바 없다, 그런데 다만 거꾸로 일본정부는 우리가 도의적 책임을 다했기 때문에 다 해결된 것이 아니냐 하는 입장입니다. 양국정부가 정반대의 태도를 취하고 있는 것입니다. 다만, 아베 담화에서 보이듯이 식민지 문제에 대한 법적책임은 부정하지만, 박근혜 대통령을 비판하듯이 심정으로 이해할 수 있다, 이런 정도의 입장을 취하고 있는 것이지요. 그렇기 때문에 식민지 문제에 대해서는 입장이 지금 한일정부가 서로 주장해야 될 것이 애매하게 서로 얽혀있다, 서로 바뀌어 있다고 할 수 있습니다. 따라서 식민지 문제에 대한 일본정부의 입장도 명확하지 않다, 법적책임은 없지만 도의적 책임은 져야 한다는 것이지요. 그래서 이런 부분을 좀 더 명확하게 한일 연구자들과 전문가들, 그리고 양국 협상당사자, 당국 간에 이런 문제에 대해 좀 더 깊이 논의할 필요가 있다는 생각이 듭니다. 그런데 결국은 이 문제를 어떻게 넘어서야 하느냐, 식민지청산이라는 것을 해야 하느냐, 말아야 하느냐. 전세계적으로 일본만큼 식민지청산 문제에 발목이 잡혀있고, 가장 많은 애를 쓰고 있고, 심지어 돈도 지불한 나라는 없습니다. 단언컨대, 그럼에도 불구하고 한국은 계속 식민지청산을 요구하고, 일본은 그것을 하지 않으면 안 될 것 같은 이런 의식을 계속 갖고 있는 것이지요. 이 문제는 세계사적으로 어떻게 풀어야 할 것인가. 이런 식으로 접근할 필요가 있다고 생각합니다. 여기에 독일에서 오신 푹스 선생님이 계시지만, 독일도 식민지 청산을 한 번도 한 적이 없습니다. 아무튼 식민지청산 문제는 세계사적인 문제이기 때문에 서양학자들도 참여해 함께 논의를 시작해야 하지 않을까 생각합니다. 이런 생각을 가지고 있습니다. 그래야만 우리가 한일협정에서 하지 못한 이야기들을 이야기할 수 있다, 그런 생각이 들고, 이 문제는 역시 정치적 해결과 또 하는 감히 말씀드리면 역사적 해결을 할 시점에 이미 왔다, 라는 생각이 듭니다. 그것을 배상의 문제로 끝까지 가져가기에는 양국정부가 부담스럽다는 말씀을 드리겠습니다.

다음으로, 위안부 문제와 관련해서도 법적인 책임문제가 남겠지만, 법적책임은 인정하되 배상의 문제는 하지 않는 방식이랄지, 아니면 이 해결방안을 법제화 하면서 이것을 법적책임으로 인정한다든지, 이러한 우회로가 있지 않을까 하는 생각을 합니다.

두 번째 문제제기를 하고 싶은 점은 강제동원피해에 대한 한국정부의 보상문제인데요. 이 문제는 한혜인 선생님이 아주 중요한 문제를 제기해 주셨습니다. 국내동원에 대해서 74년의 법에서는 제한을 두지 않았다는 것이지요. 그런데 지금 왜 후퇴해 있느냐, 이점을 문제제기 해 주셨는데, 이 문제는 아까 말씀드렸듯이 어제 서울지법이 판결한 것도 그렇고, 우리가 어느 정도 먹고살 만한 정도가 되니까 국내동원도 보상해야 한다, 라는 것이 법원의 판결로 나오고 있는 것입니다. 그렇기 때문에 정부가 반드시 해야 되는 문제이지요. 그런데 그럼 어디까지 해야 할 것인가, 범주의 문제를 제기하셨는데, 이게 아주 심각한 문제입니다. 74년 법을 기준으로 하게 되면 국적조항이 없기 때문에 예를 들면 우리 헌법상에 대한민국은 한반도와 그 부속도서로 한다는 영토규정이 있기 때문에 북한에 있는 주민들도 그 대상이 됩니다. 대한민국 국적이 아니라 할지라도 말이죠. 그럼 헌법과 모순이 되는 것이지요. 그러한 문제가 하나이고, 다음으로 재일조선인 문제가 있습니다. 재일조선인 가운데 강제동원 피해자 문제를 조선적(북한국적)을 가지고 있는 사람들에 대해서 한국정부는 왜 하지 않는가, 국적문제로 걸리기는 하지만, 그렇다면 국적이라는 것을 명확히 해야지요. 한반도의 유일한 합법정부를 주장하면서 왜 이렇게 저렇게 편을 가르는 것이 타당한가. 지금 다른 나라에 가 있는 사람들, 예를 들면 비단 재일조선인이 아니더라도 중국이나 여러 곳에 있는 강제동원피해자들은 그러면 과거에 우리가 국가가 없어서 행하지 못한 국가 보호권이라는 것을 완전히 포기하는 것이 과연 옳은가, 라는 문제도 제기가 되는 것이지요. 도대체 국가라는 게 뭐냐, 대한민국이란 게 뭐냐, 그 국적이란 게 뭐냐 하는 문제를 묻지 않을 수 없다는 생각이 듭니다.

아무튼 이 부분이 우리가 국적문제와 관련해 좀 생각해 봐야 할 점이라고 생각합니다.

마지막으로, 현행 보상체제, 아까 서두에 말씀드렸습니다만, 행정적으로는 다 포함해서 보상을 해주고 있는데, 대단히 우스운 게 뭐냐면 강제동원피해자로 인정이 되면 그 피해자가 내가 부상을 당했다고 라고, 사망했다라고 그 당사자나 유족이 신고를 해야만 보상을 해 줍니다. 피해자로 지정이 되면 무슨 의미가 있느냐. 그냥 종이쪽지를 하나 받는 것입니다. 아무런 물질적 보상이 없습니다. 강제동원에 대한 아무런 보상이 없고, 가장 많이 보상해 주는 게 조기사망, 징용당시에 죽었거나, 돌아와서 49년, 50년 이때에 돌아가셨거나 한 경우라면 2천만 원을 보상해 줍니다.

그런데, 거기에서도 역시 이데올로기가 개입됩니다. 한국전쟁 때 죽은 사람을 여기에 끼어 넣은 게 아닌가, 이런 점을 심사하거든요. 그런 의심이 들면 물론 보상을 안 해 줍니다. 그런 부분이 있고, 팔다리가 훼손되거나 신체적 장애가 있으면 그 사람에 대해서 3백만 원부터 보상을 해 줍니다. 죄송합니다. 제가 너무 말이 많았나 봅니다.

제가 왜 이러한 문제제기를 하느냐 하면 위안부 피해자로 인정이 되고 살아계시면 4,500만 원을 일시금으로 지불합니다. 아니, 4,300만 원인가요. 그런데 강제동원피해자들은 피해자로 지정되어도 국가가 그것에 대해서 아무런 보상을 해주지 않습니다. 이런 모순, 불평등이 생기는 거죠. 그래서 국내 동원자들을 어떻게 할 것이냐, 어디까지 할 것이냐 등 여러 문제가 남아 있다는 것입니다. 이런 문제에 대해 어떻게 해결할 것인가, 국내적으로는 이 문제를 총괄적으로 대책을 세워서 집행하는 기구가 필요하고, 한일 간에도 좀 더 정치적이고 역사적인 논의를 할 수 있는 기구설립이나 이런 논의들이 활발히 되면 좋지 않을까 하는 생각입니다. 이상입니다.

사회자=네 아주 감사합니다. 굉장히 폭넓게 문제제기를 해주셨는데, 시간 관계상 다 대답할 수는 없을 것 같고, 가능한 한 부분을 중심으로 답변해 주시길 바랍니다.

발표자=네, 지금 지적해주신 부분은 제가 발표에서 말씀드린 부분에 문제가 있기 때문입니다. 사실상 한국이 정비를 제대로 하고 있지 못하다는 것입니다. 대응만 하고 있는 것이지, 우리가 어떻게 보상을 해야 하는 것인가 라는 문제에 대해서는 사실상 통일적이지 못하는 것입니다. 강제동원의 문제는 한일협정에 근거해서 하는 것이고, 위안부 문제는 한일협정에 관계없이 한국의 구제책으로 하는 것입니다. 그래서 양자의 형평성을 찾는 것은 좀 어렵습니다. 법적근거가 다른 것입니다. 그리고 그 청구권 자금의 성격이라고 하는 것에 대해 사실상 한국이 협정 이후에 국회에서 계속해서 많은 논의를 합니다. 도대체 청구권 자금이란 무엇이냐, 실제적으로 그러한 논의를 하면서 한국정부는 그것을 식민지를 청산한 금액으로 사용하려고 합니다. 그러다가 김대중 대통령(당시에는 국회의원이었습니다만)이 그렇게 해서는 안 된다고 해서, 그 무상 3억 불을 독립운동자의 기념사업으로 사용하려고 하다가 민간청구권으로 옮겨진 것입니다. 그래서 청구권 자금이란 무엇인가에 대한 논란의 핵심은 실질적으로 한국정부 내에서 그 자금을 당시의 정부가 갖고 있는 정치적 입장에 따라서 그것을 사실상 식민지 지배를 청산한 금액으로 받아들이기도 하고, 그렇지 않다고 이해하기도 한 것입니다. 한국정부가 식민지 지배 피해와 전쟁피해라고 하는 것을 구분하지 못한 것이고, 지금도 역시 그러한 상황인 것입니다. 그래서 일단은 일본은 식민지 지배에 대해서 청산했다고 말한 적이 한 번도 없습니다. 그것을 한일협정에서도 식민지 지배에 대해서는 언급하지 않았습니다. 왜냐하면 일본의 논리를 보면, 합법이냐 불법이냐가 아주 분명합니다. 일본은 근대법을 책으로 배웠기 때문에(웃음) 너무나도 명확하게 구분하고 있어서 합법적인 것과 불법적인 것에 대한 대응이 아주 다릅니다. 합법에 관한 것은 무엇이든 책임질 필요가 없다는 생각이고, 일본은 그런 논리를 갖고 있습니다. 그런 점이 하나 있습니다. 그래서 사실상 식민지책임이라고 하는 부분을 만들기 위해서는 실질적으로 수많은 작업들이 필요하다고 생각합니다. 현실적으로 우리 세대에서는 일본에게 식민지 지배 피해에 대한 어떤 구체안을 우리 세대 안에서 우리가 열심히 공부해서 제시하지 않는 이상 국제사회에서 통용될 수도 없고, 그런 문제이기 때문에 사실은 우리가 식민지 지배에 관련한 것을 어떤 의미에서는 가장 선언적으로 이야기하고 있다는 것입니다. 그 가장 명확한 증거가 되는 것이 사실 일본이 이번에 메이지유신 관련 유물을 유네스코 등재를 할 때, 우리가 문제제기를 한 것은 강제연행에 관한 부분만을 한 것입니다.

그런데 사실은 거기에 일본제국주의의 보다 근본적인 문제가 내포되어 있습니다. 잘 아시다시피 쇼카손주쿠(松下村塾) 문제는 우리가 아무도 제기하지 않았습니다. 결국 우리는 식민지 문제라고 하는 것을 아주 선언적으로 하지 실체적으로 식민지 지배 피해라는 것이 무엇인가 라고 하는 부분을 저희가 구상하고 있지 못하다는 것입니다. 일단 식민지 문제를 제기하기 위해서는 청구권협정이나 이러한 문제를 다 떠나서 새로운 틀 속에서 생각해야 한다는 것이 저의 주장입니다.

다음으로 두 번째 문제는, 하나만 더 말씀드리자면, 강제동원 피해보상 문제에 있어서 국내동원을 보상해야 한다는 문제가 아주 지난한 문제로 사실상 받아들여지고 있습니다. 왜냐하면 그 수가 너무 많을 것이라고 생각하기 때문입니다. 그런데 어차피 한일협정에서 규정한 것은 원호체계의 범주입니다. 원호체계의 범주라는 것은 총동원체제의 제3조에 해당하는 것이죠. 즉 징용령에 해당하는 문제입니다. 그러니까 우리가 보국대라는 문제도 그것은 4조, 5조의 문제이기 때문에 실질적으로 우리가 보상체계를 갖고 있는 것은 징용의 문제, 관할성과 징용의 문제입니다. 그 점을 좀 구체적으로 살펴보면 북한으로 간 국내동원 피해자가 셀 수 없을 정도로 많지는 않다는 것입니다. 그래서 그러한 부분까지 포함해서 강제동원의 범주를 보다 명확하게 해야 할 필요성이 있다고 생각합니다. 이상입니다.

사회자=예, 감사합니다. 시간을 많이 드리지 못해 죄송합니다. 이 소위 말하는 청구권협정이라는 것도 말 자체가 성립이 안 되는 것입니다. 상대방은 그것을 전혀 인정하고 있지 않는데 말이죠. 사실 그 협정은 경제적 목적을 위해 1965년 당시의 양국이 서로 정치적으로 타협을 한 것이지 진짜 법적으로 식민지 지배를 해결하고자 한 것이 아니지요. 그런 부분에서 앞으로 많은 연구가 필요하다고 생각이 듭니다. 그러면 다음 발표에 대한 토론으로 넘어가겠습니다. 크리스틴 데네히 교수님의 발표에 대한 토론으로 잠일고등학교 박중현 선생님의 토론이 있겠습니다. 이 부분에 대해서는 통역을 잘 해주시길 부탁드리겠습니다. 통역을 위해 가능하면 천천히 말씀해 주시면 좋겠습니다.

토론자=안녕하십니까. 잠일고등학교 박중현입니다.

크리스틴 교수님은 2015년에 전시된 일본군 위안부 관련 전시회에서 도슨트에 대한 교육을 요청받았습니다. 그 중 동아시아의 역사적 배경 지식, 또 다른 하나는 이 문제에 대한 확연히 다른 사람들로부터 질문을 받았을 때 이에 대처할 수 있도록 교육해달라는 것이었습니다. 이 문제에서 출발하여 미국이 보는 한일 간의 역사 대화, 소통, 화해에 대한 이 야기를 풀었습니다. 풀러턴이라는 지역사회와 연결하여 이 문제를 미국 이라는 지점에서 이해하고자 하였습니다.

발표자는 위안부 문제를 이야기하면서 1945년 미군정 당시의 GHQ 의 특별위안소협회를 언급하였습니다. 위안부 문제는 비단 일본만의 문 제가 아니라는 것입니다. 그렇다고 일본의 책임이 희석화되는 것은 물론 아닙니다. 많은 나라와 시민들, 특히 미국의 여러 곳에서 평화비가 세워 지고, 이를 기억하는 것은 제 생각에는 자신들도 이런 일이 다시 되풀이 되지 않아야 한다는 다짐이라 생각합니다. 과거에 대한 반성과 다짐의 노력은 우리에게도 결코 예외는 아닙니다.

일본의 잘못을 지적하고 사죄와 반성을 요구하는 것은 그것을 요구하 는 자신에게도 그러한 다짐이 된다는 것입니다. 더욱이 그것이 피해를 입은 상대가 있을 경우 더욱 철저해야 한다는 것입니다.

저의 학위논문 주제가 한일 간의 역사화해의 가능성의 모색, 이런 주 제였습니다. 그래서 아마 저에게 이런 토론의 임무를 주신 것 같은데요. 두 가지 질문을 간단히 드리도록 하겠습니다.

첫째는, 논문에 보면 전시회가 9월 5일 개관을 한다고 하였으니 아마 도 현재는 오픈되었을 것인데, 이 행사에 참여한 분들의 감상은 어떤 것 이고, 두 번째 교육 요청과 관련한 곤란한 일들이 발생하였는지 간단히 소개 부탁드립니다.

두 번째는, 저는 기본적으로 한일 간 역사 대화나 소통이 필요하고, 중요하다고 생각하는 사람입니다. 역사화해가 가능하냐는 질문에 저는 가능하다고 말하곤 합니다. 물론 그것은 믿음이지 그렇게 될 수 있는지 어떤 지는 확신이 없습니다. 크리스틴 교수님께서 한일 간의 역사화해가 가능할 것 같다고 생각하시는지, 그렇다면 그 첫 번째 스텝은 어떻게 떼 어야 할지, 그 방법과 순서를 어떠해야 되는지 말씀 부탁드립니다. 감사합니다.

사회자=감사합니다. 크게 감상을 포함해 2가지 문제에 대한 질문이었다고 생각합니다. 그러면 답변을 부탁드리도록 하겠습니다.

발표자(데네히)=첫 번째 질문은 얼마 전에 개관한 전시회에 관한 것인데요. 전반적으로 반응은 상당히 긍정적입니다. 한 가지 기억해야 할 것은 많은 미국인들은 위안부 여성들에 대해 알지 못한다는 것입니다. 가장 중요하고 우리가 얻을 수 있는 유익은 기본적으로 교육적인 것으로 역사적인 문제와 현재의 정치적인 문제에 대해 기본적인 소개를 하는 효과가 있다는 것입니다. 그들은 풀러턴(Fullerton)시에서 [위안부 여성관련 전시에 대한 반대] 캠페인과 시위가 있을 것이라고 예상했는데, 아직 그런 일은 발생하지 않았습니다. 그리고 긍정적인 방송 보도도 있었습니다. 제 생각에는 전반적으로 풀러턴 박물관에도 긍정적이었습니다. 전시는 11월 1일까지 계속될 것입니다. 이후에 어떤 문제가 일어나는지 보아야 하겠지만 아직 특별한 문제없이 진행되었고, 현재까지는 굉장히 긍정적이었습니다.

두 번째 질문은 역사적 화해에 관한 것인데 제가 어떻게 대답해야 할지 모르겠습니다. 제가 이것에 대해서 전적으로 그렇다라고 말씀드릴 수는 없지만, 저는 역사적인 화해가 가능하다고 생각합니다. 제가 이렇게 생각하는 이유는 이런 것입니다. 제가 도슨트(박물관 안내원)교육을 할 때, 한 박물관 큐레이터가 이런 질문을 했습니다. "만일 어떤 관람객이 적대감을 표현하면서, 위안부는 사실이 아니라고 말하거나 정부는 사과해서는 안 된다고 한다면 도슨트는 이런 경우 어떻게 해야 하는 것입니까?"라는 질문이었습니다. 이에 대해 저는 이렇게 답했습니다. "그 누구도 단순하게 변화시킬 수는 없습니다" 특별히 제한된 짧은 관람시간에 한 사람을 교육하고 그 사람에게 당신이 가진 관점을 제시하고 변화하게 할 수는 없습니다. 당신이 말하는 대로 이야기하는 사람들의 생각은 이미 결정되어 있습니다. 그들은 역사적 화해를 원하지 않습니다. "한계가 있다"는 것이 더 맞는 표현이겠습니다. 양측의 선의(good will)가 있을 때에만, 역사적인 화해가 가능합니다. 불행하게도 위안부 문제와 같은 사안에 대해서 이야기 할 때, 사람들의 생각은 이미 고정되어 있습니다.

그리고 도슨트 교육 중에 제가 했던 다른 이야기는 이것입니다. 제가 일본에서 석사과정 중에 있을 때, 저는 1982년의 교과서 논란에 대해서 석사논문을 썼습니다. 그 당시에 저는 몇 분의 일본인 전문가들을 만나서 인터뷰했습니다. 한 분은 일본 교육부에 계신 분이었고, 다른 한 분은 소피아(上智)대학의 와타나베 쇼이치(渡部 昇一) 교수였습니다.

우리가 난징 대학살에 대해 이야기를 나누는 중에, 그들이 말한 것들 중에 제가 잊지 못하는 부분은 이렇습니다. "만일 인구통계를 이야기 하자면, [난징대학살이 발생했던] 1937년 전후의 인구는 변화하지 않았습니다. 곧, 난징대학살은 결코 일어나지 않은 사실입니다"라는 것입니다. 저는 이런 저의 경험을 예로 들어서 교육시간에 "이런 류의 대화로는 그 사람을 변화시킬 수도 없고, 역사화해를 위한 발자국을 진전시키지 못한다"고 생각합니다. 불행하게도 우리는 이런 류의 달갑지 않은 일에 부딪치곤 합니다. 하지만 전반적으로 그렇지 않다고 생각하고, 원칙적으로 우리는 올바른 방향으로 나아가고 있다고 믿습니다.

사회자=통역문제로 상호 충분한 질의응답이 이루어지지 못한 것 같습니다. 널리 양해를 부탁드립니다. 그럼 다음 발표에 대한 토론으로 넘어가도록 하겠습니다. 푹스 선생님의 발표에 대한 김은숙 선생님의 토론 부탁드립니다.

토론자=방금 소개 받은 한국교원대학교의 김은숙입니다. 우선 푹스 선생님은 교과서 개정 문제에 대해 아주 자세하게 논문을 써 주셨습니다. 그래서 저도 굉장히 많은 공부가 되었습니다. 특히 현재 한국에서 교과서문제가 아주 큰 쟁점이 되어 있는데, 한국과 일본, 그리고 중국에서의 교과서 문제를 보는 데 큰 도움을 얻을 수 있는 부분을 여러 가지 점에서 말씀하시고 미국, 유럽의 교과서 문제, 교과서 개정 문제를 폭넓게 다루고 계십니다.

특히 이번 발표에서는 역사 전쟁이 인류의 보편적인 현상이라는 점을 우리에게 보여주고 있습니다.

이번 선생님의 발표와 관련해서 이를 이해하기 위해 한국에서 나온 관련논문들을 서둘러 읽느라 조금 고생을 했습니다. 무엇보다도 원고가 늦게 도착해서 충분한 토론 준비를 하기에는 시간이 부족했습니다. 그래서 제가 선생님의 논문을 읽으면서, 그리고 이번 발표를 들으면서 이해 잘 안 된 부분을 중심으로 몇 가지 질문을 드리도록 하겠습니다.

먼저, 첫 번째로 이 논문의 2장에서 2005년 2월에 프랑스의 국회에서 프랑스의 식민지 건설을 교과서에서 긍정적으로 그리도록 요구하는 법안이 통과되었다고 하셨습니다. 이 법안이 그 후 프랑스 역사 교과서의 개정에 어떤 영향을 끼쳤는지요?

두 번째 질문은, 유럽에서 유럽인으로서의 정체성을 만들기 위해 추진하여 발행된 유럽공통의 역사 교과서의 문제점, 유럽중심주의에 대해 말씀하셨는데, 이 교과서가 어느 정도 사용되었는지, 이 교과서에 대한 유럽 각국 현장에서의 역사 교사들의 반응은 어떠하였는지요? 이에 대해 말씀해 주시면 감사하겠습니다.

다음으로 세 번째 질문, 분쟁국이었던 국가들의 화해와 평화를 증진하기 위한 역사 교과서 개정 움직임을 소개하시면서 그것의 성공적인 모델로 독일과 프랑스, 독일과 폴란드의 사례를 제시하셨습니다. 이와 관련해서는 한국에서도 일부 학자들이 소개하고 있는데, 그러한 과정을 통해 간행된 공동역사 교과서는 어느 정도 사용되었고, 이들 국가의 다른 역사 교과서에 어떤 영향을 끼쳤는지요?

네 번째 문제는, 본 논문의 3장에서 언급하신 점으로 유럽에서 추진된 유럽공통 또는 이국 공동의 역사 교과서가 가지는 한계점에 대해 말씀하셨습니다. 이들 교과서는 초국가적인 역사서술을 목표로 하였지만, 교육현장에서는 그 보다 더 중요한 것이 있다는 점을 지적하셨습니다. 교과서 집필자들과 교사, 교육정책 관련 종사자들이 직면한 과제는 학생들이 유럽 안에 기억의 다양성이 있다는 점과 같은 사건이 다르게 평가될 수 있다는 것을 확인하도록 하는 것이라고 주장하였습니다. 먼 이웃들의 해석을 이해하는 것을 배울 때에만 비로소 공유할 수 있는 가치와 저항의 원리를 발견하고 선별할 수 있게 된다고 하셨습니다.

한국, 중국, 일본에서도 공동교과서를 만들기 위한 협력 작업이 추진되어 현재 그 성과의 일부가 나왔습니다만 동시아의 역사교육에도 많은 참고가 되는 의견이라고 생각됩니다.

독일에서는 역사교육 현장에서는 다양한 기억이 있다는 점을 강조한 교육이 이루어지고 있다고 하는데, 역사 교과서에서는 이를 어떤 식으로 제시하고 있는지요?

마지막으로 다섯 번째는 질문이 아니고, 선생님께서 마지막 부분에서 분쟁지역인 동아시아의 역사 교과서 개정에 대해 유럽의 선례를 참고로 중요한 제언을 하셨습니다. 즉 역사인식의 문제를 다루기 위해 교육자와 정부, 언론, 비정부기구 등으로 구성된 여러 관계자들의 모임을 결성하고, 국가 간에 역사위원회를 결정하고, 다양한 해석을 허용한 동아시아 공동 역사 교과서를 개발하도록 하라는 것입니다.

이와 관련해 한국과 중국, 일본의 역사교육자들이 협력하여 삼국 공통, 또는 한일 공동의 역사 교과서의 간행을 추진해 온 점은 매우 바람직하다고 할 수 있습니다. 간행된 교과서에 대해서는 당연히 불만족스러운 부분도 있습니다만 이러한 노력을 계속 추진해야 한다는 점을 푹스 선생님의 발표를 통해 다시 확인하게 되었습니다. 감사합니다.

사회자=네, 통역이 잘 되었는지 걱정입니다만, 푹스 선생님 답변 부탁드립니다.

발표자(푹스) 답변=논의 감사합니다. 선생님께서 질문하신 5가지 사안에 대해서 간략하게 말씀 드리도록 하겠습니다. 질문 중에는 쉽게 답할 수 있는 것입니다. 첫 번째는 법안 통과를 하는 과정에서 프랑스정부의 노력에 관한 것입니다. 물론 초기에 프랑스의 국회와 프랑스 사람들의 강력한 반발에 부딪쳤습니다. 프랑스 국회는 결코 그것을 승인하지 않았습니다. 시민사회에서도 강력한 저항이 있었습니다.

두 번째 질문은 유럽에서 공통의 역사 교과서 형성과정에 대한 것인데, 이에 대한 답변은 이렇습니다. 유럽에서 공통의 역사 교과서 중 한 종류가 발행된 것은 1992년이었고, 이에 대한 저항은 엄청났습니다. 이런 것은 정부로부터 비롯된 것은 아니었습니다. 오히려 역사학자나, 교과서 집필자들로부터였습니다.

[녹음상태 불량으로 녹취불가]

제가 말씀 드리고 싶은 것은 이것입니다. 다른 국가의 사람들이 모여서 대화는 가능하고 의견을 모아 [유럽의 공동 교과서와 같은] 교과서를 만드는 데 합의를 이루는 것은 가능합니다. 동아시아도 상호간의 노력을 함께해서 교과서를 만드는 것이 가능할 것입니다. 저는 제가 2010년부터 2013년 11월까지 한국에 체류하는 동안에 한국의 박(근혜) 대통령이 정치적 합의를 통해 독일과 프랑스가 만든 동아시아 3국이 공통의 교과서와 유사한 동아시아의 공동교과서를 만드는 사업을 주도하려고 했던 것을 기억합니다. 정치적인 영역에서까지, 동아시아지역의 여러 나라들이 상호간의 용어를 통일하는 공동의 교과서를 가지는 것이 중요하다고 인식된다는 사실을 확인했습니다.

아마도 제가 이미 말씀 드린 것 같습니다. 네 번째 질문이었던 것 같은데요. 독일의 역사교육현장에서 사용되는 교과서가 사용되는 교과서와 관련된 것입니다. 이는 단지 독일에만 해당하는 것이 아니라 세계에 여러 국가들의 교과서 집필자가 고려하고 있는 사항인 것 같습니다. 이에 대해서는 3~4가지의 중요한 관점이 있습니다. 첫 번째 중요한 부분은 단일한 역사적인 설명(single narrative)을 거부해야 한다는 것입니다. 교과서는 학생들에게 다양한 사고를 할 수 있도록 허락해야 하는 것입니다. [두 번째는] 역사 교과서는 여러 가지 역사적인 설명을 가능하게 해야 하고 다양한 관점을 가지게 하며 학생들이 다양한 사료들을 비판적으로 해석하고 상호간에 모순되는 부분들에 대해 비판할 수 있게 하는 것입니다. [세 번째로는] 역사는 언제나 [역사가들에 의해] 구성된 것으로 이를 위한 해석은 다양할 수 있다는 것입니다. 하지만 해석은 물론 제한이 있다는 것도 가르쳐야 합니다. 역사해석을 자기 멋대로 할 수 없다는 것에 대한 것이지요. [네번째는] 또한 해석은 탄탄한 논증을 바탕으로 해야 하는 사실도 아울러 가르치며 이에 대해서 다양하게 해석할 수 있어야 하며 다양한 사료를 다룰 수 있어야 한다는 것을 가르치는 것입니다. 저는 동아시아와 관련해서 마무리하려고 합니다. 교과서를 둘러싼 세 국가간(trilateral)의 활동을 관찰하면서, 그 세 국가가 현재까지 어떻게 의미 있는 결과를 돌출해 내는지에 대해 발견하였습니다. 지금까지는 완전히 (100%) 만족할만한 성과는 아니지만, 지금까지의 결과는 의미 있는 성공을 가지고 왔습니다. 하지만 저는 최근 동아시아정세의 변화와 함께 세 국가간의 미래에 대해서 우려를 가지고 있습니다. 제가 저의 발표에 서도 이미 언급한 것과 같이, [삼국간에] 협의한 부분에 대한 지지는 정치에서 오는 것이 아니라 외부로부터 오는 것입니다. 아시아와 유럽, 그리고 세계는 서로 정보를 나누며, 이를 바탕으로 유럽연합과 동아시아 관계자들은 역사적 인식과 화해의 논의를 위한 가능한 방안을 탐구해야 합니다. 현재에 우리가 직면하고 있는 도전에도 불구하고 이는 중요합니다.

사회자=네, 감사합니다.

토론자(김은숙)=(현장 통역이 여의치 못한 관계로)푹스 선생님의 답변 내용을 제가 간단히 요약해서 말씀드리면, 첫 번째, 프랑스에서 식민지 지배를 긍정적으로 그리도록 한 법안이 통과되었다고 한 문제와 관련해서는 프랑스 사회에서 큰 반발을 사서 그대로 시행되지 못했다는 점을 말씀해 주셨고, 두 번째 문제에 대해서는 유럽의 교과서에서 유럽문화의 핵심이 되는 것들을 담고 있지만, 그것들이 각 나라마다 다르기 때문에 역사 교사들에게는 하나의 자료로서는 의미를 갖지만 폭넓게 사용되지는 못했다는 말씀이었습니다.

사회자=네, 보충 설명 감사합니다. 통역문제로 여러 가지로 우여곡절을 겪고 있습니다만, 정리해야 할 시간이 다가온 것 같습니다. 제2세션 다섯 분의 발표와 그에 대한 다섯 분의 토론을 잘 들었습니다. 물론 영어 통역 상에 약간의 트러블이 있었지만, 널리 양해를 부탁드립니다.

아무튼 마지막으로 제가 잠깐 발표내용을 간단히 정리하고 끝내도록 하겠습니다. 앞서 세 분의 발표는 일본의 한국에 대한 역사인식, 그리고 한국 내부에서의 강제동원피해자에 대한 자세나 대응에 대한 말씀이었고, 종군 위안부 문제 해결에 대해서도 현재의 상태나 역사적 배경 등에 관해 발표해주셨습니다만, 이러한 주제 이외에도 정말 다양한 주제가 우리들을 기다리고 있습니다만, 그래서 우리 연구자들이 해야 할 일이 아주 많구나 하는 생각이 듭니다. 일본 쪽의 이야기를 들어보면 일본의 아시아, 대아시관이나 한국관은 왜 이렇게 변하지 않았는가, 정말 변하지 않았구나 하는 생각이 듭니다. 이는 역시 상대적인 성격의 것이라는 생각이 들지만, 계속 정치세력의 중추에 있는 보수정권은 참으로 한국관, 대아시아관이 정말 예전 그대로이다 하는 생각이 들고, 그런 부분을 우리가 어떻게 바꾸어나갈 것인가 하는 점이 가장 큰 과제가 아닌가 생각이 듭니다. 강제동원진상규명에 대한 오늘의 문제제기는 상당히 그런 차원에서도 생각해봐야 할 문제이지 않느냐 하는 생각이 듭니다만, 예를 들어 2012년의 한국의 대법원 판결은 한국사회에서는 어떻게 보면 이런 현실 속에서 한국에서 있을 수 없는 판결이라는 생각마저 듭니다. 아주 획기적인 판결인데, 현실의 정치적 판단과 법원의 판결이 너무 괴리가 많은 것이 현재의 우리의 현실입니다. 이러한 부분들을 역사학자들은 어떻게 대응해 나가야 할 것인가 하는 점이 과제라고 생각됩니다.

그리고 네 번째로 미국에서의 경험에 대해서 데네히 교수님의 발표를 들었습니다만, 저는 발표를 들으면서 미국인들의 시각, 특히 19세기부터 동아시아에서 미국이 무엇을 해왔는가, 이런 부분들을 미국에서도 좀 이해를 좀 더 해줘야하는 것이 아닌가, 이런 생각도 들었습니다. 예를 들어 샌프란시스코 강화조약 체제의 연상선이지만, 한일협약체제는 샌프란시스코 체제의 하부구조라 할 수 있지요. 이 샌프란시스코강화조약 체제 하에서의 미국의 책임은 막대합니다. 이러한 부분들을 미국 쪽에서는 어떻게 인식을 하고 있는가, 이러한 부분들에 대한 이해도 더욱 필요하지 않나 생각합니다. 마지막 발표에서 폭스 선생님이 말씀하신 부분은 저는 정말 이번 기회에 새롭게 공부한 내용이 참 많습니다. 제1차 세계대전 이후부터 지금까지 다양한 노력을 해왔다, 라고 하는 많은 사실들을 우리 사회가 어떻게 받아들여야 할지, 한국사회와 유럽사회는 너무 많이 다릅니다. 역사도 다르고 민주주의에 대한 태도도 다릅니다만, 이 부분의 경험을 과연 시민사회뿐만 아니라 정부가 어떻게 공통적인 부분을 마련해가면서 유럽의 경험을 살릴 수 있는가 고민을 해야 하지 않을까 생각합니다. 오늘 오전부터… 혹시 하실 말씀이 있으십니까?

토론자 보충발언(이신철)=혹시 푹스 선생님의 말씀이 잘못 전달될까 걱정이 되어 말씀드리면, 프랑스에서 2005년 결의안이 통과되고 프랑스 교과서들이 그 부분을 반영을 했습니다. 반발은 아주 많았지만 그 내용이 반영이 안 된게 아니고 지금까지도 연구자들을 중심으로 논쟁이 진행되고 있지만, 유럽에서는 식민주의와 관련된 서술은 어마어마하게 우리보다 뒤처져있다 라는 말씀을 꼭 드리고 싶습니다. 독일의 경우도 나미비아에 대해 서술하지 않습니다. 프랑스도 마찬가지입니다. 프랑스도 알제리에 대해 전혀 서술하고 있지 않고, 북부지역에서의 문명 발전에 대해서는 반드시 서술하도록 국회에서 규정하고 있습니다. 이 부분은 잘못 전달될까 우려해 말씀을 드립니다.

다음으로 일본이 지금 식민주의 청산을 하지 않겠다고 버티는 이유는 유럽 제국주의국가들에서 이를 하고 있지 않다는 점도 그 이유의 하나로 작용하고 있습니다. 그래서 지금 우리에게 중요한 것은 유럽을 무조건 긍정적으로만 바라볼 것이 아니라 오히려 그들이 하지 못하고 있는 부분을 봐야 한다는 것입니다. 예를 들면, 프랑스의 한 교과서는 이렇게 쓰고 있습니다. 일본은 충분히 사과했지만, 중국과 한국의 국민들이 그것을 수용하지 못해서 지금도 문제가 지속되고 있다. 이런 식으로 기술하고 있습니다. 이런 부분은 상당히 뒤떨어진 서술이기 때문에 유럽학자들과 만나 이야기할 필요가 있고, 동서 간에 역사대화를 할 필요성이 있고, 독일은 나미비아와 제국주의국가들은 식민지국가들과 역사대화를 확장시켜 나가야 한다고 꼭 말씀드리고 싶습니다. 유럽을 너무 좋게만 보려는 경향이 있기에 주제넘게 한 말씀 드렸습니다. 죄송합니다.

사회자=방금 이신철 선생님의 말씀을 푹스 선생님에게 간단히 통역 부탁드립니다. 지금 시각이 6시 25분입니다. 아침부터 지금까지 장시간 동안 수고가 많으셨습니다. 다섯 분의 발표자와 토론해주신 다섯 분 선생님들 대단히 감사드립니다.

그럼, 이것으로 오늘 오후 제2세션의 발표와 토론을 모두 마치도록 하겠습니다. (박수)

(이상, 종합토론 녹취 : 나행주)

학술회의 일정

2015년 9월 11일(금) / 한강홀

○ 등록 (08:30-09:00)
○ 개회사 및 기조강연 (09:00-09:50)　　　　　　　진행 : 나행주(건국대)
　　개 회 사 : 남상호 (한일관계사학회 회장)
　　기조강연 : 김용덕 (광주과학기술원 석좌교수)

〚 Break Time 〛(09:50-10:00)

○ 주제발표 및 종합토론 (10:00-17:00)

제 1 Session	'광복'과 '패전'의 재회
	- 1965년 한일협정의 성과와 오늘날의 과제 -

사회 : 정광섭(경기대)

제1발표 : 한일양국의 한일회담 반대운동과 의의 (10:00-10:20)
발표 : 유지아(경희대)　　　　　　　　　　토론 : 최종길(고려대)

제2발표 : 日韓諸條約に關連する課題－日韓請求權協定を中心に (10:20-10:40)
발표 : 吉澤文壽(新潟國際情報大)　　　　　토론 : 이형식(고려대)

제3발표 : 한일 어업협정과 일본인어민 영상자료 : '평화선' 피해 어민에 관한
　　　　　영상자료를 중심으로(10:40-11:00)
발표 : 최영호(영산대)　　　　　　　　　　토론 : 조윤수(동북아역사재단)

〖 Break Time 〗 (11:00-11:20)

제4발표 : 日韓國交正常化と文化財返還問題 (11:20-11:40)

발표 : 有光 健(전후보상네트워크)   토론 : 류미나(국민대)

제5발표 : 在日コリアンの法的地位の變遷と問題點 (11:40-12:00)

Transition of Legal Status given to Korean residing in Japan and Related Issues

발표 : 林範夫(辯護士)   토론 : 이 성(한신대)

종합토론(12:00-13:00) 사회 : 木宮正史(東京大)

중식 (13:00-14:00)

| 제 2 Session | 한일국교 정상화 50년이 남긴 과제와 그 해결을 위한 노력 |

사 회 : 김민영(군산대)

제1발표 : 日本政府の植民地支配と侵略戰爭に對する歷史認識 (14:00-14:20)

발표 :和田春樹(東京大名譽教授)   토론 : 남상구(동북아역사재단)

제2발표 : 강제동원피해자 보상문제 (14:20-14:40)

발표 : 한혜인(한국여성인권진흥원)   토론 : 이신철(성균관대)

제3발표 : 일본군 '위안부' 문제 해결에 대한 한일정부의 입장과
          문제 해결의 궁극적 지향점(14:40-15:00)

발표 : 윤명숙(상하이사범대학)   토론 : 서현주(동북아역사재단)

〚 Break Time 〛(15:00-15:20)

제4발표 : 역사대화와 역사문제 해결 가능성 (15:20-16:00)
발표 : Kristine Dennehy(플러튼대학)　　　토론: 박중현(잠일고)

제5발표 : Textbook Revision: Experiences and Challenges Eckhardt Fuchs
Eckhardt Fuchs(게오르그-에케르트 국제교과서연구소 부소장)
　　　　　　　　　　　　　　　　　　　토론 : 김은숙(교원대)

종합토론(16:00-17:00) 사회 : 김광열(광운대)

2015년 9월 12일(토) / 금강홀

o 주제발표 및 종합토론 (10:00-17:00)

제 3 Session	전쟁과 평화 - 고대-근세의 한일관계 -

사 회 : 이재석(한성대)

제1발표 : 고대일본의 신라적시관과 복속사상
The ancient Japanese antagonism and subjection ideology towards Silla
(10:00-10:20)
　　발표 : 연민수(동북아역사재단)　　　토론 : 中村修也(文教大)

제2발표 : モンゴル襲来と高麗－日本の相互認識 (10:20-10:40)
발표 : 佐伯弘次(九州大)　　　토론 : 김보한(단국대)

제3발표 : 임진왜란 이후 국교재개의 노력 (10:40-11:00)
발표 : 민덕기(청주대)　　　토론 : 정성일(광주여대)

〖Break Time〗(11:00-11:20)

제4발표 : 임진왜란 이후 '통신사 외교'와 조일간의 평화 구축 (11:20-11:40)
발표 : 이훈(한림대)   토론 : 仲尾宏(京都造形藝術大)

제5발표 : 明淸交替之際中朝日三國的外交關系與文人交流
          －聚焦明淸鼎革期间东亚国际政治与文化的诸相 (11:40-12:00)
발표 : 陳波(南京大學)   토론 : 하우봉(전북대)

종합토론(12:00-13:00) 사회 : 손승철(강원대)

중식 (13:00-14:00)

제 4 Session	일그러진 만남 - 근대 한일관계의 명암 -

사 회 : 이기용(선문대)

제1발표 : 朝日修好條規의 역사적 의미 (13:00-13:20)
발표 : 김민규(동북아역사재단)   청중토론

제2발표 : 을사늑약, 한일강제병합에 이르는 과정 (13:20-13:40)
발표 : 방광석(고려대)   토론 : 서민교(동국대)

제3발표 : 朝鮮總督府による 「類似宗教」彈壓—金剛大道の受難— (13:40-15:00)
발표 : 靑野正明(桃山學院大)   토론 : 조성운(동국대)

〖 Break Time 〗 (15:00-15:20)

제4발표: -柳宗悅·朝鮮への視線 (15:20-15:40)
발표 : 伊藤徹(京都工藝纖維大)　　　　　　토론 : 양지영(숙명여대)

제5발표 : 조선총독부 시기의 역사 교과서 (15:40-16:00)
발표 : 현명철(국민대)　　　　　　토론 : 김종식(아주대)

종합토론 (16:00-17:00) 사회 : 박진우(숙명여대)

Symposium program

The Fiftieth Anniversary of Normalization of South Korea-Japan, A Historical Review of Korea-Japan Relations for mutual understanding and cooperation

Topic:

(1) the Achievement of the 1965 Normalization of South Korea-Japan and our Responsibility for Today

(2) The Remaining Issues of Korea and Japan relations on the Fiftieth Anniversary of Normalization and the Efforts to Solve Them

We will discuss the remaining issues of Korea and Japan relations (historical understanding, forced labour, and comfort women) on the occasion of the fiftieth anniversary of normalization and examine the efforts has been made to solve those issues up until Today. And we will shed a light on historical significances of the efforts to reconcile between Korea and Japan for the future Korea and Japan relations and the wider East Asian community.

(3) A Historical Review of Korea-Japan relations From the Ancient period to the Time of Negotiating South Korea-Japan Normalization

Day 1
11 September 2015(Friday)

- Opening Address and Keynote Speech (09:00-10:00)

  Moderator: Na Haeng-Joo (Konkuk University)

- Opening Address:

  Nam Sang-Ho (President, the Society of Korea-Japan History Relations)

- Keynote Speech: Perception of Japanese State by the Post-1945 Generations of Japan

  Kim Yong-duk (Chaired Professsor of the GIST)

Session 1	Reunion of Liberation and Defeat —The 1965 South Korea-Japan Normalization Treaty and Our Responsibility for Today

- Moderator: Chung Kwang-sup (Kyongki University)

- Presentation 1: A campaign against the Korean-Japanese Conference and its significance of the Korea-Japan two countries (10:00-10:20)

  Presenter: Yu Chi-A (Kyunghee University)

  Discussant: Ch'oe Chong-Gil (Korea University)

- Presentation 2: Focusing on problems related to Treaty on Basic Relations between Japan and the Republic of Korea and Agreements : With Special Reference to Agreement on the

Settlement of Problems Concerning Property and Claims and on Economic Co-operation between Japan and the Republic of Korea (10:20-10:40)

Presenter: Yoshizawa Fumitoshi (Niigata University of International and Information Studies)

Discussant: Lee Hyong-sik (Korea University)

● Presentation 3: Visual Resources about Japanese Fishermen Interned in Korea before Korea-Japan Fisheries Agreement (10:40-11:00)

Presenter: Ch'oe Yong-ho (Yongsan University)

Discussant: Cho Yun-su (Northeast Asian History Foundation)

● Presentation 4: Transition of Legal Status given to Korean residing in Japan and Related Issues (11:20-11:40)

Presenter: Arimitsu Ken (Postwar Compensation Network)

Discussant: Ryu Mi-na (Kookmin University)

● Presentation 5: The Korea-Japan Agreement on the Legal Status and Treatment of Zainichi Korean (Koreans Residing in Japan) and its Legacy of Korea-Japan Relations (11:40-12:00)

Presenter: Lim Bombu (Lawyer)

Discussant: Lee Seong (Hanshin University)

● Plenary Discussion: Kimiya Tadashi (Tokyo University) (12:00-13:00)

Session 2 — The Remaining Issues of Korea and Japan relations on the Fiftieth Anniversary of Normalization and the Efforts to Solve Them

- Moderator: Kim Min-yong (Kunsan University)

- Presentation 1: History awareness of colonial rule and aggression of the Japanese government(14:00-14:20)
  Presenter: Wada Haruki (Emeritus Professor, Tokyo University)
  Discussant: Nam Sang-gu (Northeast Asian History Foundation)

- Presentation 2: The Issue on the Reparation for the Korean (Chosun) Victims of the Compulsory Mobilization(14:20-14:40)
  Presenter: Han Hye-in (Women's Human Rights Commission of Korea)
  Discussant: Lee Shin-chul (Sungkyunkwan University)

- Presentation 3: Korean and Japanese Governments' Positions on the Solution for The Japanese military "Comfort Women" Issue and Ultimate Direction of the Solution(14:40-15:00)
  Presenter: Yun Myong-suk (Shanghai Normal university)
  Discussant: So Hyun-Ju (Northeast Asian History Foundation)

- Presentation 4: "History Dialogues and the Possibility of Over coming Historical Issues between Korea and Japan: American Perspectives at the Local Level"(15:20-15:40)
  Presenter: Kristine Dennehy (California State University, Fullerton)
  Discussant: Park Chung-hyon (Chamil High school)

- Presentation 5: Textbook Revision : Experiences and Challenges
  (15:40-16:00)

  Presentor: Eckhardt Fuchs (Deputy Director, The Georg Eckert Institute
  for International Textbook Research)

  Discussant: Kim Eun-suk (Korea National University of Education)

- Plenary Discussion: Kim Kwang-yeol (Kwangwoon University)
  (16:00-17:00)

Day 2
12 September, Sat.

Session 3	War and Peace: Korea-Japan relations from the Ancient to the Early Modern Period

- Moderator: Lee Chae-suk (Hansung University)

- Presentation 1: The ancient Japanese antagonism and subjection
  ideology towards Silla(10:00-10:20)

  Presenter: Yeon Min-Su (Northeast Asian History Foundation)

  Discuassant: Nakamura Shuya (Japan Bunkyo University)

- Presentation 2: Japan-Korea relations and mutural knowledge
  after the Mongol Invasion (10:20-10:40)

  Presenter: Saeki Koji (Kyushu University)

  Discussant: Kim Bo-Han (Dankuk University)

- Presentation 3: The efforts for the Resumption of diplomatic relations between Joseon and Japan after Japanese invasion of Korea in 1592 : Focusing on the authenticity of Tokugawa Ieyasu's credentials (10:40-11:00)

  Presenter: Min Duk-Gi (Cheong-ju University)

  Discussant: Chong Sung-Il (Kwang-ju Women's University)

- Presentation 4: 'Chosun Tongshinsa Diplomacy' and Peace-building between Chosun and Japan after the Imjin War -Focusing on the 2nd dispatch of 'HoedapkyomSuihwansa' (1617) in the reign of Gwanghaegun - (11:20-11:40)

  Presenter: Lee Hun (Hallym University)

  Discussant: Nakao Hiroshi (Kyoto University of Art and Design)

- Presentation 5: Imjin War and mutual understanding of Koreans and Japanese (11:40-12:00)

  Presenter: Chen Bo(Nanjing University)

  Discussant: Ha U-bong(Chon-puk National University)

- Plenary Discussion: Son Sung-cheol (Kangwon National University) (12:00-13:00)

Session 4 Twisted Encounter between Korea and Japan: Light and Shade of Korea-Japan Relations in the Modern Era

- Moderator: Lee Ki-yong (Sunmoon University)

- Presentation 1: Twisted Encounter between Korea and Japan in the Modern Era: Historical Meanings of Korea-Japan Treaty of 1876 (Kanghwa treaty) (14:00-14:20)
  Presenter: Kim Min-kyu (Northeast Asian History Foundation)
  Discussant: Mark. Caprio (Rikkyo University)

- Presentation 2: Competition and Defeat: Korea-Japan Treaty of 1905, the process of Japan's Annexation of Korea (14:20-14:40)
  Presenter: Pang Kwang-suk (Korea University)
  Discussant: So Min-kyo (Dongguk University)

- Presentation 3: Domination and Resistance: (1) "Pseudo-Religious Groups"(「類似宗敎」) Suppressed by the Japanese Government-General of Korea : Regarding the Sufferings of Kumgangdaedo(金剛大道) (14:40-15:00)
  Presenter: Aono Masaaki (Momoyama Gakuin University)
  Discussant: Cho Sung-un (Dongguk University)

- Presentation 4: (2) A Japanese View on Korea: Yanagi Muneyoshi's colonial experience and post-World War (15:20-15:40)
  Presenter: Ito Toru (Kyoto Institute of Technology)
  Discussant: Yang Ji-yong (Sukmyong Women's University)

- Presentation 5: (3) History Education during Japanese Colonial Period (15:40-16:00)

  Presenter: Hyon Myong-Cheol (Kookmin University)

  Discussant: Kim Chong-sik (Ajou University)

- Plenary Discussion: Park Chin-u (Sookmyung Women's University) (16:00-17:00)

필자소개(집필순)

구분	소속
1 기조강연	김용덕(광주과학기술원 석좌교수)
2 제1분과 발표	유지아(경희대)
3 제1분과 발표	요시자와 후미토시(吉澤文壽, 니이가타국제정보대학)
4 제1분과 발표	최영호(영산대)
5 제1분과 발표	아리미츠 켄(有光健, 전후보상네트워크)
6 제1분과 발표	임범부(林範夫, 변호사)
7 제2분과 발표	와다 하루키(和田春樹, 도쿄대학)
8 제2분과 발표	한혜인(한국여성인권진흥원)
9 제2분과 발표	윤명숙(상하이사범대학)
10 제2분과 발표	크리스틴 데니히(Kristine Dennehy, California State University, Fullerton)
11 제2분과 발표	에케르트 푹스(Eckhardt Fuchs, 게오르그-에케르트 국제교과서연구소)
12 제3분과 발표	연민수(동북아역사재단)
13 제3분과 발표	사에키 코우지(佐伯弘次, 규슈대학)
14 제3분과 발표	민덕기(청주대)
15 제3분과 발표	이훈(한림대)
16 제3분과 발표	첸보(陳波, 난징대학)
17 제4분과 발표	김민규(동북아역사재단)
18 제4분과 발표	방광석(고려대)
19 제4분과 발표	아오노 마사아키(青野正明, 모모야마학원대학)
20 제4분과 발표	이토 토오루(伊藤徹, 교토공예섬유대학)
21 제4분과 발표	현명철(국민대)

한일수교 50년, 상호 이해와 협력을 위한 역사적 재검토 1

초판 인쇄 : 2017년 8월 23일
초판 발행 : 2017년 8월 30일

편　자 : 한일관계사학회
펴낸이 : 한정희
펴낸곳 : 경인문화사
주　소 : 파주시 회동길 445-1 경인빌딩 B동 4층
전　화 : 031-955-9300
팩　스 : 031-955-9310
이메일 : kyungin@kyunginp.co.kr
홈페이지 : http://kyungin.mkstudy.com

값 39,000원
ISBN 978-89-499-4252-0 93910
ⓒ 2017, Kyung-in Publishing Co, Printed in Korea
* 파본 및 훼손된 책은 교환해 드립니다